黑龙江省精品工程专项资金资助出版

船舶舾装技术丛书（第二分册）

船舶舱面属具

主　编　叶邦全

副主编　桑　巍　黄　维　施海涛

主　审　梁启康

哈尔滨工程大学出版社

Harbin Engineering University Press

内容简介

船舶舱面属具型式繁多,包括船用人孔盖和小舱口盖、船用门(包括水密门、风雨密门、气密门、驾驶室门、各级耐火分隔门以及各种内部舱室门等)、船用窗(包括舷窗、矩形窗、耐火窗、天窗、驾驶室窗和用于舱室采光通风的各种窗等)、船用梯(包括舷梯、引航员梯、舱室内部和外部的梯子等)、栏杆和风暴扶手、天幕以及各种类型的自然通风筒。

《船舶舱面属具》一书对船舶舱面属具做了全面系统的论述,包括各种舱面属具的型式和构造,有关规范、规则对于这些舱面属具构造及配置方式的要求,并附有大量的图表。

图书在版编目(CIP)数据

船舶舱面属具 / 叶邦全主编. — 哈尔滨:哈尔滨工程大学出版社,2022.12
(船舶舾装技术丛书)
ISBN 978-7-5661-3345-8

Ⅰ. ①船… Ⅱ. ①叶… Ⅲ. ①船舶—舾装 Ⅳ. ①U671.91

中国版本图书馆 CIP 数据核字(2021)第 249315 号

船舶舱面属具
CHUANBO CANGMIAN SHUJU

选题策划 史大伟 薛 力 **责任编辑** 张志雯 张玮琪 **封面设计** 李海波

出版发行:哈尔滨工程大学出版社
地　　址:哈尔滨市南岗区南通大街 145 号
邮政编码:150001
发行电话:0451-82519328
经　　销:新华书店
印　　刷:武汉精一佳印刷有限公司
开　　本:787 mm×960 mm　1/16
印　　张:25.75
字　　数:526 千字
版　　次:2022 年 12 月第 1 版
印　　次:2022 年 12 月第 1 次印刷
定　　价:185.00 元
http://www.hrbeupress.com
E-mail:heupress@hrbeu.edu.cn

出　品:船海书局　www.ship-press.com
告 读 者:如发现本书有印装质量问题请与船海书局发行部联系
服务热线:4008670886

"船舶舾装技术丛书"编委会

主　任

梁启康

副主任委员

李存军　　陶安祥　　刘春亚

委　员

马　力　　王晶晶　　陈贤雷　　厉　梁　　王海荣

杨瑞良　　江东新　　纪俊祥　　戴元伦　　荆夕庆

童宗鹏　　叶林昌　　刘松林　　周长江　　孙宏亮

（以上排名不分先后）

"船舶舾装技术丛书"编写组成员

主　编

叶邦全

主　审

梁启康

副主编

桑　巍　黄　维　施海涛

组　员

王　健　李　坤　刘　刚　刘　琰　吴　彬

孟繁涛　杨　奕　杨春云　周晓葵　俞　赟

施海涛　唐　凡　桑　巍　黄　果　黄　维

黄晓雷　眭国忠　韩立维　瞿晓文

前　　言

　　船舶舾装专业内容丰富,涉及的知识范围广,许多内容直接关系到船舶的安全性、适用性、居住性和经济性。"船舶舾装技术丛书"共四个分册,即《船体设备》《船舶舱面属具》《船舶舱室设备和内装》和《钢质海船的防腐蚀及安全营运》。每一分册包括若干章节,对于舾装专业各种系统进行了全面的论述,包括各种舾装设备的型式、组成及其配置方式,有关的国际公约、法规和船级社规范的要求,以及甲板和舱室机械的型式介绍等,并附有大量图表。

　　本丛书旨在传播船舶舾装的技术知识,对于从事船舶舾装设计的技术人员是一本很好的参考书,对于从事船舶建造和设备配套工作的人员来说也是一本有用的工具书。

　　"船舶舾装技术丛书"各分册的主要修订人员如下:

　　一分册《船体设备》:第1章舵设备由吴彬负责修订;第2章锚设备由施海涛负责修订;第3章系泊设备由黄维负责修订;第4章拖曳设备由施海涛负责修订;第5章救生设备由黄维和眭国忠负责修订;第6章起重设备由 秦云根 提供;第7章货物舱舱口盖与滚装设备,其中7.1节货物舱舱口盖由刘刚负责修订,7.2节滚装通道设备由黄果和黄晓雷编写;第8章货物装载和系固由刘刚负责修订;第9章船舶减摇装置由杨奕和杨春云编写。

　　二分册《船舶舱面属具》:第1章人孔盖和小舱口盖由桑巍负责修订;第2章船用门和窗中的2.1节~2.4节,除2.3节第2.3.3条外,均由桑巍负责修订;2.3节第2.3.3条以及2.5节~2.21节由刘琰和周晓葵负责修订;第3章船用梯、第4章栏杆和风暴扶手、第5章船上专用通道、第6章天幕和第7章自然通风筒均由桑巍负责修订。

　　三分册《船舶舱室设备和内装》:第1章舱室设备,除1.6节外,由周晓葵负责修订,1.6节船用电梯由唐凡编写;第2章船舶结构防火由刘琰负责修订;第3章舱室内装材料及其构造由刘琰负责修订;第 4 章舱室隔热由李坤负责修订;第 5 章舱室甲板铺材与敷料由刘琰负责修订;第 6 章舱室隔声与吸声由刘琰负责修订。

四分册《钢质海船的防腐蚀及安全营运》:第 1 章钢质海船的防腐蚀保护,除 1.5 节外,由黄维、王健和韩立维负责修订,1.5 节钢质海船的外加电流阴极保护由瞿晓文负责修订;第 2 章航行设备由施海涛负责修订;第 3 章桅樯及信号设备由桑巍负责修订;第 4 章船用消防器材由施海涛负责修订;第 5 章失事堵漏器材由施海涛负责修订;第 6 章船舶外部和内部标志由俞赟负责修订;第 7 章直升机甲板设施由孟繁涛负责修订。

"船舶舾装技术丛书"在编辑过程中得到了业内同人的大力支持,多位专家提供了详细、准确的资料,确保编辑工作的顺利进行,在此表示诚挚的感谢!

由于本次编辑出版工作历时两年,其中收录的技术数据、规则和规范可能有些变动,希望专业读者能够谅解并多提宝贵意见,我们将在修订或再版的时候改正过来。

希望本丛书能给广大读者带来帮助!

编者

2022 年 12 月

目　　录

第 1 章　人孔盖和小舱口盖 ……………………………………………………… 1

1.1　概述 ……………………………………………………………………… 1

1.2　有关公约、规则和规范对小舱口盖和人孔盖的要求 ………………… 2

　1.2.1　定义 ……………………………………………………………… 2

　1.2.2　水密舱壁上的开口 ……………………………………………… 2

　1.2.3　《国际载重线公约》及 MSA 国际航行海船法规对小舱口和
　　　　人孔的要求 ………………………………………………………… 2

　1.2.4　MSA 国内航行海船法规对小舱口和人孔的要求 …………… 5

　1.2.5　中国船级社《钢质海船入级规范》对小舱口和人孔的要求 … 6

1.3　人孔盖的形式和用途 ……………………………………………………… 10

　1.3.1　带围板人孔盖 …………………………………………………… 10

　1.3.2　平置式人孔盖 …………………………………………………… 10

　1.3.3　埋入式人孔盖 …………………………………………………… 14

　1.3.4　铰链式人孔盖 …………………………………………………… 18

　1.3.5　人孔盖的材料 …………………………………………………… 18

1.4　小舱口盖的形式和用途 ………………………………………………… 18

　1.4.1　风雨密小舱口盖 ………………………………………………… 18

　1.4.2　非风雨密小舱口盖 ……………………………………………… 27

1.5　人孔盖和小舱口盖的选择及布置 ……………………………………… 36

　1.5.1　人孔盖的选择及布置 …………………………………………… 36

　1.5.2　小舱口盖的选择及布置 ………………………………………… 37

1.6　人孔盖和小舱口盖的密性试验 ………………………………………… 38

第 2 章　船用门和窗 ……………………………………………………………… 39

2.1　概述 ……………………………………………………………………… 39

2.2 有关公约、规则和规范对船用门和窗的要求 ……………………… 39
　2.2.1 《国际载重线公约》及 MSA 法规对船用门和窗的要求 ……… 39
　2.2.2 《SOLAS 公约》及 MSA 法规对舷窗的要求 ………………… 42
　2.2.3 《SOLAS 公约》及 MSA 法规对水密门的要求 ……………… 43
　2.2.4 对除普通客货船外的某些船舶门窗的特殊要求 …………… 49
　2.2.5 船用门、窗的开启方向和符号标志 ………………………… 53
2.3 水密门 …………………………………………………………… 54
　2.3.1 手动滑动式水密门 …………………………………………… 54
　2.3.2 液压滑动式水密门 …………………………………………… 56
　2.3.3 手动铰链式水密门 …………………………………………… 60
2.4 舷门 ……………………………………………………………… 62
2.5 风雨密门 ………………………………………………………… 63
　2.5.1 船用风雨密单扇钢质门 ……………………………………… 63
　2.5.2 快开闭风雨密单扇钢质门 …………………………………… 66
　2.5.3 船用风雨密单扇铝质门 ……………………………………… 69
　2.5.4 船用风雨密单扇玻璃钢门 …………………………………… 70
2.6 气密门和隔声阻气门 …………………………………………… 72
　2.6.1 气密门 ………………………………………………………… 72
　2.6.2 隔声阻气门 …………………………………………………… 74
2.7 驾驶室移门 ……………………………………………………… 76
　2.7.1 普通驾驶室移门 ……………………………………………… 76
　2.7.2 气密驾驶室移门 ……………………………………………… 78
2.8 舱室空腹门 ……………………………………………………… 79
　2.8.1 铝质舱室空腹门 ……………………………………………… 80
　2.8.2 玻璃钢舱室空腹门 …………………………………………… 81
2.9 非水密钢质门和钢丝网门 ……………………………………… 85
　2.9.1 非水密钢质门 ………………………………………………… 85
　2.9.2 钢丝网门 ……………………………………………………… 86
2.10 防火门 …………………………………………………………… 88
　2.10.1 《SOLAS 公约》及 MSA 法规对国际航行海船防火门的要求 …… 88
　2.10.2 MSA 法规对国内航行海船防火门的要求 ………………… 90
　2.10.3 船用防火门的类型及其构造 ……………………………… 92
　2.10.4 快开闭风雨密防火门 ……………………………………… 104
　2.10.5 自闭式快开闭风雨密气密防火门 ………………………… 107

2.11　船用普通舷窗 ……………………………………………… 109
　　2.11.1　船用普通舷窗的分类 ……………………………… 109
　　2.11.2　重型舷窗及中型舷窗的形式及其适用范围 ……… 109
　　2.11.3　轻型舷窗的形式及其适用范围 …………………… 115
　　2.11.4　舷窗与天花板之间的距离 ………………………… 118
　　2.11.5　舷窗零部件的材料 ………………………………… 118
　　2.11.6　舷窗的定位 ………………………………………… 119
2.12　船用普通矩形窗 …………………………………………… 120
　　2.12.1　船用普通矩形窗的形式及主要参数 ……………… 120
　　2.12.2　船用普通矩形窗的定位 …………………………… 122
2.13　驾驶室固定矩形窗 ………………………………………… 123
　　2.13.1　驾驶室固定矩形窗的形式及规格 ………………… 123
　　2.13.2　驾驶室固定矩形窗主要零件的材料 ……………… 127
2.14　耐火窗 ……………………………………………………… 129
　　2.14.1　耐火窗的适用范围 ………………………………… 129
　　2.14.2　耐火窗的分级 ……………………………………… 130
　　2.14.3　A-60级耐火窗的形式、规格及主要参数 ………… 131
2.15　船用衡力窗及移窗 ………………………………………… 136
　　2.15.1　铝质衡力窗 ………………………………………… 136
　　2.15.2　铝质移窗 …………………………………………… 137
2.16　船用透光窗和百叶窗 ……………………………………… 140
　　2.16.1　透光窗 ……………………………………………… 140
　　2.16.2　百叶窗 ……………………………………………… 143
2.17　隔声窗和服务窗 …………………………………………… 146
　　2.17.1　隔声窗 ……………………………………………… 146
　　2.17.2　服务窗 ……………………………………………… 148
2.18　天窗 ………………………………………………………… 151
　　2.18.1　普通天窗 …………………………………………… 151
　　2.18.2　机舱天窗 …………………………………………… 153
2.19　眉毛板 ……………………………………………………… 155
　　2.19.1　舷窗眉毛板 ………………………………………… 155
　　2.19.2　矩形窗眉毛板 ……………………………………… 155
2.20　海船门和窗的设置 ………………………………………… 157
　　2.20.1　海船门和窗设置的一般要求 ……………………… 157

    2.20.2　海船门布置的一般要求 ……………………………… 159

    2.20.3　海船窗布置的一般要求 ……………………………… 159

  2.21　海船门和窗的密性试验 …………………………………… 160

    2.21.1　密性试验方法 ………………………………………… 160

    2.21.2　密性试验的要求 ……………………………………… 161

第3章　船用梯 ……………………………………………………… 163

  3.1　概述 ………………………………………………………… 163

  3.2　舷梯及其收放装置 ………………………………………… 163

    3.2.1　舷梯装置在船上的设置 ……………………………… 163

    3.2.2　《SOLAS公约》及MSA法规对舷梯的要求 ………… 164

    3.2.3　舷梯及其收放装置的类型和构造特点 ……………… 165

    3.2.4　潜水员舷梯及其翻梯装置 …………………………… 205

    3.2.5　舷梯绞车 ……………………………………………… 206

  3.3　登乘绳梯 …………………………………………………… 211

  3.4　登船跳板 …………………………………………………… 211

  3.5　舷墙梯 ……………………………………………………… 213

  3.6　引航员登离船装置 ………………………………………… 214

    3.6.1　关于引航员登离船装置的基本要求 ………………… 214

    3.6.2　引航员登离船装置的形式及布置 …………………… 216

  3.7　船内梯 ……………………………………………………… 225

    3.7.1　斜梯 …………………………………………………… 225

    3.7.2　直梯 …………………………………………………… 231

    3.7.3　钢质踏步 ……………………………………………… 240

  3.8　船用梯的选择和布置 ……………………………………… 241

    3.8.1　一般要求 ……………………………………………… 241

    3.8.2　国际航行海船的梯道 ………………………………… 242

    3.8.3　国内航行海船的梯道 ………………………………… 244

第4章　栏杆和风暴扶手 ………………………………………… 247

  4.1　栏杆和风暴扶手的设置及基本要求 ……………………… 247

    4.1.1　有关公约和法规对栏杆保护的要求 ………………… 247

    4.1.2　IACS对于栏杆设施的解释 ………………………… 248

  4.2　栏杆 ………………………………………………………… 249

　　4.2.1　固定栏杆 ……………………………………………………… 249

　　4.2.2　活动栏杆 ……………………………………………………… 256

　　4.2.3　天幕栏杆 ……………………………………………………… 263

　　4.2.4　栏杆门 ………………………………………………………… 266

　　4.2.5　栏杆的选择和布置 …………………………………………… 268

　4.3　风暴扶手 …………………………………………………………… 271

第5章　船上专用通道 …………………………………………………… 274

　5.1　船舶检验通道技术要求 …………………………………………… 274

　　5.1.1　概述 …………………………………………………………… 274

　　5.1.2　国际航行海船的检验通道 …………………………………… 274

　　5.1.3　国内航行海船的检验通道 …………………………………… 277

　　5.1.4　检查通道技术规定 …………………………………………… 277

　　5.1.5　IACS 关于船舶检验通道及其技术规定的解释 …………… 284

　　5.1.6　货船检验通道(PMA)图的设计 …………………………… 310

　5.2　澳大利亚海上安全局对货舱通道的要求 ………………………… 328

　　5.2.1　概述 …………………………………………………………… 328

　　5.2.2　码头工人船上通道 …………………………………………… 328

　　5.2.3　货物处所通道图的设计 ……………………………………… 335

　5.3　进入液货船船首的安全通道 ……………………………………… 353

　　5.3.1　关于"进入液货船船首的安全通道"的规定 ……………… 353

　　5.3.2　进入液货船船首的安全通道设计 …………………………… 354

　5.4　机器处所脱险通道 ………………………………………………… 358

　　5.4.1　概述 …………………………………………………………… 358

　　5.4.2　机器处所脱险通道 …………………………………………… 358

第6章　天幕 ……………………………………………………………… 365

　6.1　概述 ………………………………………………………………… 365

　6.2　可拆式天幕的形式和结构 ………………………………………… 366

　　6.2.1　天幕柱 ………………………………………………………… 366

　　6.2.2　天幕布 ………………………………………………………… 375

　　6.2.3　天幕拉索及天幕梁 …………………………………………… 375

　6.3　固定式天幕的形式和结构 ………………………………………… 376

第7章　自然通风筒 ………………………………………………………………… 377

7.1　概述 …………………………………………………………………………… 377

7.2　有关公约、规则及规范对通风筒的要求 ………………………………………… 377

7.2.1　《国际载重线公约》及 MSA 法规对通风筒的要求 …………………… 377

7.2.2　CCS 规范对通风筒的要求 ……………………………………………… 378

7.3　自然通风筒的类型及使用特点 ………………………………………………… 379

7.3.1　烟斗式通风筒 …………………………………………………………… 379

7.3.2　菌形通风筒 ……………………………………………………………… 382

7.3.3　鹅颈式自然通风筒 ……………………………………………………… 384

7.3.4　喷射式抽风头 …………………………………………………………… 390

7.3.5　舷窗招风斗 ……………………………………………………………… 393

附录　参考资料 ……………………………………………………………………… 394

第1章　人孔盖和小舱口盖

1.1　概述

    人孔盖和小舱口盖是两种在船舶上广泛使用的舱室出入口启闭装置。

    船舶上一般都设有众多的液舱(如燃油舱、滑油舱、淡水舱、压载水舱等),以及某些因船体结构或管系检修的需要而设置但平时人员不需出入的舱室(如艏尖舱、艉尖舱、隔离空舱等)。这些舱室有的在干舷甲板或中间平台下,有的在双层底内,通常在围蔽这些舱室的甲板、平台、内底板和舱壁上开一些人孔,并设置人孔盖,供施工和检修人员出入用,一旦作业完成人员离开之后,即用人孔盖予以关闭。

    人孔盖的强度和密性(水密和油密)要求较高,因此人孔盖的结构和密封垫料应能保证人孔盖不低于其所在位置的船体结构(如甲板、平台、内底板、舱壁等)的强度和密性。

    船舶的货舱、储物舱,以及某些不设固定值班人员的设备舱室(如舵机舱、侧推装置舱等)处所的甲板或平台出入口应设置小舱口盖,既可供人员出入,也可供体积较小的设备或物品出入。船舶内部应急脱险通道在露天甲板出入口处,应设置两面均可启闭的小舱口盖。

    小舱口盖是指开孔尺寸不大,用人力就能容易启闭的舱口盖。常用的小舱口盖按密性分主要有两种:一种是风雨密舱口盖,通常安装在干舷甲板以上的各层露天甲板和半封闭的上层建筑或甲板室内部的甲板上;另一种是非风雨密舱口盖,只能用于船舶内部的甲板或平台上。除此之外,还有一些专用的舱口盖,如货油舱的油舱盖、通气舱口盖、耐压舱口盖等,根据船舶的要求设置。

    除非特殊设计,一般的小舱口盖不能用于液舱顶部。风雨密舱口盖只能承受外来风浪的袭击,不能承受来自舱内的强大水压力,因此对于船舶破舱以后需要保持水密的甲板或平台,不应设置小舱口盖。

1.2　有关公约、规则和规范对小舱口盖和人孔盖的要求

1.2.1　定义

（1）风雨密

风雨密是指在任何海况下，水不会透入船内。

（2）舱口、门口和通风筒的位置

① 位置1——在露天的干舷甲板上和后升高甲板上，以及位于从艏垂线起船长的1/4以前的露天上层建筑甲板上。

② 位置2——在位于从艏垂线起船长的1/4以后，且在干舷甲板以上至少一个标准上层建筑高度的露天上层建筑甲板上。在位于从艏垂线起船长的1/4以前，且在干舷甲板以上至少两个标准上层建筑高度的露天上层建筑甲板上。

（3）上层建筑标准高度

上层建筑的标准高度按表1-1确定，长度为中间值的船舶，其标准高度应按线性内插法求得。

表 1-1　上层建筑标准高度

船长 L/m	后升高甲板/m	所有其他上层建筑/m
30 或 30 以下	0.90	1.80
75	1.20	1.80
125 或 125 以上	1.80	2.30

1.2.2　水密舱壁上的开口

经修正的1974年《SOLAS公约》以及中国海事局《国际航行海船法定检验技术规则（2014）》和《国内航行海船法定检验技术规则（2020）》均规定：

（1）客船下列各处不准设门、人孔或出入口：

①限界线以下的防撞舱壁；

②分隔相邻货舱之间，或货舱与固定或备用煤舱之间的水密横舱壁，但甲板间分隔货舱的水密舱壁及载运货车和随车人员的客船除外。

（2）货船防撞舱壁上不允许设置门、人孔、通风管道或任何其他开口。

1.2.3　《国际载重线公约》及 MSA 国际航行海船法规对小舱口和人孔的要求

经修正的1966年《国际载重线公约》及中国海事局《国际航行海船法定检验技

术规则(2014)》关于小舱口和人孔的要求如下。

(1) 货舱口及其他舱口

①处于位置 1 和位置 2 的货舱口及其他舱口的结构及其保持风雨密的方法，应至少相当于本小节(3)款的要求，但经主管机关同意对于采用活动舱盖关闭以及用舱盖布和封舱压条来保证风雨密的舱口(其要求详见 MSC.143(77)决议附件《1966 年国际载重线公约 1988 年议定书附则 B 修正案》中的"附则Ⅰ载重线核定规则"第 15 条)除外。

②对上层建筑甲板以上的各层甲板的露天处所的舱口，其舱口围板和舱口盖应符合主管机关的规定。

(2) 舱口围板

①舱口围板应按其位置具有坚固的结构，其在甲板上的最小高度应：

在位置 1 时，为 600 mm；

在位置 2 时，为 450 mm。

②如果舱口符合本小节(3)款①至⑤项的规定，且主管机关确信船舶安全在任何海况下不受影响，其围板高度可以减小或完全取消。

(3) 风雨密钢质舱盖或其他相当材料所封闭的舱口

①在位置 1 和位置 2 的所有舱口，应设有钢质或其他相当材料的舱口盖。除本小节(1)款②项规定者以外，这些舱口盖应为风雨密，并应设有衬垫和夹扣装置。紧固及保持风雨密的措施应经主管机关认可。其布置应确信能在任何海况下保持密性，为此应要求在初次检验时进行密性试验，并可要求在换证检验和年度检验时或更短的间隔期进行密性试验。

②对于船长为 100 m 及以上的船舶舱口盖最小设计负荷：

(a) 位于艏部 1/4 船长范围内的位置 1 舱口盖，应按艏垂线处波浪载荷设计，此波浪载荷用以下公式计算：

$$载荷 = 5.0 + (L_H - 100)a \qquad t/m^2$$

式中，L_H 为船长 $L(m)$，用于船长不大于 340 m，但不小于 100 m 的船舶；对于船长大于 340 m 的船舶，取 340 m。船长 $L(m)$ 应取为量自龙骨板上缘的最小型深 85%处水线总长的 96%，或沿该水线从艏柱前缘至舵杆中心的长度，取大者；对于无舵杆的船舶，取为最小型深 85%处水线总长的 96%(详见 MSC.143(77)决议)；

a，见表 1-2，并如表 1-3 所示线性减至艏部 1/4 船长端部处的 3.5 t/m^2。

用于每个舱口盖板格的设计负荷应按其中点位置确定。

(b) 所有其他的位置 1 舱口盖的设计负荷应取为 3.5 t/m^2。

(c) 位置 2 舱口盖的设计负荷应取为 2.6 t/m^2。

（d）如位置 1 舱口设置在高于干舷甲板至少一个标准上层建筑高度的位置上，其设计负荷可取为 3.5 t/m²。

表 1-2　数值 a

形式	a
B 型干舷船	0.007 4
按 27(9)或(10)核定的减少干舷船①	0.036 3

注：①系指 MSC.143(77)决议附件《1966 年国际载重线公约 1988 年议定书附则 B 修正案》中的"附则 I 载重线核定规则"第 27 条(9)或(10)。

③对于船长 24 m 的船舶舱口盖最小设计负荷：

（a）位于艏部 1/4 船长范围内的位置 1 舱口盖，其设计所取波浪载荷应为艏垂线处取 2.43 t/m²，并线性减至艏部 1/4 船长端部处的 2.0 t/m²，见表 1-3。每个舱口盖板格的设计载荷应按其中点位置确定。

（b）所有其他的位置 1 舱口盖的设计负荷应取为 2.0 t/m²。

（c）位置 2 舱口盖的设计负荷应取为 1.5 t/m²。

（d）如果位置 1 舱口设置在干舷甲板以上至少一个标准上层建筑高度的位置上，其设计负荷可取为 2.0 t/m²。

④对于船长为 24～100 m 的船舶，以及对于艏垂线和 0.25L 之间的位置，波浪载荷的数值应用线性内插法求得，见表 1-3。

表 1-3　艏垂线和 0.25L 之间位置的波浪载荷

	纵向位置		
	艏垂线	0.25L	0.25L 后
L>100 m			
干舷甲板	①	3.5 t/m²	3.5 t/m²
上层建筑甲板	3.5 t/m²		2.6 t/m²
L=100 m			
干舷甲板	5.0 t/m²	3.5 t/m²	3.5 t/m²
上层建筑甲板	3.5 t/m²		2.6 t/m²
L=24 m			
干舷甲板	2.43 t/m²	2.0 t/m²	2.0 t/m²
上层建筑甲板	2.0 t/m²		1.5 t/m²

注：①本小节(3)款②项(a)的载荷计算式。

⑤所有的舱口盖均应设计为：

（a）按照上述载荷确定的最大应力与系数 1.25 的乘积不超过材料的极限屈

服强度的最低值和临界屈曲强度的最低值；

（b）挠度限制为不大于跨距的0.005 6倍；

（c）舱盖顶的钢板厚度应不小于加强筋间距的1%或 6 mm,取其大者；

（d）计入适当的腐蚀余量。

⑥紧固装置如采用不同于衬垫和夹扣的其他紧固及保持风雨密的措施,则应经主管机关认可。

⑦紧固装置应采取措施使放置在围板上的舱口盖在其关闭位置上能承受任何海况下水平方向载荷的作用。

（4）在位置 1 或位置 2,或在非封闭上层建筑内的人孔或平的小舱口,应用能达到水密的坚固罩关闭。除使用间隔紧密的螺栓紧固外,罩盖应永久性地附装于开口处。

1.2.4　MSA 国内航行海船法规对小舱口和人孔的要求

中国海事局《国内航行海船法定检验技术规则（2020）》关于小舱口和人孔的要求如下。

（1）处于位置 1 和位置 2 的货舱口和其他舱口的结构及其保持风雨密的方法至少应是：

①采用活动舱口盖关闭且用舱盖布和封舱压条保证风雨密的舱口（其要求详见 MSA《国内航行海船法定检验技术规则（2020）》第 3 篇第 2 章 2.2.4——编者注）；

②设有衬垫和夹扣装置的风雨密钢质舱盖或其他相当材料舱盖所封闭的舱口。

（a）舱口围板

在甲板以上的最小高度,在位置 1 时,应为 600 mm；在位置 2 时,应为 450 mm。如确认在任何风浪条件下并不影响船舶的安全,则此围板高度可以减小或完全取消。

（b）风雨密舱口盖

ⓐ 如果风雨密舱口盖是用钢质制成,对位置 1 的舱口,其强度应按假定负荷不小于 17.16 kPa 来计算；对位置 2 的舱口,其强度应按假定负荷不小于 12.75 kPa 来计算,并且按此计算的最大应力与系数 4.25 的乘积,应不超过材料的极限强度的最小值。舱盖的设计应使在该假定负荷下,其挠度不大于跨距的 0.002 8倍。作为舱盖顶面的钢板,其厚度应不小于加强筋间距的1%或 6 mm,取较大者。对于船长不大于 100 m 的船舶,上述假定负荷可适当降低。对于船长为 20 m 的船舶,位置 1 与位置 2 的舱口上,其假定负荷可分别降低到 9.72 kPa 和

7.29 kPa。对船长大于 20 m 且小于 100 m 的船舶,其负荷值应用线性内插法求得。

② 用钢质以外的其他材料制成的舱盖,其强度和刚度应相当于钢质制成者,并需经认可。

(c)保证风雨密的装置。

保证和维持风雨密的装置应经认可。这种装置应能保证在任何风浪情况下保持密闭,为此在初次检验时,应要求做密性试验,而在定期检验和年度检验时或在较短的间隔期内,也可要求做密性试验。

(2)在位置 1 或位置 2,或在非封闭上层建筑内的人孔或平的小舱口,应用能达到水密的坚固罩盖关闭。除非使用间隔紧密的螺栓紧固,否则罩盖应永久性地附装于开口处。

1.2.5 中国船级社《钢质海船入级规范》对小舱口和人孔的要求

经修正的中国船级社(CCS)《钢质海船入级规范(2018)》关于小舱口和人孔的要求如下。

(1)露天甲板上的小舱口应符合下列要求:

①小舱口围板的高度应符合如下规定:

在位置 1,其高度应不小于 600 mm;

在位置 2,其高度应不小于 450 mm。

采用钢质风雨密舱口盖的船舶,在不影响船舶安全和采取有效措施的条件下,经 CCS 同意,可适当降低其舱口围板高度。

②小舱口围板的厚度应不小于对舱口开口线内的甲板所规定的最小厚度或 11 mm,取其较小者。

③小舱口应配以钢质风雨密的舱口盖,并设可靠的紧固装置,以在任何情况下都能使舱口盖保持风雨密,舱口盖的板厚应不小于 CCS《钢质海船入级规范(2018)》对舱口开口线内的甲板所规定的最小厚度或 8 mm,取其较小者。

船长小于 65 m 的有限航区船舶,钢质风雨密舱口盖板的最小厚度为 5 mm。

④位于船首露天甲板上的小舱口盖的强度和锁紧,还应满足本小节第(2)条的要求。

(2)船首露天甲板小舱口的强度与锁紧。(本条的内容详见 CCS《钢质海船入级规范(2018)》第 2 篇第 1 章第 7 节 1.7.2,且与 IACS URS26 的要求相同。)

①本条的规定适用于船首 0.25L 区域内露天甲板上,设计用于通往甲板以下处所且在关闭时能达到风雨密或水密的小舱口的强度与锁紧。舱口开口面积通常为 2.5 m² 及以下。

②为紧急脱险设计的舱口不需满足本条下述⑧(a)(b)、⑨(c)及⑩的要求。为

紧急脱险设计的舱口的锁紧装置应为快速作用型(如一个作用手轮像中心锁紧装置一样进行关闭/开启舱口盖),可从舱口盖的两面操作。开启锁紧装置所需的最大的力应不超过 150 N,且可以接受在锁链端使用弹簧平衡器补偿弹簧或其他等效装置来减小开口此类舱口盖所需的力。

③所有船长 80 m 及以上的船舶,距夏季载重线以上高度小于 0.1L 或 22 m,取其小者,在船首 0.25L 区域露天甲板上的小舱口的强度与锁紧,应满足本条的要求。

④矩形钢质小舱口盖的板厚、扶强材布置与尺寸应符合图 1-1 和表 1-4 的规定。扶强材如设置时,应根据金属对金属接触点定位,如图 1-1 所示,应符合本条下述⑨款 a 项的要求。主扶强材应连续。所有扶强材应焊至内缘扶强材,见图 1-2。

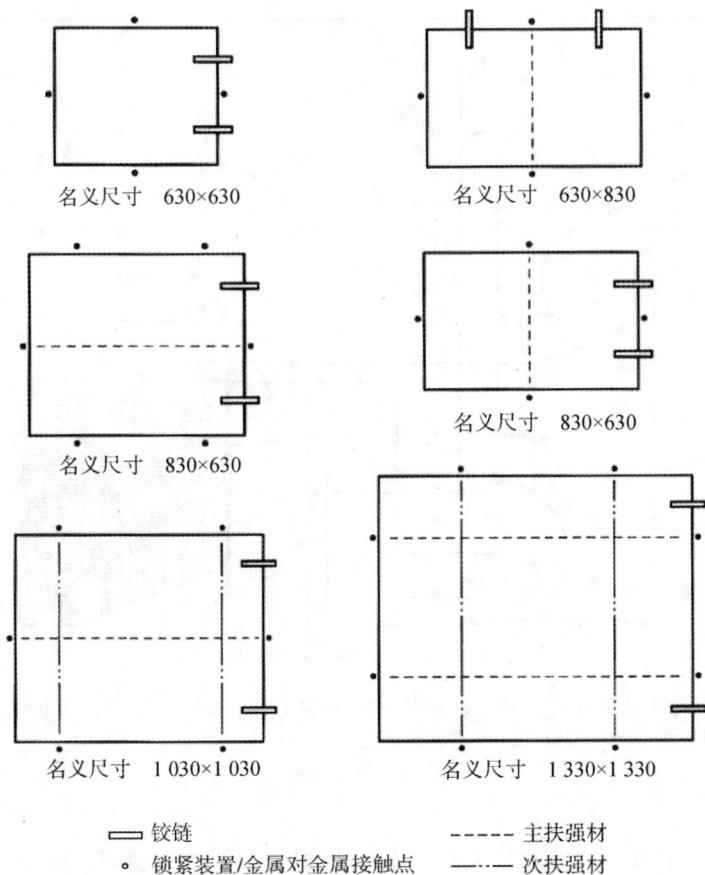

名义尺寸　630×630

名义尺寸　630×830

名义尺寸　830×630

名义尺寸　830×630

名义尺寸　1 030×1 030

名义尺寸　1 330×1 330

　铰链　　　　　　　　　　　　----- 主扶强材

　。 锁紧装置/金属对金属接触点　—·—·— 次扶强材

(单位:mm×mm)

图 1-1　小舱口盖的形式及规格

表 1-4　船首甲板小舱口盖的尺寸

名义尺寸/mm×mm	盖板厚度/mm	主扶强材	次扶强材
		板材/(mm×mm);数量	
630×630	8	—	—
630×830	8	100×8;1	—
830×630	8	100×8;1	—
830×830	8	100×10;1	—
1 030×1 030	8	120×12;1	80×8;2
1 330×1 330	8	150×12;2	100×10;2

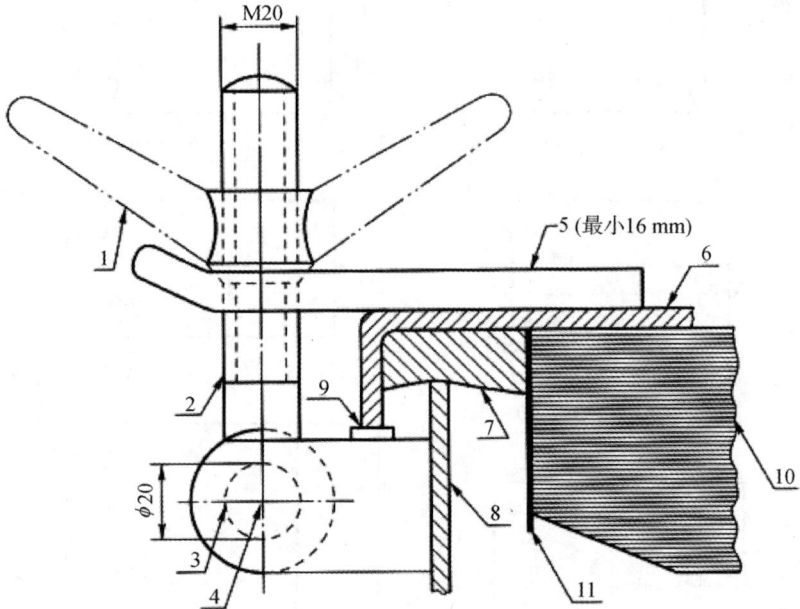

1—翼形螺母;2—螺栓;3—销轴;4—销轴中心;5—压板;6—舱口盖;7—垫片;8—舱口围板;
9—金属承压板;10—扶强材;11—内缘扶强材。

图 1-2　主锁紧装置

⑤舱口围板的上缘应设置水平方向型材,此型材离围板上缘通常为 170～190 mm。

⑥对圆形或类似形状的小舱口盖,舱口盖板厚度及加强应与周围结构等强度。

⑦对非钢质小舱口盖,要求的尺寸应提供等效强度。

⑧位于船首露天甲板上的小舱口应配有下列任何一种主锁紧装置:

(a) 翼型螺母压紧在压板上;

(b) 快速作用夹扣;

(c) 中心锁紧装置。

主锁紧装置不能使用带有楔块的把手(旋转锁紧把手)。

⑨主锁紧装置的要求应满足如下要求:

(a) 舱口盖上应配置具有弹性的填料。金属对金属接触点应根据图1-2对准每一个锁紧装置,并具有足够的承载能力。应设计成在设计压紧工况下允许金属接触,以防止上浪载荷对填料造成过度压紧,并可能进一步导致锁紧装置松开或脱开。

(b) 主锁紧装置应在设计压力下能被一个人在不使用任何工具时打开。

(c) 主锁紧装置使用翼型螺母时,压板的设计应加强。压板自由端表面应向上翘曲或采用自由端表面升高及类似方法。压板的厚度应不小于16 mm,如图1-2所示。

(d) 最前货舱口前的小舱口盖的铰链布置,应使上浪的主要方向导致舱口盖关闭,即铰链通常应布置在舱口盖的前部边缘。

(e) 位于主舱口之间(例如1号和2号之间)的小舱口盖,铰链应设置在舱口盖前部边缘或船外侧边缘,双横浪和首斜浪情况下的甲板上浪才能起到有效的防护作用。

⑩艏部甲板上的小舱口应配备独立的次锁紧装置,例如通过活动螺栓、搭扣或松动配合的垫板,即使当主锁紧装置松动或脱开时也能保持舱口就位,次锁紧装置应安装在舱口盖铰链的对面一侧。

(3) 对位于露天的干舷甲板、后升高甲板、上层建筑甲板,以及在非封闭的上层建筑内的人孔或与甲板齐平的小舱口,应配以坚固的能达到水密关闭的罩盖,除应设置间隔较小的紧固螺栓外,还应将罩盖永久地附设于人孔或小舱口处。

(4) 客船舱壁甲板以下的防撞舱壁和货船干舷甲板以下的防撞舱壁,不应设置门、人孔、通风管道或其他开口。

(5) 货舱内的人孔盖及其附件,应尽量不高出内底板或木铺板,如高出内底板,则对每一人孔应先加钢镶框,再加上木铺板或钢盖板,使其逐渐过渡。

(6) 货油舱舱口要求:

①舱口围板的高度应不小于600 mm,其厚度应不小于10 mm;若围板高度大于600 mm,应增加厚度,并在围板上部设置水平扶强材加强。

②舱口盖板的厚度应不小于12 mm;若舱盖面积大于1.2 m²,应用加强筋加

强或增加盖板厚度。

　　③紧固舱盖的螺栓间距一般应不大于 460 mm,在角隅处与舱口角隅的间距应不超过 230 mm。

　　④舱盖上应有直径不小于 150 mm 的测量孔与观察孔,孔上应有保证油密的有效关闭装置。

1.3　人孔盖的形式和用途

　　船用人孔盖按其形状可分为圆形、长圆形、椭圆形和方形;按其密性则可分为油密和水密。

　　我国造船行业目前使用的标准船用人孔盖的结构形式为采用螺柱和螺母固定的带围板(式)、平置式、埋入式和铰链式人孔盖。

1.3.1　带围板人孔盖

　　标准的 AA 型长圆形带围板人孔盖,其结构形式如图 1-3(a)所示,围板和座圈为焊接结构,围板高出开孔平面 100 mm。常用的规格按通孔尺寸($L \times B$)为 450×350、500×400、600×400、600×450 及 800×600(单位均为 mm)。盖板与座圈的厚度(S)相同,为 4~24 mm。

　　AB 型椭圆形带围板人孔盖,其结构形式与 A 型相似(图 1-3(b)),常用的规格按通孔尺寸($L \times B$)为 800×400(单位为 mm)。盖板与座圈的厚度(S)相同,为 12~24 mm。

　　AA 型和 AB 型带围板人孔盖的围板较高,当盖板打开时,可以防止污水或垃圾进入舱内,因此通常用于机舱、锅炉舱及其他容易积水的处所。此外,还可安装在表面为圆弧形的处所,如起重机的圆柱形筒体基座或球形结构的表面。

1.3.2　平置式人孔盖

　　标准的平置式人孔盖按其形状分为长圆形(BA 型)和椭圆形(BB 型),方形(BC 型)和圆形(BD 型)。

　　BA 型长圆形平置式人孔盖的结构形式如图 1-4(a)所示,常用的规格按通孔尺寸($L \times B$)为 450×350、500×400、600×400、600×450 及 800×600(单位均为 mm),盖板厚度(S)为 4~24 mm,座圈厚度均为 20 mm。BA 型人孔盖广泛应用于船舶的甲板、内底板、平台和舱壁等部位的人孔开口处,也可用于大型箱柜的出入口处。在用于货舱底部时,应在人孔盖周围加装钢镶框,并加木盖板或钢盖板,使其逐渐过渡与木铺板齐平。

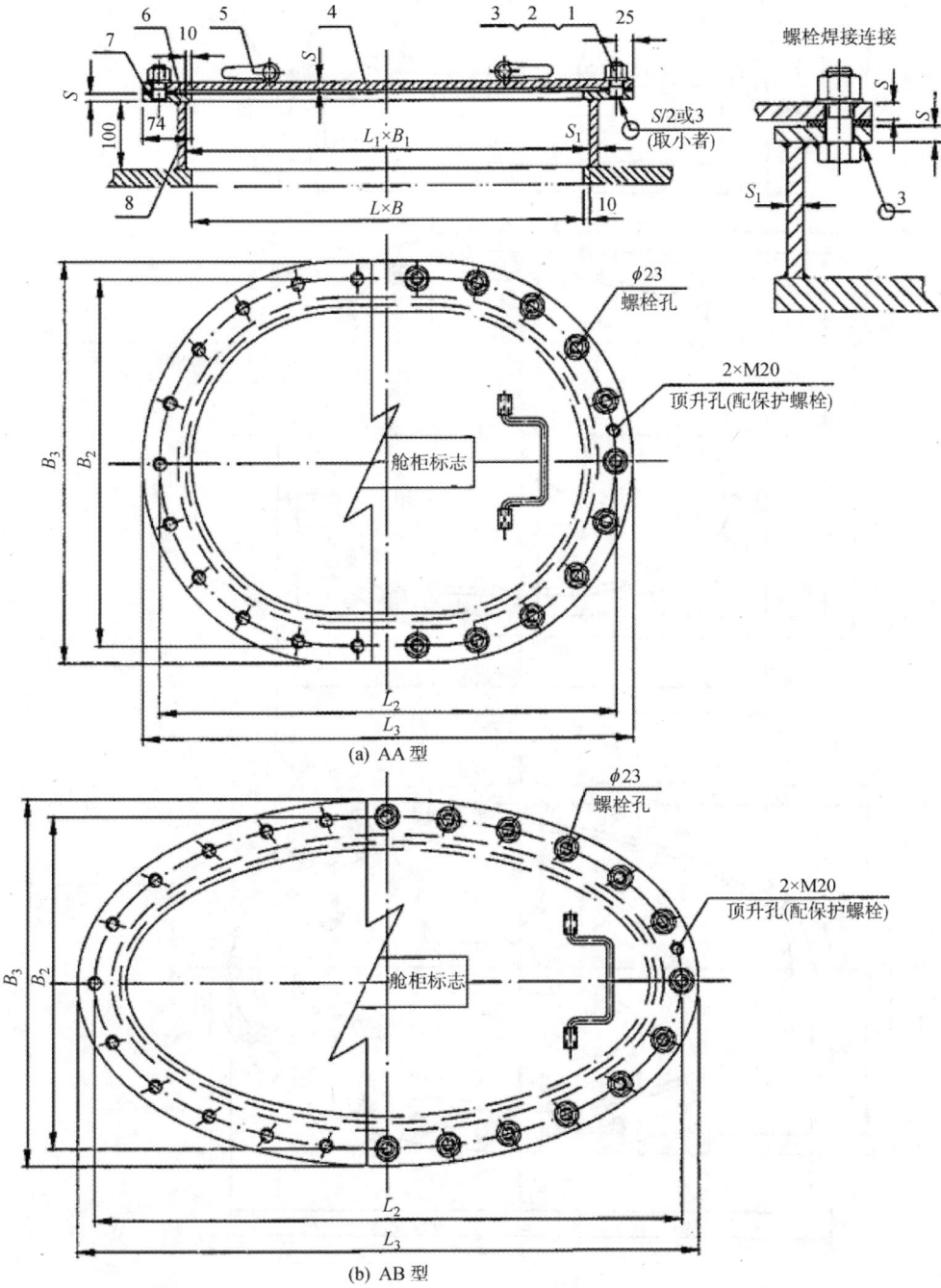

(a) AA 型

(b) AB 型

1—螺柱(螺栓);2—螺母;3—垫圈;4—盖板;5—拉手;6—座圈;7—橡胶垫片;8—围板。

图 1-3　AA 型和 AB 型人孔盖

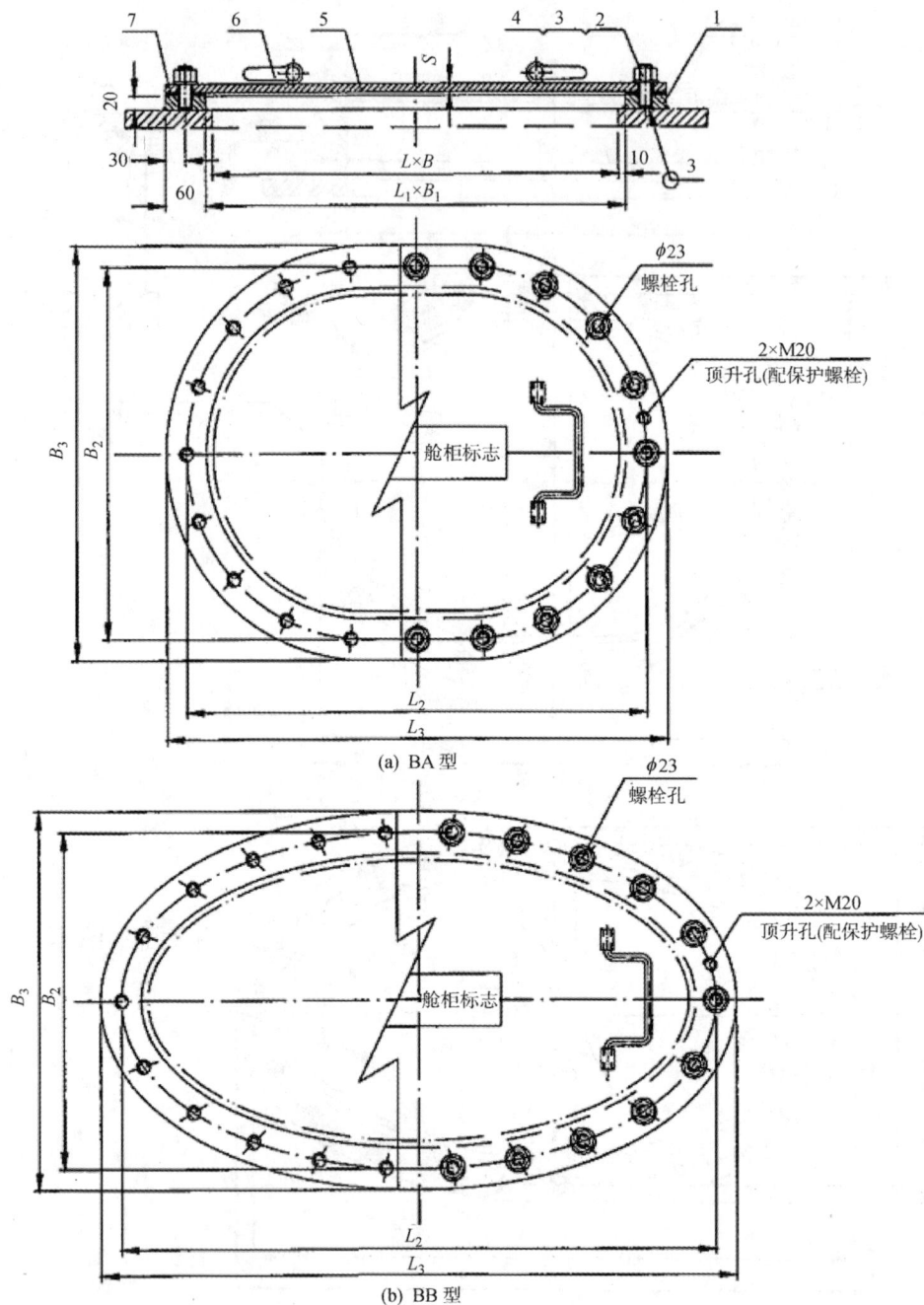

(a) BA 型

(b) BB 型

1—座板；2—螺柱；3—螺母；4—垫圈；5—盖板；6—拉手；7—橡胶垫片。

图 1-4　BA 型和 BB 型人孔盖

　　BB 型椭圆形平置式人孔盖,其结构形式与 BA 型相似(图 1-4(b)),规格按通孔尺寸($L \times B$)为 800×400(单位为 mm),盖板厚度(S)为 12～24 mm,座圈厚度为 20 mm。BB 型椭圆形人孔盖受力情况较长圆形人孔盖更有利,因此主要用于船体结构应力较大的区域。

　　BC 型方形平置式人孔盖,其结构形式如图 1-5 所示,规格按照通孔尺寸($L \times B$)为 600×600(单位为 mm),盖板厚度(S)为 10～24 mm,座圈厚度为 20 mm。BD 型圆形平置式人孔盖,其结构形式如图 1-6 所示,规格按照通孔尺寸(D)为 $\phi450$ 和 $\phi600$(单位为 mm),盖板厚度(S)为 6～22 mm,座圈厚度为 20 mm。

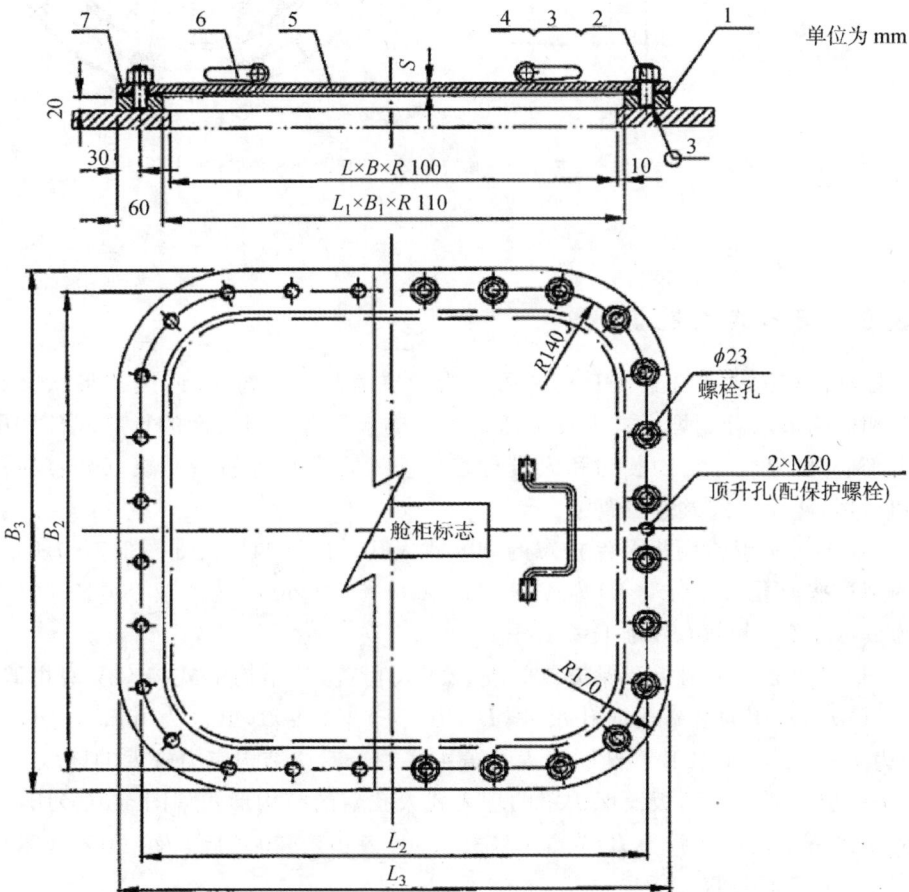

1—座板;2—螺柱;3—螺母;4—垫圈;5—盖板;6—拉手;7—橡胶垫片。

图 1-5　BC 型人孔盖

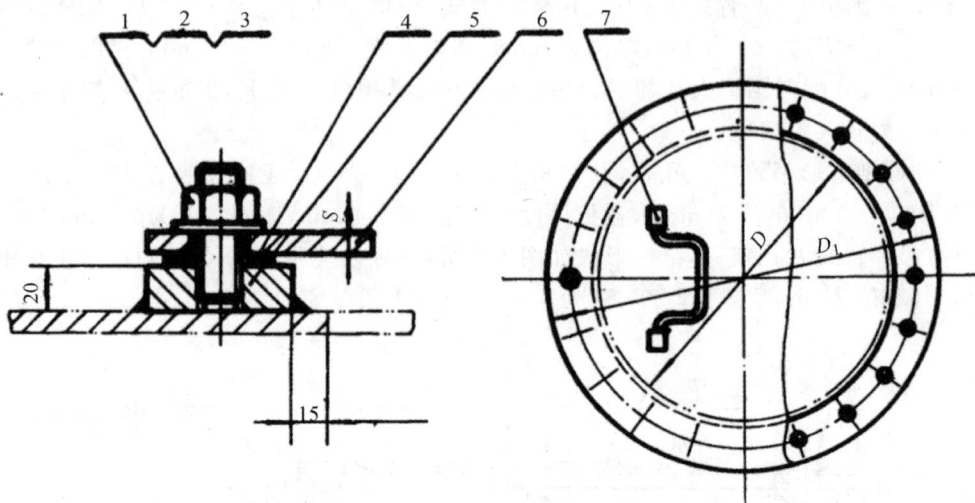

1—螺柱;2—螺母;3—垫圈;4—橡胶垫圈;5—座圈;6—盖板;7—拉手。

图 1-6　BD 型人孔盖

1.3.3　埋入式人孔盖

标准的埋入式人孔盖按其构造可分为带罩盖与无罩盖两种,按其形状又有长圆形和椭圆形之分。埋入式人孔盖通常用于要求具有平坦表面的货舱底部和甲板通道等处所,以便于货物装卸和人员行走。埋入式人孔盖的主要缺点是容易积聚水和污物,从而导致人孔盖腐蚀。

CA 型长圆形带围板及保护罩的埋入式人孔盖的结构形式如图 1-7(a)所示,常用的规格按通孔尺寸($L \times B$)为 450×350、600×400、600×450 及 800×600(单位均为 mm),盖板厚度(S)为 $4 \sim 24$ mm。

CB 型椭圆形带围板及保护罩的埋入式人孔盖,其结构形式与 CA 型相似(见图 1-7(b)),常用的规格按通孔尺寸($L \times B$)为 800×400(单位为 mm),盖板厚度(S)为 $12 \sim 24$ mm。CB 型椭圆形人孔盖主要用于船体结构应力较大的区域。

CC 型长圆形带围板及保护罩的埋入式人孔盖的结构形式如图 1-8(a)所示,常用的规格按通孔尺寸($L \times B$)为 450×350、600×400、600×450 及 800×600(单位均为 mm),盖板厚度(S)为 $4 \sim 24$ mm。

CD 型椭圆形带围板及保护罩的埋入式人孔盖,其结构形式与 CC 型相似(图 1-8(b)),常用的规格按通孔尺寸($L \times B$)为 800×400(单位为 mm),盖板厚度(S)为 $12 \sim 24$ mm。CD 型椭圆形人孔盖主要用于船体结构应力较大的区域。

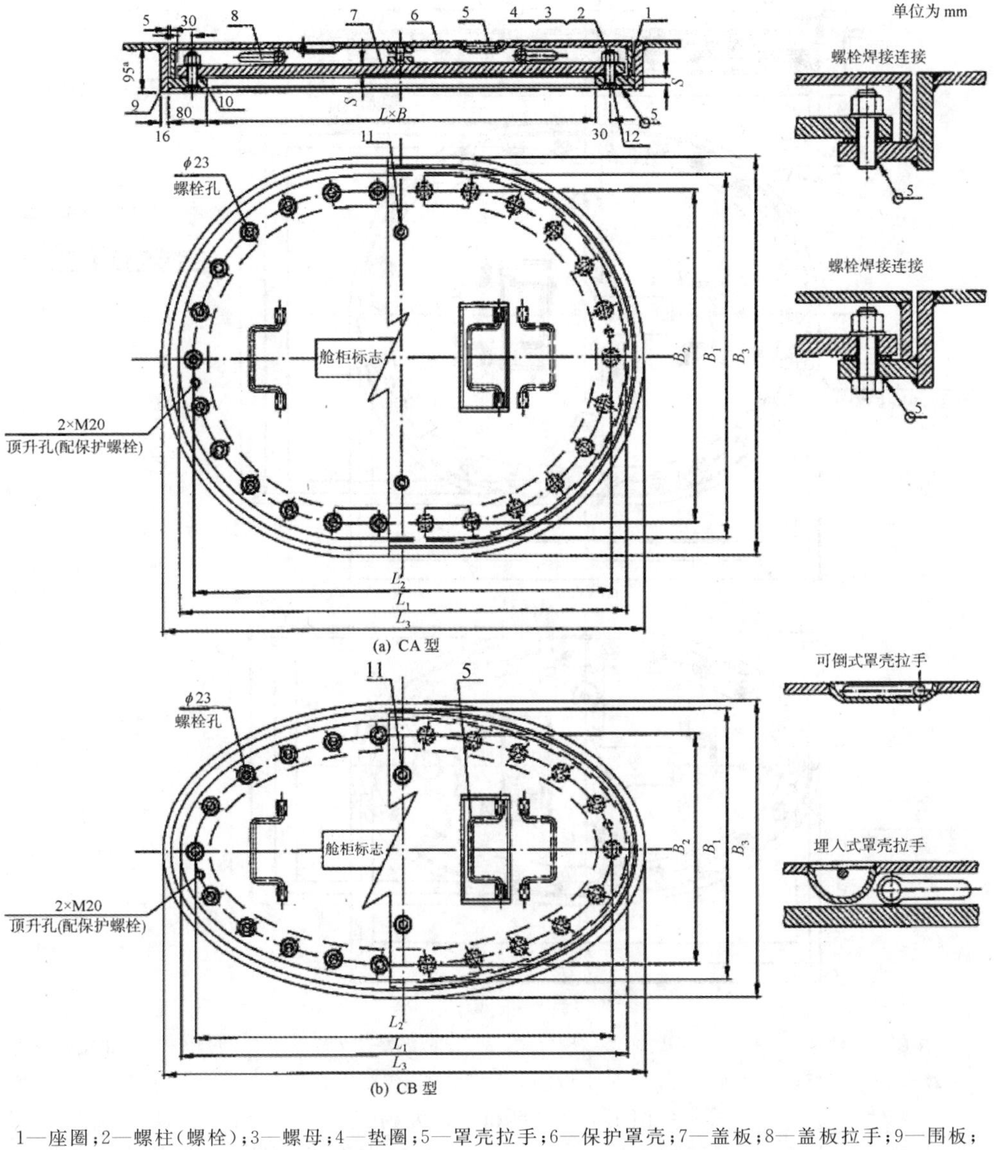

(a) CA 型

(b) CB 型

1—座圈；2—螺柱（螺栓）；3—螺母；4—垫圈；5—罩壳拉手；6—保护罩壳；7—盖板；8—盖板拉手；9—围板；10—橡胶垫片；11—定位螺柱；12—底部封板；a—尺寸 95 mm 可根据实际需要改变。

图 1-7　CA 型和 CB 型人孔盖

注：座圈和盖板的连接也可通过螺柱焊接或螺栓焊接连接，参见右上图；围板和船体结构的焊接形式由设计者决定。

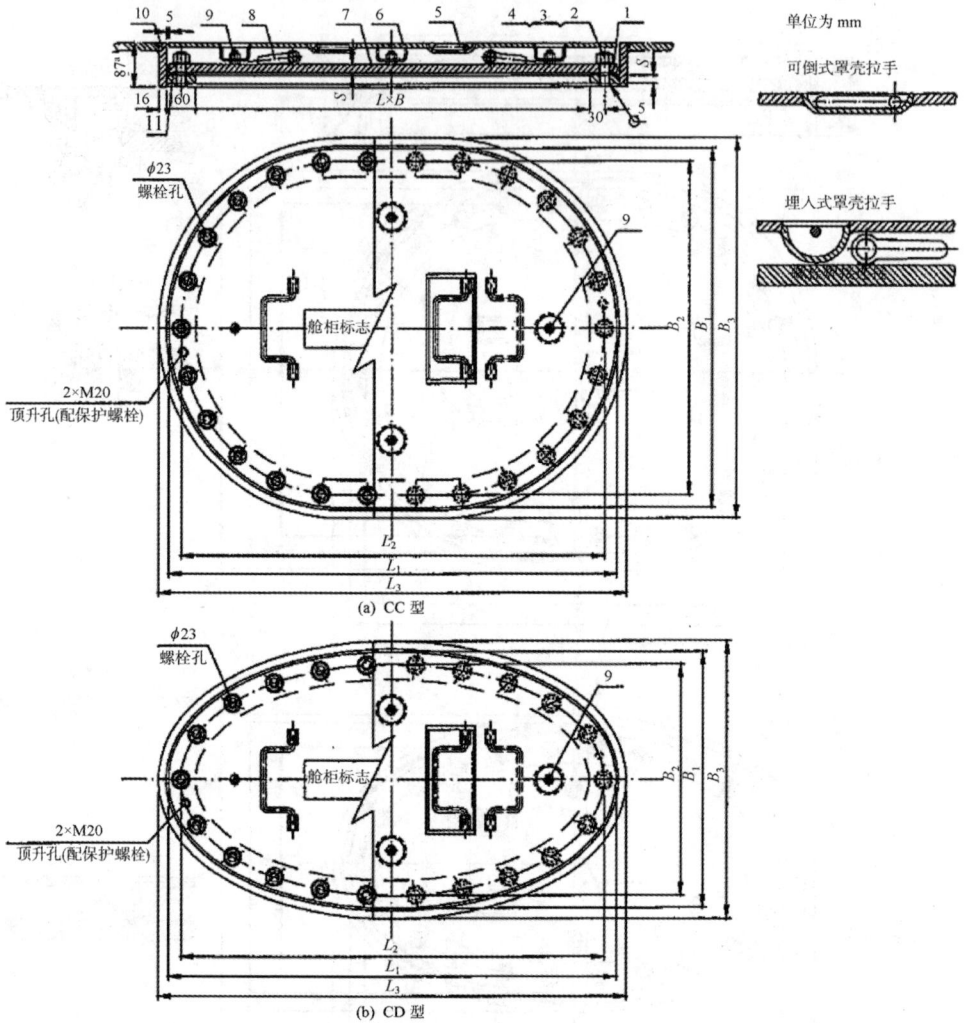

1—座圈；2—螺柱；3—螺母；4—垫圈；5—罩壳拉手；6—保护罩壳；7—盖板；8—盖板拉手；9—定位螺栓和螺母；10—围板；11—橡胶垫片；a—尺寸 87 mm 可根据实际需要改变

图 1-8　CC 型和 CD 型人孔盖

注：保护罩壳的拉手可以是可倒或埋入式，参见右上图；围板和船体结构的焊接形式由设计者决定。

　　DA 型长圆形无罩盖埋入式人孔盖的结构形式如图 1-9（a）所示，常用的规格按通孔尺寸（$L \times B$）为 450×350、600×400、600×450 及 800×600（单位均为 mm），盖板厚度（S）为 4～24 mm。

DB 型椭圆形无罩盖埋入式人孔盖,其结构形式与 DA 型相似(图 1-9(b)),常用的规格按照通孔尺寸($L \times B$)为 800×400(单位为 mm),盖板厚度(S)为 $12 \sim 24$ mm。CD 型椭圆形人孔盖主要用于船体结构应力较大的区域。

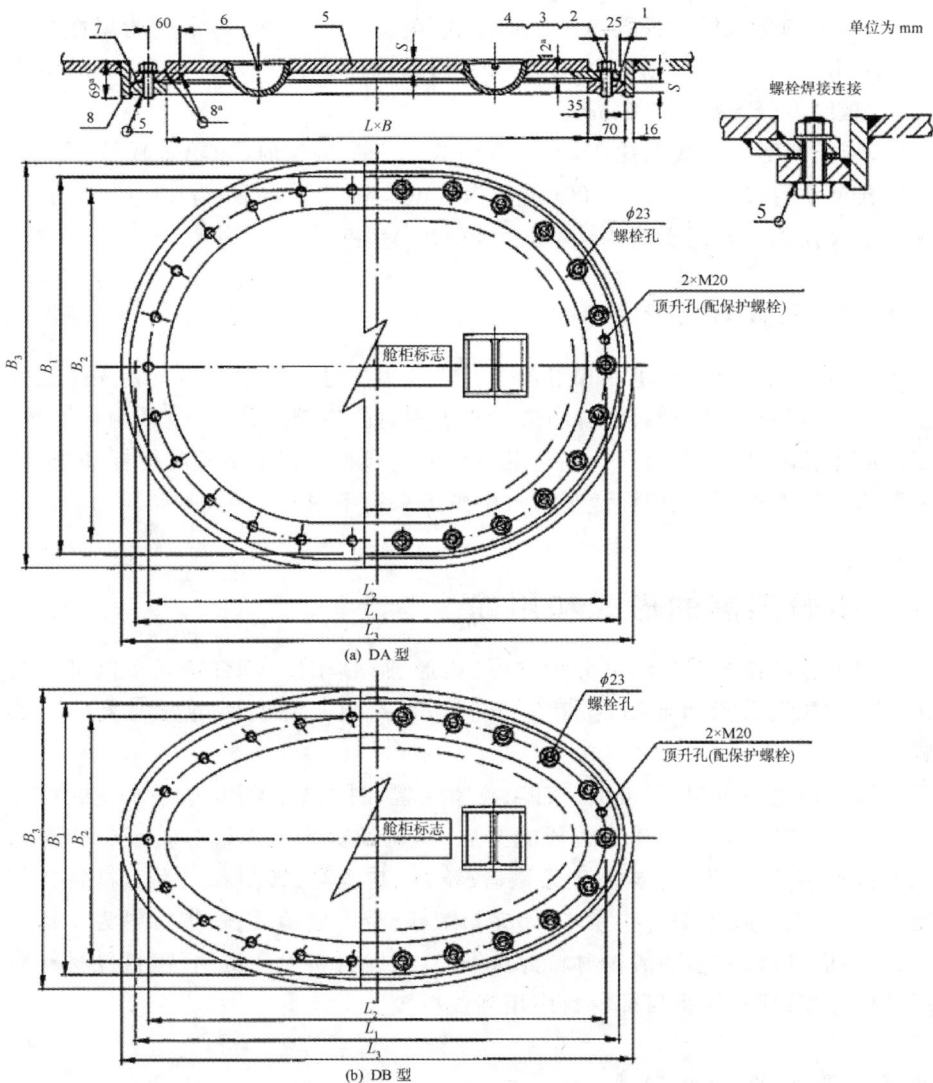

1—座圈;2—螺柱(螺栓);3—螺母;4—垫圈;5—盖板;6—拉手;7—橡胶垫片;8—围板;

a—尺寸 69 mm、12 mm 及焊脚高度 8 mm 可根据实际需要改变。

图 1-9　DA 型和 DB 型人孔盖

注:座圈和盖板的连接方式也可为螺栓焊接连接,参见右上图;围板和船体结构的焊接形式由设计者决定。

1.3.4　铰链式人孔盖

标准的铰链式人孔盖按其形状分为长圆形（EA 型）和椭圆形（EB 型）。

EA 型长圆形铰链式人孔盖的结构形式如图 1-10(a)所示,常用的规格按通孔尺寸($L \times B$)为 450×350、500×400、600×400、600×450 及 800×600（单位均为 mm）,盖板厚度(S)为 4~24 mm。

EB 型椭圆形铰链式人孔盖,其结构形式与 EA 型相似,如图 1-10(b)所示,规格按通孔尺寸为($L \times B$)800×400（单位为 mm）,盖板厚度(S)为 12~24 mm。EB 型椭圆形人孔盖主要用于船体结构应力较大的区域。

1.3.5　人孔盖的材料

人孔盖的盖板、围板、座圈和罩盖等通常采用普通碳素钢或与安装人孔盖处的船体结构相同的材料(如铝合金)制造。用于密封的橡胶垫片,一般采用耐油橡胶,用于饮用水舱时,则应采用符合饮食卫生要求的橡胶。固定盖板的螺柱和螺母,一般采用普通碳素钢,若长期浸泡于海水中则可采用不锈钢。

1.4　小舱口盖的形式和用途

船用小舱口盖按其形状可分为方形、矩形、圆形和长圆形;按其密性可分为风雨密、非风雨密、水密和油密;按其安装后是否高出开孔表面可分为突出式和埋入式。

小舱口盖主要由围板、盖板、铰链、夹紧装置、制止器、锁扣、把手和密封件等组成。较大的小舱口盖为了减轻盖板的开启力,还设有平衡块或弹簧铰链。围板和盖板的材料为 A 级船体结构用碳素钢;铰链板、制止器、锁扣和拉手等材料为普通碳钢;铰链和夹紧装置中有些零件,如夹扣螺栓、带舌插销、销轴等材料为不锈钢或碳素钢;翼形螺母、衬套和滑轮材料为黄铜;双扭簧材料为弹簧钢;密封件材料一般为耐老化橡胶;油密的密封件材料应用耐油橡胶。

1.4.1　风雨密小舱口盖

(1) A 型单面启闭风雨密舱口盖

A 型小舱口盖为方形或矩形突出式舱口盖(图 1-11),盖板由翼形螺母夹扣与围板紧固,只能从外面启闭。较大的 A 型小舱口盖设有平衡块。A 型小舱口盖常用的规格列于表 1-5。

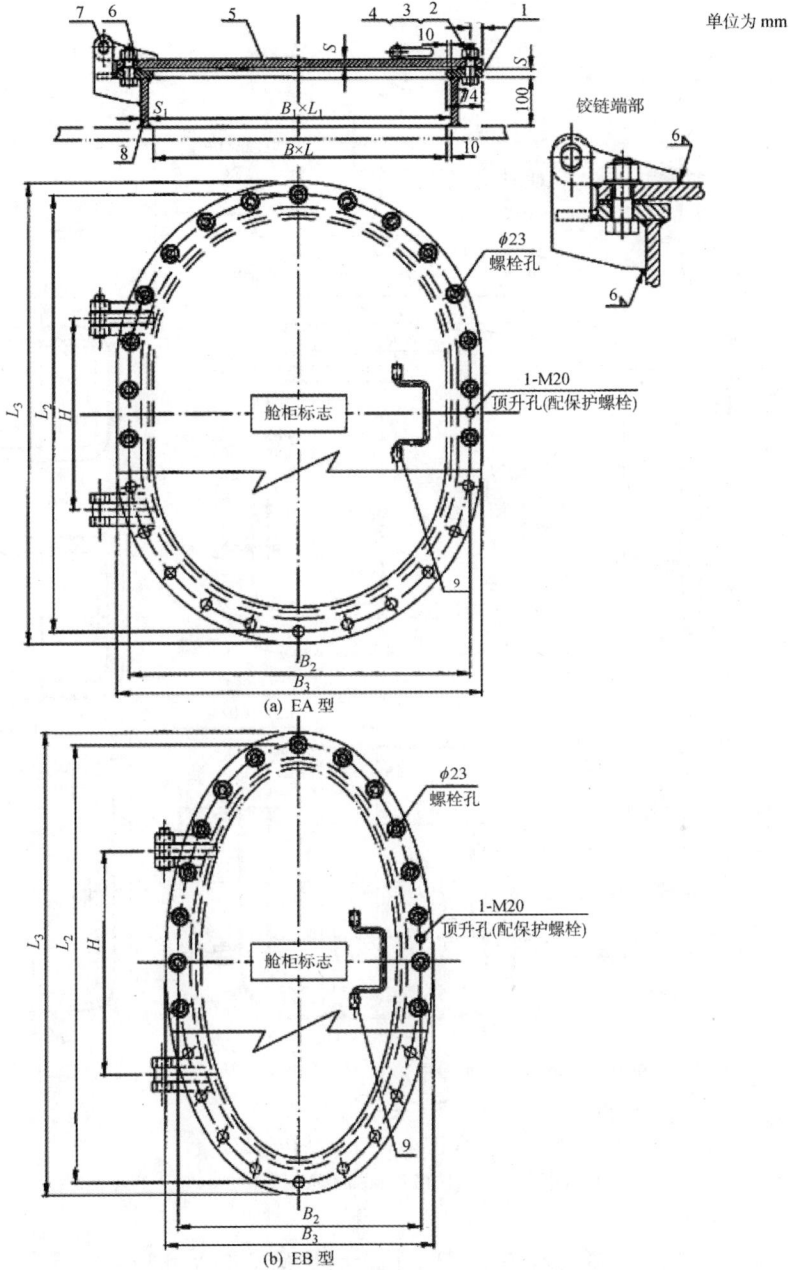

图 1-10　EA 型和 EB 型人孔盖

1—座圈;2—螺栓;3—螺母;4—垫圈;5—盖板;6—橡胶垫片;7—铰链;8—围板;9—拉手;
a—尺寸 L_1、B_1 和 10 可根据实际需要改变。

单位为 mm

A 830×830

A 450×630

A 830×1 230

750

A 530×530

A 1 030×1 030

900

A 630×630

A 1 330×1 330

1 100

A 630×830

$L \times B$

$L_1 \times B_1 \times R$

$L_1 \times B_1$

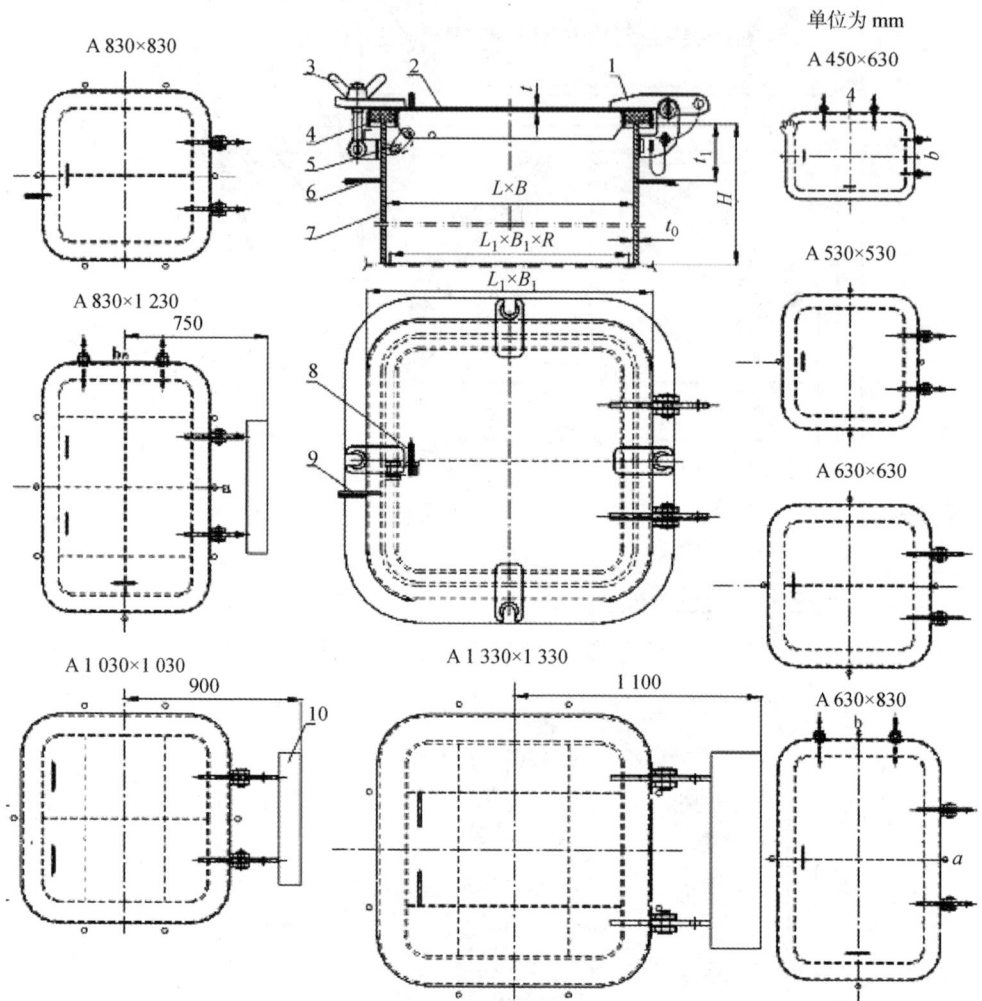

1—铰链;2—盖板;3—夹扣;4—密封件;5—防海盗锁扣;6—围板扶强材;7—围板;8—拉手;9—锁扣;
10—平衡块;a—长边安装铰链;b—短边安装铰链。

图 1-11　A 型小舱口盖结构形式

注:是否安装防海盗锁扣由选用者定。

　　A 型小舱口盖用于储物舱和干货舱在露天甲板或非封闭上层建筑内的甲板上的出入口,不能用于内部应急脱险通道在露天甲板上的出入口。

表 1-5　A 型小舱口盖规格及基本尺寸 (mm)

名义尺寸 $L \times B$	通孔尺寸 $L_1 \times B_1 \times R$	盖板尺寸 $L_2 \times B_2$	t	加强筋	t_0	围板尺寸 H	扶强材	h	翼形螺母夹扣 直径	数量	平衡块 重/kg	质量/kg
450×630	420×600×100	508×688	4	—	4,6	100, 150,	—	—	M16	4		24.4
		512×692	6		6,8							31.1
		516×696	8		8,11							37.7
530×530	500×500×100	588×588	4	—	4,6							24.2
		592×592	6		6,8							30.8
		596×596	8		8,11							37.4
630×630	600×600×100	688×688	4	60×6	4,6	200, 250,	⌐60×5	160				31.2
		692×692	6		6,8							40.8
		696×696	8		8,11							50.5
630×830	600×800×100	688×888	4	80×6	4,6	450, 600	⌐70×5	160				39.4
		692×892	6		6,8							50.5
		696×896	8	100×8	8,11							62.1
830×830	800×800×100	888×888	4	80×6	4,6	800	⌐80×6	180	M20	6		52.1
		892×892	6		6,8							66.2
		896×896	8	100×10	8,11							80.3
830×1 230	800×1 200×100	888×1 288	4	100×10	4,6		⌐80×6	180		8		85.2
		892×1 292	6	80×8	6,8							105.3
		896×1 296	8	120×12,80×8	8,11						88.0	107.1
1 030×1 030	1 000×1 000×100	1 092×1 092	6	100×10,80×8	6,8		⌐100×8	180		6	57.7	108.5
		1 096×1 096	8	120×12,80×8	8,11						80.0	130.3
1 330×1 330	1 300×1 300×100	1 396×1 396	8	150×12,100×10	8,11					8	116.0	234.1

注:①海船距船首 0.25L 区域内的舱口围板应安装围板扶强材,其他区域舱口围板是否安装围板扶强材由选用者定;

②表中质量不包括围板及围板扶强材质量;

③围板的高度与厚度尺寸由选用者定。

（2）B 型双面启闭风雨密舱口盖

B 型小舱口盖为方形或矩形突出式舱口盖（图 1-12），盖板由楔形把手夹扣与围板紧固，因此可以两面启闭。B 型小舱口盖常用的规格列于表 1-6。

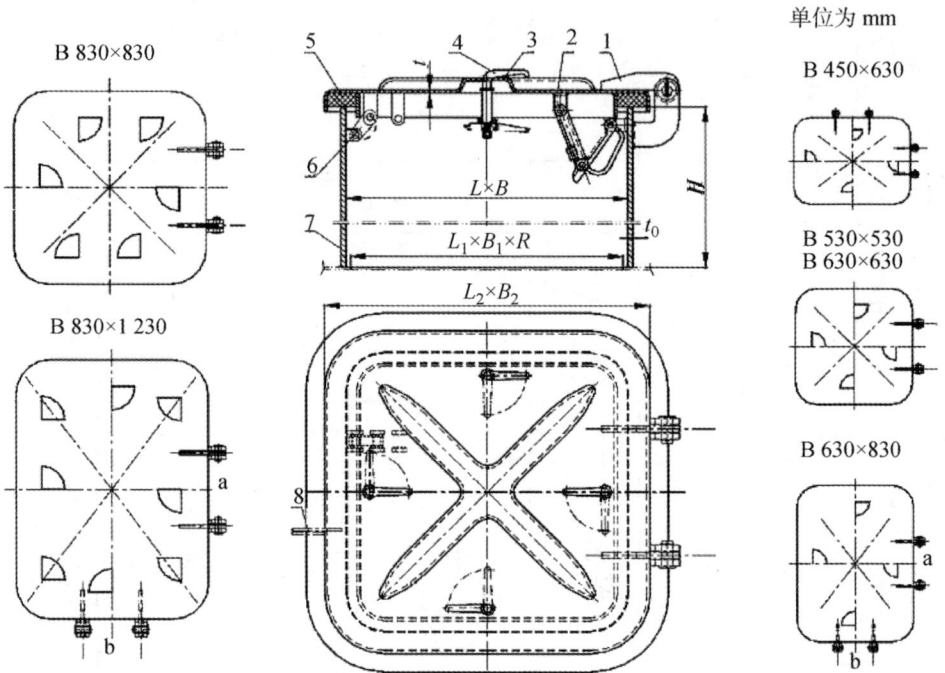

1—铰链；2—制止器；3—盖板；4—楔形把手夹扣；5—密封件；6—防海盗锁扣；7—围板；8—锁扣；

a 为长边安装铰链；b 为短边安装铰链。

图 1-12　B 型小舱口盖结构形式

表 1-6　**B 型小舱口盖规格及基本尺寸**　　　　　　　　（mm）

名义尺寸 $L \times B$	通孔尺寸 $L_1 \times B_1 \times R$	盖板尺寸 $L_2 \times B_2$	盖板厚度 t	围板[①]		楔形把手夹扣数量/个	质量[②]/kg
				厚度 t_0	高度 H		
		508×688	4	4.6			28.7
450×630	420×600×100	512×696	6	6.8			35.4
		516×696	8	8.11			42.0

单位为 mm

B 830×830

B 830×1 230

B 450×630

B 530×530
B 630×630

B 630×830

表 1-6 （续）

名义尺寸 $L \times B$	通孔尺寸 $L_1 \times B_1 \times R$	盖板尺寸 $L_2 \times B_2$	盖板厚度 t	围板[①]		楔形把手夹扣数量/个	质量[②]/kg
				厚度 t_0	高度 H		
530×530	500×500×100	588×588	4	4.6	100 150 200 250 450 600	4	28.5
		592×592	6	6.8			35.1
		596×596	8	8.11			41.7
630×630	600×600×100	688×688	4	4.6			33.5
		692×692	6	6.8			42.4
		696×696	8	8.11			51.2
630×830	600×800×100	688×888	4	4.6			39.7
		692×892	6	6.8			51.2
		696×896	8	8.11			62.3
830×830	800×800×100	888×888	4	4.6		6	51.2
		892×892	6	6.8			65.3
		896×896	8	8.11			79.4
830×1 230	800×1 200×100	888×1 288	4	4.6		8	71.4
		892×1 292	6	6.8			91.5

注：①围板的高度与厚度尺寸由选用者定；

②表中质量不包括围板质量。

B 型小舱口盖用于储物舱和干货舱在露天甲板或非封闭上层建筑内的甲板上的出入口，也可用于内部通道在露天甲板上的出入口。

（3）C 型快速启闭风雨密舱口盖

C 型小舱口盖为方形或圆形突出式舱口盖（图 1-13），盖板由中心旋转把手夹扣与围板紧固可以从两面快速启闭。由于装有弹簧铰链，故舱口盖的开启力较小。C 型小舱口盖常用的规格列于表 1-7。

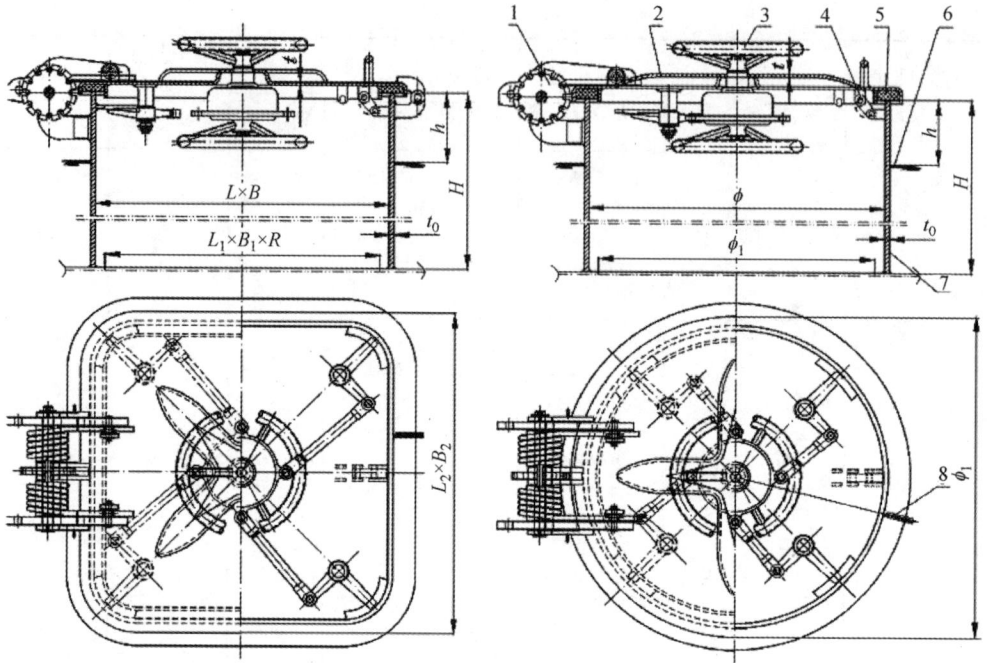

1—弹簧铰链;2—盖板;3—中心旋转把手夹扣;4—防海盗锁扣;5—密封件;6—围板扶强材;7—围板;
8—锁扣。

图 1-13 C 型小舱口盖结构形式

注:是否安装防海盗锁扣由选用者定。

表 1-7 C 型小舱口盖规格及基本尺寸　　　　　　　　　　　　（mm）

名义尺寸 $L\times B$ 或 ϕ	通孔尺寸 $L_1\times B_1\times R$ 或 ϕ_1	盖板尺寸			围板尺寸			中心旋转把手夹扣数量/个	质量/kg
		$L_2\times B_2$ 或 ϕ_2	t	t_0	H	扶强材	h		
530×530	500×500×100	588×588	4	4,6	150,200,250,450,600	—	—	4	44.8
		592×592	6	6,8					51.4
		596×596	8	8,11					58.0
630×630	600×600×100	688×688	4	4,6		⌐60×5	160		50.0
		692×692	6	6,8					58.7
		696×696	8	8,11					67.5
830×830	800×800×100	892×892	6	6,8		⌐80×6	180	6	76.2
		895×896	8	8,11					85.1

表 1-7 （续）

名义尺寸 $L \times B$ 或 ϕ	通孔尺寸 $L_1 \times B_1 \times R$ 或 ϕ_1	盖板尺寸			围板尺寸			中心旋转把手夹扣数量/个	质量/kg
		$L_2 \times B_2$ 或 ϕ_2	t	t_0	H	扶强材	h		
$\phi530$	$\phi500$	588	4	4,6		—	—	4	42.2
		592	6	6,8					47.5
		596	8	8,11					52.8
$\phi630$	$\phi600$	688	4	4,6		「60×5	160		46.1
		692	6	6,8					53.2
		696	8	8,11					60.2
$\phi830$	$\phi800$	892	6	6,8		「80×6	180	6	72.3
		896	8	8,11					80.2

注：①海船距船首 0.25L 区域内的舱口围板应安装围板扶强材,其他区域舱口围板是否安装围板扶强材由选用者定;

②表中质量不包括围板及围板扶强材质量;

③围板的高度与厚度尺寸由选用者定。

C 型小舱口盖常用于机舱及其他处所应急脱险通道在露天甲板上的出入口。

（4）D 型埋入式风雨密舱口盖

D 型小舱口盖为方形或矩形埋入式舱口盖(图 1-14),由可倒楔形把手夹扣与围板紧固,可以两面启闭。D 型小舱口盖常用的规格列于表 1-8。

D 型小舱口盖用于舱室内主通道和其他需要保持甲板平整的部位的舱口开孔。

表 1-8　D 型小舱口盖规格及基本尺寸　　　　　　　　　　　　（mm）

名义尺寸 $L \times B$	通孔尺寸 $L_1 \times B_1 \times R$	盖板尺寸 $L_2 \times B_2$	甲板开口尺寸 $L_3 \times B_3 \times R_1$	盖板厚度 t	围板厚度 t_0	把手夹扣数量/个	质量/kg
530×530	530×530×115	588×588	6××622×161	4	6	4	46.7
		592×592	622×622×161	6	6		53.3
		596×596	626×626×163	8	8		63.6

表 1-8 （续）

名义尺寸 $L \times B$	通孔尺寸 $L_1 \times B_1 \times R$	盖板尺寸 $L_2 \times B_2$	甲板开口尺寸 $L_3 \times B_3 \times R_1$	盖板厚度 t	围板厚度 t_0	把手夹扣数量/个	质量/kg
630×630	630×630×115	688×688	722×722×161	4	6	4	57.4
		692×692	722×722×161	6	6		66.1
		696×696	726×726×163	8	8		80.5
630×830	630×830×115	688×888	722×922×161	4	6	6	73.9
		692×892	726×926×163	6	8		91.5
		696×896	726×926×163	8	8		106.3
830×830	830×830×115	892×892	926×926×163	6	8	8	114.9
		896×896	926×926×163	8	8		129.0

单位为 mm

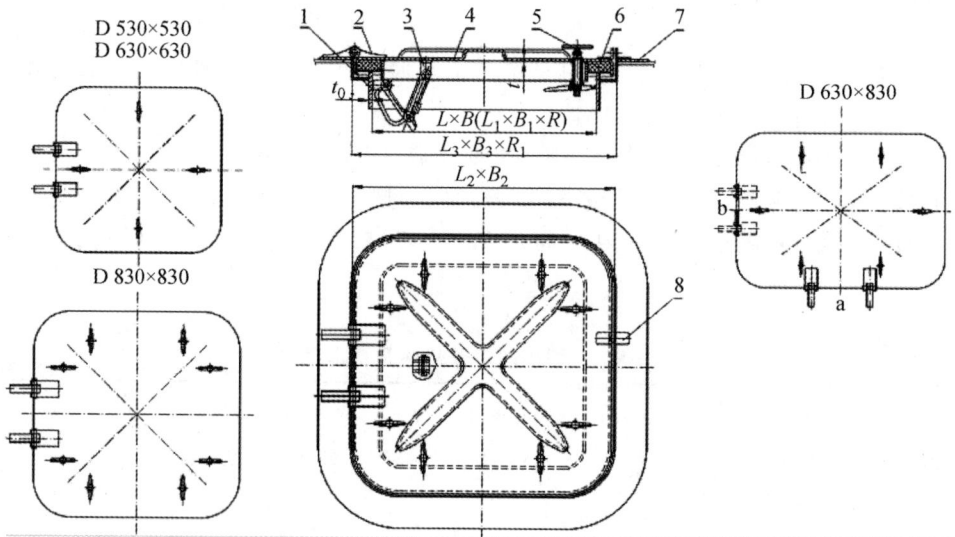

1—围板；2—铰链；3—制止器；4—盖板；5—可倒楔形把手；6—密封件；7—围槛；8—锁扣；

a 为长边安装铰链；b 为短边安装铰链。

图 1-14 D 型小舱口盖结构形式

1.4.2　非风雨密小舱口盖

（1）E 型单面启闭非风雨密舱口盖

E 型小舱口盖为方形或矩形突出式舱口盖（见图 1-15），盖板仅由一个翼形螺母夹扣与围板紧固，单面启闭。E 型小舱口盖常用的规格列于表 1-9。

单位为 mm

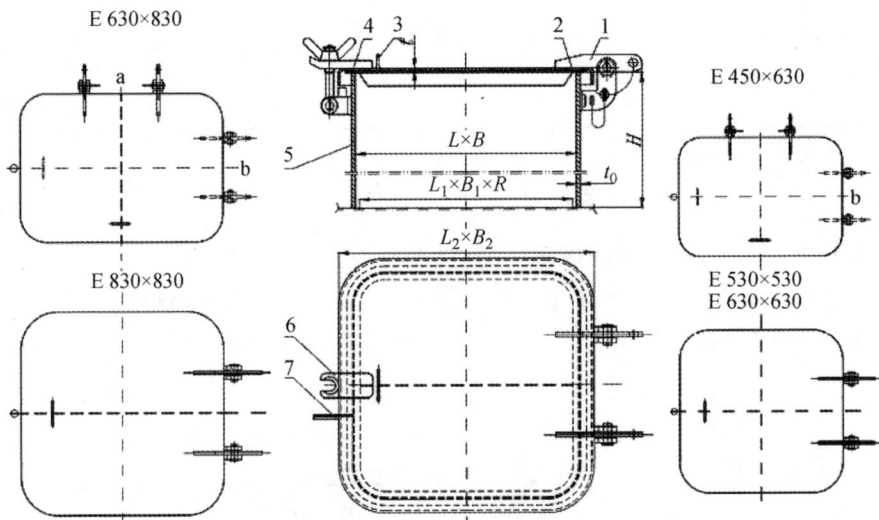

1—铰链；2—盖板；3—拉手；4—缓冲件；5—围板；6—翼形螺母夹扣；7—锁扣；

a 为长边安装铰链；b 为短边安装铰链。

图 1-15　型小舱口盖结构形式

E 型小舱口盖用于封闭的上层建筑内或无风雨密要求部位的舱口开孔。

表 1-9　E 型小舱口盖规格及基本尺寸　　　　　　　　　　（mm）

名义尺寸 $L \times B$	通孔尺寸 $L_1 \times B_1 \times R$	盖板尺寸			围板尺寸		翼形螺母夹扣直径	质量/kg
		$L_2 \times B_2$	t	加强筋	t_0	H		
450×630	420×600×100	508×688	4		4,6		M16	20.9
		512×692	6		6,8			27.6
530×530	500×500×100	588×588	4	—	4,6			20.7
		592×592	6		6,8			27.3

表 1-9 （续）

名义尺寸 $L \times B$	通孔尺寸 $L_1 \times B_1 \times R$	盖板尺寸				围板尺寸		翼形螺母夹扣直径	质量/ kg
		$L_2 \times B_2$	t	加强筋	t_0		H		
630×630	600×600×100	688×688	4		4,6		100, 150, 200		26.3
		692×692	6		6,8				35.1
630×830	600×800×100	688×888	4	60×6	4,6			M20	34.7
		692×892	6		6,8				45.6
830×830	800×800×100	888×888	4	80×6	4,6				42.1
		892×892	6		6,8				55.3

注：①表中质量不包括围板质量；

　　②围板的高度与厚度尺寸由选用者定。

（2）F 型双面启闭非风雨密舱口盖

F 型小舱口盖为方形或矩形突出式舱口盖（见图 1-16），盖板仅由一个楔形把手夹扣与围板紧固，可以两面启闭。F 型小舱口盖常用的规格列于表 1-10。

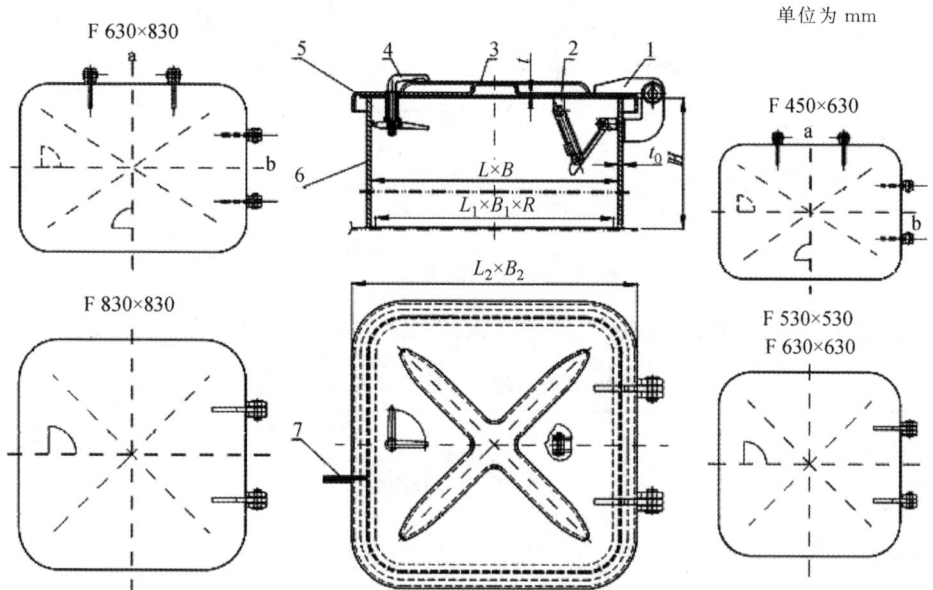

1—铰链；2—制止器；3—盖板；4—楔形把手夹扣；5—缓冲件；6—围板；7—锁扣；a—长边安装铰链；b—短边安装铰链。

图 1-16　F 型小舱口盖结构形式

表 1-10　F 型小舱口盖规格及基本尺寸　　　　　　（mm）

名义尺寸 $L \times B$	通孔尺寸 $L_1 \times B_1 \times R$	盖板尺寸		围板尺寸		把手夹扣数量/个	质量/kg
		$L_2 \times B_2$	t	t_0	H		
450×630	420×600×100	508×688	4	4,6			22.2
		512×692	6	6,8			28.8
530×530	500×500×100	588×588	4	4,6			22.0
		592×592	6	6,8			28.5
630×630	600×600×100	688×688	4	4,6	100,150,200	1	27.1
		692×692	6	6,8			35.9
630×830	600×800×100	688×888	4	4,6			33.1
		692×892	6	6,8			44.2
830×830	800×800×100	888×888	4	4,6			40.5
		892×892	6	6,8			54.5

注：①表中质量不包括围板质量；

②围板的高度与厚度尺寸由选用者定。

F 型小舱口盖用于封闭的上层建筑内或无风雨密要求部位的舱口开孔。

（3）货油舱盖

货油舱盖主要有两种形式。一种为圆形转动式油舱盖，这种油舱盖又分为 A 型和 AF 型，如图 1-17、图 1-18 和表 1-11 所示，其中 AF 型油舱盖使用于船首 0.25L 区域内，A 型使用于其他区域。另一种为长圆形转动式油舱盖，这种油舱盖又分为 B 型和 BF 型，如图 1-19、图 1-20 和表 1-12 所示，其中 BF 型油舱盖使用于船首 0.25L 区域内，B 型油舱盖使用于其他区域。

油舱盖用于各类油船货油舱通道的甲板开口。其橡胶密封圈用于装原油的油舱时，应采用氯丁橡胶；用于装成品油的油舱时，则应采用氟橡胶。

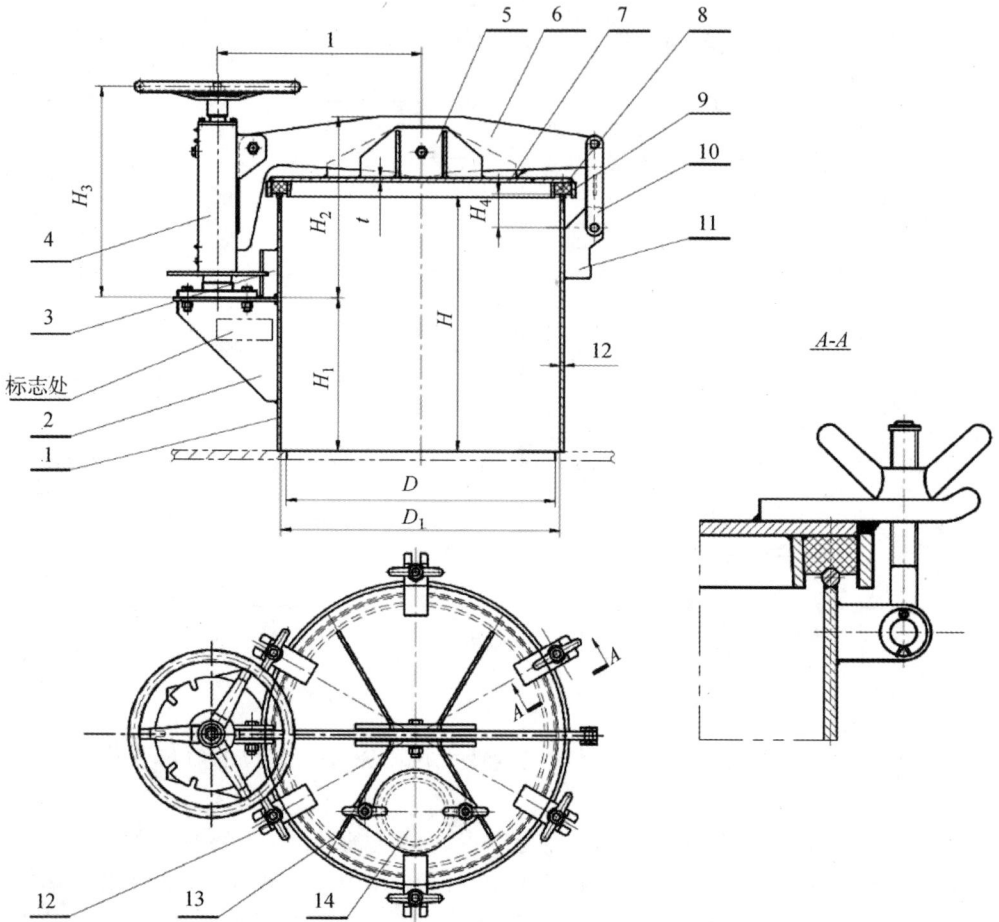

1—围板;2—支座;3—导向板;4—开闭装置;5—连接板;6—连杆;7—盖板;8—密封圈;9—压圈;10—锁扣;11—耳板;12—翼形夹扣;13—加强筋;14—观察孔盖。

图 1-17　A 型油舱盖结构

单位为 mm

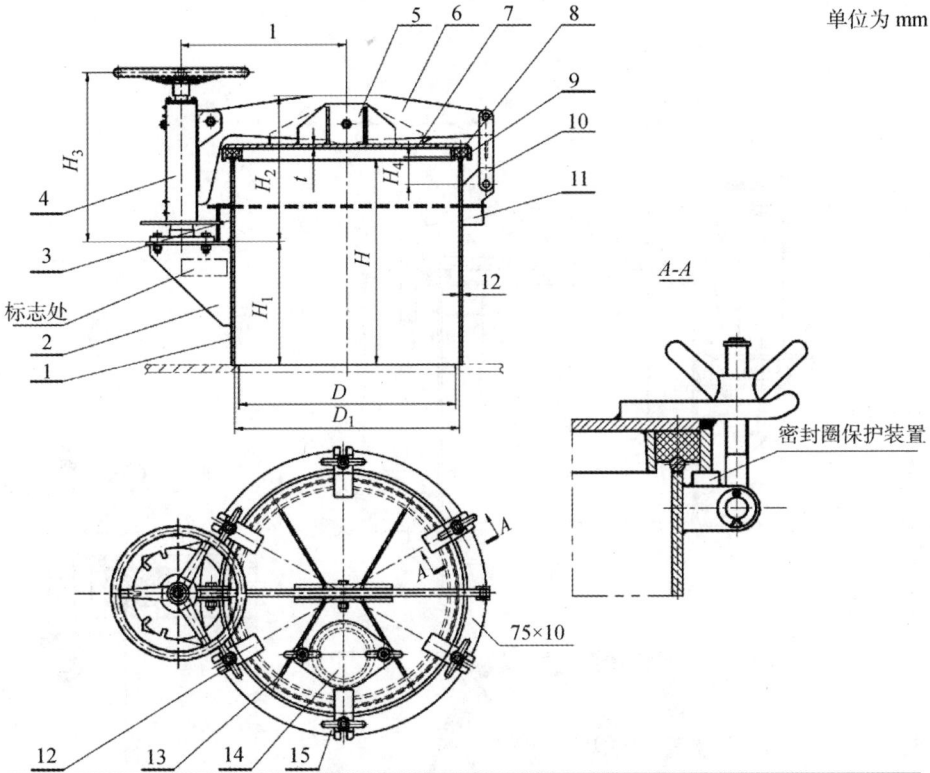

1—围板；2—支座；3—导向板；4—开闭装置；5—连接板；6—连杆；7—盖板；8—密封圈；9—压圈；10—锁扣；11—耳板；12—翼形夹扣；13—加强筋；14—观察孔盖；15—加强板。

图 1-18　AF 型油舱盖结构

表 1-11　A 型和 AF 型油舱盖的规格及基本尺寸　　　　　　　（mm）

公称尺寸 D	围板尺寸 D_1	H	H_1	H_2	H_3	H_4	l	t	夹扣数量/个	理论质量/kg A 型	理论质量/kg AF 型
600	630						480		4	364	377
700	730						530	12		409	424
800	830	760	290	538	585~700	100	580		6	464	481
900	930						665			512	530
1 000	1 030						682	14		579	599
1 200	1 230						782			682	706

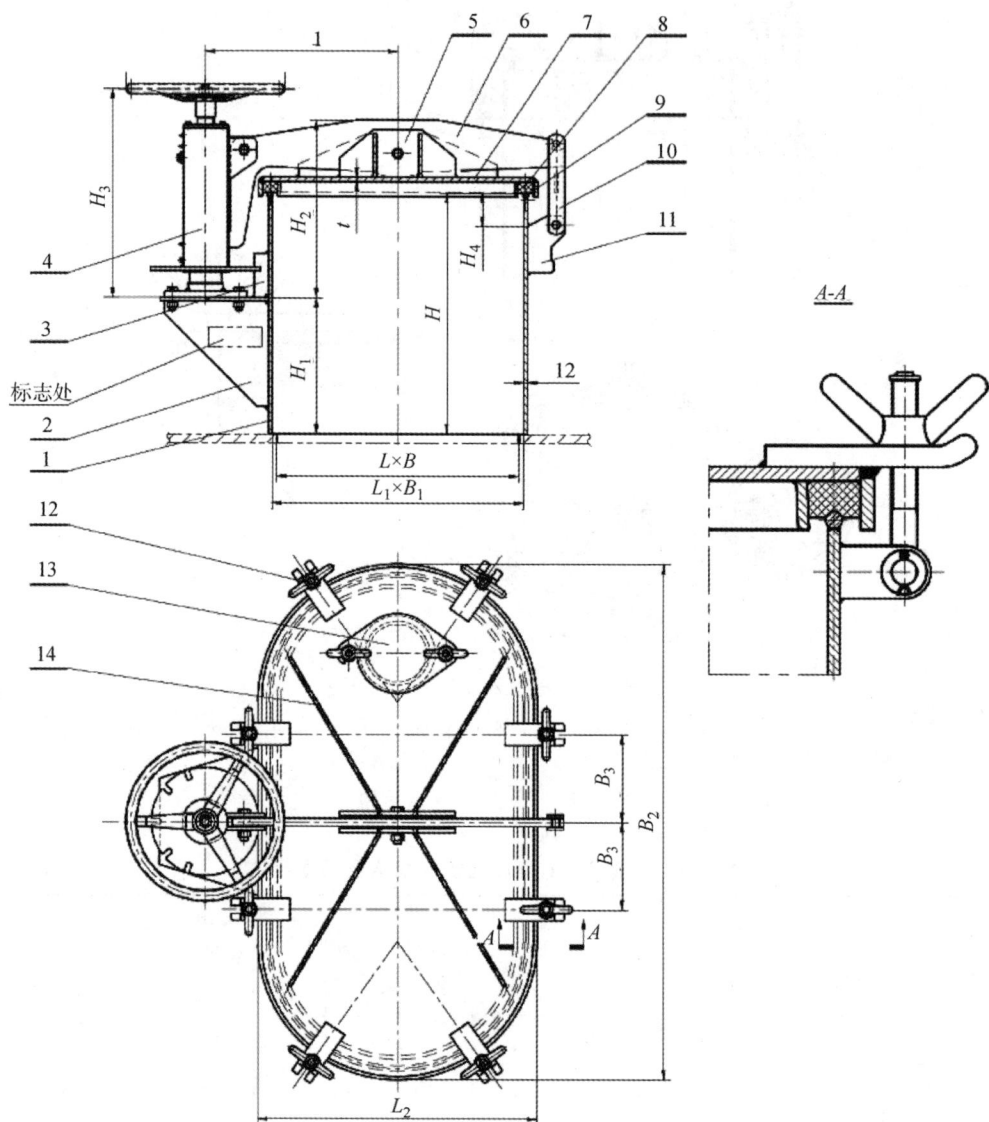

1—围板；2—支座；3—导向板；4—开闭装置；5—连接板；6—连杆；7—盖板；8—密封圈；9—压圈；10—锁扣；
11—耳板；12—翼形夹扣；13—观察孔盖；14—加强筋。

图 1-19　B 型油舱盖结构

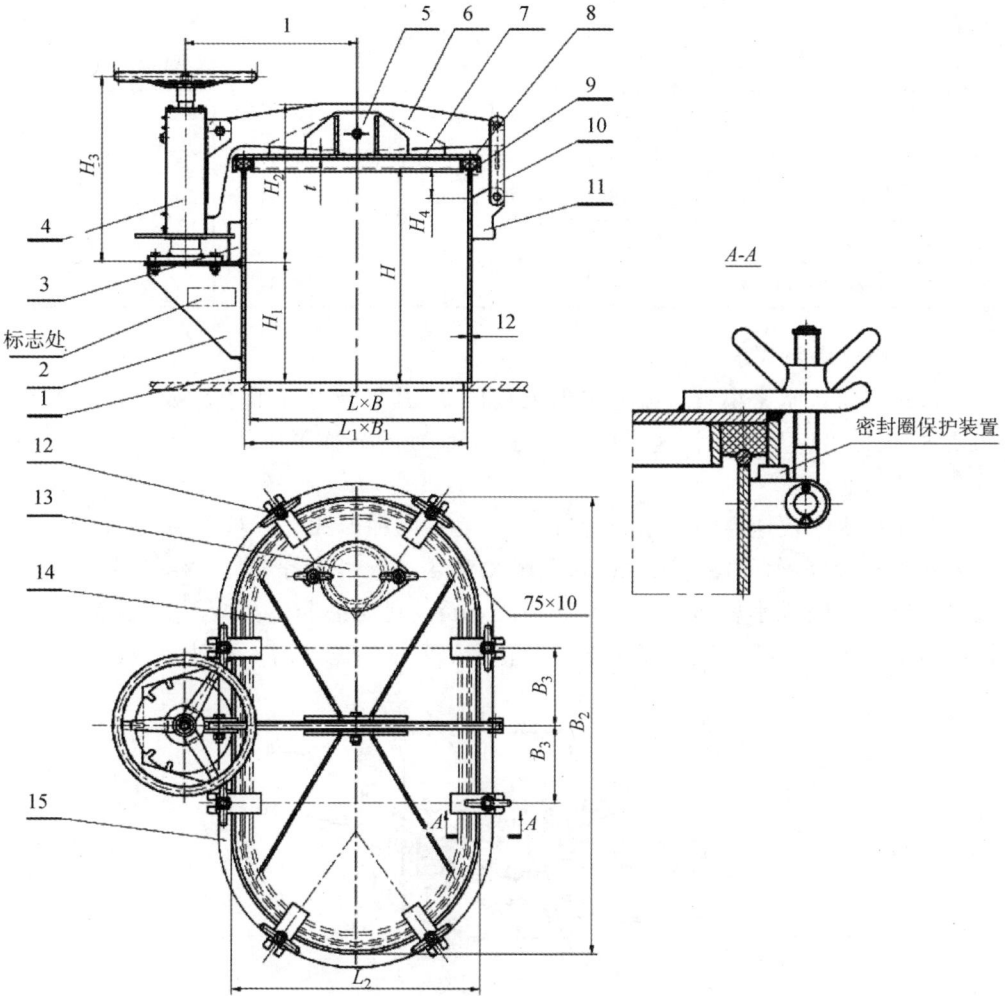

1—围板；2—支座；3—导向板；4—开闭装置；5—连接板；6—连杆；7—盖板；8—密封圈；9—压圈；10—锁扣；
11—耳板；12—翼形夹扣；13—观察孔盖；14—加强筋；15—加强板。

图 1-20　BF 型油舱盖结构

表 1-12　B 型和 BF 型油舱盖的规格基本尺寸　　　　　　　　　　（mm）

公称尺寸 $L \times B$	围板尺寸 $L_1 \times B_1$	L_2	B_2	B_3	H	H_1	H_2	H_3	H_4	l	t	夹扣数量	理论质量/kg B 型	BF 型
600×800	630×830	685	885	100						515		4	416	429
750×1 200	780×1 230		1 285	430						556			565	579
750×1 300	780×1 300	835	1 385	460	760	290	538	585~700	100	556	14	8	601	617
750×1 500	780×1 530		1 585	250						595			654	678
850×1 500	880×1 530	935		460						606			679	699

（4）快速启闭式水密舱口盖

快速启闭式水密小舱口盖为突出式舱口盖，其盖板设置由手轮操纵的中心夹扣装置，因此可以从两面快速启闭舱口盖，所设置的弹簧平衡装置，则可减小舱口盖开启的力。

常用的水密快速启闭式水密舱口盖，主要有两种形式。一种为 A 型圆形快速启闭式水密舱口盖，如图 1-21 所示，其规格和主要尺寸列于表 1-13。另一种为 B 型方形快速启闭式水密舱口盖，如图 1-22 所示，其规格和主要尺寸列于表 1-14。快速启闭式水密小舱口盖主要用于船上有水密要求的舱室出入口处。

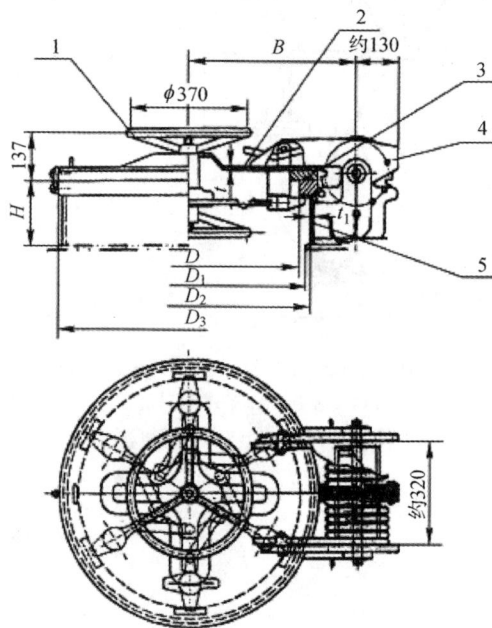

1—中心夹扣装置；2—盖板；3—密封填料；4—弹簧平衡装置；5—围板。

图 1-21　A 型圆形快速启闭式水密舱口盖

表 1-13　A 型圆形快速启闭式水密舱口盖的主要尺寸　　　　　　　（mm）

通孔尺寸 D	开孔尺寸 D_1	围板内径 D_1	盖板外径 D_3	盖板厚度 t	围板		中心距 B	质量/kg
					厚度 t_1	高度 H		
600	640	670	720				473	245
650	690	720	770				498	266
700	740	770	820	12	12	200	523	285
750	790	820	870				548	306
800	840	870	920				573	328

注:围板高度 H 可根据需要确定,表中 H 为最小尺寸。

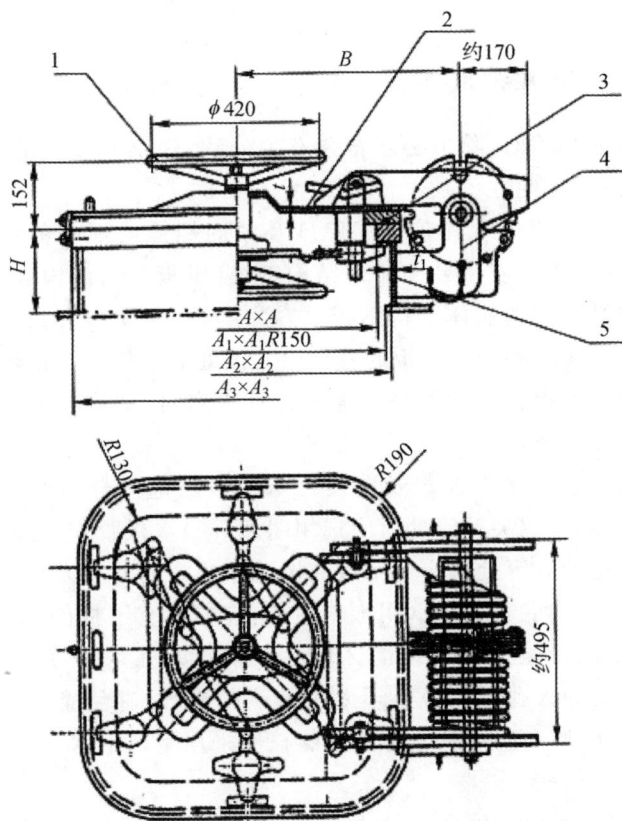

1—中心夹扣装置;2—盖板;3—密封填料;4—弹簧平衡装置;5—围板。

图 1-22　B 型方形快速启闭式水密舱口盖

表 1-14　B 型方形快速启闭式水密舱口盖的主要尺寸　　　　（mm）

通孔尺寸 $A \times A$	开孔尺寸 $A_1 \times A_1$	围板内侧尺寸 $A_2 \times A_2$	盖板外形尺寸 $A_3 \times A_3$	盖板厚度 t	围板		中心距 B	质量/kg
					厚度 t_1	高度 H		
600×600	640×640	670×670	720×720				510	310
700×700	740×740	770×770	820×820	12	12	200	560	340
800×800	840×840	870×870	920×920				610	380

注:围板高度 H 可根据需要确定,表中 H 为最小尺寸。

1.5　人孔盖和小舱口盖的选择及布置

1.5.1　人孔盖的选择及布置

　　选择及布置人孔盖时,除了必须符合有关公约、规则和规范的规定外,还应考虑强度、用途和使用方便性。

　　人孔盖的强度主要体现在盖板的厚度及紧固螺栓或螺柱的数量上。一般说来,盖板的厚度应不小于安装处的船体结构钢板(甲板、平台、内底板和舱壁)的厚度。由于盖板比其周围的船体结构钢板更容易腐蚀,因此当人孔盖安装处的船体结构钢板厚度小于 10 mm 时,盖板的厚度应比该处的船体结构钢板厚度大 1 mm。当人孔盖安装处所的甲板或舱壁是由强度计算决定时,则该处人孔盖盖板厚度应能承受同样的水压力条件。

　　人孔盖应根据舱室密性要求及安装处所的情况选择合适的结构形式。淡水舱、压载水舱、艏尖舱、艉尖舱等处所应选用耐海(淡)水橡胶作垫圈的水密人孔盖;燃油舱、滑油舱、污油舱等处所应选用耐油橡胶作垫圈的油密人孔盖。在机炉舱等易积水、积油处所的内底板上和饮用水舱顶部,应选用有围板的 A 型人孔盖;通道及生活、工作舱室内影响人员活动的区域必须设置人孔盖时,应选择埋入式人孔盖。喷气燃料油舱的人孔盖盖板必须采用黄铜制成,以避免撞击产生火花。当人孔盖可能长期处在潮湿环境时,其螺栓或螺柱应采用不锈钢制作,而螺母则采用不锈钢、黄铜或钢质镀锌制作。

　　从人孔盖的使用来说,通孔尺寸大有利于人员出入,但由于船体结构、机械设备及管路布置等因素,人孔盖的尺寸受到一定的限制。通常在平面位置(甲板、平台、内底板)上安装通孔尺寸为 600 mm×400 mm 的人孔盖是较合适的,除非布置确实有困难,尽可能不要选用通孔尺寸 450 mm×350 mm 的人孔盖。在舱壁或其他垂直部位上宜布置 600 mm×400 mm 的人孔盖,而且其长轴应沿垂直方向布置,通孔的下缘离开人员站立处地面的高度应不小于 500 mm,便于人员跨越人孔。

在甲板上布置人孔盖时,一般应靠近下面的舱壁,并且将人孔盖的长轴平行于舱壁,便在人孔下方安装直梯。为便于人员出入和通风,较大的液舱和空舱,至少设置两个相互远离的人孔盖。双层底内较大的舱室应在其两端设置人孔盖,必要时还应在其长度中间处加设一个人孔盖。设在内底板上的人孔盖,应至少离开主舱壁 800～1 000 mm,以免削弱主舱壁附近的内底板强度。

在甲板、平台、内底板或舱壁上设置人孔盖,应尽量不切断该处的船体构架。如果布置确有困难、非切断船体构架不可,则应做适当加强。在一些保证船体结构强度的重要区域内,如甲板边板、舱口角隅及应力集中区的部位,不得设置人孔盖。

当同时在上下两层甲板或平台上设置人孔盖时,它们的位置应错开。如上一层甲板或平台有小舱口盖时,下一层甲板或平台上的人孔盖应设置在小舱口盖投影范围之外。

1.5.2　小舱口盖的选择及布置

选择及布置小舱口盖时,必须符合有关公约、规则和规范的规定,另外还应考虑其合理的结构形式和合适的安装部位。

通常干货舱或储物舱可以设置带有螺旋夹扣或楔形把手的小舱口盖,并配置挂锁,货油舱应设置专用的油舱盖。安装于内部应急脱险通道在露天甲板上的出入口处的小舱口盖,应采用两面可启闭的小舱口盖,并以设置有中心旋转把手夹扣和弹簧铰链的快速启闭的小舱口盖为宜。

在船首 0.25L 区域内露天甲板上的小舱口盖,需满足本章 1.2.5 小节(2)款⑧项的要求,主锁紧装置不能使用带有楔块的把手。

设置在上层建筑或甲板室前面的露天甲板上的小舱口盖,其盖板应该向船首方向启闭;设置在靠近舱壁(或围壁)处的小舱口盖,与舱壁(或围壁)或扶强材和绝缘之间应留有足够的空间,以保证盖板完全开启,同时螺旋夹扣的翼形螺母和活节螺栓能顺利地放倒而不会碰到舱壁。

小舱口盖下面需设置斜梯时,舱口的开孔大小应保证人员上下斜梯时有足够的空间。小舱口盖下面需设置直梯时,若仅作为人员出入口,则舱口开孔位置应使直梯能在通孔范围内。当小舱口盖围板高于 300 mm 时,应能使直梯支架固定在围板上,如舱口主要作为物品出入口,则直梯应处于舱口开孔之外。

当上下两层甲板或平台均设置供人员出入用的小舱口盖时,则这两个小舱口盖位置应错开,否则既不安全,又会影响直梯的安装和舱口盖的启闭。若是专供物品出入需要在上下两层甲板或平台同一位置上设置小舱口盖,则不应设置直梯。

小舱口盖的大小应考虑船体结构,不得因设置小舱口盖而切断强构件,如必须切断非强力构件(纵骨或横梁),则应对该处结构做加强处理。

1.6　人孔盖和小舱口盖的密性试验

(1)安装在干舷甲板上及其以下的甲板、平台、内底板、舱壁各个部位的人孔盖,应与该部位的船体结构一起做水压试验或充气试验。

(2)安装于液体箱、柜上的人孔盖,也应与该箱柜一起做水压试验或充气试验。

(3)安装在干舷甲板以上各处所的人孔盖,除液体箱柜以外,应做冲水试验。

(4)安装在露天甲板上的风雨密小舱口盖,应做冲水试验。

(5)货油舱上的油舱盖,应与货油舱一起做密性试验。

在做人孔盖及小舱口盖的密性试验时,保证密性的焊缝区域不得涂刷油漆、水泥和敷设隔热材料等。若外界气温低于 0 ℃时,则应采取适当的防冻措施。

冲水试验使用的喷嘴直径不小于 12 mm,喷嘴出口处的水压力至少为 0.2 MPa,喷嘴离被试部位的距离为 1.5 m,试验持续时间视检查需要而定。

试验后,焊缝和密封处等被试验部位应无任何渗漏水(气)现象。

第2章 船用门和窗

2.1 概述

船用门和窗是船舶舱室出入口和采光通风口的关闭装置。

船用门按其功能和使用特性可分为:密性门(水密门、风雨密门、气密门、阻气门)、防火门、屏蔽门(隔声门、电磁屏蔽门、核辐射屏蔽门)、非密门及冷藏库门等。

船用门按其主体材料可分为:钢质门、不锈钢门、铝质门、玻璃钢门和木门等。

船用门按其启闭方式可分为:铰链门、平移门(滑动式、滚动式)及卷帘门等。

船用窗按其功能和使用特性可分为:舷窗、普通矩形窗、驾驶室固定矩形窗、耐火窗、天窗(普通天窗、机舱天窗)、移窗、百叶窗及隔声窗等。

2.2 有关公约、规则和规范对船用门和窗的要求

2.2.1 《国际载重线公约》及 MSA 法规对船用门和窗的要求

为核定干舷对船舶外部开口设置的门和窗以及根据分舱要求对水密舱壁上开口的水密门所提出的要求,经修正的 1966 年《国际载重线公约》及 MSA《国际航行海船法定检验技术规则(2014)》和《国内航行海船法定检验技术规则(2020)》是完全一致的,有关内容引述如下。

(1)"位置1"和"位置2"的定义见本分册第1章1.2.1节所述。

(2)门:

①封闭上层建筑端壁上的所有出入口,应装设钢质或其他相当材料的门,永久地和牢固地装在端壁上,并应有框架和加强筋加强,使整个结构与完整的端壁具有同等的强度,并在关闭时保持风雨密。保证风雨密的装置应包括衬垫和夹扣装置或其他相当的装置,并应永久装固于端壁或门上,同时这些门应在端壁两边都能进行操作。

②除经主管机关另行批准外,门均应向外侧开启以增加对海水冲击的防护。

③除本规则另有规定外,封闭上层建筑端壁上的出入口的门槛高度,应高出甲板至少 380 mm。

④应避免采用可拆移的门槛,然而为了便于装卸笨重的备件或类似物件,可以采用可拆移的门槛,但是应满足下列条件:

（a）在船舶离港之前,应将门槛装复;

（b）门槛应有衬垫装置并应用间距紧密的贯穿螺栓紧固。

（3）机舱开口:

①在位置 1 和位置 2 的机舱开口应有适当的构架和足够强度的钢质舱棚有效地围闭,如果舱棚没有其他结构保护,其强度要做特殊考虑。上述舱棚的出入口,应装设符合本小节（2）款①项所要求的门,如果在位置 1,门槛应至少高出甲板 600 mm。如果在位置 2,门槛应至少高出甲板 380 mm。在上述舱棚中的其他开口应设有同等的罩盖,永久附装在它的适当位置上。

②对核定的干舷小于基本干舷（其要求详见 MSC.143(77)决议附件《1966 年国际载重线公约 1988 年议定书附则 B 修正案》中的"附则 I 载重线核定规则"第 28 条表 28.2——编者注）的船舶,如果舱棚没有其他结构保护,则应装设双道门（即符合本小节（2）款①项要求的内门和外门）,且内门门槛高度应为 230 mm,外门门槛高度应为 600 mm。

（4）干舷甲板和上层建筑甲板的各种开口:

①在干舷甲板上,除货舱口、机舱开口、人孔和平的小舱口以外的开口,应有封闭的上层建筑,或甲板室,或强度相当且风雨密的升降口来防护。类似地,在露天的上层建筑甲板或在干舷甲板上的甲板室顶部,通往干舷甲板以下的处所或封闭的上层建筑以内的处所的任何此种开口,应用坚固的甲板室或升降口来保护。通向或通往下层的梯道的上述升降口或甲板室的门口应按本小节（2）款①项的要求装设门。作为替代措施,如果甲板室内的梯道被封闭在设有符合本小节（2）款①项所要求的门的结构坚固的升降口内,则外门不必风雨密。

②在高度小于标准高度的后升高甲板或上层建筑上,甲板室高度等于或大于标准后升高甲板高度,则甲板室顶部的开口应设有可接受的关闭装置,但是,如果该甲板室的高度至少为一个标准上层建筑高度,则该开口不必用本条规定的坚固的甲板室或升降口来保护。在高度小于标准上层建筑高度的甲板室上,甲板室顶部的开口可以用类似方式处理。

③在位置 1,升降口门口的门槛,在甲板以上的高度应至少为 600 mm,在位置 2,则应至少为 380 mm。

④如果封闭的上层建筑（详见 MSC.143(77)决议附件《1966 年国际载重线公

约 1988 年议定书附则 B 修正案》中的"附则 I 载重线核定规则"第 3(10)(b) 条——编注)在上层甲板上设有补充出入口代替干舷甲板上的出入口,则进入桥楼或艉楼的门槛高度应为 380 mm。干舷甲板上的甲板室也应按此处理。

⑤如果未在上层甲板设有出入口,则干舷甲板上的甲板室门口的门槛高度应为 600 mm。

⑥如果上层建筑和甲板室内的出入口关闭装置不符合本小节(2)款①项的要求,则内部甲板开口应视为露天的(即位于开敞甲板上)。

(5) 货舱舷门和其他类似开口:

①干舷甲板以下船舷两侧的货舱舷门和其他类似开口应装设门,其设计应确保与周围外板有相同的水密性和结构完整性。除经主管机关另行许可外,这些门均应向外开启。上述开口的数目应为符合船舶设计意图和正常工作需要的最低数目。

②除经主管机关另行准许外,本款上述①项中所述开口的下边缘不得低于船侧干舷甲板的平行线;该线最低点在最高载重线上边缘以上至少 230 mm。

③如果准许货舱舷门和其他类似开口的下边缘布置为低于本款上述②项的规定,则应另行设置专用装置保持水密完整性。

④设置同等强度和水密性的第二道门是一种可接受的布置,但在两道门之间的舱室中应设有渗漏探测器。从该舱室向舱底排水应布置为由便于使用的螺旋阀控制。外门应向外开启。

⑤舷门及其内门、舷门、艉门及其密封的设置应符合认可组织的要求,或主管机关的具同等安全水平的适用国家标准的要求。

(6) 舷窗、窗和天窗:

①舷窗和窗连同其玻璃、窗盖(窗盖装设在窗和舷窗的内侧)和风暴盖(如装设,风暴盖在便于使用的情况下装设在窗的外侧,可以是铰链式或拆卸式),应按经批准的设计,并具有坚固的结构。不允许采用非金属框架。

②舷窗的定义为面积不超过 0.16 m² 的圆形或椭圆形开口。面积超过 0.16 m² 的圆形或椭圆形开口应作为窗处理。

③窗的定义为一般呈方形的开口,在其每个角隅具有一个与方窗尺度相适应的圆弧过渡,以及面积超过 0.16 m² 的圆形或椭圆形开口。

④下列处所的舷窗应装设铰链式内侧窗盖:

(a) 干舷甲板以下的处所;

(b) 第一层封闭上层建筑内的处所;

(c) 在干舷甲板上保护通往下层的开口或稳性计算中计入浮力的第一层甲板室。

窗内盖如设在干舷甲板以下,应能水密关闭和紧固,如设在干舷甲板以上,应能风雨密关闭和紧固。

⑤舷窗不应设在这样的位置上,即其窗槛低于船侧处的干舷甲板平行线,该线的最低点在夏季载重线(或夏季木材载重线,如已核定)以上的距离为船宽 B 的 2.5％或 500 mm,取较大者。

⑥如果要求的破损稳性计算表明舷窗在浸水的任何中间阶段或平衡水线会被淹没,则舷窗应为非开启型。

⑦窗不应装设在下列位置:

(a)干舷甲板以下;

(b)封闭上层建筑第一层的端壁或侧壁;

(c)稳性计算中计入浮力的第一层甲板室。

⑧如果上层建筑保护通往下层开口的直达通道,或在稳性计算中计入浮力,则该第二层上层建筑侧壁上的舷窗和窗,应装设能够风雨密关闭和紧固的铰链式内侧窗盖。

⑨如果第二层上层建筑保护向下通往上述本款④项中所列处所的直达通道,则在第二层上层建筑侧壁以内的边舱壁上的舷窗和窗应装设铰链式内侧窗盖;如果该窗易于到达,应装设能够风雨密关闭和紧固的永久性附装的外部风暴盖。

⑩第二层或以上的上层建筑的居住舱室舱壁和门,将舷窗和窗同直接通往下层的通道相分隔,或该第二层上层建筑在稳性计算中计入浮力,可同意该居住舱室舱壁和门替代装设在舷窗和窗上的窗盖或风暴盖。

⑪位于后升高甲板上或小于标准高度的上层建筑甲板上的甲板室,如果后升高甲板或上层建筑的高度等于或大于后升高甲板标准高度,就对于窗盖的要求而言,可视为在第二层。

⑫如同对舷窗和窗的要求一样,固定式或开启式天窗的玻璃厚度应与其尺寸和位置相适应。任何位置上的天窗玻璃都应予以防护以免机械损坏,如果设在位置1或位置2,则应装有永久性附连的窗盖或风暴盖。

2.2.2 《SOLAS公约》及MSA法规对舷窗的要求

经修正的1974年《SOLAS公约》以及中国海事局《国际航行海船法定检验技术规则(2014)》和《国内航行海船法定检验技术规则(2020)》对于客船舱壁甲板以下及货船干舷甲板以下舷窗配置的要求完全一致,有关内容引述如下:

(1)根据现行的《国际载重线公约》的要求,舷窗的位置应不至于使其窗槛低于沿船侧平行于舱壁甲板(对货船应为"干舷甲板"——编者注)边线所绘制的线,此线的最低点在最深分舱载重线(对货船应为"夏季载重线"——编者注)以上为船宽的2.5％或500 mm,取较大者。

上述所准许设置的所有舷窗,凡窗槛低于限界线者,其构造应能有效地防止任何人未经船长许可而开启。

(2) 对于甲板间的舷窗,平行于舱壁甲板边线绘一条线,其最低点在船舶离开任何港口时的水面以上 1.4 m 加船宽的 2.5%,当上述(1)款所指的舷窗窗槛低于此线时,则此甲板间的所有舷窗在船舶离港前应关闭成水密锁紧。这类舷窗在船舶到达下一港前不应开启。在应用此项要求时,可计入适当的淡水宽限。

(3) 所有的舷窗均应装设有效的内侧铰链舷窗盖,其布置应能方便和有效地关闭及紧固成水密。但位于距艉垂线后船舶长度 L_{WL} 的 1/8 处,在沿舷侧平行于舱壁甲板边线,且其最低点在最深分舱载重线以上 3.7 m 加船宽的 2.5% 所绘的线以上的舷窗盖,则除统舱外的客舱内可为可移式的,除了永久连接于其相应位置者外,这些可移式舷窗盖应存放于其所属的舷窗附近。

(4) 航行时不能到达的舷窗及其舷窗盖,应在船离港前关闭并紧固。

(5) 凡专供载货或装煤的处所不应装设舷窗。

(6) 供交替载货或载客的处所可装设舷窗,但其构造须能有效地防止任何人未经船长许可而开启舷窗或舷窗盖。

(7) 在舱壁甲板以上第一层甲板以下处所内的所有舷窗,应配备有效的内侧舷窗盖,其布置应能使之易于有效地关闭并紧固成水密。

2.2.3 《SOLAS 公约》及 MSA 法规对水密门的要求

经修正的 1974 年《SOLAS 公约》以及中国海事局《国际航行海船法定检验技术规则(2014)》和《国内航行海船法定检验技术规则(2020)》对于船舶水密舱壁上的开口及水密门配置的要求完全一致,有关内容引述如下。

2.2.3.1 客船水密舱壁上的开口及水密门的配置

(1) 水密舱壁上的开口数量应在适应船舶设计及船舶正常作业的情况下减至最少,这些开口均应设有可靠的关闭设备。

(2)(略)

(3) 水密横舱壁和防撞舱壁应符合下列规定:

①下列各处不准设门、人孔或出入口:

(a) 限界线以下的防撞舱壁;

(b) 分隔相邻货舱之间或货舱与固定或备用煤舱之间的水密横舱壁,但下述本条(10)款①项和 2.2.3.2 条规定者除外。

②(略)

③(略)

（4）装于固定和备用煤舱之间舱壁上的水密门，应是随时可能通达的，但本条（9）款④项所规定的甲板间煤舱门除外。应以挡板或其他措施做成适当的布置，以防煤炭阻碍煤舱水密门的关闭。

（5）除符合本条（11）款的规定外，在主、辅推进机械，包括推进所需的锅炉及一切固定煤舱的处所内，其每一主横舱壁上，除通往煤舱及轴隧的门外，只准设置1扇门。如装有2根或更多的轴，其轴隧之间应设一个互通的连接通道。若装设2根轴，在机器处所与轴隧间仅准设1扇门；如装设2根轴以上，则只准设2扇门。所有这类门均应为滑动式，且应设置于使其门槛尽可能高之处。由舱壁甲板上方操纵这些门的手动装置，应设在机器处所以外。

（6）水密门应符合下列规定：

①除本条（10）款①项或2.2.3.2条规定外，水密门应为符合本条要求的动力滑动门，当船舶在正浮位置时，应能从驾驶室的总控制台于60 s内同时关闭这些门。

②任何动力滑动水密门的操纵装置，无论是动力式还是手动式，均应能在船舶向任一舷横倾至15°的情况下将门关闭。还应考虑当水从开口处涌入时，在门的任一侧受到一个相当于在门的中心线处门槛以上至少1 m高度的静水压头的作用力。

③水密门的操纵装置，包括液压管路和电缆，应尽可能靠近装设该门的舱壁，以减少当船舶遭受破损时这些装置也被损坏的可能性。即如果船舶1/5船宽（在最深分舱载重线水平面上向中心线垂直量计）范围内遭受破损时，水密门及其操纵装置的位置应使位于船舶破损部位以外的水密门的操纵不受妨碍。

④所有动力滑动水密门在其遥控操纵位置均应设有显示这些门是开启还是关闭的指示器，遥控操纵位置只能设在驾驶室内和舱壁甲板以上的手动操纵位置处。

⑤对于1992年2月1日之前建造的客船，不符合上述本款①～④项要求的门在航行前应关闭，且在航行途中亦应保持关闭；这些门在港口开启的时间和离港前关闭的时间应记入航海日志中。

（7）滑动水密门应符合下列规定：

①每一动力滑动水密门：

（a）应为竖动式或横动式。

（b）除按本条（11）款规定者外，还应限制最大净开口宽度一般为1.2 m。只有在考虑船舶实际操作需要时，主管机关可以准许设更宽的门，但应采取包括以下要求的其他安全措施：

i.为了防止渗漏，对该门的强度和关闭设备应特殊考虑；

ii.该门应位于B/5的破损区域之外；

iii. 当船舶在海上时,该门应保持关闭状态,但当主管机关确认绝对有必要时,在限定时间内可以开启。

(c) 应设有使用电力、液压或主管机关认可的其他动力开启和关闭门的设备。

(d) 应设置一套独立的手动机械装置,该装置能从门的任何一侧用手开启和关闭。此外,还能在舱壁甲板上可到达之处用全周旋摇柄转动或主管机关认可的具有同样安全程度的其他动作关闭该门。在所有操纵位置处须清楚地标明旋转方向或其他动作的方向。在船舶正浮时,手动操纵装置将门完全关闭的时间应不超过 90 s。

(e) 应设置从门的两侧用动力开启和关闭该门的控制装置。还应在驾驶室设置从总控制台用动力关闭该门的控制装置。

(f) 应设置一只与该区域内其他报警器不同的声响报警器,当该门用动力遥控关闭时,该报警器应在门开始移动前至少 5 s 但不超过 10 s 发出声响,且连续发出声响报警直至该门完全关闭。在手动遥控操纵的情况下,只要当门移动时声响报警器能发出声响即可。此外,在乘客区域和高环境噪声区域,主管机关可以要求为声响报警器增配一只装在门上的间歇发光信号器。

(g) 用动力关闭门时关闭速率应大致均匀。在船舶正浮时,从门开始移动至门完全关闭的时间,在任何情况下应不少于 20 s 且不大于 40 s。

②动力滑动水密门需要的电源应由应急配电板直接供电,或由位于舱壁甲板上方的专用配电板直接供电。与其关联的控制装置、指示器和报警电路也应由应急配电板直接供电或由位于舱壁甲板上方的专用配电板供电,并且当主电源或应急电源发生故障时,能自动转换为由蓄电池组组成的临时应急电源供电。

③动力滑动水密门应设有下列任一系统:

(a) 设有一套具有两个独立动力源的集中液压系统,每一动力源由一台能同时关闭所有门的电动机和泵组成。此外,应设有用于整个装置的具有足够能量的液压蓄能器,它能在不利的 15° 横倾时至少操纵所有的门 3 次,即关闭—开启—关闭。这个操作循环应能在泵为蓄能器加入压力的状态下进行。所选用的液体应考虑该装置工作时可能达到的温度。该动力操作系统的设计应使当液压管路中发生某一故障时应使多于 1 扇门的操纵受到不利影响的可能性降至最小,该液压系统应设有用于动力操纵系统储液箱的低液位报警器和低压报警器,或其他能监控液压蓄能器内能量损耗的有效装置。这些报警器应为听觉和视觉型,并且应装设在驾驶室内的集中控制台上。

(b) 为每扇门装设一套具有各自动力源的独立液压系统,由一台能启闭该门的电动机和泵组成。此外,还应装有一个具有足够能量的液压蓄能器,能在不利的 15° 横倾时至少操作该门 3 次,即关闭—开启—关闭。这个操作循环应能在泵为蓄能器加入压力的状态下进行。所选用的液体应考虑该装置工作时可能达到的温度。在驾驶室的集中控制台上应设一组低压报警器或其他能监控液压蓄能器内能量损耗的有效装置。在每个就地操作位置还应设置储蓄能量损耗的指示器。

(c) 为每扇门装设一套具有各自动力源的独立电力系统和电动机,它由一台能启闭该门的电动机组成。该动力源在主电源或应急电源发生故障时应能自动地转换为由蓄电池组组成的临时应急电源供电,且应具有足够的能量,以能在不利的 15°横倾时至少操纵该门 3 次,即关闭—开启—关闭。

上述(a)(b)和(c)所述的动力滑动水密门的动力系统应与任何其他动力系统分开。电力或液压动力操作系统(不包含液压执行器)中的某一故障应不妨碍任何门的人工操作。

(d)~(h)动力滑动水密门的控制手柄、设备及操纵系统故障[内容详见 MSA《国际航行海船法定检验技术规则(2014)》第 4 篇第 2-1 章第 15 条 7.4~7.8 或《国内航行海船法定检验技术规则(2020)》第 4 篇第 2-1 章第 17 条 1.17.7(4)~(8)]。

(8) 驾驶室内的集控台应符合下列规定:

①驾驶室内的集控台应有一个"控制模式"开关,它应具有两套控制模式:一套是"就地控制"模式,它应使任何门不经使用自动关闭装置就能被就地开启和关闭;另一套是"关闭门"模式,它应能自动关闭任何开启着的门。该"关闭门"模式应准许门被就地开启,而当脱开就地控制机构时应能自动重新关闭该门。"控制模式"开关一般应处于"就地控制"模式挡内。"关闭门"模式仅在紧急情况下或为试验的目的才使用。应特别重视"控制模式"开关的可靠性。

②驾驶室内的集控台应设有标明每扇门位置的图,并附有发光指示器,以显示出每扇门是开启状态还是关闭状态。红灯应表示为一扇门完全开启,而绿灯应表示为一扇门被完全关闭。当遥控关闭门时,红灯应以闪烁表示门处于关闭过程中。指示器电路应与每扇门的控制电路分开。

③应不能从集控台遥控开启任何一扇门。

(9) 水密门开闭控制应符合下列规定:

①除本款下述②③和④项中所规定的航行中可以开启的门外,所有水密门在航行中应保持关闭。本条(11)款准许的宽度大于 1.2 m 的水密门仅在该款所述的环境下可以开启。任何按本款要求而开启的门均应处于可随时迅速关闭的状态。

②在航行途中,由于准许乘客和船员通行,或因在紧靠门的附近作业必需开启该门时,可以开启这扇水密门。当经过该门的通行已结束或必需开启门的作业已完成,必须立即关闭该门。

③只有在认为绝对必要时,即确认开启某些水密门对船舶机械的安全和有效操作是必需的,或对准许乘客正常而不受限制地出入乘客区域是必需的,才可允许

这些水密门在航行途中保持开启。这样的决定应由主管机关(验船师)在仔细地考虑了对船舶操作和生存的影响后做出。准许保持如此开启的水密门应清楚地记载于船舶的稳性资料中,并且应处于可随时迅速关闭的状态。

④装于舱壁甲板以下中间甲板煤舱之间的滑动水密门,有时为了平整煤舱需在航行中开启。这些门的开启和关闭应记入主管机关规定的航海日志中。

(10) 如主管机关认为有必要,可在甲板间分隔货舱的水密舱壁上装设适当构造的水密门。但应符合下列规定:

①此类门可为铰链式、滚动式或滑动式,但不应是遥控式的。它们应装在最高处并尽可能远离外板,但在任何情况下其靠近舷侧的垂直边缘与船体外板之间的距离应不小于船宽的 1/5,此距离是在最深分舱载重线水平面上向船中心线垂直量计。

②此类门应在开航前关妥,并应在航行中保持关闭;此类门在港内开启的时间和船舶离港前关闭的时间应记入航海日志中。如果有在航行中可以通过的门,则任何此类门应设有防未经授权开启的装置。在提出设置此类门时,主管机关(验船师)将对其数量及布置给予特殊考虑。

(11) 可拆卸的板门不允许用于舱壁上,但在机器处所内除外。此类门在船舶离港前应装复原位,在航行中除在紧急情况下船长认为必需外不得将其取下。任何此类可拆卸的板门的取下及装复的时间应记载于航海日志中。装复此类板门时应采取必要措施,以确保其接缝水密。主管机关可以准许在每一主横舱壁上设 1 扇宽度超过本条(7)款①项(b)规定的动力滑动水密门取代此类可拆卸的板门,但这些门在船舶离港前应予关闭,且在航行中除在紧急情况下船长认为必需外应保持关闭。这些门不必满足本条(7)款①项(d)关于在 90 s 内用手动操作装置完全关闭门的要求。无论在海上还是在港内开启和关闭这些门的时间均应记入航海日志中。

2.2.3.2　载运货车与随车人员的客船

(1) 载运货车与随车人员的客船系指设计或改建成载运货车和随车人员超过 12 人的客船(不论其建造日期如何)。

(2) 若这类船上的乘客总数(包括随车人员在内)不超过 $N = 12 + A/25$ (式中 A 为能用来装载货车处所的甲板总面积,m^2),且装载车辆处所和这类处所出入口的净高度不小于 4 m,则水密门可适用上述 2.2.3.1 条(10)款的规定,但这些门可装置在分隔装货处所水密舱壁的任何高度上。此外,要求在驾驶室设置指示器以自动指示何时每扇门已关闭和所有关闭装置已紧固。

2.2.3.3 货船水密舱壁和内部甲板上的开口及水密门的配置

（1）为适应船舶设计和船舶正常作业，水密分隔上的开口数量应保持最少。凡是为了出入、管路、通风、电缆等需要而穿过水密舱壁和内部甲板时，须设有保持水密完整性的装置。如果表明任何累进浸水能易于控制并且不损害船舶安全，则主管机关可以允许放宽对干舷甲板以上的开口的水密性要求。

（2）为确保在海上使用的内部开口的水密完整性而设置的门须是滑动水密门，该门能从驾驶室遥控关闭，也能从舱壁的每一边就地操纵。在控制位置应装设显示门是开启或关闭的指示器，并且在门关闭时发出声响报警。在主动力失灵时，动力、控制和指示器应能工作。特别应注意减少控制系统失灵的影响。每一个动力操纵的滑动水密门应有一个独立的手动机械操纵装置。该装置应能从门的任一边用手开启和关闭该门。

（3）用以保证内部开口的水密完整性且通常在航行时关闭的出入门和舱盖，应在该处和驾驶室装设显示这些门或舱盖是开启还是关闭的设施。每一个此类门或舱盖必须附贴一个通告牌，其大意是不能让它开着。这类门或舱盖的使用应经值班驾驶员批准。

（4）可以装设结构良好的水密门或坡道用作大型货物处所的内部分隔，条件是主管机关确信此种门或坡道是必要的。这些门或坡道可以是铰链的、滚动的或滑动的，但不应是遥控操纵的。此类门或坡道应在开航前关妥，并应在航行中保持关闭；此类门或坡道在港内开启的时间和船舶离港前关闭的时间应记入航海日志中。如果在航程中需要通过任何此类门或坡道，则应设有适当装置以防未经授权的开启。

（5）为保证内部开口的水密完整性，在海上保持永久关闭的其他关闭装置，应有一个通告牌贴于其上，其大意是必须保持关闭。用螺栓紧固盖子的人孔不必设此通告牌。

（6）液货船如果从管隧到主泵舱有永久性通道，应按装除符合本条上述（2）款要求外，还应符合下述要求的水密门：

①除能从驾驶室操作外，该水密门还能从主泵舱入口外侧手动关闭；

②在船舶正常作业期间，水密门应保持关闭，但在需要进入管隧时除外。

根据上述规定，CCS《钢质海船入级规范》及散货船共同规范列出了对于货船舱壁上门的开/闭及其指示的要求，见表2-1。

表 2-1　货船舱壁上门的开/闭及其指示

			滑动式			铰链式			滚动式（甲板处所间的货物）
			驾驶室遥控操纵指示	驾驶室指示器	仅就地操纵	驾驶室遥控操纵指示	驾驶室指示器	仅就地操纵	
水密	干舷甲板/舱壁甲板以下	海上打开	X						
		通常关闭(2)		X			X(3)		
		保持关闭(2)			X(4)(5)			X(4)(5)	X(4)(5)
风雨密/水密(1)	干舷甲板/舱壁甲板以上	海上打开	X						
		通常关闭(2)		X			X		
		保持关闭(2)			X(4)(5)			X(4)(5)	

注：①在最后进水阶段平衡水线以下位置需设置水密门；其他位置可设置风雨密门；

②在门的两面均应张贴"在海上时保持关闭"的告示；

③对货船，船长 150 m 及以上的 A 型船舶和减少干舷的 B 型船舶，在机舱和操舵装置处所之间可设置铰链式水密门，但该门门槛应高于夏季载重水线；

④开航前该门应关闭；

⑤如该门在航行时可进入，则应设置防止擅自打开的装置。

2.2.4　对除普通客货船外的某些船舶门窗的特殊要求

对于除普通客、货船外的某些船舶，诸如高速船、近海供应船、散装运输危险化学品船、散装运输液化气体船等，其门、窗的配置除了应符合本章 2.2.1 和 2.2.2 所述要求外，还有一些特殊的规定散见于有关的国际公约、规则和规范之中。本手册由于篇幅所限，无法详加叙述，为此提示如下。

2.2.4.1　近海供应船

CCS《钢质海船入级规范(2018)》第 2 篇第 11 章第 3 节对于近海供应船的门、方窗、舷窗和天窗的配置提出的特殊要求摘录如下：

（1）门和出入口

①如有可能，通往机器处所的通道应布置在艉楼内。从露天甲板进入机器处所的任何出入口应设有两道风雨密关闭装置。通向露天甲板以下处所的出入口，最好从上层建筑甲板内部或以上位置进入。

②直接通往开敞货物甲板的门和在开敞货物甲板上的舱口等，在航行时应保

持关闭。这些门应有明显的标志,以表明出入时外应保持关闭状态。

（2）仅允许在下列位置设置方窗,其余位置均应设置舷窗。

①干舷甲板上第 2 层及其以上各层:

（a）在甲板室和上层建筑的后端壁上;

（b）在非外板部分的甲板室和上层建筑的两侧。

②干舷甲板上第 3 层及其以上各层:

在甲板室和上层建筑的前端壁上,但在露天甲板上第 1 层前端壁上只可设置舷窗。

（3）应在下列位置设置永久附装的窗盖。

①舷窗:

（a）在舷侧外板上;

（b）在上层建筑和甲板室的前端壁上;

（c）在干舷甲板以上直至第 3 层(包括第 3 层)甲板室和上层建筑的两侧;

（d）在干舷甲板上第 1 层和第 2 层的上层建筑,甲板室、围壁和升降口围罩的后端壁上。

②方窗:

（a）在干舷甲板上第 2 和第 3 层的甲板室和上层建筑的两侧;

（b）在干舷甲板上第 2 层的上层建筑、甲板室、围壁和升降口围罩的后端壁上。

（4）在干舷甲板上第 2 层及其以上各层的方窗,如设有进行关窗的安全通道,则可以铰链式风暴盖替代窗盖。

（5）驾驶室前端壁的方窗应设置窗盖或风暴盖。应为风暴盖的使用提供方便和安全的通道设施(例如:带栏杆的通道)。窗盖或风暴盖也可以是活动式的,只要它们存放在方窗的邻近可以快速装上。至少有两个窗盖或风暴盖具有可提供清晰视域的手段。

（6）舷窗的窗盖和本条上述(4)和(5)款未提及的方窗的窗口盖应是内铰链式的。

（7）如装有天窗,则天窗的结构应牢固,天窗的围板高度,当其位于开敞的干舷甲板、后升高甲板和艏垂线起 $L/4$ 以前的开敞上层建筑甲板上时,应为 600 mm,当其位于距艏垂线 $L/4$ 以后的开敞上层建筑甲板时,应为 450 mm。天窗的玻璃厚度应与相同位置的舷窗或方窗玻璃厚度相同。天窗应装有坚固的风暴盖。

2.2.4.2 高速船

按《国际高速船安全规则》(见 MSA《国际航行海船法定检验技术规则

(2014)》的规定,在风雨密处所限界内的门与窗等应符合下述规定:

(1) 风雨密上层建筑和甲板室内的门、窗等以及任何相关的框和楹应是风雨密的,并应在均匀承受的压力小于会使相邻建筑产生永久变形或失效的压力时不漏水或失效。符合主管机关按 SOLAS 公约第Ⅺ-1/1 条的规定认可的组织的要求,即可认为具备足够强度。

(2) 对于风雨密上层建筑的门,应从外部进行冲水试验,试验规格至少要与国际海事组织可接受的规格等效。

(3) 通向露天甲板的门道的门槛,尤其是在露天部位的门槛在甲板以上的高度应以合理和可行为限。在基准面以上各层甲板上的风雨密处所的门的门槛的这种高度一般应不少于 100 mm,在别处不少于 250 mm。对于船长 30 m 及以下的高速船,门槛高度可减至与高速船的工作安全相符的最低值。

(4) 在特种处所或滚装处所的限界内或基准面以下不应允许设置窗户。如营运许可证内的限制性规定有要求,方向朝前的窗户或在进水的任何阶段均可能被淹没的窗户应设有可立即使用的铰链或滑动风暴盖。

(5) 基准面以下各处所的舷窗应在内侧设有效的铰链窗盖,使之可有效关闭和水密固紧。

(6) 舷窗的安装位置不应使其窗槛低于与设计水线平行并在其上方 1 m 的直线。

2.2.4.3　散装运输危险化学品船

按《国际散装运输危险化学品船舶构造和设备规则》(见 MSA《国际航行海船法定检验技术规则(2014)》)的规定,起居、服务和机器处所以及控制站的门和窗的特殊要求:

(1) 起居处所、服务处所、机器处所和控制站的入口、空气进口和开口不应面向货物区域。应将它们设置在不面向货物区域的端壁处和(或)距上层建筑或甲板室面向货物区域的端壁至少为船长(L)的 4% 但不小于 3 m 的上层建筑或甲板室的外侧壁处,但该距离不必超过 5 m。在上述范围内不得设有门,但可以在不通往起居处所、服务处所或控制站等处所(如货物控制站或储藏室)设门。如果设这种门,该处所边界的绝热应达到"A-60"标准。为搬动机器,可在上述范围内装设由螺栓固定的平板门。只要在设计上能确保对驾驶室的门和窗进行快速和有效的气密和蒸汽密关闭,则这些门和窗可位于上述范围之内。面向货物区域和在上层建筑及甲板室两侧上述范围内的窗和舷窗应当为固定型(非开启式)。在主甲板上的第 1 层舷窗上应装钢质或等效材料的内盖。

(2) 通向起居、服务和机器处所及控制站的入口、空气进口和开口不应面向船首或船尾装卸装置的货物通岸接头所在位置。它们应位于上层建筑或甲板室的外侧,与上层建筑或甲板室的面向船首或船尾装卸装置的货物通岸接头位置的一端的距离至少为船长的4%,且不得少于3 m,但该距离不必超过5 m。面向通岸接头位置的舷窗和上述距离之内的上层建筑和甲板室侧壁上的舷窗均应为固定(非开启)型舷窗。此外,在使用船首或船尾装卸装置期间,相应的上层建筑或甲板室侧壁上的所有门、舷窗和其他开口都应处于关闭状态。

(3)对于小型船舶,若不可能满足本条上述两款的要求时,则主管机关可以批准对上述要求酌情放宽。

2.2.4.4　散装运输液化气体船

按《国际散装运输液化气体船舶构造和设备规则》(见 MSA《国际航行海船法定检验技术规则(2014)》)的规定,起居、服务和机器处所以及控制站的门和窗的特殊要求:

(1)起居处所、服务处所、机器处所和控制站的入口、空气进口和开口不应面向货物区域,它们应设置在不面向货物区域的端壁上,或设置在上层建筑或甲板室的外侧壁上,这些开口离面向货物区域上层建筑或甲板室的端壁之间的距离至少为船长(L)的4%,且不小于3 m,然而不必超过5 m。面向货物区域和在上述距离内的上层建筑或甲板室两外侧壁上的窗和舷窗应是固定(非开启)型的。驾驶室的窗可以为非固定型的,而门可位于上述范围内,只要它们被设计成能确保迅速而有效的气密和蒸气密。对于专用于载运既不易燃又无毒性危害货物的船舶,在执行上述要求时,经主管机关可予以放宽。

(2)最上层连续甲板以下外板上的舷窗以及在第1层上层建筑或甲板室的舷窗均应为固定(非开启)型的。

(3)从开敞露天甲板进入气体安全处所的通道应位于露天甲板以上2.4 m高的气体安全区域内,除非设有空气闸。

(4)空气闸仅允许设置在开敞露天甲板上的气体危险区域与气体安全处所之间,空气闸由两扇能确保气密的钢质门组成,它们之间的距离至少为1.5 m,但不大于2.5 m。此类门应是自闭式的,且应无任何门背扣装置。空气闸的门槛高度应不小于300 mm。

(5)通向起居、服务和机器处所及控制站的入口、空气进口和开口不应面向船首或船尾装卸装置的货物通岸接头所在位置。它们应位于上层建筑或甲板室的外侧,离上层建筑或甲板室面向船首或船尾装卸货物通岸接头的距离至少为船长(L)的4%,且不得小于3 m,也不必超过5 m。面向通岸接头以及上述距离范围内的上层建筑或甲板室两侧的舷窗均应是固定(非开启)型的舷窗。此外,艏艉装卸装置在使用期间,相应的上层建筑或甲板室两侧的所有门、舷门以及其他开口均应保持关闭状态。

(6) 对于小型船舶,若不能满足上述本条(1)和(5)款要求时,主管机关可同意放宽上述要求。

2.2.5　船用门、窗的开启方向和符号标志

(1) 国际标准

国际标准 ISO/R1226 规定(详见 GB 11874—1989),以门和窗的垂直轴为参考点,确定船用门和窗的开启方向和标志方法,即:顺时针方向开启为6,逆时针方向开启为5;内开为0,外开为1,并以位于门或窗开启方向的一面为开启面,如图 2-1 所示。图中圆圈表示门或窗铰链,箭头方向表示门开启方向,因此:

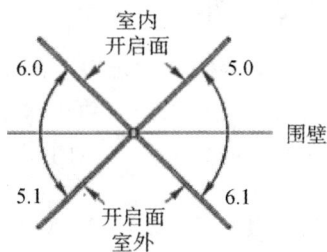

图 2-1　国际标准门的开启方向标志

顺时针方向内开的标志为 6.0;

顺时针方向外开的标志为 6.1;

逆时针方向内开的标志为 5.0;

逆时针方向外开的标志为 5.1。

如两个同样性质舱室之间的门,内外概念不清时,则根据舱室管理的等级高低,决定该门所属的舱室。

(2) 国内习惯用法

① 门的开启方向

门的开启方向按人站在室外向室内看如图 2-2 所示,图中圆圈表示门的铰链轴,箭头方向表示门开启方向。门绕铰链轴旋转的开启方向有两种标志方法:其一,借助英文 right(向右)、left(向左)、outer(向外)和 inner(向内)的第一个字母(大写)表示:"右内开"—RI、"右外开"—RO、"左内开"—LI 及"左外开"—LO;其二,借助汉语拼音 you(右)、zuo(左)、wai(外)和 nei(内)的第一个字母(大写)表示:"右内开"—YN、"右外开"—YW、"左内开"—ZN、"左外开"—ZW。一般来说,英文字母标志用于出口船,汉语拼音标志用于国内船舶。

钢质门一般为外开,仅按铰链位置分为右外开

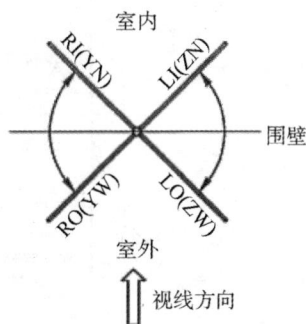

图 2-2　国内习惯用法门的开启方向标志

和左外开。

　　② 窗的开启方向

　　窗的开启方向一般以人站在窗的开启面一侧划分。对于侧开窗,如窗向室内开,则向左为左内开,向右为右内开;如窗向室外开,则向左为左外开,向右为右外开。此外,对于上开窗,窗向室内开为内上开,窗向室外开则为外上开。

2.3　水密门

　　船舶舱壁甲板以下的水密舱壁上的出入口需设置水密门,其形式有滑动式、铰链式和滚动式。滑动式水密门按其结构可分为竖动式和横动式,按其操纵方式可分为手动和动力操纵两种形式。

2.3.1　手动滑动式水密门

　　目前,常用的手动滑动式水密门有两种形式:A 型水平滑动式水密门,见图 2-3 和表 2-2;B 型垂直滑动式水密门,见图 2-4 和表 2-3。这两种门均为手动机械传动,但只能在门的一侧用手摇动扳手,经传动轴带动齿条来操纵门的开启和关闭。

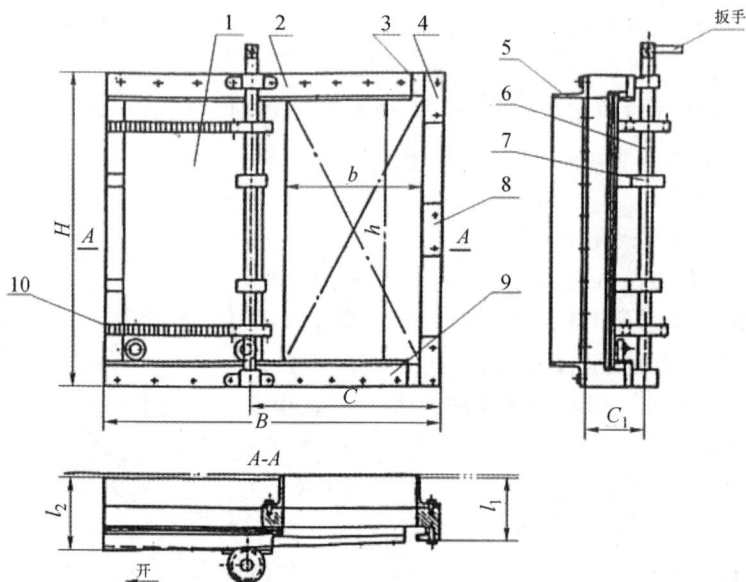

1—门;2—上导向板;3—门框;4—压板;5—门框座;6—传动轴;7—压紧轮;8—中间压板;9—下导向板;10—齿条。

图 2-3　A 型手动水平滑动式水密门

注:图示为左开式(Z),右开式(Y)与此对称。

该门的门板、门框、门框座、导向板及传动装置等主要零件采用钢质材料,其中门框可以采用铸钢或钢材焊接,门滑条则采用黄铜。该门主要用于甲板间分隔货舱的水密舱壁上。

表 2-2　A 型手动水平滑动式水密门的规格及主要尺寸　　　　　　　　（mm）

通孔尺寸 $b×h$	舱壁开口尺寸	B	H	C	C_1	l_1	l_2	质量/kg
500×1 000	532×1 032	1 270	1 216	700	256	346	295	792.5
600×1 200	632×1 232	1 500	1 416	850	262	355	295	960.0
700×1 400	732×1 432	1 680	1 616	920	264.8	362	295	1 110.5

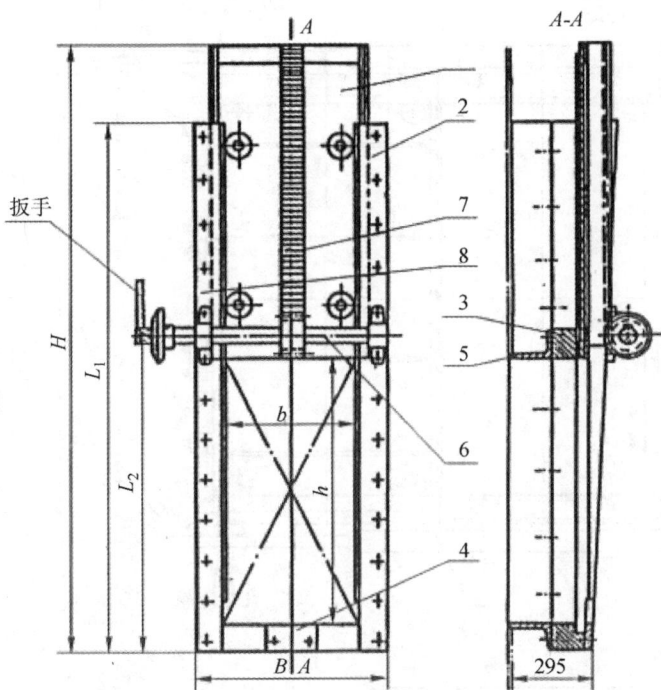

1—门;2—右导向板;3—门框;4—压板;5—门框座;6—传动轴;7—齿条;8—左导向板。

图 2-4　B 型手动垂直滑动式水密门

表 2-3　B 型手动垂直滑动水密门的规格及主要尺寸　　　　　　　　（mm）

通孔尺寸 $b×h$	舱壁开口尺寸	B	H	L_1	L_2	质量/kg
500×1 000	532×1 032	716	2 280	1 990	1 191	931
600×1 200	632×1 232	816	2 700	2 360	1 389	1 121

2.3.2 液压滑动式水密门

常用的液压滑动水密门分为水平滑动式和垂直滑动式,水平滑动式水密门的结构如图 2-5 所示,垂直滑动式水密门的结构如图 2-6 所示。液压滑动水密门的规格和主要尺寸列于表 2-4。

滑动水密门的门板和门框均为焊接结构,门的关闭和开启采用液压缸。按所配置控制系统又可分为手动液压滑动水密门和手动/电动两用液压滑动水密门。

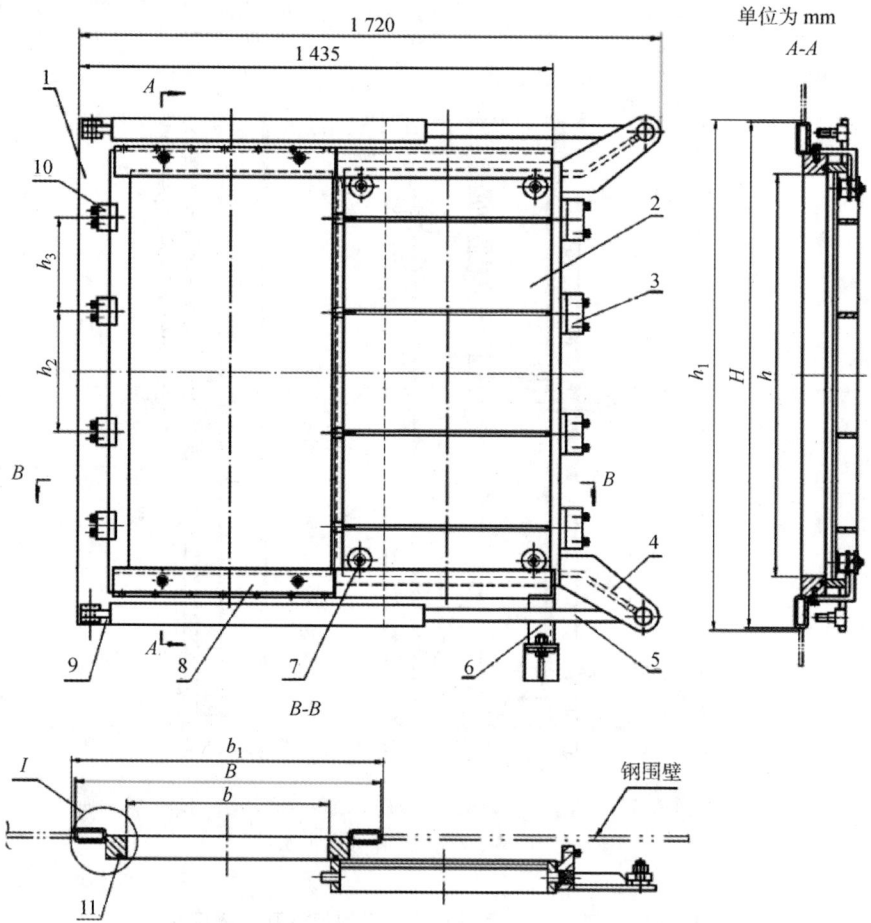

1—门框;2—门板;3—夹紧装置凸座;4—连接板;5—油缸;6—门轨道支架;7—滚轮;8—门轨道;
9—油缸座;10—夹紧装置凹座;11—密封胶条。

图 2-5　液压滑动水密门

注:本图为右开水密门。

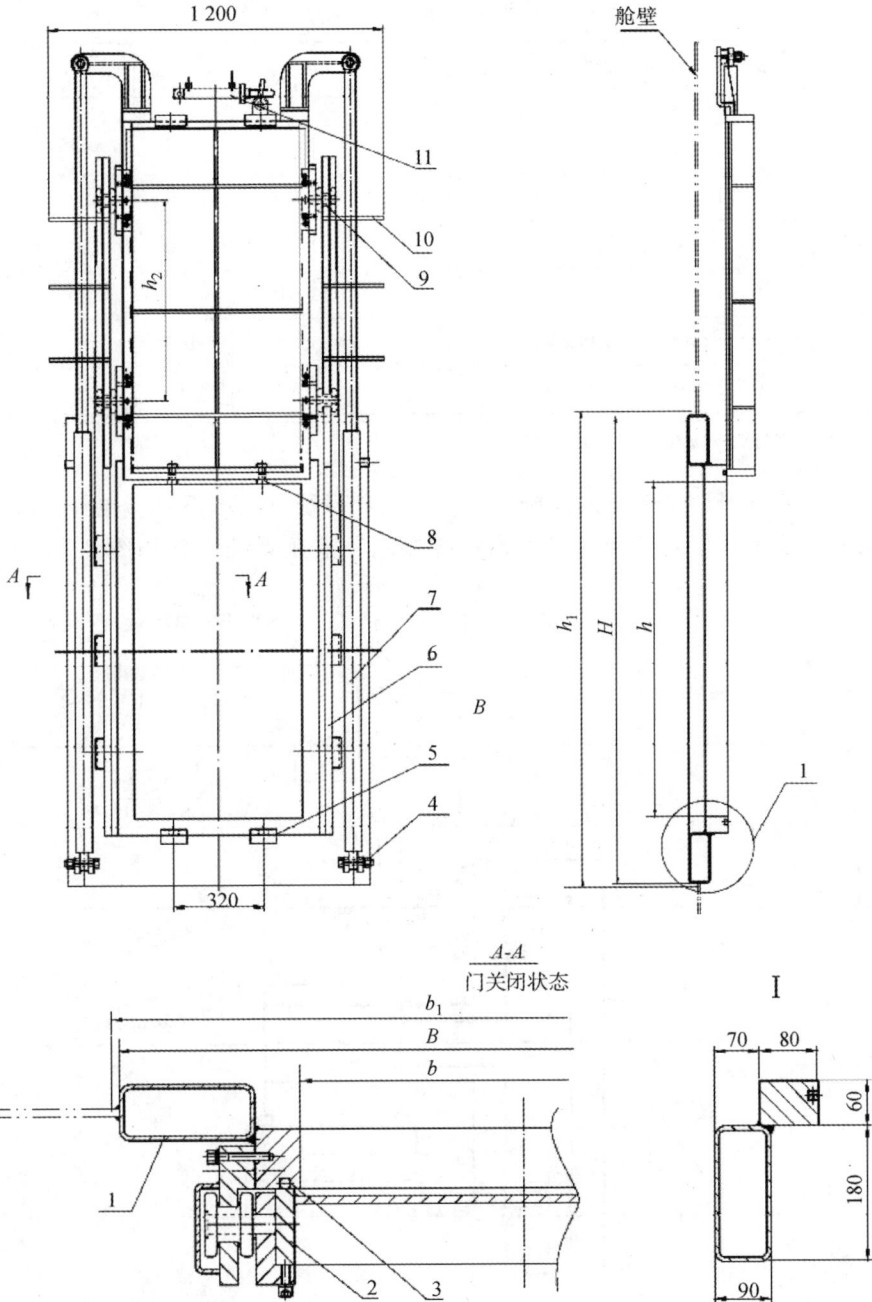

1—门框；2—门板；3—密封胶条；4—油缸座；5—夹紧装置凹座；6—轨道；7—油缸；8—夹紧装置凸座；
9—滚轮；10—轨道托架；11—安全固定装置。

图 2-6　液压垂直滑动水密门

表 2-4　液压滑动式水密门的规格及基本尺寸　　　　　　　　　　（mm）

型号	通孔尺寸 $b \times h$	舱壁开孔尺寸 $b_1 \times h_1$	B	H	h_1	h_2	质量/kg
A	600×1 000	916×1 316	910	1 310	250	180	530
	600×1 200	916×1 516		1 510	300	220	601
	600×1 400	916×1 716		1 710	330	250	716
	600×1 600	916×1 916		1 910	360	280	850
B	600×1 000	1 086×1 486	1 080	1 480	680	—	580
	600×1 200	1 086×1 686		1 680	720	—	660

注:质量指水密门结构质量,不包括液压系统。

　　手动液压滑动水密门的控制系统包括电控系统及液压系统。电控系统配置显示水密门处于开启或关闭状态的指示控制箱。液压系统原理如图 2-7 所示,系统

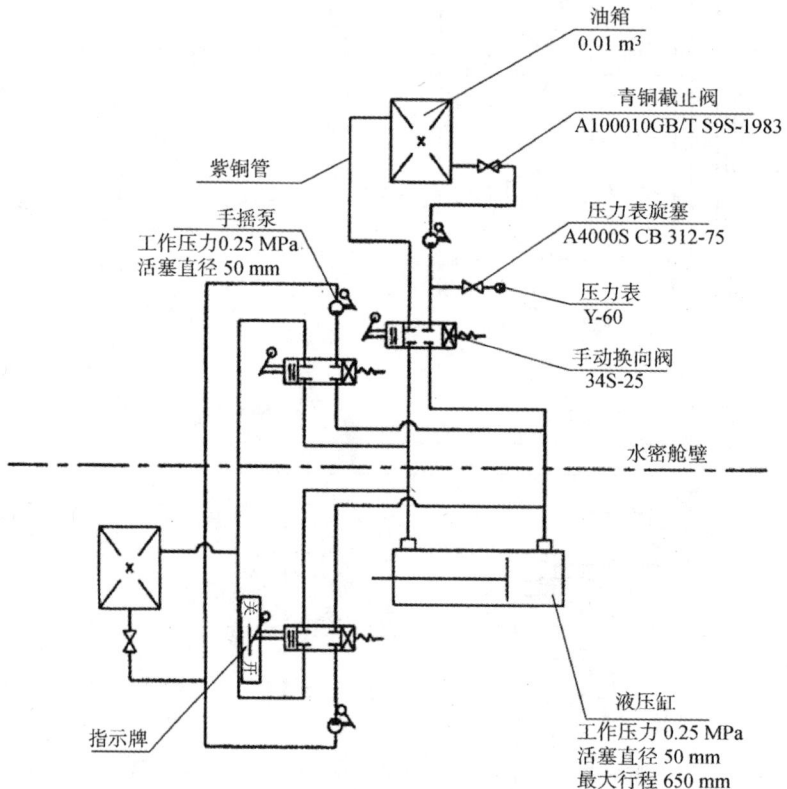

图 2-7　手动液压滑动水密门液压系统原理图

中设有油箱并配有三套手动操纵装置(包括手摇泵和手动换向阀),可在门的两侧及上甲板某一位置各自分别操纵液压缸开启或关闭水密门,关闭时间不超过 90 s。手动液压滑动水密门可用于甲板间分隔货舱的水密舱壁上。

　　手动/电动两用液压滑动水密门(动力滑动水密门)的控制系统也由电控系统及液压系统组成,其液压系统原理如图 2-8 所示,其中的手动液压系统与上述手动液压滑动水密门相似。电动液压系统设有独立的液压泵组及电磁换向阀,可由设在门两侧的按钮操纵液压缸开启或关闭水密门,并通过设在驾驶室的水密门控制箱遥控关闭水密门,关闭时间不超过 60 s。驾驶室水密门控制箱设有显示水密门

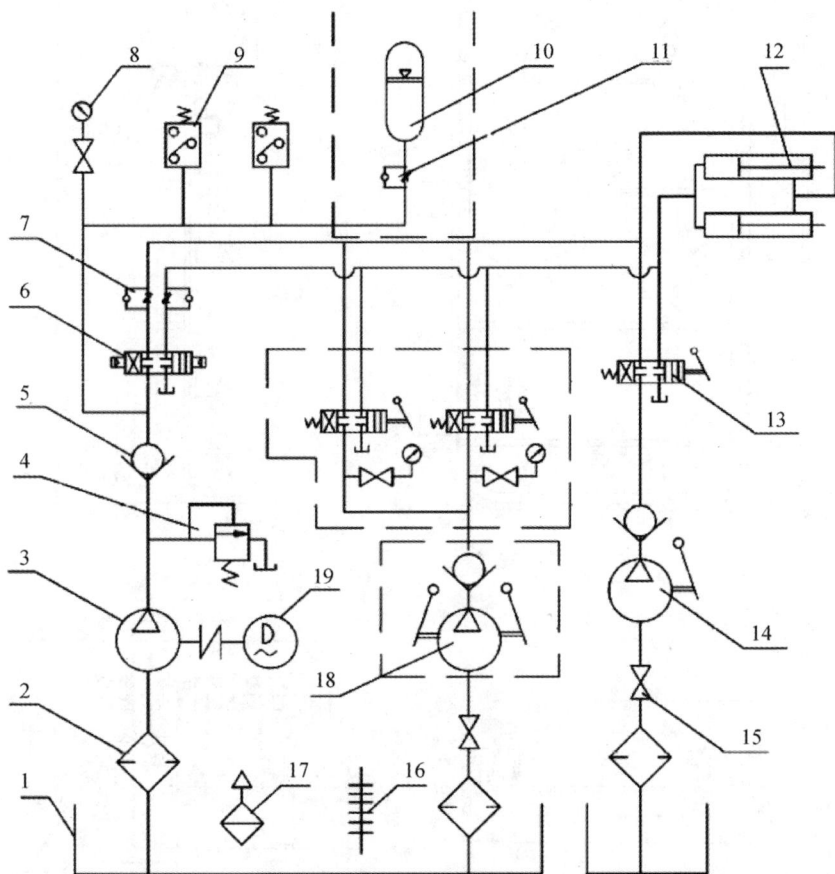

1—油箱;2—滤油器;3—泵;4—溢流阀;5—单向阀;6—电磁换向阀;7—单向节流阀;8—压力表;9—压力继电器;10—蓄能器;11—单向节流阀;12—油缸;13—手动换向阀;14—手动泵;15—截止阀;16—液位器;17—空滤器;18—双出轴手动泵;19—电机。

图 2-8　手动/电动两用液压滑动水密门系统原理图

处于开启或关闭状态的指示器。手动/电动两用液压滑动水密门作为动力滑动水密门可用于客船和货船的水密舱壁上。

2.3.3 手动铰链式水密门

常用的手动铰链式水密门,其结构如图 2-9 所示,规格及主要尺寸列于表 2-5。

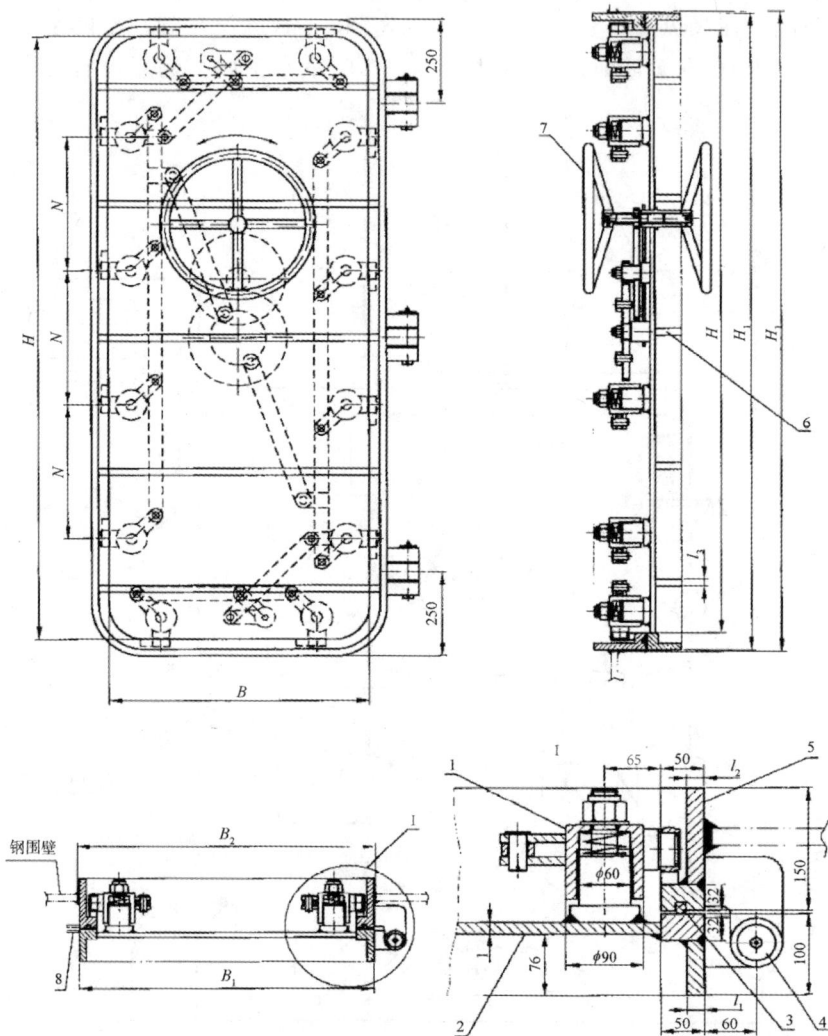

1—锁紧装置;2—门板;3—密封条;4—铰链;5—门框;6—加强筋;7—手轮;8—锁扣。

图 2-9 铰链式水密门典型结构形式

表 2-5　铰链式水密门的主要尺寸及参数

通孔尺寸 $B \times H$/ (mm×mm)	外形尺寸 $B_1 \times H_1$/ (mm×mm)	舱壁开孔尺寸 $B_2 \times H_2$/ (mm×mm)	t/mm	t_1/mm	t_2/mm	t_3/mm	N/mm	铰链数量/个	夹扣数量/个	工作水压值/MPa	质量/kg
650×1 200	750×1 300	755×1 305×R150					300				410
700×1 200	800×1 300	805×1 305×R150						2	10		425
650×1 400	750×1 500	755×1 505×R150					350				433
700×1 400	1 800×1 500	805×1 505×R150	12								457
800×1 500	900×1 600	905×1 605×R150					300				465
650×1 600	750×1 700	755×1 705×R150		16	16	16	320			0.3	467
700×1 600	800×1 700	805×1 705×R150									487
700×1 700	800×1 800	805×1 805×R150					340	3			465
600×1 800	700×1 900	705×1 905×R150									510
700×1 800	800×1 900	805×1 905×R150	14				360		12		545
800×1 800	900×1 900	905×1 905×R150									580
900×1 800	1 000×1 900	1 005×1 905×R150									620
650×1 200	750×1 300	755×1 305×R150					200	2			455
700×1 200	800×1 300	805×1 305×R150									475
650×1 400	750×1 500	755×1 505×R150					270				505
700×1 400	800×1 500	805×1 505×R150	12								532
800×1 500	900×1 600	905×1 605×R150					230				542
650×1 600	750×1 700	755×1 705×R150		20	20	20	250			0.5	565
700×1 600	800×1 700	805×1 705×R150									590
700×1 700	800×1 800	805×1 805×R150					270	3	14		600
600×1 800	700×1 900	705×1 905×R150									615
700×1 800	800×1 900	805×1 905×R150	14				300				635
800×1 800	900×1 900	905×1 905×R150									655
900×1 800	1 000×1 900	1 005×1 905×R150									675

2.4 舷门

舷门是指在防撞舱壁之后,干舷甲板以下的舷侧或干舷甲板以上封闭上层建筑范围内的装货门或日常出入门。

干舷甲板以下的舷门应保证水密,干舷甲板以上的舷门应保证风雨密。舷门应与周围外板有相同的水密性和结构完整性。

常用的风雨密舷门有两种:一种为双扇外开式舷门(图 2-10),由上下两块门板组成;另一种为四扇外开式舷门(图 2-11),由 4 块门板组成。两种舷门的尺寸列于表 2-6。两种舷门均为向外开启,夹扣装置在门板内侧,在船内操作夹扣装置将门板夹紧,以保证舷门风雨密。门关闭以后除铰链外,门板与船体板外表面齐平。

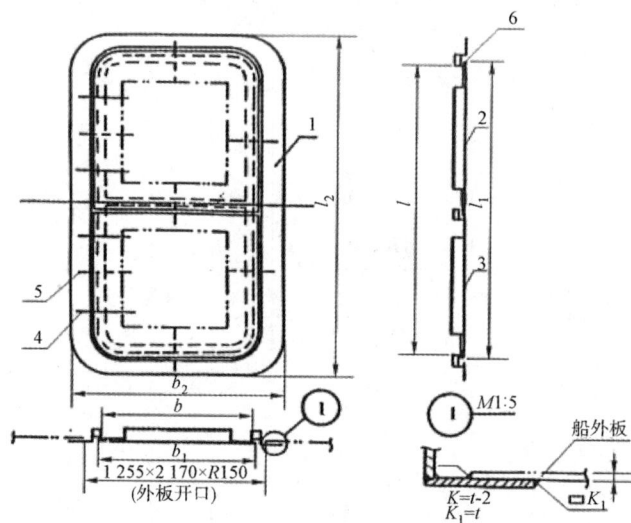

1—门框;2—上门板;3—下门板;4—铰链;5—夹扣装置;6—橡皮垫。

图 2-10 双扇外开式舷门

表 2-6 舷门主要尺寸 　　　　　　　　　　　　　　　　　　(mm)

形式	通孔尺寸		门板总长	门板宽度	门框总长	门框总宽	门板厚度	夹扣数量
	l	b	l_1	b_1	l_2	b_2	t	/个
双扇舷门	2 000	1 000	2 090	1 090	2 300	1 400	—	7
四扇舷门	2 000	2 000	2 090	2 090	2 300	2 400	—	18

注:t 为邻近外板厚度。

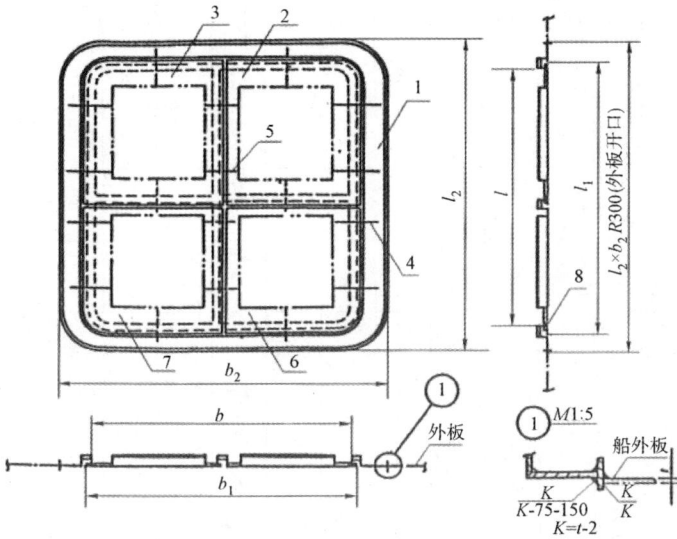

1—门框；2—1 号门板；3—2 号门板；4—铰链；5—夹扣装置；6—3 号门板；
7—4 号门板；8—填料。

图 2-11　四扇外开式舷门

舷门的门框、门板等主要零件的材料均为船体结构钢。

2.5　风雨密门

风雨密门是设置于干舷甲板以上的封闭上层建筑、甲板室、机舱棚，以及升降口的出入口的关闭装置。风雨密门的结构应与所安装处所的围壁结构具有同等强度。

风雨密门一般为外开。门在上层建筑或甲板室两侧时，向船首开启。门位于上层建筑或甲板室的两端壁上时，向两舷开启。

2.5.1　船用风雨密单扇钢质门

国内造船行业中目前常用的钢质风雨密门分为 A、B、C、D 四个等级，其中 C 级和 D 级门可加设固定圆窗。按门的角隅形状又可分为方角门（F 型）和圆角门（Y 型），如图 2-12 所示，其规格和主要参数列于表 2-7。

表2-7　钢质风雨密门的规格及主要参数

规格号	门框通孔尺寸 H×W/(mm×mm)	门板尺寸 H₁×W₁/(mm×mm)	雨壁开孔尺寸/(mm×mm×mm) F型 AF,BF,CF,DF	雨壁开孔尺寸/(mm×mm×mm) Y型 AY,BY,CY,DY	门板厚度/mm A级,B级 船长 L/m ≤80	门板厚度/mm A级,B级 船长 L/m >80	门板厚度/mm C级 船长 L/m ≤80	门板厚度/mm C级 船长 L/m >80	门板厚度/mm D级	夹扣数量/个 A级,B级,C级	夹扣数量/个 D级	质量/kg 门板厚度/mm 4	质量/kg 门板厚度/mm 6	质量/kg 门板厚度/mm 8
1050	1 000×500	1 055×555	1 100×600×80	1 100×600×150	6	—	4	—	4	6	3	22	30	—
1260	1 200×600	1 255×655	1 300×700×80	1 300×700×150	6	—	4	—	4	6	3	30	41	—
1460	1 400×600	1 455×655	1 500×700×80	1 500×700×150	6	8	4	6	4	6	3	35	55	77
1475	1 400×750	1 455×805	1 500×850×80	1 500×850×150	6	8	4	6	4	6	3	45	66	92
1490	1 400×900	1 455×955	1 500×1 000×80	1 500×1 000×150	—	8	—	6	4	8	4	60	77	107
1660	1 600×600	1 655×655	1 700×700×80	1 700×700×150	—	8	—	6	6	6	3	—	63	87
1675	1 600×750	1 655×805	1 700×850×80	1 700×850×150	—	8	—	6	6	6	3	—	75	104
1690	1 600×900	1 655×955	1 700×1 000×80	1 700×1 000×150	—	8	—	6	6	8	4	—	88	121
1860	1 800×600	1 855×655	1 900×700×80	1 900×700×150	—	—	—	—	6	6	3	—	70	—
1875	1 800×750	1 855×805	1 900×850×80	1 900×850×150	—	—	—	—	6	6	3	—	76	—
1890	1 800×900	1 855×955	1 900×1 000×80	1 900×1 000×150	—	—	—	—	6	8	4	—	97	—

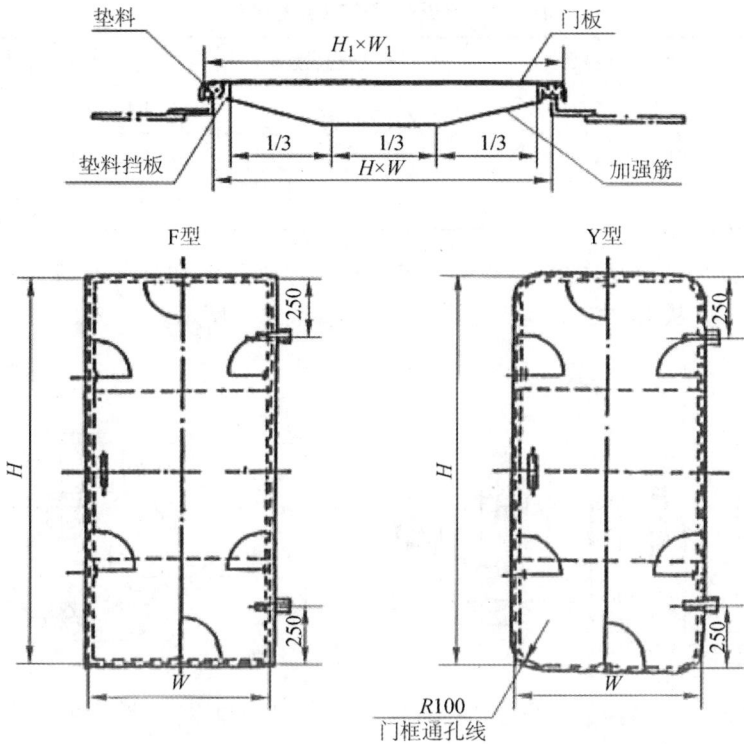

图 2-12　钢质风雨密门

　　上述钢质风雨密门的门板及其加强筋和门框均采用船体结构钢,密封填料采用耐油、耐老化橡皮。门板与门框结合处的结构如图 2-13 所示(其主要尺寸列于表 2-8)。门铰链为钢质结构,如图 2-14 所示。配置单动式带楔形把手夹扣,如图 2-15 所示。

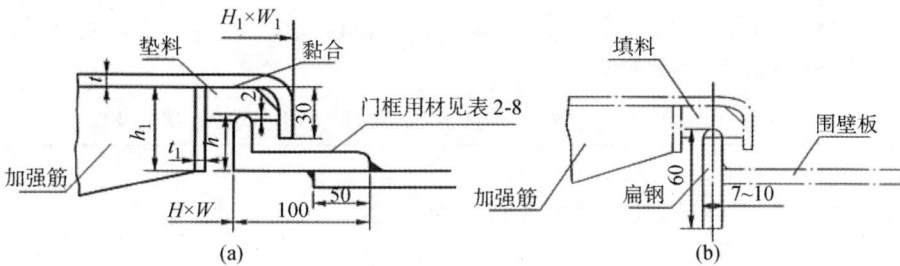

(a)角钢门框结构;(b)扁钢门框结构。

图 2-13　钢质风雨密门的门板与门框结合处的结构

表 2-8　门板与门框节点主要尺寸　　　　　　　（mm）

门板厚度 t	挡板尺寸 $h_1 \times t_1$	门框高度 h	门框用材
8	50×6	32	L100×63×10 割制
6	32×4	34	L100×63×10 割制
4	32×4	36	L100×63×7 割制

　　各种级别风雨密门的主要差别在于门板的厚度及其加强筋的数量和尺寸，以及夹扣的数量，从而决定了其所适用的部位，如表 2-9 所示。

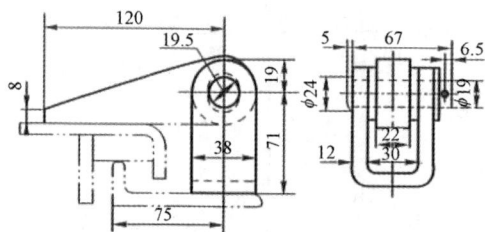

图 2-14　风雨密门的铰链

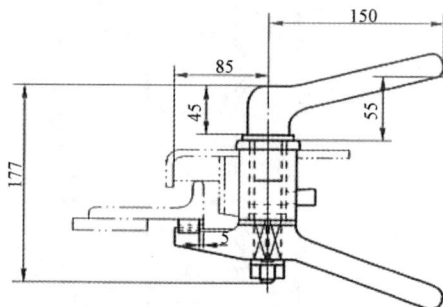

图 2-15　风雨密门的夹扣

表 2-9　各种级别风雨密门适用部位

级别	适用部位
A	干舷甲板上的第一层上层建筑的前端壁（由艉垂线向前(0.1～0.7)L 范围)
B	干舷甲板上的第二层上层建筑的前端壁（由艉垂线向前(0.1～0.7)L 范围)和第一层上层建筑的后端壁及侧壁
C	干舷甲板上的第三层上层建筑的前端壁（由艉垂线向前(0.2～0.6)L 范围)和第二层上层建筑的后端壁及侧壁
D	干舷甲板上的第四层上层建筑以上的舱壁和第三层上层建筑的后端壁及侧壁

注：① L 为船长；

　　② 本表所指上层建筑包括甲板室在内。

2.5.2　快开闭风雨密单扇钢质门

　　单动式夹扣的风雨密门具有良好的密性，但是夹扣太多，给门的开启和关闭带来很大不便。为了解决这一矛盾，设计了有联动把手夹扣的风雨密钢质门。此类门由于开关方便，已在船上大量使用，尤其是用在上层建筑的主要出入口和经常有人进出的直接通向露天甲板的舱室。常用的快开闭风雨密钢质门有两种，一种为单把手式，如图 2-16 所示，其规格及主要参数列于表 2-10；另一种为圆盘式，如图 2-17 所示，其规格及主要参数列于表 2-11。

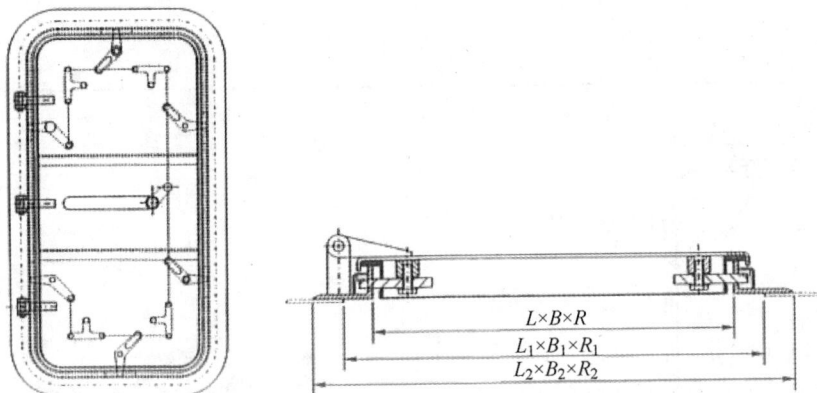

图 2-16　快开闭风雨密钢质门（单把手）

表 2-10　快开闭风雨密钢质门（单把手）的规格及主要参数　　　（mm）

规格	通孔尺寸 $L \times B \times R$	围壁开孔尺寸 $L_1 \times B_1 \times R_1$	外形尺寸 $L_2 \times B_2 \times R_2$	门板厚度 t	质量/kg
1 050	1 000×500×100	1 100×600×150	1 200×700×200	6	92
				8	104
1 260	1 200×600×100	1 300×700×150	1 400×800×200	6	113
				8	129
1 460	1 400×600×100	1 500×700×150	1 600×800×200	6	129
				8	147
1 475	1 400×750×100	1 500×850×150	1 600×950×200	6	144
				8	166
1 490	1 400×900×100	1 500×1 000×150	1 600×1 100×200	6	160
				8	185
1 660	1 600×600×100	1 700×700×150	1 800×800×200	6	137
				8	155

表 2-10 （续）

规格	通孔尺寸 $L \times B \times R$	围壁开孔尺寸 $L_1 \times B_1 \times R_1$	外形尺寸 $L_2 \times B_2 \times R_2$	门板厚度 t	质量/kg
1 675	1 600×750×100	1 700×850×150	1 800×950×200	6	161
				8	186
1 690	1 600×900×100	1 700×1 000×150	1 800×1 100×200	6	178
				8	206

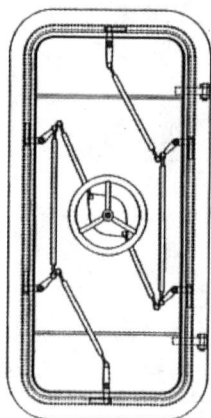

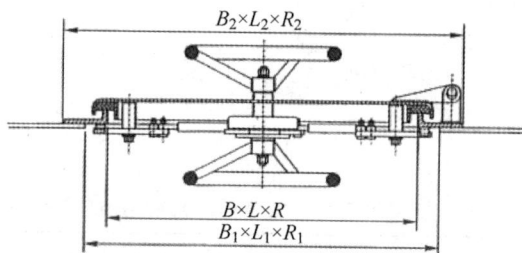

图 2-17 快开闭风雨密钢质门（圆盘式）

表 2-11 快开闭风雨密钢质门（圆盘式）的规格及主要参考 （mm）

通孔尺寸 $B \times L \times R$	围壁开孔尺寸 $B_1 \times L_1 \times R_1$	外形尺寸 $B_2 \times L_2 \times R_2$	门板厚度 t		质量/kg	
600×1 500×100	700×1 600×150	800×1 700×200	6	8	145	166
600×1 600×100	700×1 700×150	800×1 800×200	6	8	154	176
700×1 500×100	800×1 600×150	900×1 700×200	6	8	167	191
700×1 600×100	800×1 700×150	900×1 800×200	6	8	174	199
700×1 700×100	800×1 800×150	900×1 900×200	6	8	183	210
800×1 500×100	900×1 600×150	1 000×1 700×200	8		208	
800×1 600×100	900×1 700×150	1 000×1 800×200	8		223	
800×1 700×100	900×1 800×150	1 000×1 900×200	8		249	

2.5.3　船用风雨密单扇铝质门

　　风雨密单扇铝质门最大的优点是质量小,仅为钢质门的 1/4 或 1/5,但由于价格较贵,所以此门多用在军用船舶和高速船舶上。图 2-18 所示为构架式铝质门,图 2-19 所示为模压式铝质门。两种门的规格及主要参数列于表 2-12。

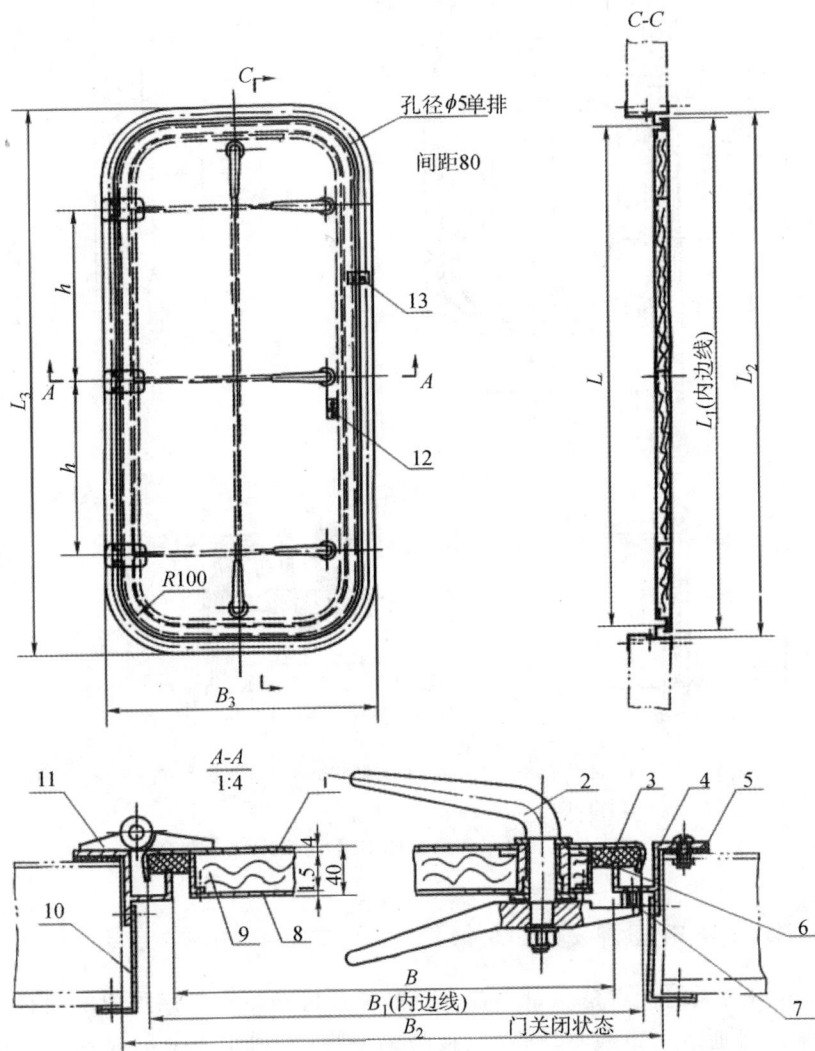

1—门板;2—把手;3—密封条;4—门框;5—多硫橡胶带;6—加强腹板;7—斜楔;8—封板;
9—填料;10—装饰框;11—铰链;12—门钩;13—锁扣。

图 2-18　构架式船用风雨密单扇铝质门

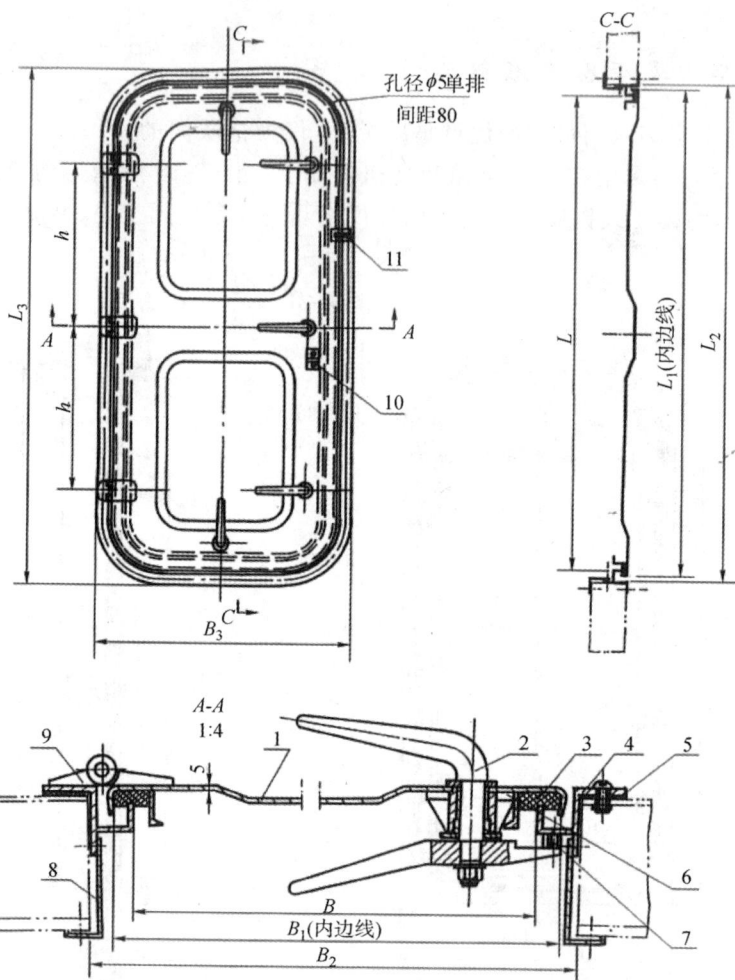

1—门板；2—把手；3—密封条；4—门框；5—多硫橡胶带；6—加强腹板；7—斜楔；8—装饰框；9—铰链；10—门钩；11—锁扣。

图 2-19　模压式船用风雨密单扇铝质门

2.5.4　船用风雨密单扇玻璃钢门

　　玻璃钢门最大的优点是质量小，不生锈，并且价格便宜。该种门的门板用玻璃钢，门框采用普通碳素钢或不锈钢，直接与钢壁焊接，适用于上层建筑出入口的外门。图 2-20 为船用风雨密单扇玻璃钢门的结构图，其规格和主要参数列于表 2-13。

表 2-12　船用风雨密单扇铝质门的规格及主要参数　　　　　　（mm）

通孔尺寸 $B \times L \times R$	门板理论尺寸 （内边线） $B_1 \times L_1 \times R_1$	围板开孔尺寸 $B_2 \times L_2 \times R_2$	门框外形尺寸 $B_3 \times L_3 \times R_3$	铰链把手位置尺寸 h	把手数量/只	质量/kg	
						构架	模压
500×1 000×100	540×1 040×120	580×1 080×140	654×1 154×177	300	4	23	21
500×1 200×100	540×1 240×120	580×1 280×140	654×1 354×177	400	5	27	25
500×1 400×100	540×1 440×120	580×1 480×140	654×1 554×177	500	5	30	27
600×1 200×100	640×1 240×120	680×1 280×140	754×1 354×177	400	5	33	30
600×1 400×100	640×1 440×120	680×1 480×140	754×1 554×177	500	5	36	33
650×1 600×100	690×1 640×120	730×1 680×140	804×1 754×177	600	5	39.5	36

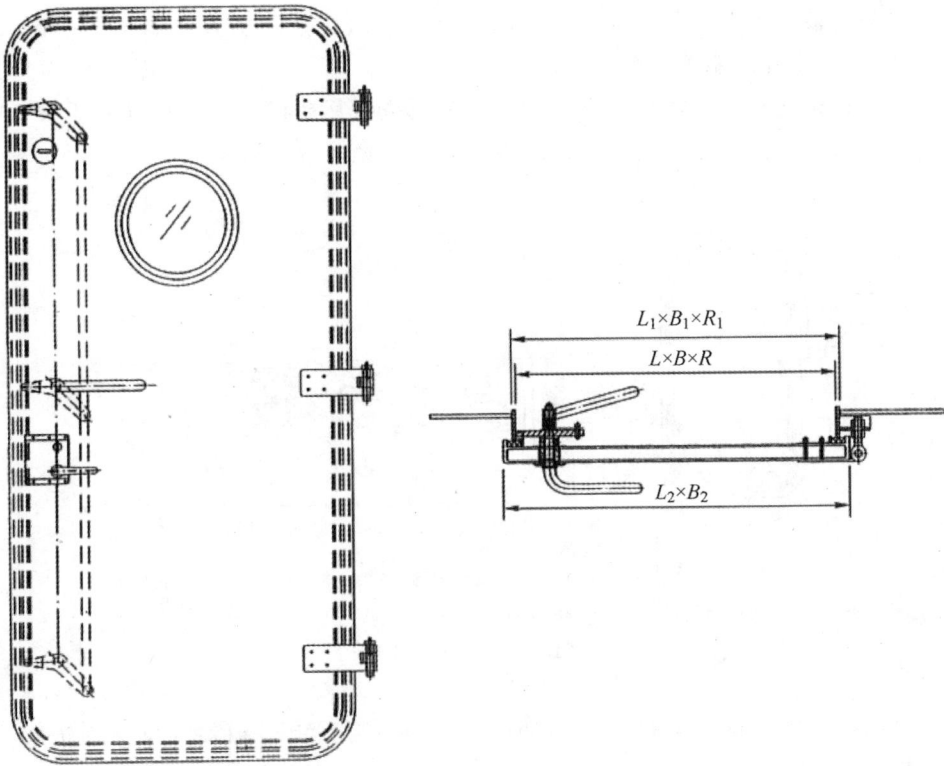

图 2-20　船用风雨密单扇玻璃钢门

表 2-13　船用风雨密单扇玻璃钢门的规格及主要参数　　　　（mm）

通孔尺寸 $L \times B$	围壁开孔 $L_1 \times B_1$	外形尺寸 $L_2 \times B_2$	质量/kg	选择项
$1\,650 \times 600 \times R100$	$1\,670 \times 620 \times R110$	$1\,713 \times 663$	88	圆窗 闭门器 定门器
$1\,700 \times 700 \times R100$	$1\,720 \times 720 \times R110$	$1\,763 \times 763$	95	
$1\,750 \times 750 \times R100$	$1\,770 \times 770 \times R110$	$1\,813 \times 813$	101	
$1\,800 \times 800 \times R100$	$1\,820 \times 820 \times R110$	$1\,863 \times 863$	107	

2.6　气密门和隔声阻气门

2.6.1　气密门

气密门是设置在船舶有气密要求的舱室界面舱壁上的出入口的关闭装置,常用于油船、液化气体船等船舶。

侧开式充气密封条密封气密门如图 2-21 所示,其规格和基本尺寸列于表-14。这种气密门的气密性能可使密闭区门内外的压力差保持 500 Pa。

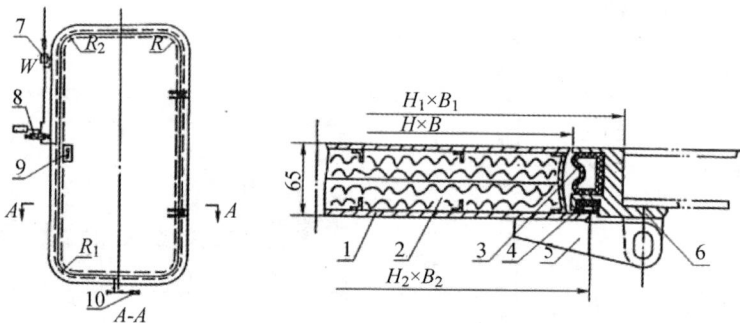

1—门板;2—矿棉;3—充气密封条;4—橡胶垫料;5—铰链;6—门框;7—减压阀;
8—二位三通控制阀;9—锁;10—放水阀。

图 2-21　侧开式充气气密门

滑移式充气密封条密封气密门如图 2-22 所示,其规格和基本尺寸列于表 2-15。这种气密门的气密性能可使密闭区门内外的压力差保持 100 Pa。

表 2-14　侧开式充气气密门规格及基本尺寸　　　　　　　　　　（mm）

通孔尺寸		围壁开口尺寸		门扇外形尺寸		质量/kg	
$H \times B$	R	$H_1 \times B_1$	R_1	$H_2 \times B_2$	R_2	不锈钢	铝合金
1 600×600	100	1 685×685	142	1 630×630	115	64	44
1 650×650	100	1 735×735	142	1 680×680	115	70	48
1 700×700	100	1 785×785	142	1 730×730	115	78	52
1 750×700	100	1 835×785	142	1 780×730	115	80	54
1 700×750	100	1 785×835	142	1 730×780	115	83	56
1 750×750	100	1 835×835	142	1 780×780	115	85	59
1 800×750	100	1 885×835	142	1 830×780	115	87	62
1 800×800	100	1 885×885	142	1 830×830	115	92	66

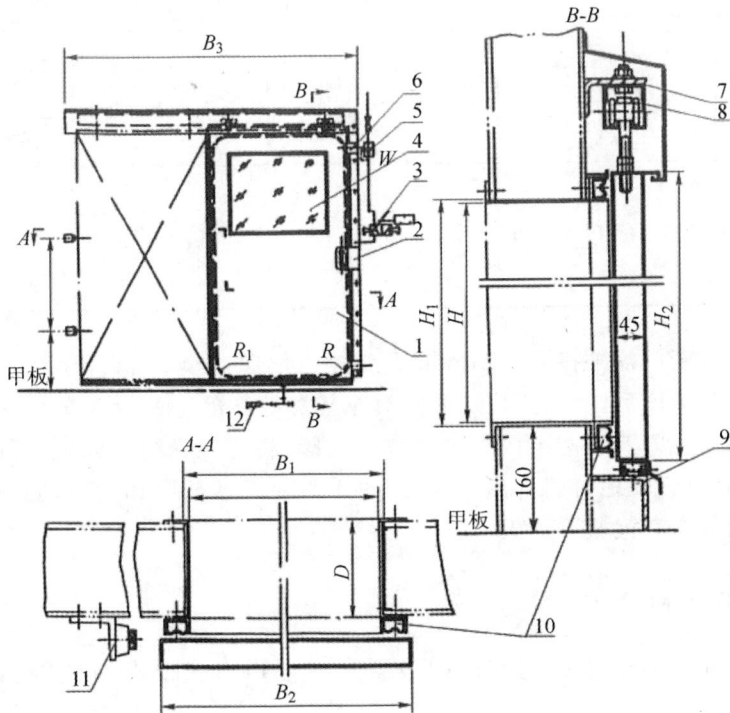

1—门板；2—锁；3—二位三通控制阀；4—窗玻璃；5—减压阀；6—定位器；7—上导轨；8—滚轮装置；9—下导轨；10—充气密封条；11—缓冲器；12—放水阀。

图 2-22　滑移式充气气密门

表 2-15　滑移式充气气密门规格及基本尺寸　　　　　　　　（mm）

通孔尺寸		围壁开口尺寸		门扇外形尺寸	滑轨长	门框厚	质量/kg	
$H \times B$	R	$H_1 \times B_1$	R	$H_2 \times B_2$	B_3	D	不锈钢	铝合金
1 700×750	100	1 710×760	105	1 850×900	1 950	100	151	111
						150	163	117
						200	176	123
1 700×900	100	1 710×910	105	1 850×1 050	2 100	100	164	119
						150	176	125
						200	189	131
1 800×750	100	1 810×760	105	1 950×900	1 950	100	155	114
						150	167	120
						200	180	126
1 800×900	100	1 810×910	105	1 950×1 050	2 100	100	168	122
						150	180	128
						200	193	134
1 800×1 000	100	1 810×1 010	105	1 950×1 150	2 200	100	177	128
						150	189	134
						200	202	140

这两种气密门需外接 0.7 MPa 的压缩空气气源,经减压阀降至 0.2 MPa 的工作压力。在门关闭后,操纵二位三通阀对充气密封条充气使密封条膨胀,从而达到门的气密密封。门开启前再次操纵二位三通阀,将充气密封条内的空气释放至大气中,然后就可方便地将门开启。因此,对于需要经常开启和关闭的这两种门,应配置专用的蓄压空气瓶。

2.6.2　隔声阻气门

隔声阻气门通常作为舱室内门设置在有隔声阻气要求的处所如机舱集控室等。

国内造船行业中目前常用的钢质隔声阻气门的形式列于表 2-16,规格及主要参数列于表 2-17。

表 2-16　钢质隔声阻气门的形式及安装位置

类型	形式		安装位置
A	A 型 AZ 型		安装在一道钢围壁上的门(不带窗) 安装在一道钢围壁上的门(带双层玻璃窗)
B	B_1 型 B_1Z 型	门向钢围壁 一侧开启	安装在一层钢壁、一层装饰板的门(不带窗) 安装在一层钢壁、一层装饰板的门(带双层玻璃窗)
	B_2 型 B_2Z 型	门向装饰板 一侧开启	安装在一层钢壁、一层装饰板的门(不带窗) 安装在一层钢壁、一层装饰板的门(带双层玻璃窗)
C	C 型 CZ 型		安装在一层钢壁、两边各一层装饰板的门(不带窗) 安装在一层钢壁、两边各一层装饰板的门(带双层玻璃窗)

表 2-17　钢质隔声阻气门规格及主要参数　　　　　　　　　(mm)

通孔尺寸 $L \times B$	围壁开孔尺寸 $L_1 \times B_1$	质量/kg						T	T_1
		A	B	C	AZ	BZ	CZ		
1 650×600	1 750×700	68	81.5	81.5	—	—	—		
1 750×700	1 850×800	73	86.5	86.5	—	—	—		
1 650×800	1 750×900	—	—	—	73	88.9	85		

注:T、T_1 值由设计者确定。

图 2-23 所示为 CZ 型带双层玻璃窗的隔声阻气门,该门设置在中间一道钢壁,两边各一层装饰板的三层围壁上。A 型门设在一道钢围壁上,其门框厚度为 80 mm。B 型及 C 型门的门框厚度均需按设计要求确定。

钢质隔声阻气门的门板及门框均为钢质结构,门板内部填充超细玻璃棉,门框四周与门板接触处设置氯丁橡胶垫料。门应配有闭门器。这种隔声阻气门不适用于有耐火完整性要求的舱壁。

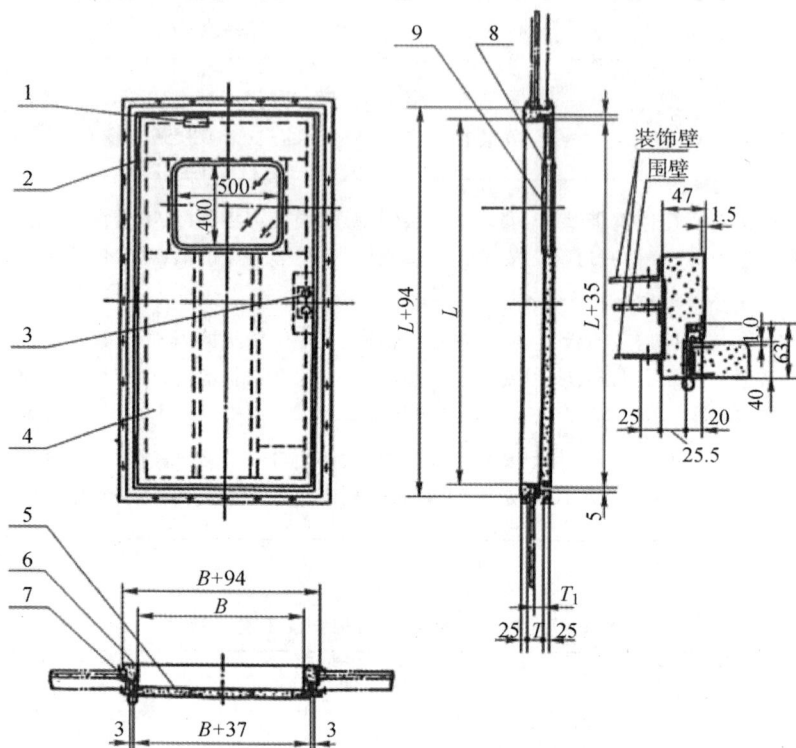

1—闭门器；2—铰链；3—船用镶锁；4—门；5—绝缘层；6—门框；7—填料；8—玻璃压条；9—玻璃。

图 2-23　CZ 型带双层玻璃窗钢质隔声阻气门

2.7　驾驶室移门

2.7.1　普通驾驶室移门

在海洋船舶中，驾驶室两侧通向露天甲板的外门，大多数采用移门。除油船和液化气体船采用气密移门外，其他海洋船舶均可采用普通驾驶室移门。

目前，常用的普通驾驶室移门按其主要零件门板和门框的材料分为：A 型不锈钢移门和 B 型铝合金移门，其结构形式如图 2-24 所示，规格和主要参数见表 2-18。

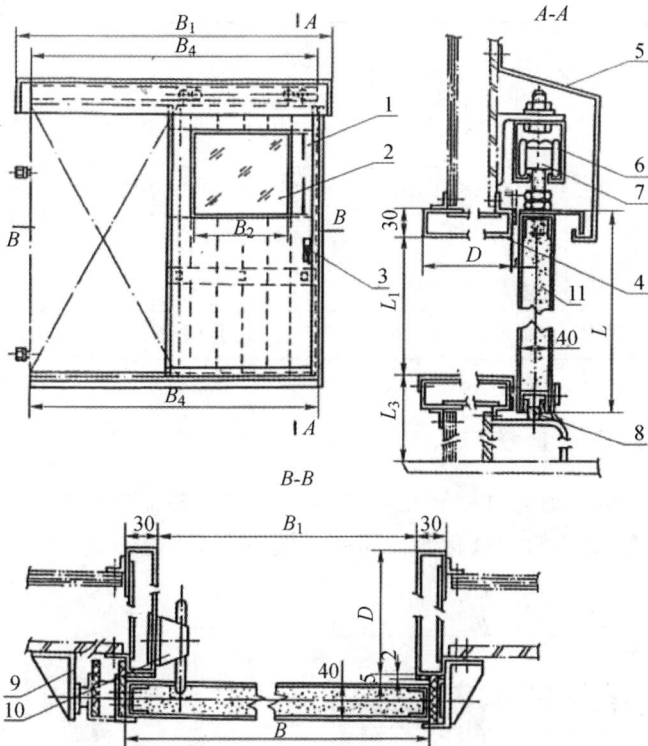

1—门;2—窗玻璃;3—门锁;4—门框;5—罩板;6—上轨道;7—滚轮装置;
8—下轨道;9—缓冲座;10—制止器;11—绝缘材料。

图 2-24　普通驾驶室移门

注:图示为左开式,右开式与此对称。

表 2-18　普通驾驶室移门的规格及主要参数　　　　　　　　　　　（mm）

类型	通孔尺寸				围壁开孔尺寸	门尺寸			B_3	B_4	L_3	窗透光尺寸		质量/kg
	L_1	B_1	D			L	B	t				L_2	B_2	
A	1 700	750	100	150 200	1 765×815	1 785	795	40	1 660	1 500	150 180	500	400	56
	1 700	900	100	150 200	1 765×965	1 785	945	40	1 960	1 800	150 180	700	600	62
	1 800	900	100	150 200	1 865×965	1 885	945	40	1 960	1 800	150 180	700	600	66
	1 800	1 000	100	150 200	1 865×1 065	1 885	1 045	40	2 160	2 000	150 180	700	600	72

表 2-18 （续）

类型	通孔尺寸					围壁开孔尺寸	门尺寸			B_3	B_4	L_3	窗透光尺寸		质量/kg
	L_1	B_1		D			L	B	t				L_2	B_2	
B	1 700	750	100	150	200	1 765×815	1 785	795	40	1 660	1 500	150	180	500	400	34
	1 700	900	100	150	200	1 765×965	1 785	945	40	1 960	1 800	150	180	700	600	36
	1 800	900	100	150	200	1 865×965	1 885	945	40	1 960	1 800	150	180	700	600	39.5
	1 800	1 000	100	150	200	1 865×1 065	1 885	1 045	40	2 160	2 000	150	180	700	600	42

2.7.2 气密驾驶室移门

气密驾驶室移门是通过机械压夹装置压紧密封条而达到气密,用于门的内外无压力差的场所,如油船和液化气体船的驾驶室,其结构形式如图 2-25 所示,规格

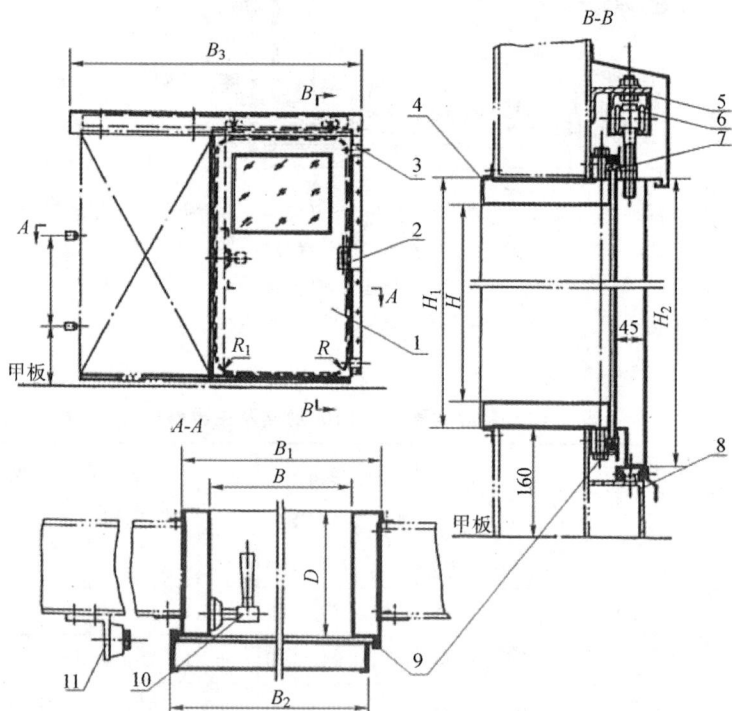

1—门板;2—锁;3—定位器;4—门框;5—上导轨;6—滚轮装置;7—机械压夹装置;
8—下导轨;9—密封条;10—密封把手;11—缓冲器。

图 2-25 气密驾驶室移门

和主要参数见表2-19。

表 2-19　气密驾驶室移门规格及主要参数　　　　　　　（mm）

通孔尺寸		围壁开孔尺寸		门扇外形尺寸	滑轨长	门框厚	质量/kg	
$H \times B$	R	$H_1 \times B_1$	R_1	$H_2 \times B_2$	B_3	D	不锈钢	铝合金
1 700×750	100	1 785×835	105	1 835×830	1 950	100	153	113
						150	165	119
						200	178	125
1 700×900	100	1 785×985	105	1 835×980	2 100	100	166	121
						150	178	127
						200	191	133
1 800×750	100	1 885×835	105	1 935×830	1 950	100	157	116
						150	109	122
						200	182	128
1 800×900	100	1 885×985	105	1 935×980	2 100	100	170	124
						150	182	130
						200	195	136
1 800×1 000	100	1 885×1 085	105	1 935×1 080	2 200	100	179	130
						150	191	136
						200	204	142

2.8　舱室空腹门

　　舱室空腹门按其材质可分为铝质舱室空腹门及玻璃钢舱室空腹门。

　　舱室空腹门既可用于内部舱室围壁上，也可用于没有风雨密要求的甲板室外围壁上。舱室空腹门不适用于有 A 级或 B 级耐火分隔要求的舱壁上，但铝质舱室空腹门可以作为 C 级门使用。

2.8.1 铝质舱室空腹门

铝质舱室空腹门按带应急通孔或者带通风栅分 A、B、C 三种,其形式及其主要尺寸见表 2-20,其门板和门框均采用铝合金制作,有的铝质舱室空腹门的门板内部还衬以蜂窝状铝箔,增加门板强度。

表 2-20　铝质舱室空腹门形式及其主要尺寸　　　　　　　　（mm）

形式	名称	通孔尺寸 $B \times L$	门扇尺寸 $B_1 \times L_1$	围壁开孔尺寸 $B_2 \times L_2$	质量/kg
		mm			
AD	单壁铝质空腹门	600×1 600	624×1 624	680×1 680	26.4
		650×1 650	674×1 674	730×1 730	27.9
AJ	绝缘壁铝质空腹门	700×1 750	724×1 774	780×1 830	28.1
		800×1 750	824×1 774	880×1 830	31.4
BD	单壁带应急通孔铝质空腹门	600 ×1 600	624×1 624	680×1 680	37.0
		650×1 650	674×1 674	730×1 730	38.3
BJ	绝缘壁带应急通孔铝质空腹门	700×1 750	724×1 774	780×1 830	39.4
		800×1 750	824×1 774	880×1 830	42.7
CD	单壁带通风栅铝质空股门	600×1 600	624×1 624	680×1 680	26.6
		650×1 650	674×1 674	730×1 730	28.1
CJ	绝缘壁带通风栅铝质空腹门	700×1 750	724×1 774	780×1 830	28.6
		800×1 750	824×1 774	880×1 830	32.2

注:表中质量为门扇和门框的总质量,但不包括装饰框的质量。

图 2-26 所示为单壁带应急通孔的铝质空腹门(BD 型),AD 型及 CD 型门的结构与其相似。

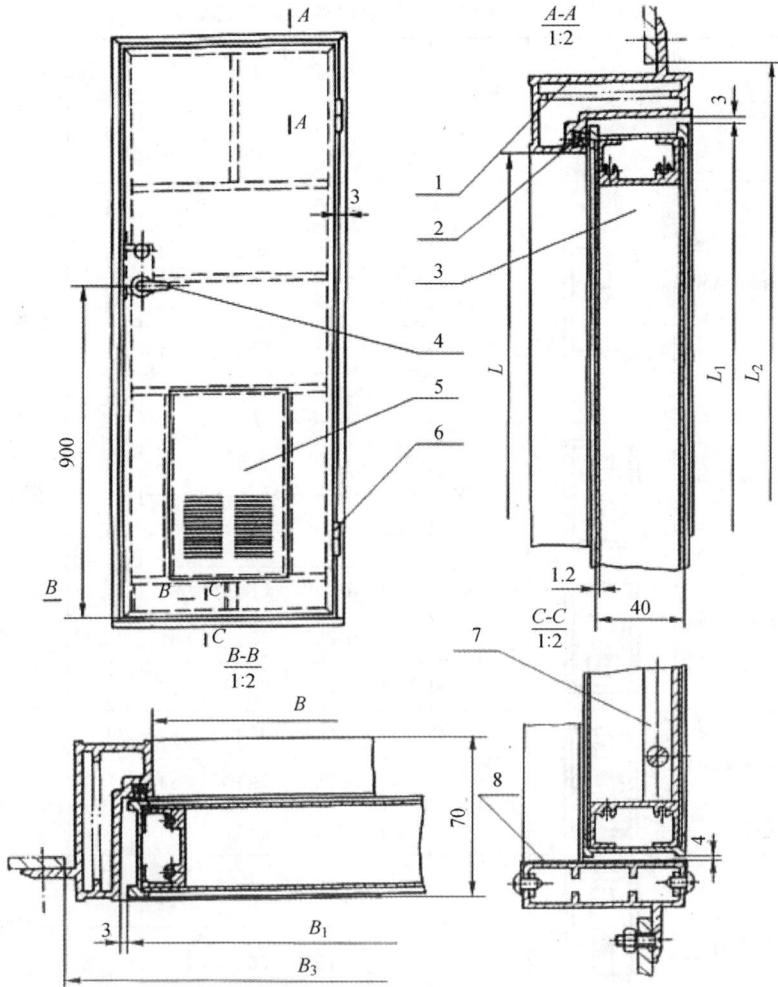

1—门框;2—缓冲橡胶;3—门扇;4—船用门锁;5—应急通孔;6—门铰链;7—覆板;8—门槛包板。

图 2-26　B 型带应急通孔铝质空腹门

2.8.2 玻璃钢舱室空腹门

　　国内造船行业目前常用的玻璃钢舱室空腹门形式很多,如表 2-21 所示,表中 A、B、C、D、E、F、G 及 H 等形式的玻璃钢门的基本结构相似,门框构造按内开门或外开门确定,门上所配的附加设施按需配置。图 2-27 所示为 A 型带圆窗玻璃钢门的结构图。图 2-28 所示为 I 型半截玻璃钢门的构造,图 2-29 所示为 J 型带通风栅圆角玻璃钢门的构造。

表 2-21　玻璃钢舱室空腹门类型及主要参数

形式	名称	简图	特征代号	通孔尺寸 $B \times H$/ (mm×mm)	舱壁开孔尺寸 $B_1 \times H_1$/ (mm×mm)	质量/ kg	适用部位
A	带圆窗玻璃钢门		YW(Z)	650×1 650	734×1 734	26.1	起居甲板以上外围壁
				750×1 650	834×1 734	26.7	
				800×1 650	884×1 734	26.9	
				650×1 750	734×1 834	28.0	
				800×1 750	884×1 834	29.7	
B	带方窗玻璃钢门		YW(Z)	600×1 600	684×1 684	23.6	外围壁
				750×1 650	834×1 734	26.3	
C	带通风栅玻璃钢门		YW(Z) ZN(Y)	600×1 600	684×1 684	23.3	起居处所及储藏室、厕所、浴室
				650×1 750	734×1 834	26.8	
				800×1 800	884×1 884	29.5	
D	带小方窗玻璃钢门		YW(Z) ZN(Y)	600×1 600	684×1 684	24.1	内外走道及旅客房间
				650×1 750	734×1 834	27.1	
				800×1 800	884×1 884	29.3	
E	带小方窗与通风栅玻璃钢门		ZN(Y)	600×1 600	684×1 684	24.3	旅客房间
				650×1 750	734×1 834	25.8	
F	玻璃钢门		ZN(Y)	600×1 600	684×1 684	22.9	内走道及储藏室
				650×1 750	734×1 834	25.4	
G	带应急通孔玻璃钢门		ZN(Y)	600×1 600	684×1 684	23.8	旅客房间
				650×1 750	734×1 834	25.3	
H	纱窗二用玻璃钢门		ZN(Y)	600×1 600	684×1 684	36.4	起居处所
				650×1 750	734×1 834	39.2	

表 2-21　(续)

形式	名称	简图	特征代号	通孔尺寸 $B \times H$ /（mm×mm）	舱壁开孔尺寸 $B_1 \times H_1$ /（mm×mm）	质量/kg	适用部位
I	半截玻璃钢门		I	600×1 000	—	5.5	浴室与厕所内门
J	带通风栅圆角玻璃钢门		YW(Z)	600×1 400	610×1 410	14.2	舰艇舱室
				650×1 750	660×1 600	15.9	

注：Y 为右开，Z 为左开，W 为外开，N 为内开，I 为双面开。

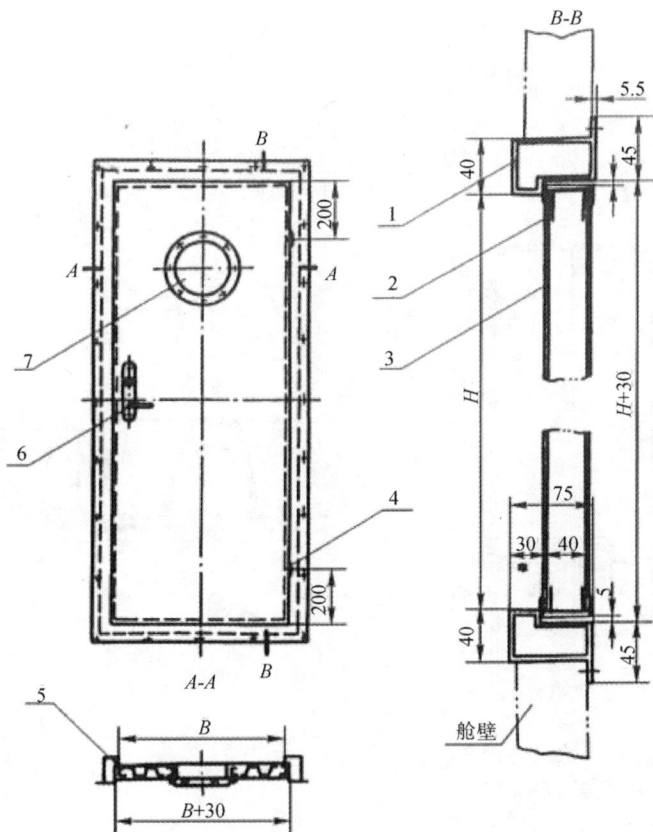

1—门框；2—门蕊材；3—面板；4—铰链；5—缓冲垫；6—船用组合门锁；7—圆窗。

图 2-27　A 型带圆窗玻璃钢门

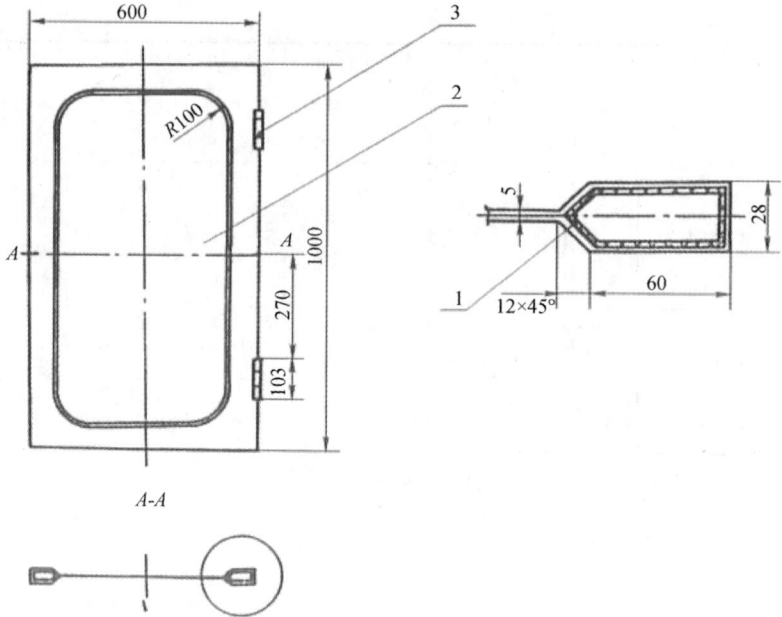

1—空腹型材；2—门板；3—单弹簧铰链。

图 2-28　Ⅰ型半截玻璃钢门

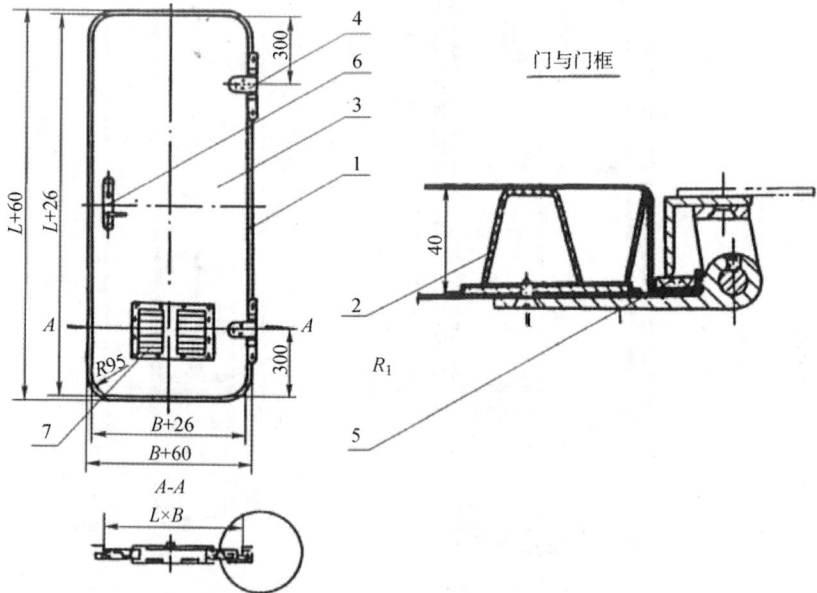

1—门框；2—门芯材；3—面板；4—铰链；5—填料；6—船用组合门锁；7—通风栅。

图 2-29　J型带通风栅圆角玻璃钢门

　　玻璃钢舱室空腹门的门框和门芯材采用阻燃型不饱和聚酯树脂玻璃纤维增强塑料，面板采用聚酯玻璃钢，门板四周镶铝合金或不锈钢边框。

　　玻璃钢舱室空腹门因其可燃性，现在船上已很少使用，尤其是海船，仅作厕所、淋浴间的内部分隔门。

2.9　非水密钢质门和钢丝网门

　　船舶内部为了将空间较大的处所分隔成几个较小的空间如机舱的机修间、电工间等而设置的非水密舱壁或钢丝网壁，其壁上的门通常安装非水密钢质门或钢丝网门。

2.9.1　非水密钢质门

　　常用的非水密钢质门的形式如图 2-30 所示，门上可配置 φ200 固定圆窗。其规格及主要尺寸列于表 2-22，不带圆窗为 A 型，带圆窗为 B 型。

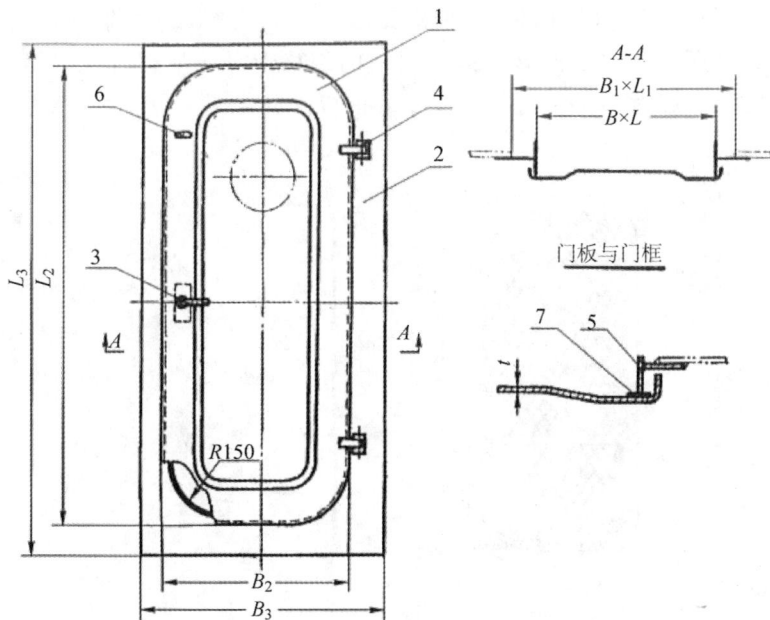

1—门板；2—门围板；3—钢门锁；4—铰链；5—门框；6—门钩；7—填料。

图 2-30　非水密钢质门

表 2-22　非水密钢质门规格和主要尺寸　　　　　　　　　（mm）

通孔尺寸 $B \times L$	围壁开孔 $B_1 \times L_1$	B_2	B_3	L_2	L_3	t	质量/kg	
							A 型	B 型
500×1 000	560×1 060	536	668	1 036	1 168	3	30.1	—
600×1 200	660×1 260	636	768	1 236	1 368	3	39.2	39.6
600×1 400	660×1 460	636	768	1 436	1 568	3	49.2	42.8
650×1 550	710×1 610	686	818	1 586	1 718	3	49.4	50.6
650×1 650	710×1 710	686	818	1 686	1 818	3	50.8	51.9
800×1 650	960×1 710	836	968	1 686	1 818	3	62.4	63.6

2.9.2　钢丝网门

　　常用的钢丝网门有 3 种形式：A 型圆角钢丝网门（不带门框），如图 2-31 所示；B 型单扇方角钢丝网门（带门框），如图 2-32 所示；C 型双扇方角钢丝网门（带门框），如图 2-33 所示。这 3 种形式钢丝网门的规格及其主要尺寸见表 2-23。门的材料均为钢质，一般用 6 mm 扁钢和 6 mm 钢板网制作。

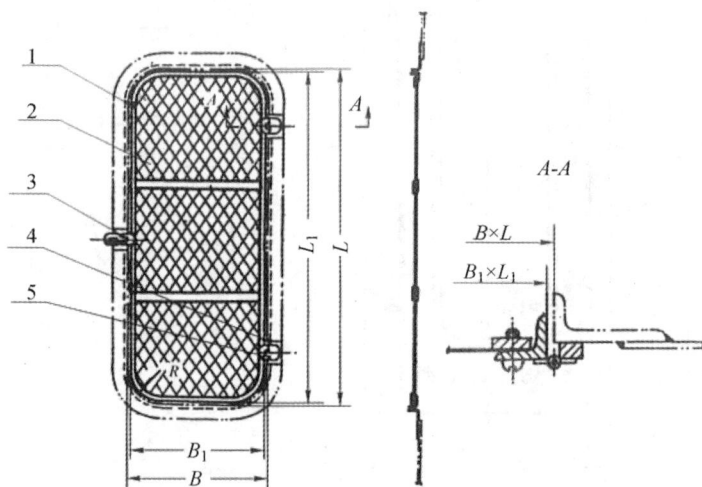

1—门钩；2—钢丝网门；3—搭扣；4—座板；5—铰链。

图 2-31　A 型圆角钢丝网门（不带门框）

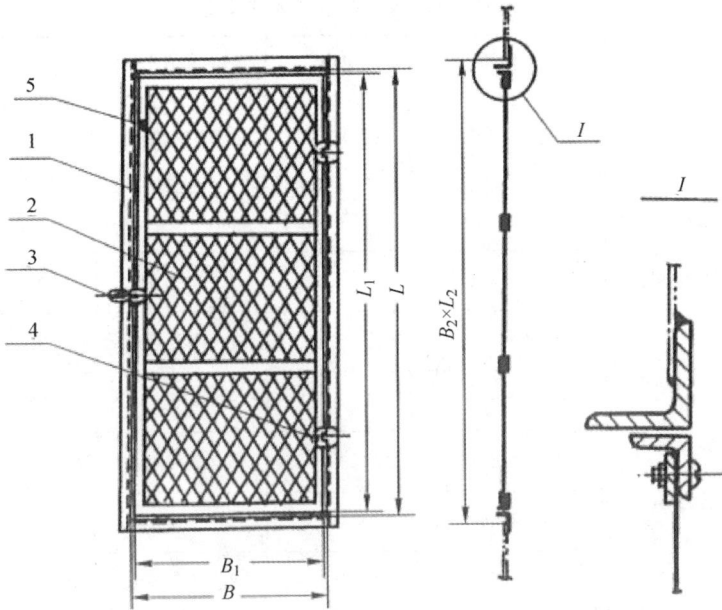

1—门框;2—钢丝网门;3—搭扣;4—铰链;5—门钩。

图 2-32 B型单扇方角钢丝网门(带门框)

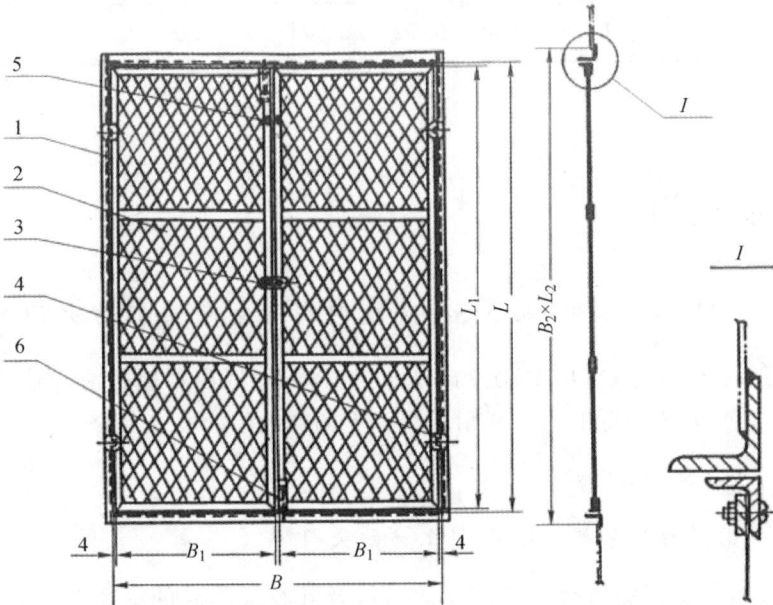

1—门框;2—钢丝网门;3—搭扣;4—铰链;5—门钩;6—插销。

图 2-33 C型双扇方角钢丝网门(带门框)

表 2-23　钢丝网门的规格及主要尺寸　（mm）

类型	名　称	通孔尺寸 $B \times L$	门尺寸 $B_1 \times L_1$	围壁开孔尺寸 $B_2 \times L_2$	圆角半径 R	质量/kg
A	圆角钢丝网门	600×1 400	592×1 392	600×1 400	92	12
		600×1 600	592×1 592	600×1 600	92	13
		700×1 400	692×1 392	700×1 400	92	12.5
		700×1 600	692×1 592	700×1 600	92	14
		800×1 600	792×1 592	800×1 600	92	15
B	单扇方角钢丝网门	600×1 600	592×1 592	640×1 640	—	34
		700×1 600	692×1 592	740×1 640	—	36
		800×1 600	792×1 592	840×1 640	—	39
C	双扇方角钢丝网门	1 000×1 600	2(495×1 592)	1 040×1 640	—	61
		1 200×1 600	2(592×1 592)	1 240×1 640	—	68
		1 400×1 600	2(692×1 592)	1 440×1 640	—	72

2.10　防火门

2.10.1　《SOLAS 公约》及 MSA 法规对国际航行海船防火门的要求

经修正的 1974 年《SOLAS 公约》以及中国海事局《国际航行海船法定检验技术规则（2014）》对于国际航行海船耐火分隔上的防火门的要求完全一致，有关内容引述如下。

2.10.1.1　国际航行客船 A 级舱壁上的防火门

（1）A 级分隔上的所有门和门框的结构及其在关闭时的锁紧装置，其耐火和阻止烟气及火焰通过的性能应与其所在分隔的此种性能等效。这些门及门框应由钢或其他等效材料建造。水密门不必隔热。

（2）应只需 1 人就能开启和关闭舱壁每一面的每扇门。

（3）除动力操纵的水密门和通常锁闭的门外，在主竖区舱壁，厨房限界面及梯道环围上的防火门应满足以下要求：

①门应为自闭型，并应在门朝关闭的反方向倾斜 3.5°时仍能自动关闭。

②铰链式防火门，在船舶正浮状态时，其大致关闭时间从动作开始至关闭，应不超过 40 s，但不少于 10 s。滑动式防火门，在船舶正浮状态时，其大致平均关闭速率应不超过 0.2 m/s，但不少于 0.1 m/s。

③除紧急脱险通道的门以外，所有的防火门应能从连续有人值班的中央控制站同时或成组地遥控释放关闭，并应能从门两侧的位置单独释放关闭。释放开关应具有通断功能，以防止系统自动复位。

④禁止使用不能由中央控制站脱开的门背钩。

⑤由中央控制站遥控关闭的门应能在门的两侧通过就地控制重新开启，就地开启后，应能再次自动关闭。

⑥在连续有人值班的中央控制站内的防火门显示屏上，应能显示出每扇门是否都已关闭。

⑦防火门的释放装置应设计成在控制系统或主电源出现故障的情况下，门也能自动关闭。

（4）除水密门、风雨密门（半水密门），通往开敞甲板的门和需要适度气密的门以外，所有位于梯道、公共处所和脱险通道内主竖区舱壁上的 A 级门，应装有一个自闭式消防水管通道。该通道的材料及其结构和耐火性能应与所在的门相当。在门处于关闭状态下，通道的开口净尺寸应为 150 mm×150 mm，并应嵌入门的下边缘与铰链相对的一侧；或者，对于滑动式门，则该开口应位于与门开口最接近之处。

（5）在 A 类机器处所限界面上，除动力操纵的水密门外，门的布置应能够在所在处所失火时，由动力操纵的关闭装置，或通过能够在门朝关闭的反方向倾斜 3.5°时关闭并设有故障安全型门背钩及遥控释放装置的自闭门来保证其确实关闭。紧急脱险围阱的门不必安装故障安全型门背钩装置及遥控释放装置。

2.10.1.2　国际航行客船 B 级舱壁上的防火门

（1）B 级分隔上的门和门框及其锁紧装置的关闭方式所达到的耐火性能应等效于该级分隔的耐火性能，但允许在门的下部设置通风开口。如果这种通风开口是开在门上或门下，则任一或所有这种开口的总净面积不超过 0.05 m²。所有通风开口应仅设有不燃材料制成的格栅。这些门应是不燃性的。

（2）在 B 级分隔上的居住舱室的门应为自闭型，不允许使用门背钩。

（3）对载客不超过 36 人的客船，主管机关可允许分隔居住舱室与单独的内部卫生处所（如淋浴间）的门使用可燃材料。

2.10.1.3　国际航行货船耐火分隔上的防火门

（1）门的耐火性能应与所在分隔的耐火性能相当。在 A 级分隔上的门及门框应为钢质结构。在 B 级分隔上的门应为不燃材料。装设在 A 类机器处所限界面舱壁上的门，应适度气密和能够自闭。按 IC 法建造的船舶，主管机关可允许在分隔居住舱室与单独的内部卫生处所（如淋浴室）的门使用可燃材料。

（2）要求自闭的门不得装设门背钩。但是，可以使用装有故障安全型遥控释放设备的门背钩装置。

（3）在走廊舱壁上，可允许在居住舱室和公共处所的门上及门以下设通风开口。还允许在通往盥洗室、办公室、厨房、储物柜和储藏室的 B 级门上开设通风开口。如下列允许者外，开口应设在门的下半部，如这种开口是设在门上或门以下，则任一或所有这种开口的总净面积不超过 0.05 m²。通风开口除设在门以下者外，应设有不燃材料制成的格栅。

2.10.2　MSA 法规对国内航行海船防火门的要求

国内航行海船耐火分隔上的防火门应符合 MSA《国内航行海船法定检验技术规则（2020）》的要求，有关内容引述如下。

2.10.2.1　国内航行客船耐火分隔上的防火门

国内航行客船耐火分隔上的防火门应按客船的等级设置，航行于近海航区和远海航区的客船为Ⅰ级客船，航行于沿海航区的客船根据航程距庇护地距离分别为Ⅱ级或Ⅲ级客船，航行于遮蔽航区的客船为Ⅲ级客船。

（1）Ⅰ级客船、载客 500 人及以上的Ⅱ级客船以及载客 1 000 人及以上的Ⅲ级客船耐火分隔上的防火门，应满足 MSA《国际航行海船法定检验技术规则》对国际航行客船的要求，也即本章 2.10.1 节 2.10.1.1 条和 2.10.1.2 条的要求。

（2）Ⅱ级客船以及载客 500 人及以上的Ⅲ级客船：

①A 级舱壁上的防火门应满足本章 2.10.1 节 2.10.1.1 条（1）～（4）款的要求。

②B 级舱壁上的防火门

a.B 级分隔上的门、门框及其锁紧装置，应提供尽可能等效于此分隔的耐火性能的关闭方法,但允许在门的下部和门以下的部位设置通风口。对每一扇门,通风口的总净面积不超过 0.05 m²。当这种开口是在门的下部时,应设有不燃材料制成的百叶栅。B 级分隔上的门应是不燃性的。

b. 允许舱室内单独的卫生处所,如淋浴间的门使用可燃材料。

（3）Ⅲ级客船

①A 级舱壁上的防火门应满足本章 2.10.1 节 2.10.1.1 条（1）和（2）款的要求。

②主竖区舱壁及梯道围壁上的防火门,除动力操纵的水密门及经常闭锁的水密门外,应为在向关闭方向的反向倾斜 3.5°时仍能将门关闭的自闭式门。门的关闭速度在需要时应能控制,以防对人身发生不应有的危险。所有这些门,除经常关闭者外,应能同时或成组地由控制站予以脱开,也应能个别地在门的位置处就地脱开。脱开机构的设计,应在控制系统万一损坏时,此门能自动关闭。但如采用认可的动力操纵水密门,可以认为已达到这一目的。不能由控制站脱开的门背钩,不允许使用。当允许使用双向摆动门时,应具有受防火门脱开系统控制的自动插销装置。

③厨房限界面上的门应是钢质门或是用经认可的等效材料制成。

④B 级舱壁上的防火门

a. 对 B 级分隔的走廊舱壁,其上的门、门框以及锁紧装置,应提供尽可能等效此分隔耐火性能的关闭方法;

b. B 级分隔上的门应是不燃的;

c. 允许舱室内单独的卫生处所,如淋浴间的门使用可燃材料。

2.10.2.2　国内航行货船耐火分隔上的防火门

（1）2 000总吨及以上的货船和 500 总吨及以上的液货船的耐火分隔上的防火门,应满足 MSA《国际航行海船法定检验技术规则》对国际航行货船的要求,也即本章 2.10.1 节 2.10.1.3 条的要求。

（2）2 000 总吨以下的货船及 500 总吨以下的液货船。防火分隔上的门应为钢质结构或不燃材料,且应与所在舱壁具有相同的耐火等级。装设在 A 类机器处所限界面舱壁上的门,应适当气密和能够自闭。

（3）500 总吨以下的货船及 500 总吨以下的液货船,走廊舱壁及其上的门应为钢质或不燃材料。A 类机器处所、厨房的限界面应为钢质或等效结构,其上的门应用钢质或不燃材料制成。

2.10.3　船用防火门的类型及其构造

船用防火门是设置在船舶耐火舱壁上，且与该分隔舱壁有等效耐火性能，并具有作为关闭设备所要求功能的门。

船用防火门按其耐火等级可分为 H 级、A 级、B 级和 C 级防火门；按其开启方式可分为铰链式和滑动式，前者在船上得到广泛使用；按其门扇形式又可分为单扇门和双扇门。

2.10.3.1　A 级防火门

A 级防火门分为 4 个级别，即 A-0、A-15、A-30 和 A-60 级，其门扇和门框一般为钢质结构。其中 A-0 级门实为空腹门，其余级别的门则是通过在门扇和门框内部填充绝缘材料以达到所要求的级别。每扇 A 级门应能在舱壁的每一面仅需其一人即能将其开启或关闭。

A 级防火门不允许设置任何开口。但是，对于国际航行的客船以及国内航行的Ⅰ级和Ⅱ级客船，所有位于梯道、公共处所和脱险通道内主竖区舱壁上的 A 级门，应装有一个开口净尺寸为 150 mm×150 mm 的自闭式消防水管通道。

A 级铰链式防火门为阻止烟气和火焰通过，门框上与门扇四周的接触面设有用不燃材料制成的嵌条。以常用的箱型门框为例，图 2-34 所示为典型的 A-0 级铰链式单扇钢质防火门，图 2-35 所示为典型的 A-60 级铰链式单扇钢质防火门，图 2-36 所示为典型的 A-0 级铰链式双扇钢质防火门，图 2-37 所示为典型的 A-60 级铰链式双扇钢质防火门。常用的 A 级铰链式钢质防火门的规格及基本参数列于表 2-24。

2.10.3.2　B 级防火门的类型及构造

B 级防火门分为两个级别即 B-0 级和 B-15 级，其门扇和门框均应为不燃材料，常用的材料为钢、复合岩棉板等。钢质的 B-0 级门实为空腹门，钢质的 B-15 级门则在门扇和门框内部填充绝缘材料。

钢质的 B 级铰链式防火门可在门的下部与门框之间留有间隙，即所谓的通风开口。此外，B 级门还可在门上设置通风栅或应急通孔，后者在门无法开启时，可供被围困在房间内的人员逃生用。

图 2-38 所示为典型的 B-0 级铰链式单扇钢质防火门，图 2-39 所示为典型的 B-15 级铰链式单扇钢质防火门，图 2-40 所示为典型的 B-0 级铰链式双扇钢质防火门，图 2-41 所示为典型的 B-15 级铰链式双扇钢质防火门。常用的 B 级铰链式钢质防火门的规格及基本参数列于表 2-24。

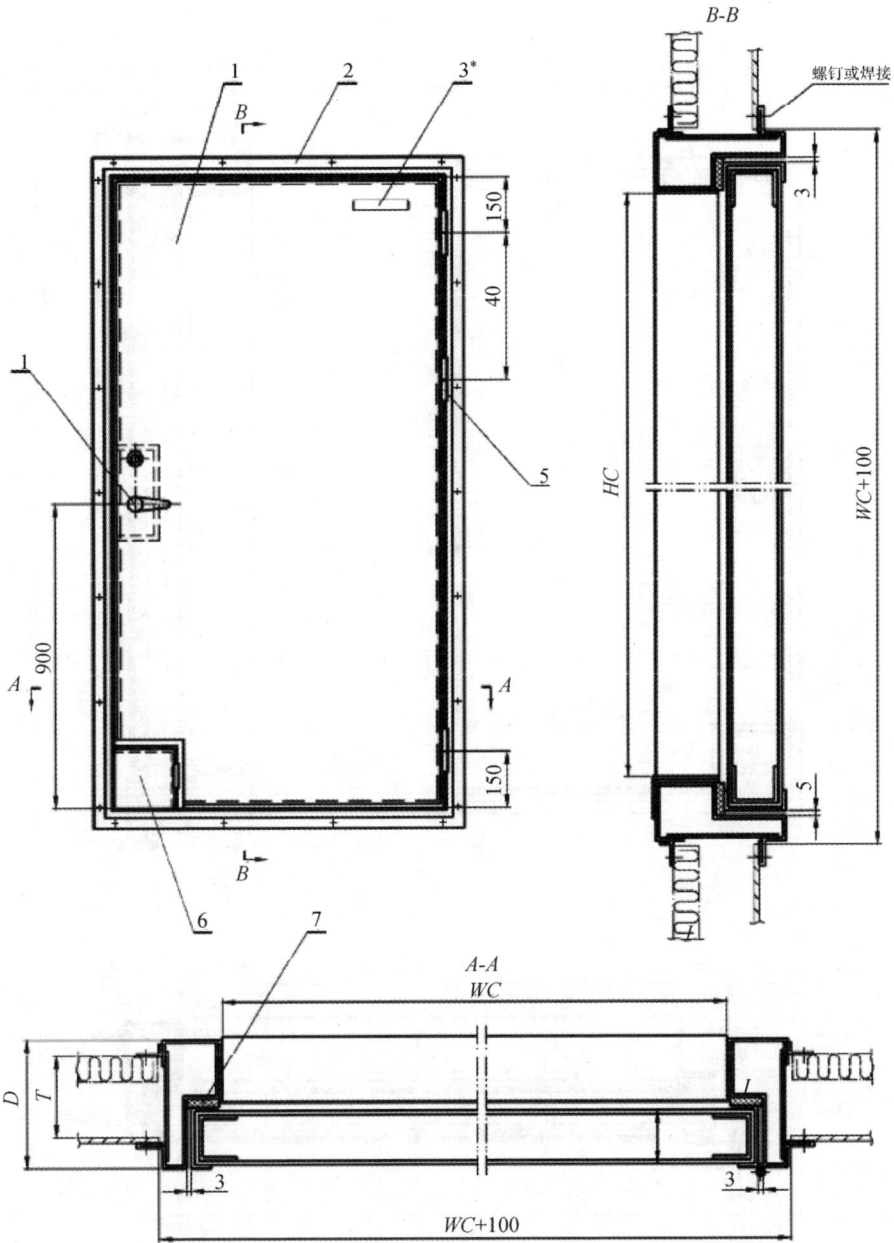

1—门扇;2—门框;3—闭门器;4—门锁;5—铰链;6—消防孔;7—门垫。

图 2-34　A-0 级箱型门框铰链式单扇钢制防火门

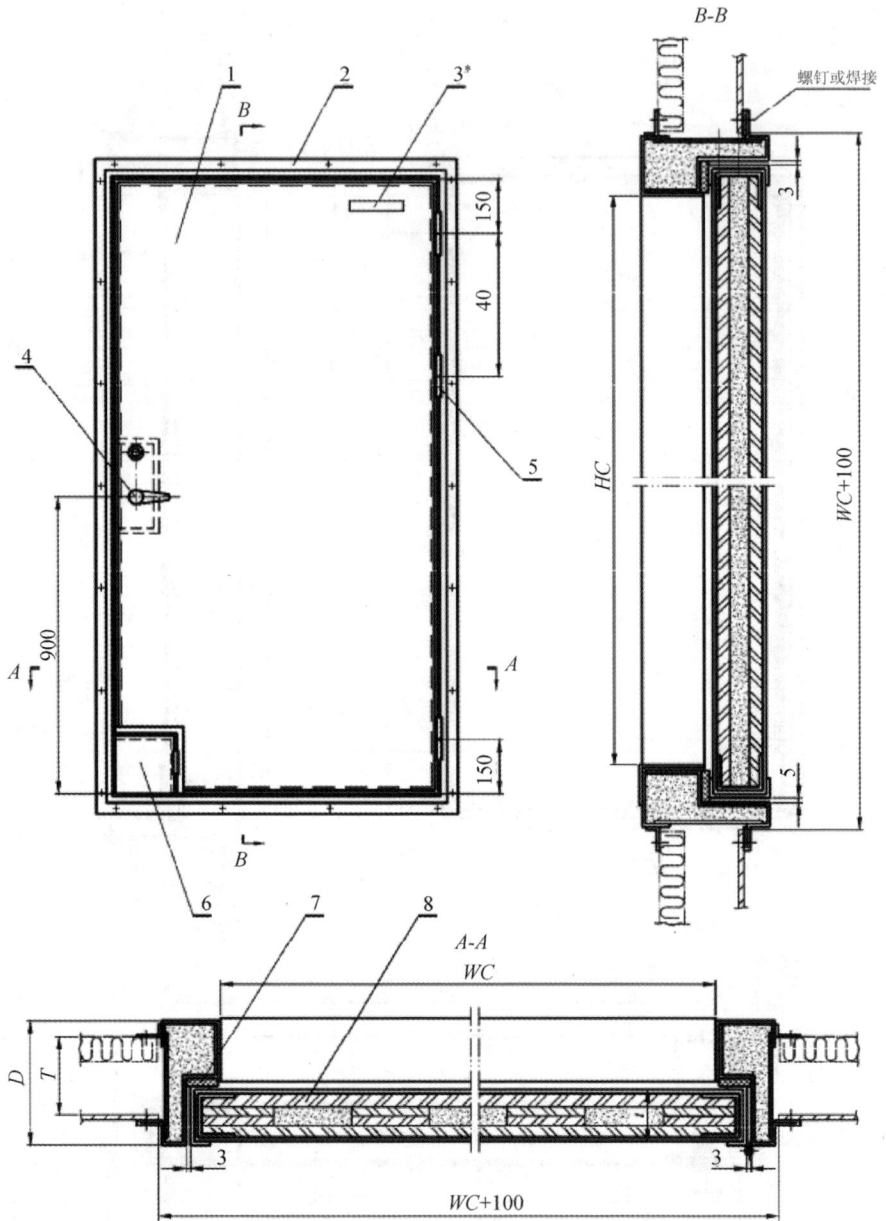

1—门扇;2—门框;3—闭门器;4—门锁;5—铰链;6—消防孔;7—门垫;8—芯材。

图 2-35　A-60 级箱型门框铰链式单扇钢质防火门

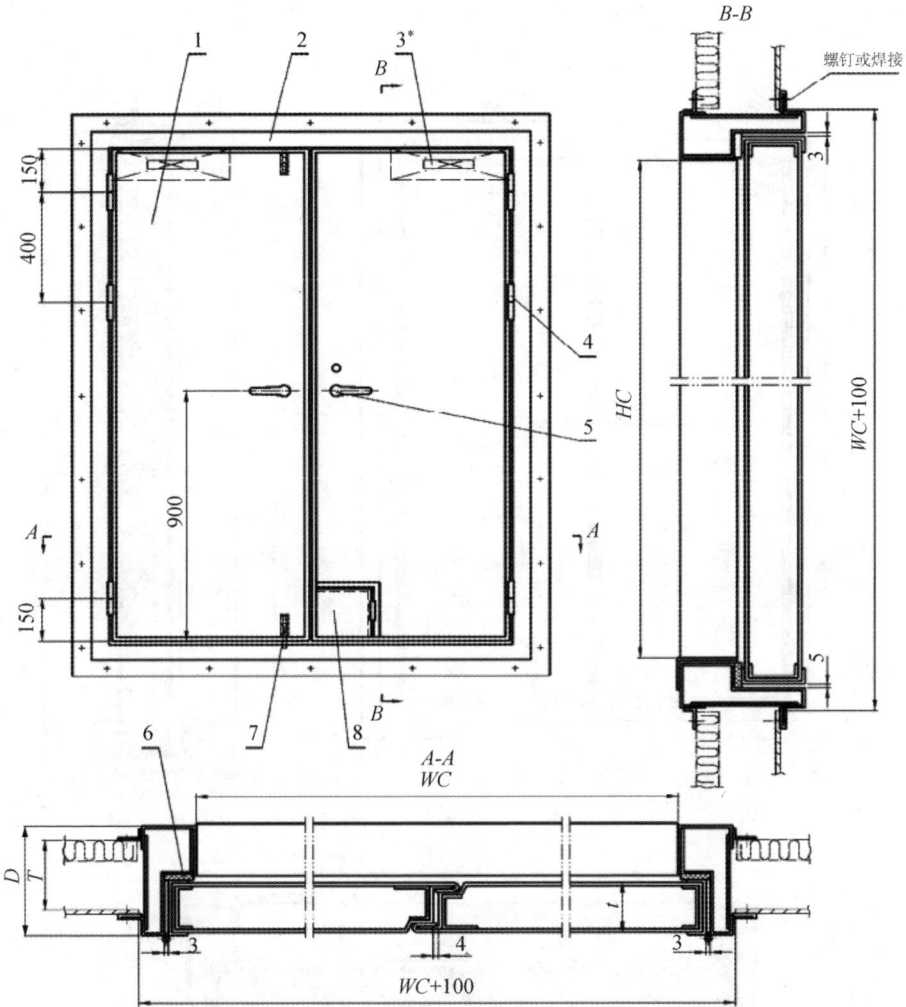

1—门扇；2—门框；3—闭门器；4—铰链；5—门锁；6—门垫；7—插销；8—消防孔。

图 2-36　A-0 级箱型门框铰链式双扇钢制防火门

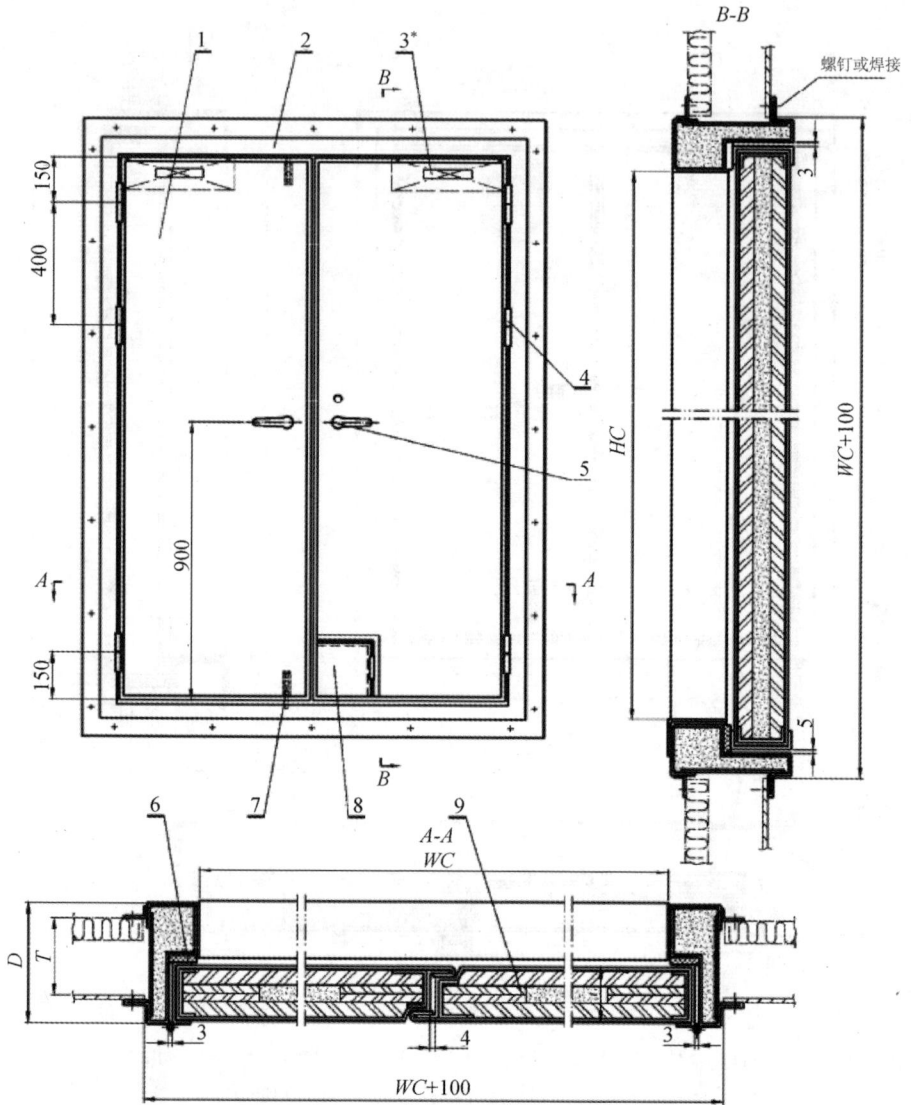

1—门扇;2—门框;3—闭门器;4—铰链;5—门锁;6—门垫;7—插销;8—消防孔;9—芯材。

图 2-37　A-60 级箱型门框铰链式双扇防火门

表 2-24　防火门的规格及基本参数　　　　　　　　　　　(mm)

名称	耐火级别	代号	附件	尺寸范围		门扇厚度 t	门框形式
				宽 W_c	高 H_c		
单扇舱室防火门	H-120	H120	—	≤1 000	≤2 000	64～90	X1
	H-60	H60					
	A-60	A60	E、P、W	≤1 300	≤2 100	43～45	X1、X2、X3、X4、X5 Z1、Z2、Z3
	A-30	A30					
	A-15	A15					
	A-0	A0				38～40	X1、X2、X3、X4、X5 Z1、Z2、Z3、S1、S2、S3
	B-15	B15	E、V、EV、W				
	B-0	B0					
	C	C					X1、X2、X3、X4、X5
双扇舱室防火门	A-60	DA60	P、W	≤2 100	≤2 100	43～45	X1、X2、X3、X4、X5 Z1、Z2、Z3
	A-30	DA30					
	A-15	DA15	E、P、W			38～40	X1、X2、X3、X4、X5 Z1、Z2、Z3　S1、S2、S3
	A-0	DA0					
	B-15	DB15	E、V、EV、W				
	B-0	DB0					
钢质防火门	A-60	A60M	W	≤900	≤1 800	8	—
		A60Y					
	A-0	A0Q					

注1:表中符号说明:

A、B、C、H—耐火级别;　　　　　　　　S—独立围壁门框形式;

X—箱型门框形式;　　　　　　　　　　Z—Z 型门框形式;

D—双扇舱室用防火门;　　　　　　　　E—逃生孔;

M—风雨密气密;　　　　　　　　　　　P—消防孔;

Q—气密风雨密;　　　　　　　　　　　V—通风栅;

EV—带通风栅的逃生孔;　　　　　　　W—观察窗;

Y—遥控水密。

注2:表中附件均为可选项。

注3:门框典型结构形式见图 2-44。

注4:防火门的开启方向见附录 A。

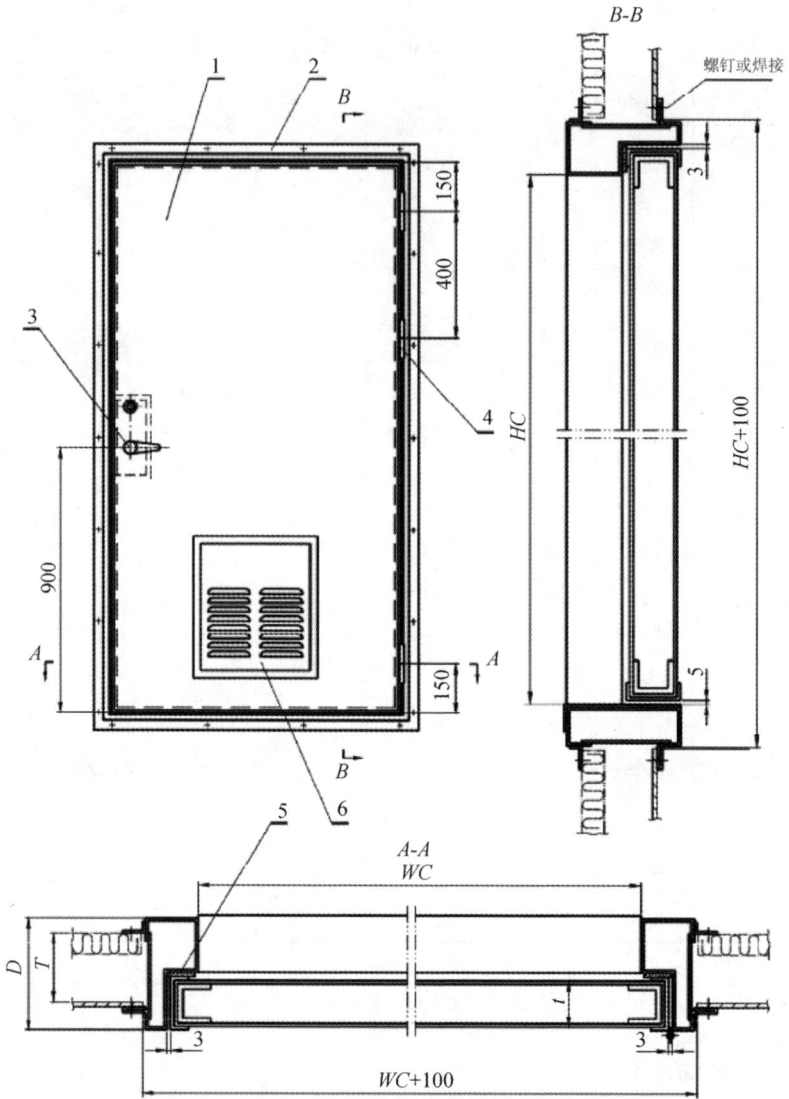

1—门扇；2—门框；3—门锁；4—铰链；5—门垫；6—通风栅逃生孔。

图 2-38　B-0 级箱型门框铰链式单扇钢制防火门

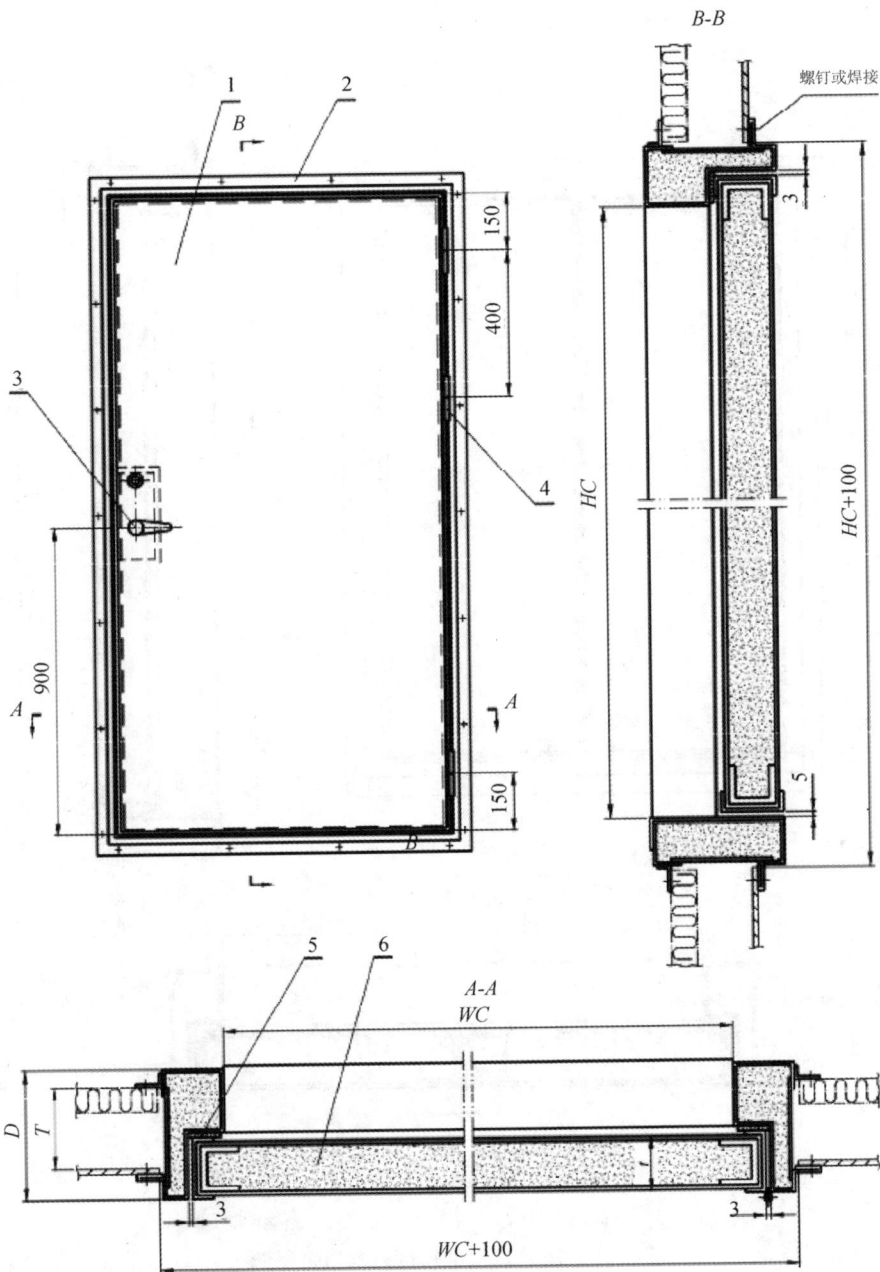

1—门扇;2—门框;3—门锁;4—铰链;5—门垫;6—芯材。

图 2-39　B-15 级箱型门框铰链式单扇钢制防火门

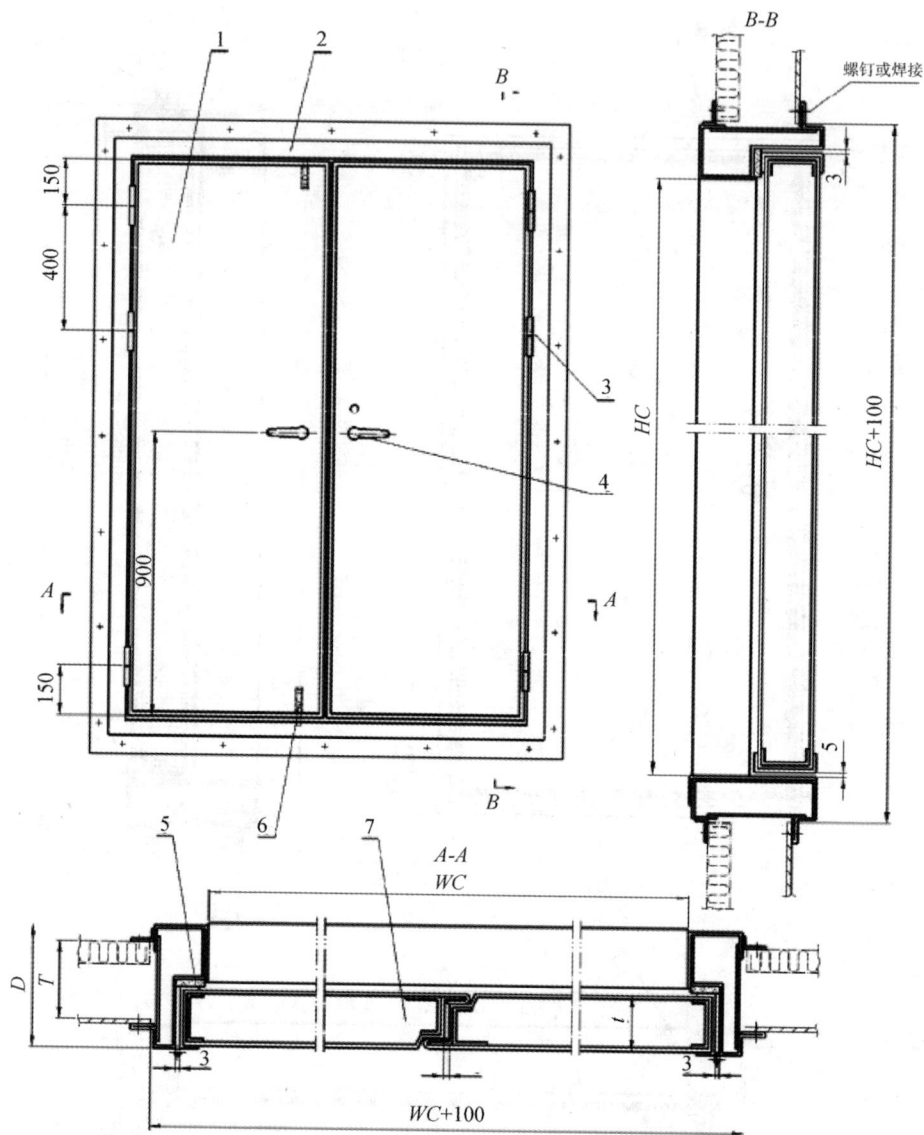

1—门扇;2—门框;3—铰链;4—门锁;5—门垫;6—插销;7—芯材。

图 2-40　B-0 级箱型门框铰链式双扇钢制防火门

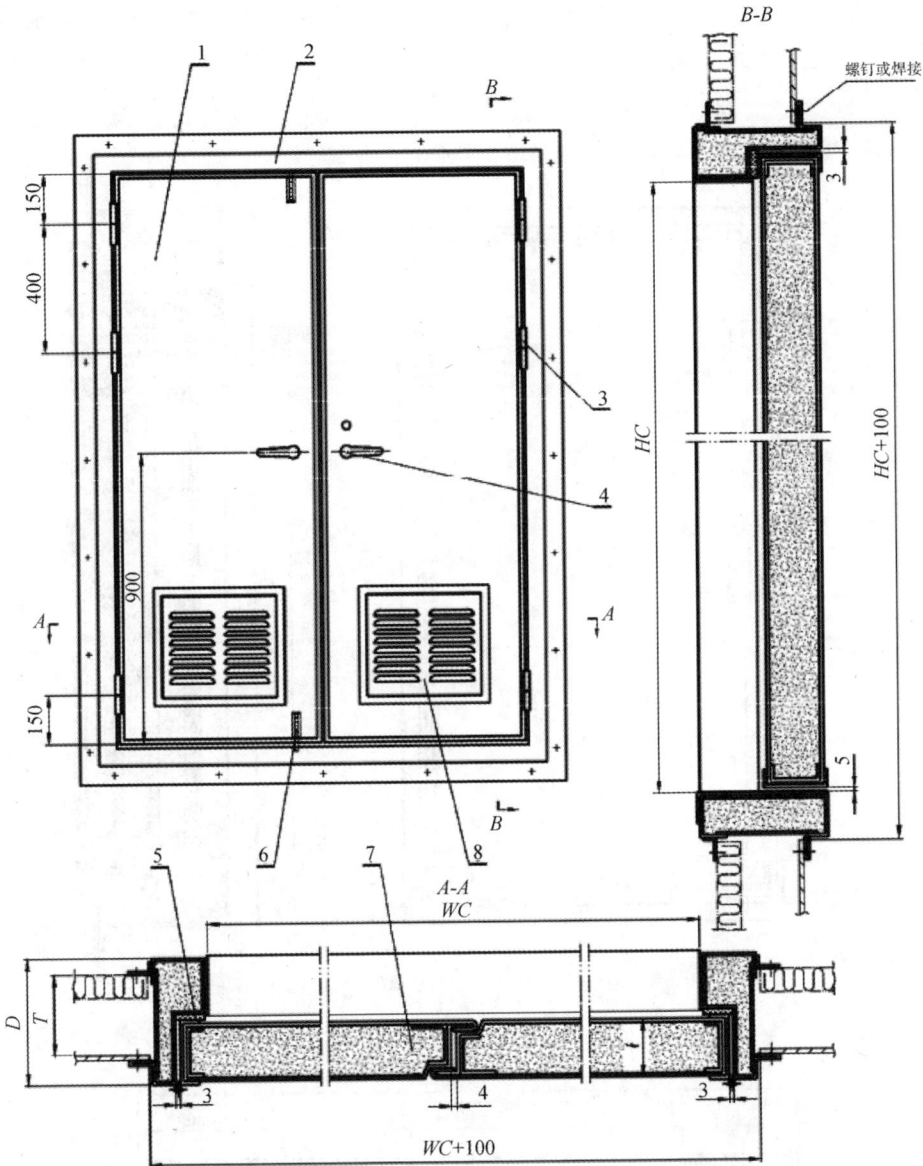

1—门扇;2—门框;3—铰链;4—门锁;5—门垫;6—插销;7—芯材;8—通风栅。

图 2-41　B-15 级箱型门框铰链式双扇钢制防火门

2.10.3.3　H 级防火门

　　H 级防火门主要用于石油及天然气生产装置,可分为 H-0、H-60 和 H-120 级,其门扇和门框为钢质结构,并直接安装在无衬板的钢围壁上。图 2-42 所示为典型的 H-120 级铰链式单扇钢质防火门。

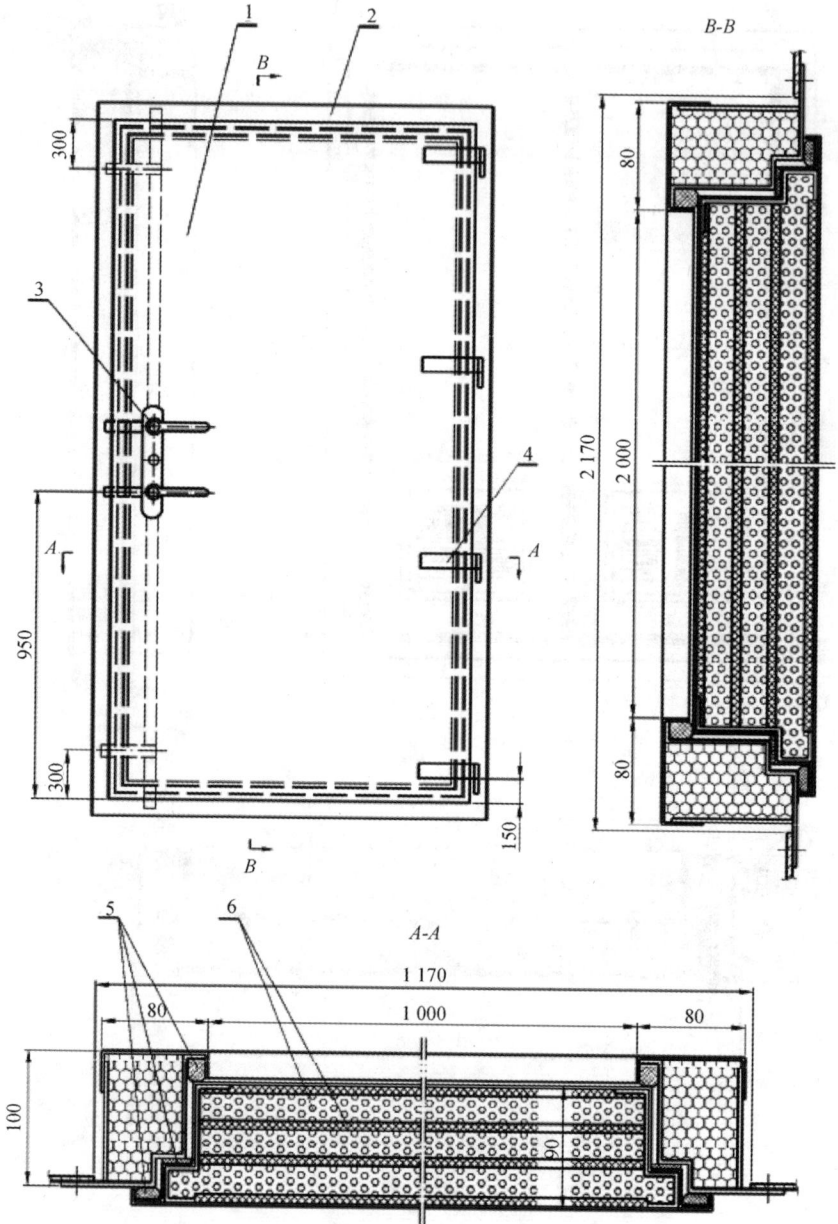

1—门扇;2—门框;3—门锁;4—铰链;5—防火条;6—芯材。

图 2-42　H-120 级箱型门框铰链式单扇钢制防火门

2.10.3.4　C 级门

　　C 级门只要求采用不燃材料制作，对于结构形式未加限制，主要取决于诸如隔声、隔热等使用要求。图 2-43 所示为典型的 C 级铰链式单扇防火门。

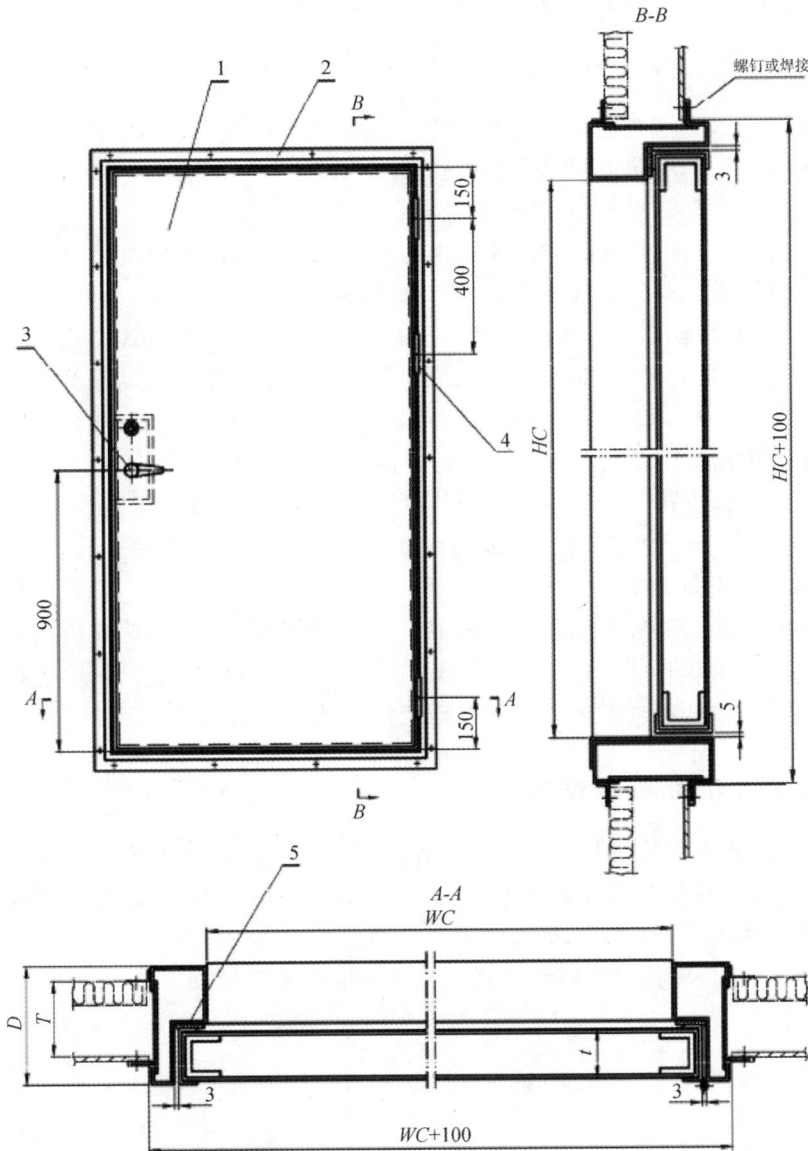

1—门扇；2—门框；3—门锁；4—铰链；5—门垫。

图 2-43　C 级箱型门框铰链式单扇防火门

2.10.3.5 防火门的门框

防火门门框的构造及其厚度必须同门安装处的舱壁构造相适应。通常舱壁的构造分为单层、双层和三层等形式,以常用的箱型门框为例,相应的门框安装方式如图 2-44 所示,图中的 D 和 $T(T_1、T_2)$ 值根据舱壁构造决定。

2.10.3.6 防火门的附件配置

防火门可按需要配置以下各种附件:

(1)铰链。船用防火门通常采用脱卸式铰链,一个门扇设 2~3 个。防火门安装时,先将门卸下来,待门框装妥后,再将门扇装上。

(2)门锁。船用防火门应配置专用的经认可的防火门专用执手门锁。

(3)闭门器。对于有自闭要求的防火门,通常在门上设置闭门器,其形式应使门的关闭速度不会对人身造成危险。装有闭门器的 A 级铰链式防火门应在门朝关闭的反方向倾斜至 3.5°时仍能自动关闭,且在船舶正浮时从动作开始至关闭的时间应不超过 40 s,但不少于 10 s。闭门器一般根据门的质量及开启方向选配。

(4)通风栅。B 级和 C 级门均可配置能启闭的通风栅。

(5)应急逃生孔。应急逃生孔安装在门的下半部,可以从房间内向外打开,主要用于居住和工作舱室的门。A 级门可配置无通风栅的应急逃生孔,B 级门可配置带通风栅的应急逃生孔。

(6)定门器。为防止门开启后随船的振动、摇晃而自由摆动或伤人采用的一种配件。对于要求自闭的门不允许设置门背钩,因此自闭门不应采用带钩的或夹持式定门器。这些门通常配置失电时能使门自动关闭的磁性定门器。

2.10.4 快开闭风雨密防火门

在平台、油船和某些调查船的设计中,要求上层建筑和甲板室的外部门不仅要满足风雨密,还要求满足防火要求。图 2-45 和图 2-46 分别为单扇和双扇 A60 级快开闭风雨密钢质门,表 2-25 为两种门的规格及主要参数,图 2-47 和表 2-26 为 H-120 级快开闭风雨密单扇钢质门的结构、规格和主要参数。

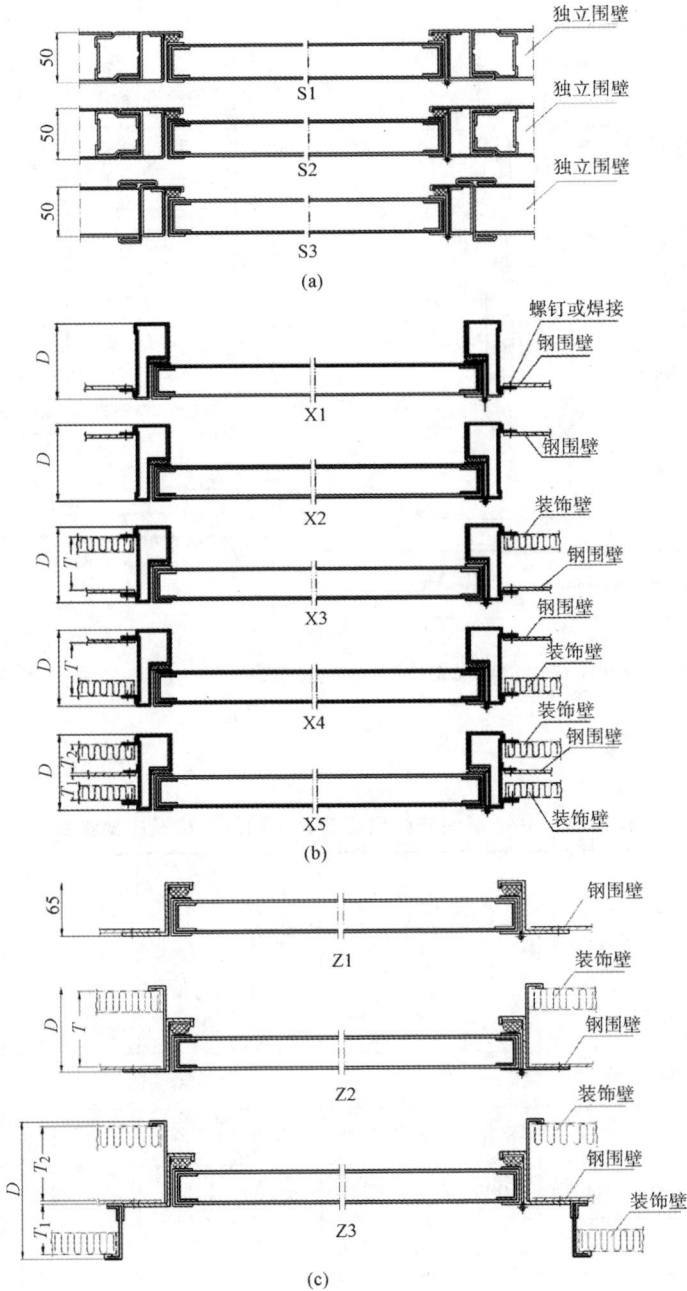

(a)独产围壁门框;(b)箱型门框;(c) Z 型门框。

图 2-44 防火门门框典型结构形式

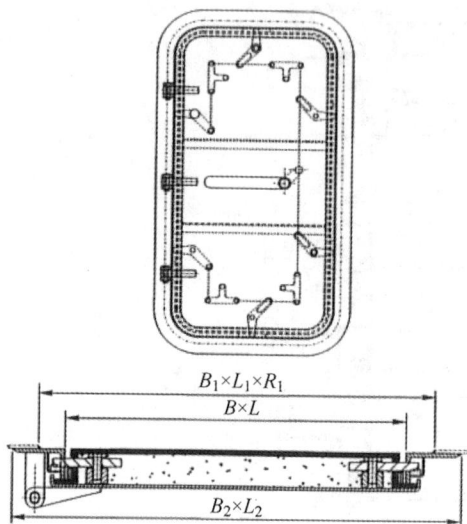

图 2-45 A-60 级快开闭风雨密单扇钢质门

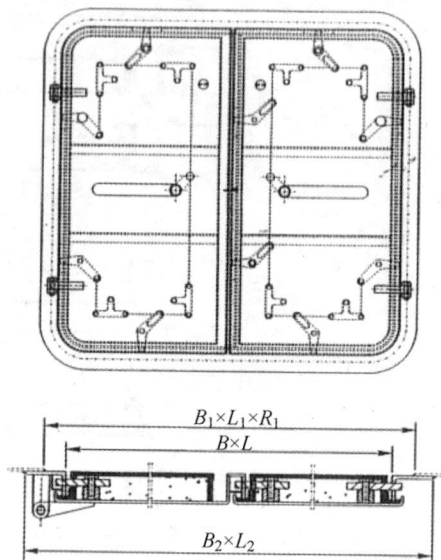

图 2-46 A-60 级快开闭风雨密双扇钢
质门

表 2-25 A-60 级快开闭风雨密钢质门的规格及主要参数 (mm)

类型	通孔尺寸 $B \times L$	围壁开孔尺寸 $B_1 \times L_1 \times R_1$	门框尺寸 $B_2 \times L_2$	质量/kg 门板厚度 t	
				6	8
单扇	$600 \times 1\,650$	$700 \times 1\,750 \times 150$	$800 \times 1\,850$	166	200
	$650 \times 1\,650$	$750 \times 1\,750 \times 150$	$850 \times 1\,850$	170	205
	$700 \times 1\,650$	$800 \times 1\,750 \times 150$	$900 \times 1\,850$	174	210
双扇	$900 \times 1\,650$	$1\,000 \times 1\,750 \times 150$	$1\,100 \times 1\,850$	249	300
	$1\,000 \times 1\,650$	$1\,100 \times 1\,750 \times 150$	$1\,200 \times 1\,850$	280	340
	$1\,200 \times 1\,650$	$1\,300 \times 1\,750 \times 150$	$1\,400 \times 1\,850$	298	357

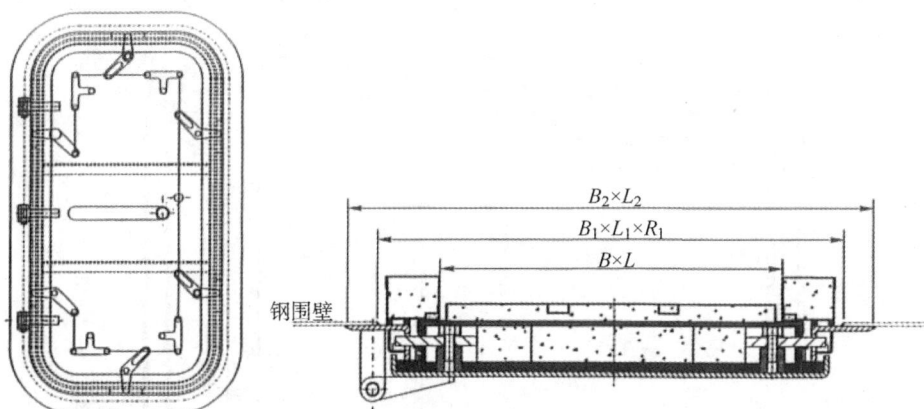

图 2-47　H-120 级快开闭风雨密单扇钢质门

表 2-26　H-120 级快开闭风雨密钢质门规格及主要参数　　　　　（mm）

通孔尺寸 $B \times L$	围壁开孔尺寸 $B_1 \times L_1 \times R_1$	外形尺寸 $B_2 \times L_2$	门板厚度 t		质量/kg	
700×1 500	900×1 700×200	996×1 796	6	8	207	235
700×1 600	900×1 800×200	996×1 896	6	8	210	240
700×1 700	900×1 900×200	996×1 996	6	8	214	245
800×1 500	1 000×1 700×200	1 096×1 796	8		245	
800×1 600	1 000×1 800×200	1 096×1 896	8		255	
800×1 700	1 000×1 900×200	1 096×1 996	8		260	

2.10.5　自闭式快开闭风雨密气密防火门

　　《海上移动式钻井平台构造和设备规则》要求：上层建筑和甲板舱室的外部舱门应至少按"A-0"级标准建造，并尽可能为自闭式，如图 2-48 所示，其规格及主要参数列于表 2-27。这类门的防火等级有 A-0 级和 A-60 级，具有良好的防火性能、风雨密和气密性、自闭性以及防火逃生功能。在通道上使用时按要求沿逃生路线装配恐慌杆（一种快速开锁的装置），分压杆式和推杆式。在着火或有紧急情况需要逃生时，不管室外是否已用钥匙锁上保险，室内的人只需用手或者肩膀推下门锁的恐慌杆，门就能直接打开，实现快速逃生。

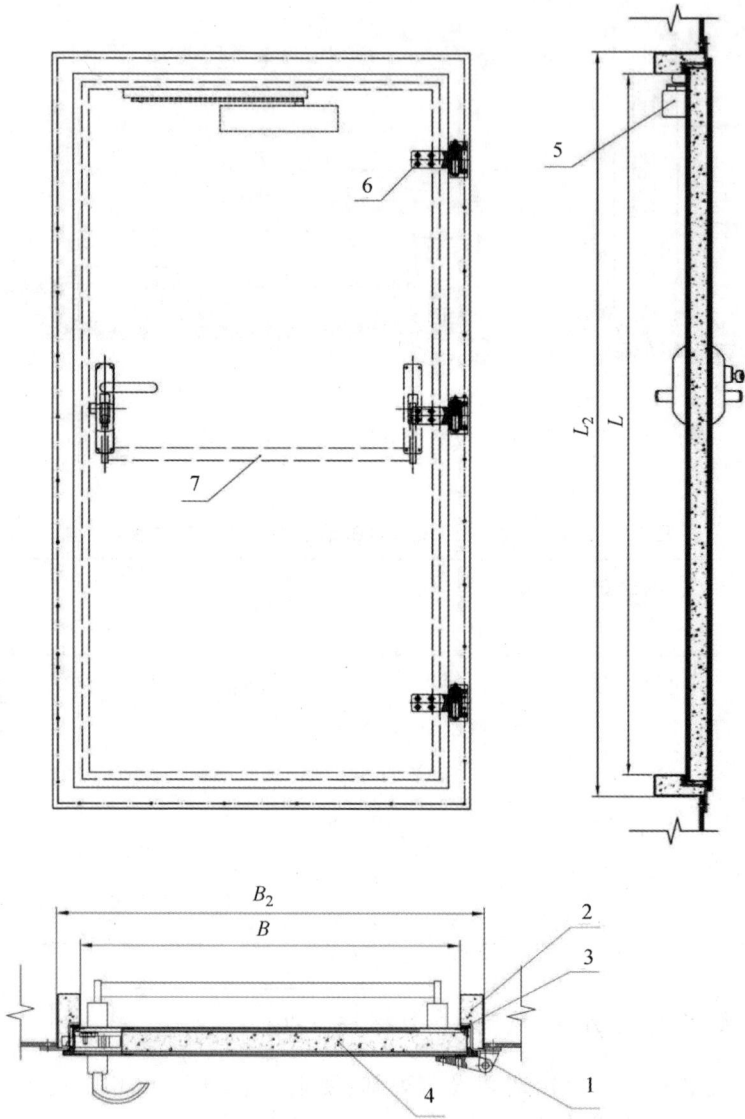

1—密封条;2—门框;3—防火条;4—门页;5—闭门器;6—铰链;7—恐慌杆。

图 2-48　自闭式快开闭风雨密气密防火门

表 2-27　自闭式快开闭风雨密气密防火门的规格及主要参数　　　　(mm)

通孔尺寸 $L \times B$	门框尺寸 $L_1 \times B_1$	开孔尺寸 $L_2 \times B_2$	门板厚度 t	选择项
$1\ 600 \times 600$	$1\ 696 \times 696$	$1\ 700 \times 700$	8	窗 闭门器 定门器
$1\ 650 \times 650$	$1\ 746 \times 746$	$1\ 750 \times 750$	8	
$1\ 700 \times 700$	$1\ 796 \times 796$	$1\ 800 \times 800$	8	
$1\ 750 \times 800$	$1\ 846 \times 896$	$1\ 850 \times 900$	8	
$2\ 200 \times 1\ 200$	$2\ 296 \times 1\ 296$	$2\ 300 \times 1\ 300$	8	

2.11　船用普通舷窗

2.11.1　船用普通舷窗的分类

　　船用舷窗是设置在船舶舷侧外板、上层建筑和甲板室外围壁等处具有水密性的圆形窗。船用舷窗连同其玻璃和舷窗盖(风暴盖)的结构应坚固,并应能有效地关闭和保证水密,船用普通舷窗按其所能承受的最大允许压力分为 3 种基本形式,即重型舷窗(A 型)、中型舷窗(B 型)和轻型舷窗(C 型),其中 A 型和 B 型均有内侧风暴盖。

　　船用普通舷窗按其带玻璃的窗扇框可否开启又可分为左开式(L)、右开式(R)、共铰式(S)和固定式(N),其中,共铰式即上开式。

　　船用普通舷窗按其安装方式则可分为螺栓安装(B)和焊接安装(W)。螺栓安装的舷窗,其主窗框设有一圈有螺栓孔的法兰,安装时法兰与结构之间应衬以填料。焊接安装的舷窗,其主窗框不设法兰,直接同船体结构焊接。

2.11.2　重型舷窗及中型舷窗的形式及其适用范围

2.11.2.1　重型舷窗的形式及其适用范围

　　重型舷窗(A 型)为配置内侧风暴盖的舷窗,按其开启和安装方式可分为以下形式:

　　A 型 LB(RB)式——螺栓安装左(右)开式舷窗,如图 2-49 所示;

　　A 型 SB 式——螺栓安装共铰式(上开)舷窗,如图 2-50 所示;

　　A 型 NB 式——螺栓安装固定式舷窗,如图 2-51 所示;

A 型 LW(RW)式——焊接安装左(右)开式舷窗,如图 2-52 所示;

A 型 SW 式——焊接安装共铰式(上开)舷窗,如图 2-53 所示;

A 型 NW 式——焊接安装固定式舷窗,如图 2-54 所示。

重型舷窗适用于客船舱壁甲板或货船干舷甲板以下,满载水线以上的外板上允许的开口部位(详见本章 2.2.1 节及 2.2.2 节),且要求保持水密和气密的处所。在图 2-49～图 2-54 中,重型舷窗的窗框及风暴盖设计为两种锁紧装置,其一,配置环形螺母;其二,配置需使用专用扳手的锁紧螺母,用于窗槛低于限界线(舱壁甲板)的舷窗,以防止任何人未经船长许可而开启。

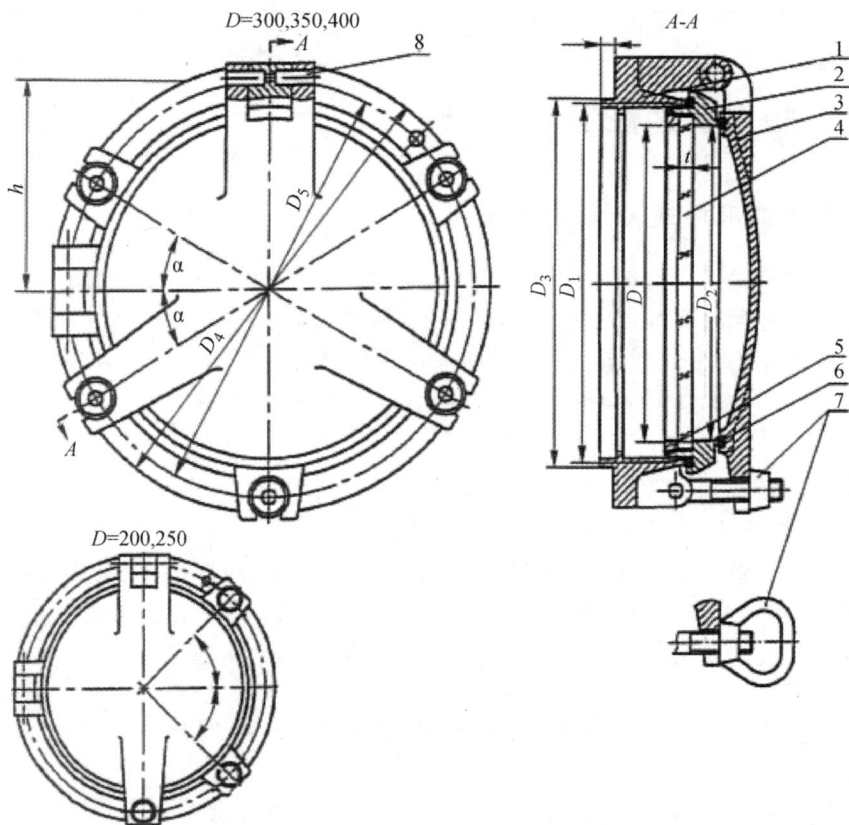

1—窗座;2—窗框;3—风暴盖;4—玻璃;5—玻璃压框;6—密封垫料;7—锁紧装置;8—铰链销。

图 2-49　A 型 LB(RB)式普通舷窗

注:本图为 LB 式,RB 式与此对称。

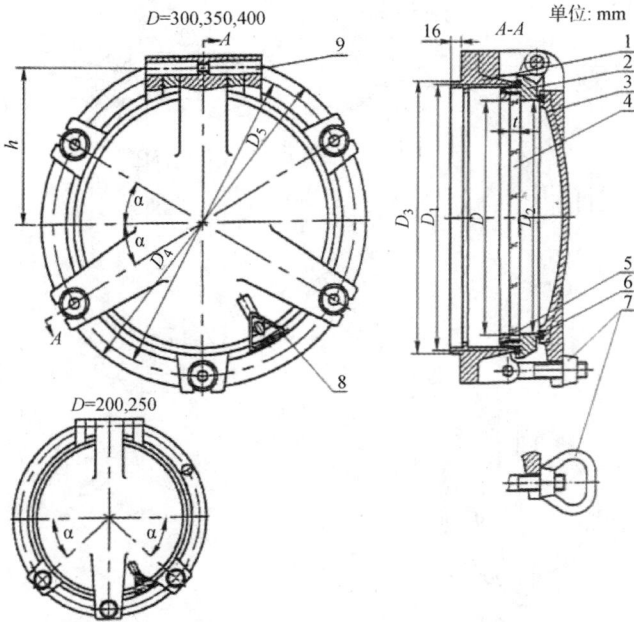

1—窗座;2—窗框;3—风暴盖;4—玻璃;5—玻璃压框;6—密封垫料;7—锁紧装置;8—挂环;9—铰链销。

图 2-50 A 型 SB 式普通舷窗

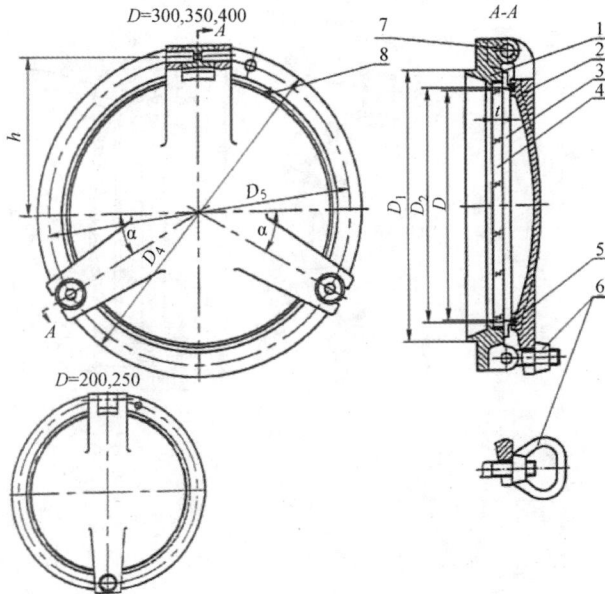

1—窗座;2—风暴盖;3—玻璃压框;4—玻璃;5—密封垫料;6—锁紧装置;7—铰链销;8—沉头螺钉。

图 2-51 A 型 NB 式普通舷窗

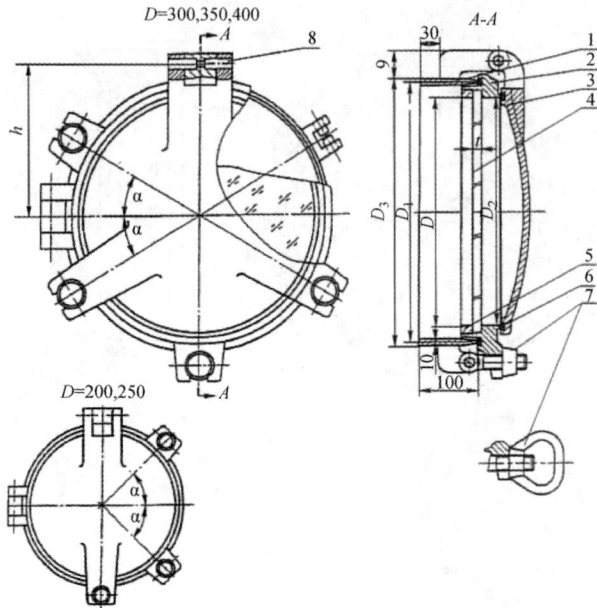

1—窗座;2—窗框;3—风暴盖;4—玻璃;5—玻璃压框;6—密封垫料;7—锁紧装置;8—铰链销。

图 2-52　A 型 LW(RW)式普通舷窗

注:本图为 LW 式,RW 式与此对称。

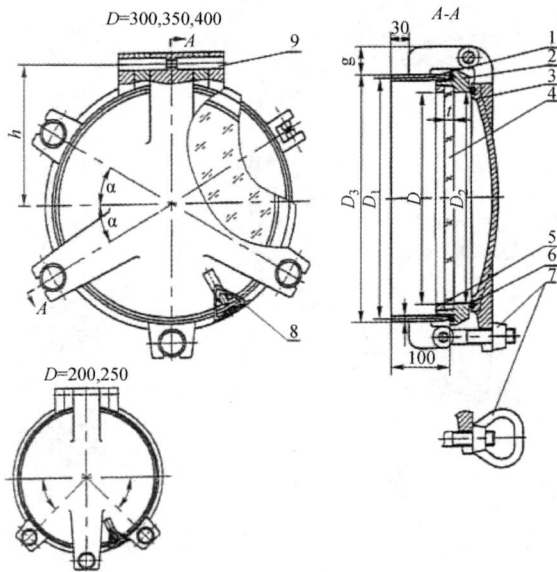

1—窗座;2—窗框;3—风暴盖;4—玻璃;5—玻璃压框;6—密封垫料;7—锁紧装置;8—挂环;9—铰链销。

图 2-53　A 型 SW 式普通舷窗

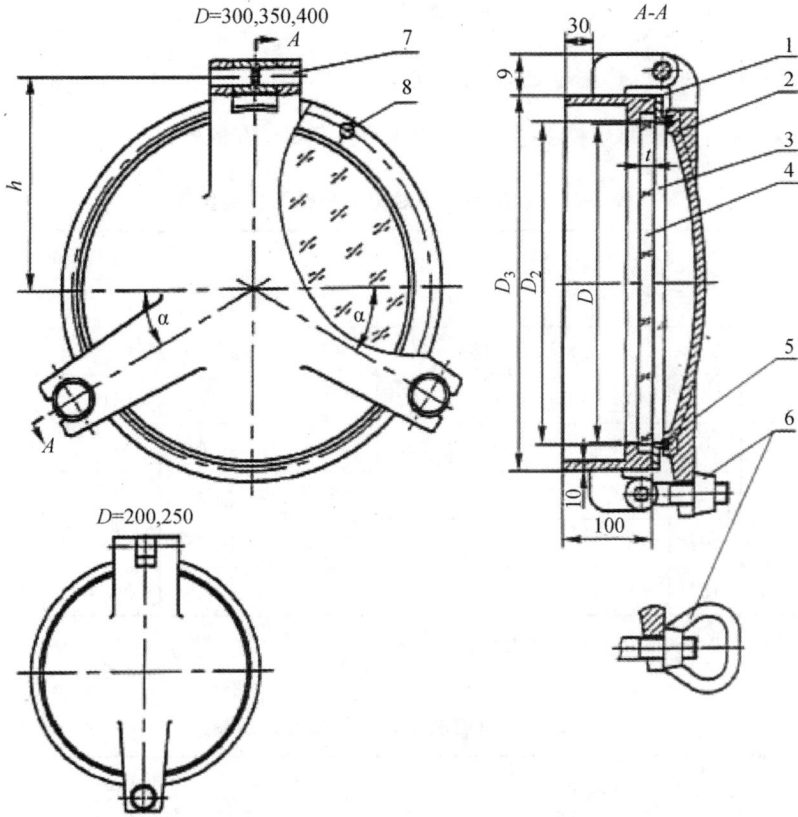

1—窗座;2—风暴盖;3—玻璃压框;4—玻璃;5—密封垫料;6—锁紧装置;7—铰链销;8—沉头螺钉。

图 2-54　A 型 NW 式普通舷窗

2.11.2.2　中型舷窗的形式及其适用范围

中型舷窗(B 型)为配置内侧风暴盖的舷窗,其构造与重型舷窗基本相同,但锁紧装置仅配置环形螺母。适用于客船舱壁甲板或货船干舷甲板以上的舷边或上层建筑的前端壁,也适用于非客船干舷甲板上第一层上层建筑的两侧和端部外围壁。

中型舷窗按其开启和安装方式可分为以下各种形式:

B 型 LB(RB)式——螺栓安装左(右)开式舷窗,见图 2-49;

B 型 SB 式——螺栓安装共铰式(上开)舷窗,见图 2-50;

B 型 NB 式——螺栓安装固定式舷窗,见图 2-51;

B 型 LW(RW)式——焊接安装左(右)开式舷窗,见图 2-52;

B 型 SW 式——焊接安装共铰式(上开)舷窗,见图 2-53;

B 型 NW 式——焊接安装固定式舷窗,见图 2-54。

2.11.2.3 重型和中型舷窗的规格及质量

重型和中型舷窗的规格及主要参数列于表 2-28,质量列于表 2-29。

表 2-28　重型和中型舷窗的规格及主要参数　　　　　　　　　　（mm）

透光尺寸 D	D_1	D_2	D_3	D_4	D_5	h	t A 型	t B 型	g_{max}	安装螺栓 螺纹	安装螺栓 数量	围壁开孔
200	245	204	250	350	310	155	10	8	50	M16(12)	8	253
250	295	254	305	400	364	182	12	8	47.5	M16	8	308
300	350	304	360	450	414	207	15	10	45	M16	12	363
350	400	354	410	500	464	232	15	12	45	M16	12	413
400	450	404	460	550	514	257	19	12	45	M18	12	463
450	500	454	510	600	564	282	—	15	45	M20	12	513

注:$D=450$ 仅用于中型舷窗,括号内尺寸用于中型舷窗。

表 2-29　重型舷窗和中型舷窗的质量

公称尺寸 D/mm	A 型/kg 螺栓安装(B) L(R)B	SB	NB	焊接安装(W) L(R)W	SW	NW	B 型/kg 螺栓安装(B) L(R)B	SB	NB	焊接安装(W) L(R)W	SW	NW
200	32.55	32.67	24.84	24.47	24.91	15.57	14.11	14.23	11.04	23.94	23.78	14.11
250	41.56	41.78	32.27	31.41	31.93	20.55	17.04	17.16	13.45	30.35	30.13	18.08
300	53.97	54.09	42.83	41.30	43.01	27.59	22.62	22.74	18.10	39.66	39.40	22.85
350	64.79	64.90	51.62	49.44	50.27	32.72	26.81	26.93	21.77	47.78	47.56	28.31
400	77.84	77.96	62.99	59.59	60.65	40.93	30.96	31.07	25.40	56.08	55.93	33.85
450							36.71	36.83	30.65	65.97	65.97	40.86

注:舷窗质量的材料组合:

1. 重型螺栓安装舷窗:窗座、窗框和风暴盖为铜质;

2. 中型螺栓安装舷窗:窗座、窗框和风暴盖为铝质;

3. 焊接安装舷窗:窗座为钢质、窗框、风暴盖为铜质;

4. 锁紧装置是为环形螺母。

2.11.3　轻型舷窗的形式及其适用范围

　　轻型舷窗(C 型)均不配置风暴盖,适用于客船舱壁甲板或干舷甲板以上的第一层及其以上各层上层建筑的侧壁和后端壁,也适用于非客船干舷甲板上第一层上层建筑以上的围壁侧面和后端壁。

　　轻型舷窗按其开启和安装方式可分为以下形式:

　　C 型 LRB 式——螺栓安装开式舷窗,如图 2-55 所示;

　　C 型 NB 式——螺栓安装固定式舷窗,如图 2-56 所示;

　　C 型 LRW 式——焊接安装开式舷窗,如图 2-57 所示;

　　C 型 NW 式——焊接安装固定式舷窗,如图 2-58 所示。

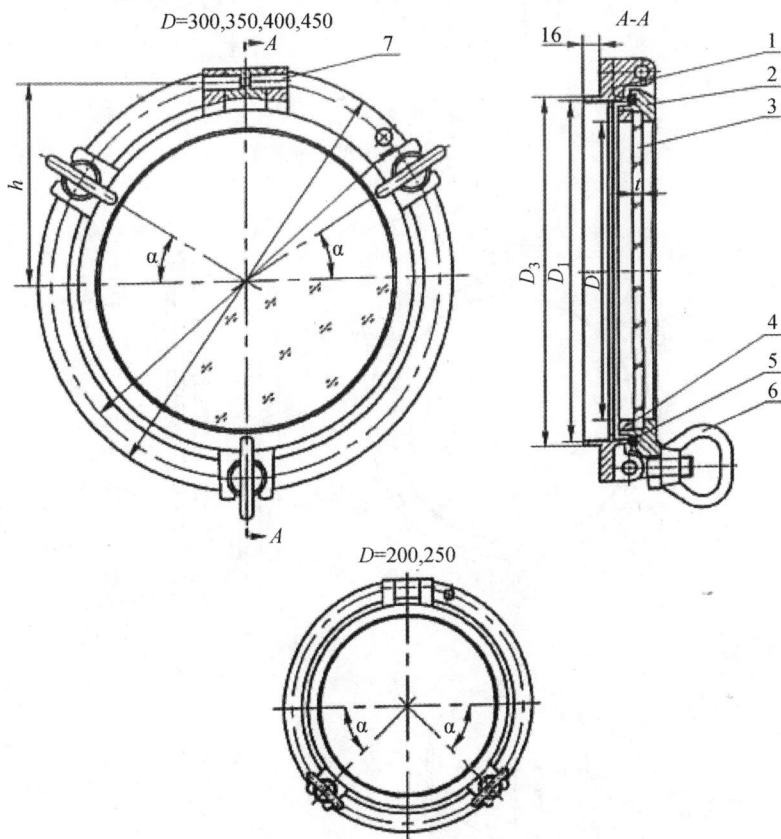

1—窗座;2—窗框;3—玻璃;4—玻璃压框;5—密封垫料;6—锁紧装置;7—铰链销。

图 2-55　C 型 LRB 式普通舷窗

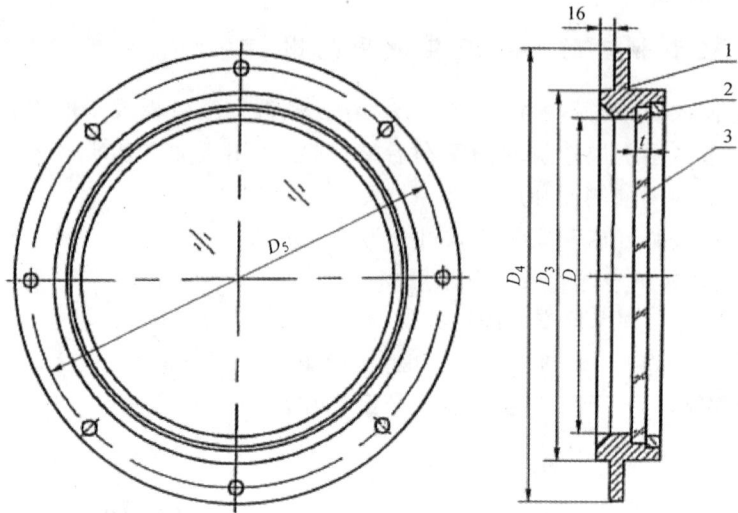

1—窗座;2—玻璃压框;3—玻璃。

图 2-56 C 型 NB 式普通舷窗

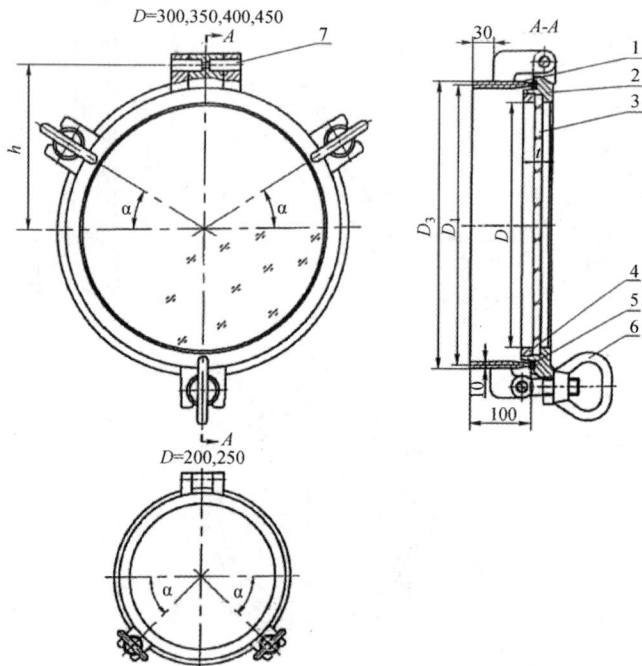

1—窗座;2—窗框;3—玻璃;4—玻璃压框;5—密封垫料;6—锁紧装置;7—铰链销。

图 2-57 C 型 LRW 式普通舷窗

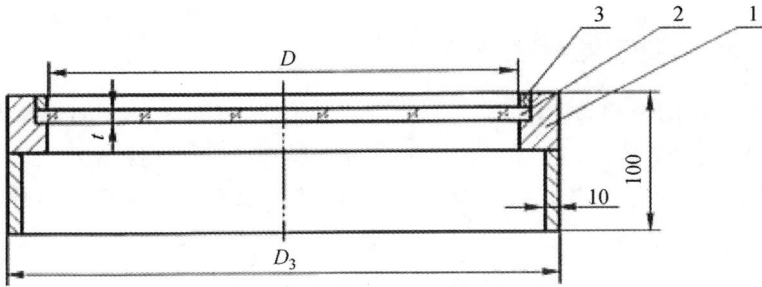

1—窗座;2—玻璃;3—玻璃压框。

图 2-58 C 型 NW 式普通舷窗

轻型舷窗的规格及主要参数列于表 2-30,质量列于表 2-31。

表 2-30 C 型舷窗的规格及主要参数　　　　　　　　　　　　　　(mm)

透光尺寸 D	D_1	D_3	D_4	D_5	h	t	g_{max}	安装螺栓		围壁开孔
								螺纹	数量	
200	245	250	350	310	155	6	50	M12	8	253
250	295	305	400	364	182	6	47.5	M16	8	308
300	350	360	450	414	207	8	45	M16	12	363
350	400	410	500	464	232	8	45	M16	12	413
400	450	460	550	514	257	10	45	M18	12	463
450	500	510	600	564	282	10	45	M20	12	513

表 2-31 轻型舷窗的质量

公称尺寸 D/mm	螺栓安装(B)/kg		焊接安装(W)/kg	
	LRB	NB	LRW	NW
200	10.17	5.72	15.91	7.78
250	11.94	7.02	18.91	9.43
300	15.07	8.78	24.56	12.45
350	17.11	10.34	28.46	14.82
400	19.93	12.70	23.15	17.98
450	22.32	14.62	37.15	20.48

注:舷窗质量的材料组合:

　1.螺栓安装舷窗:窗座,窗框为铝质;

　2.焊接安装舷窗:窗座为钢质,窗框为铜质。

2.11.4 舷窗与天花板之间的距离

带有风暴盖的舷窗以及上开式舷窗的安装位置与天花板之间应有足够的空隙。舷窗风暴盖按其开启后的固定方式可分为挂钩式和棘爪式两种,分别如图 2-59 和图 2-60 所示。为保证风暴盖的开启,舷窗中心与天花板之间的最小距离 H 应不小于表 2-32 所列。

表 2-32　舷窗中心距天花板的最小距离　　　　　　　　　(mm)

透光尺寸 D		200	250	300	350	400	450
舷窗中心与天花板 最小距离 H	棘爪式	350	400	450	500	540	580
	挂钩式	选用者自定					

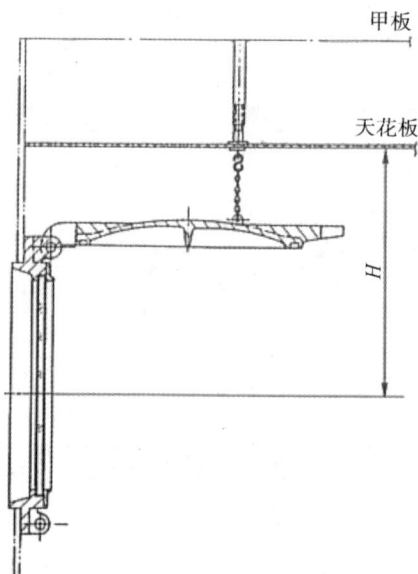

图 2-59　挂钩固定的风暴盖　　　　　　　图 2-60　棘爪固定的风暴盖

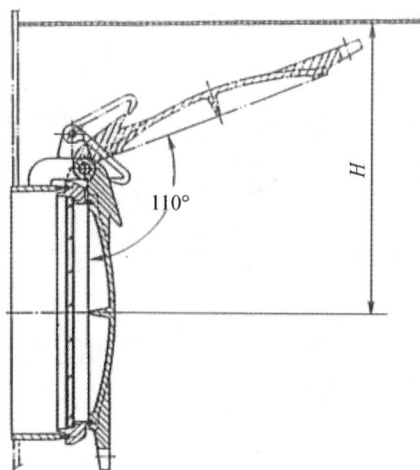

2.11.5 舷窗零部件的材料

船用舷窗的主窗框、窗扇框、玻璃压紧环和风暴盖等主要零件,应采用船用耐腐蚀材料制造,这些零件可用铜、钢、铝合金等不同材料制造后组合装配,但焊接式舷窗与钢质船体结构直接焊接的主窗框应采用碳素钢或不锈钢。

舷窗玻璃应采用透明或磨砂的钢化安全玻璃,密封垫料采用耐海水和耐紫外线照射的橡胶垫料。

舷窗其他零件,包括锁紧装置中的活节螺栓、铰链销和螺母,以及窗扇框和风暴盖用的铰链销均应采用耐腐蚀的金属材料制作,其中铰链销可采用不锈钢制作。

2.11.6　舷窗的定位

舷窗的定位应遵守国际公约、规则、船级社规范和船籍国主管机关的有关规定(见本章 2.2 节)。

舷窗的定位与船舶长度、窗槛高出夏季载重线的高度和舷窗的形式(重型、中型、轻型)及其在船上安装的部位有关。

需满足破舱稳性要求的船舶,舷窗窗槛位于破损状态的最终水线以下和破损后会浸水的处所的外侧,应装不可开启的舷窗。

船舶舷侧外板或有通道通向干舷甲板以下处所的第一层上层建筑或甲板室,仅允许安装带有永久性风暴盖的重型或中型舷窗。有直接通道通至封闭的第一层上层建筑或干舷甲板以下处所的第二层上层建筑舱室内,应安装带有永久性风暴盖的重型或中型舷窗。

此外,各种舷窗允许的最低位置还取决于该种舷窗的强度,该强度与作用于该位置的外力有关。当船上任一部位的设计压力超过表 2-33 所列各种舷窗所能承受的最大允许压力时,都不能安装该种舷窗。

表 2-33　舷窗的最大允许压力

舷窗			最大允许压力/kPa
形式	公称尺寸/mm	玻璃厚度/mm	
重型(A)	200	10	328
	250	12	302
	300	15	328
	350	15	241
	400	19	297
中型(B)	200	8	210
	250	8	134
	300	10	146

表 2-33 （续）

形式	舷窗		最大允许压力/kPa
	公称尺寸/mm	玻璃厚度/ mm	
中型(B)	350	12	154
	400	12	118
	450	15	146
轻型(C)	200	6	118
	250	6	75
	300	8	93
	350	8	68
	400	10	82
	450	10	65

舷窗的详细定位方法及设计压力计算可参阅（GB/T 14356-93)《船用舷窗定位》。

2.12 船用普通矩形窗

2.12.1 船用普通矩形窗的形式及主要参数

船用普通矩形窗设置于船舶干舷甲板以上的上层建筑和甲板室外围壁上。

普通矩形窗按其玻璃厚度的不同可分为重型（E）和轻型（F）。按其带玻璃的窗扇框能否开启可分为内开(I)、外开(O)和固定式(N)，开式又可分为左开(L)、右开(R)和上铰链(S)。按其安装方式则可分为螺栓安装(B)和焊接安装(W)等。

普通矩形窗的构造如图 2-61 所示。其主要尺寸列于表 2-34。

船用普通矩形窗的主窗框、窗扇框和玻璃压板等应采用船用耐腐蚀材料制造如钢、铜及铝合金等。但焊接式矩形窗，其与船体结构直接焊接的主窗框通常采用碳素钢也可采用不锈钢制作。

矩形窗一般采用透明钢化安全玻璃，也可采用磨砂钢化安全玻璃，通常磨砂表面朝外，特殊情况下磨砂表面也可朝内安装，但其厚度应增加。

矩形窗的密封垫料采用耐海水和耐紫外线照射的橡胶垫料。

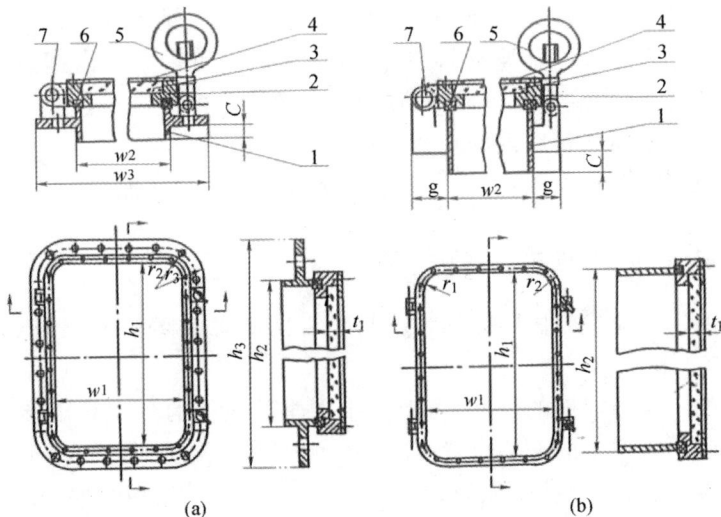

1—主窗框;2—窗扇框;3—玻璃;4—玻璃压板;5—锁紧装置;6—密封垫料;7—铰链销。

(a)螺栓式;(b)焊接式

图 2-61　矩形窗的构造

注:①图示为内开侧铰链式矩形窗;

②主窗框凸肩高度:螺栓式 $C=16$ mm;焊接式 $C=30$ mm;

③凸肩外圆角半径和焊接主窗框外圆半径 $r_2=r_1+24$ mm,凸缘外圆角半径 $r_3=r_1+65$ mm(最大)。

表 2-34　矩形窗的主要尺寸　　　　　　　　　　(mm)

公称尺寸		w_2 ±2	h_2 ±2	w_3 max	h_3 max	g max	紧固件数量[①]	围壁开口尺寸
代号	$w_1\times h_1\times r_1$							
1	$300\times425\times50$	348	473	430	555	41	4	$352\times477\times R76$
2	$355\times500\times50$	403	548	485	630	41	4	$407\times552\times R76$
3	$400\times560\times50$	448	608	530	690	41	4	$452\times612\times R76$
4	$450\times630\times100$	498	678	580	760	41	4	$502\times682\times R126$
5	$500\times710\times100$	548	758	630	840	41	6	$552\times762\times R126$
6	$560\times800\times100$	608	848	690	930	41	6	$612\times852\times R126$
7	$900\times630\times100$	948	678	1 030	760	41	6	$952\times682\times R126$
8	$1 000\times710\times100$	1 048	758	1 130	840	41	8	$1 052\times762\times R126$
9	$1 100\times800\times100$	1 148	848	1 230	930	41	8	$1 152\times852\times R126$

①紧固件的数量仅包括锁紧装置及圆孔铰链,带长圆孔的窗铰链不能看作紧固件。

矩形窗其他零件,包括锁紧装置中的活节螺栓、铰链销和螺母以及窗扇框用的铰链销均应采用耐腐蚀的金属材料制作,其中铰链销可采用不锈钢制作。铝合金窗关闭装置的螺栓(如旋入螺柱或活节螺栓)和窗扇框的铰链销,应采用不腐蚀钢、不锈钢或不会引起窗或销腐蚀的合金材料制造。

矩形窗也可加装护窗外盖,以防止玻璃破碎后海水侵入船舱内。

2.12.2 船用普通矩形窗的定位

矩形窗的定位应遵守国际公约、规则、船级社规范和船籍国主管机关的有关规定(见本章2.2节)。

矩形窗的定位与船舶的长度、窗槛高出夏季载重线的高度和矩形窗形式及其在上层建筑或甲板室上的安装位置(前端壁、侧壁和后端壁)有关,干舷甲板以下处所、第一层上层建筑或侧壁距船舷边1.2 m以内的第一层甲板室,都不应安装矩形窗。

有通道通向干舷甲板以下处所的第一层甲板室内的每一扇矩形窗,都应安装永久性的护窗盖。有直接通道通向封闭的第一层上层建筑或干舷甲板以下处所的第二层上层建筑舱室内的矩形窗,都应有永久性的护窗盖作保护。如征得船籍国主管机关的同意,可用可拆的护窗盖代替上述永久性护窗盖。

此外,矩形窗允许安装的最低位置还取决于该矩形窗的强度(表2-35)。该强度与作用于该位置的外力有关。船上任一部位的设计压力超过表2-35所列各种矩形窗所能承受的最大允许压力时,都不能安装该种矩形窗。

表 2-35 矩形窗的最大允许压力

形式	公称尺寸/mm	玻璃厚度/mm	最大允许压力/kPa
重型	300×425	10	99
	355×500	10	71
	400×560	12	80
	450×630	12	63
	500×710	15	80
	560×800	15	64
	900×630	19	81
	1 000×710	19	64

表 2-35 （续）

形式	公称尺寸/mm	玻璃厚度/mm	最大允许压力/kPa
轻型	300×425	8	63
	355×500	8	45
	400×560	8	36
	450×630	8	28
	500×710	10	36
	560×800	10	28
	900×630	12	32
	1 000×710	12	25
	1 100×800	15	31

矩形窗的详细定位方法及设计压力计算可参阅（GB/T 14357-93）《船用普通矩形窗定位》。

2.13 驾驶室固定矩形窗

2.13.1 驾驶室固定矩形窗的形式及规格

驾驶室固定矩形窗是安装于船舶驾驶室（桥楼）供观察和操纵用的封闭处所的矩形窗，驾驶室窗的布置应满足 SOLAS 公约、MAS 法规及 CCS 海船规范对于船舶驾驶室视域的要求。

按其安装方式可分为螺栓式和焊接式；按其玻璃可分为电加热玻璃和钢化安全玻璃等 4 种形式，见表 2-36。

表 2-36 驾驶室固定矩形窗的形式

形式	名称	主窗框材质
BH	电加热玻璃螺栓式驾驶室固定矩形窗	铝合金
BN	船用钢化安全玻璃螺栓式驾驶室固定矩形窗	

表 2-36　（续）

形式	名称	主窗框材质
WH	电加热玻璃焊接式驾驶室固定矩形窗	碳素钢
WN	船用钢化安全玻璃焊接式驾驶室固定矩形窗	

注:电加热玻璃加热方式为电热丝加热。

　　BH、BN 型矩型窗的结构形式及其主要尺寸见图 2-62 和表 2-37。

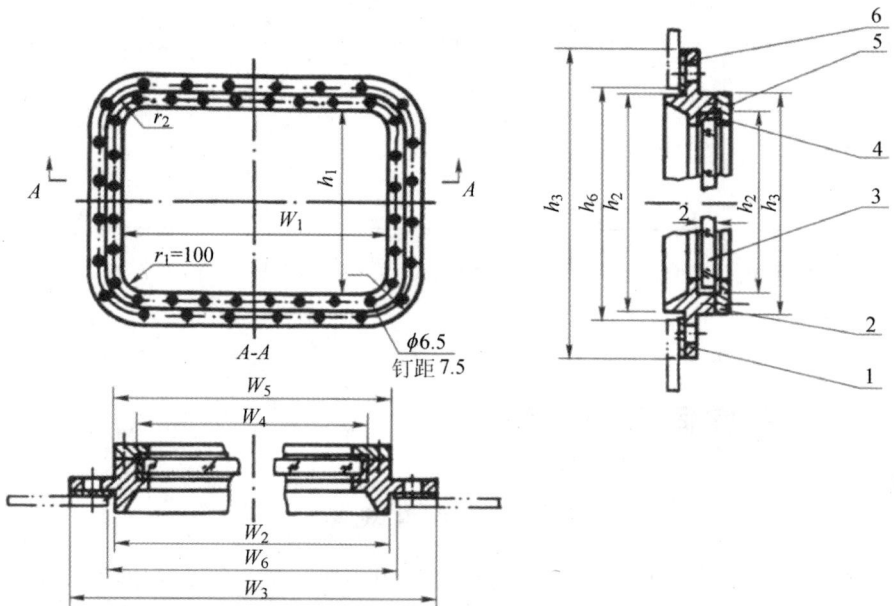

1—主窗框；2—玻璃压板；3—玻璃；4—密封圈；5—沉头螺钉；6—垫圈。

图 2-62　BH、BN 型矩形窗结构形式

注:凸肩外圆角半径 $r_2=(r_1+24)$ mm；凸缘外圆角半径 $r_3=(r_1+65)$ mm。

　　WH、WN 型矩型窗的结构形式及其主要尺寸见图 2-63 和表 2-38。

　　表 2-37 和表 2-38 中的质量摘自 CB/T 3226-2001,供参考。表中电加热玻璃（BH 和 WH）的厚度为托板和盖板的总厚度。

　　驾驶室矩形窗若加装扫雪器(旋转视窗),则玻璃应开相应的安装孔,但驾驶室矩形窗若为电加热玻璃则不能加装扫雪器。

表 2-37　BH、BN 型驾驶室矩形窗的规格及主要尺寸

(mm)

公称尺寸 $W_1 \times h_1$	主窗框 凸肩 $W_2 \pm 2$	主窗框 凸肩 $h_2 \pm 2$	主窗框 凸缘 W_3	主窗框 凸缘 h_3	玻璃安装槽 W_4	玻璃安装槽 h_4	玻璃安装槽 r_4	玻璃压板 W_5	玻璃压板 h_5	玻璃尺寸 厚度 t BN	玻璃尺寸 厚度 t BH	玻璃尺寸 外廓尺寸 $W \times h$	玻璃尺寸 外廓尺寸 r	围壁开口尺寸 $W_6 \times h_6$	围壁开口尺寸 r_6	安装螺栓 螺纹	安装螺栓 数量	质量/kg BN	质量/kg BH
800×630	848	678	930	760	821	651		850	680	12	18	816×646		852×682			26	25.5	25.9
800×710	848	758	930	840	821	731		850	760	12	18	816×726		852×762			28	28.1	28.7
900×630	948	678	1 030	760	921	651		950	680	12	18	916×646		952×682			28	28.2	30.0
900×710	948	758	1 030	840	921	731	110	950	760	12	18	916×726	108	952×762	126	M12	30	30.9	32.9
900×800	948	848	1 030	930	921	821		950	850	12	18	916×816		952×852			30	33.9	36.1
1 200×630	1 248	678	1 330	760	1 221	651		1 250	680	15	21	1 216×646		1 252×682			30	41.6	44.0
1 200×710	1 248	758	1 330	840	1 221	731		1 250	760	15	21	1 216×726		1 252×762			32	45.9	48.6
1 200×800	1 248	848	1 330	930	1 221	821		1 250	850	15	21	1 216×816		1 252×852			34	50.6	53.6
1 500×710	1 548	758	1 630	840	1 521	731		1 550	760	15	21	1 516×726		1 552×762			36	56.1	59.4
1 500×800	1 548	848	1 630	930	1 521	821		1 550	850	15	21	1 516×816		1 552×852			38	61.2	64.9
1 800×710	1 848	758	1 930	840	1 821	731		1 850	760	15	21	1 816×726		1 852×762			40	66.3	70.3
1 800×800	1 848	848	1 930	930	1 821	821		1 850	850	15	21	1 816×816		1 852×852			42	72.4	76.8
1 800×900	1 848	948	1 930	1 030	1 821	921		1 850	950	15	21	1 816×916		1 852×952			44	77.5	82.5

表 2-38　WH,WN 型驾驶室矩形窗的规格及主要尺寸

(mm)

公称尺寸 W₁×h₁	主窗框		玻璃安装槽			玻璃压板		厚度 t		玻璃		围壁开口尺寸		质量/kg	
	W_2 ±2	h_2 ±2	W_3	h_3	r_3	W_4	h_4	WN	WH	外郭尺寸 $W×h$	r	$W_5×h_5$	r_5	WN	WH
800×630	848	678	824	654		848	678	12	18	816×646		852×682		41.3	41.8
800×710	848	758	824	734		848	758	12	18	816×726		852×762		44.2	44.8
900×630	948	678	924	654		948	678	12	18	916×646		952×682		45.1	46.9
900×710	948	758	924	734	110	948	758	12	18	916×726	108	952×762	126	48.5	50.5
900×800	948	848	924	824		948	848	12	18	916×816		952×852		52.4	54.6
1 200×630	1 248	678	1 224	654		1 248	678	15	21	1 216×646		1 252×682		60.9	63.3
1 200×710	1 248	758	1 224	734		1 248	758	15	21	1 216×726		1 252×762		66.6	69.2
1 200×800	1 248	848	1 224	824		1 248	848	15	21	1 216×816		1 252×852		72.2	75.2
1 500×710	1 548	758	1 524	734		1 548	758	15	21	1 516×726		1 552×762		79.8	83.1
1 500×800	1 548	848	1 524	824		1 548	848	15	21	1 516×816		1 552×852		86.4	90.1
1 800×710	1 848	758	1 824	734		1 848	758	15	21	1 816×726		1 852×762		93.1	97.1
1 800×800	1 848	848	1 824	824		1 848	848	15	21	1 816×816		1 852×852		100.4	104.8
1 800×900	1 848	948	1 824	924		1 848	948	15	20	1 816×916		1 852×952		108.6	113.6

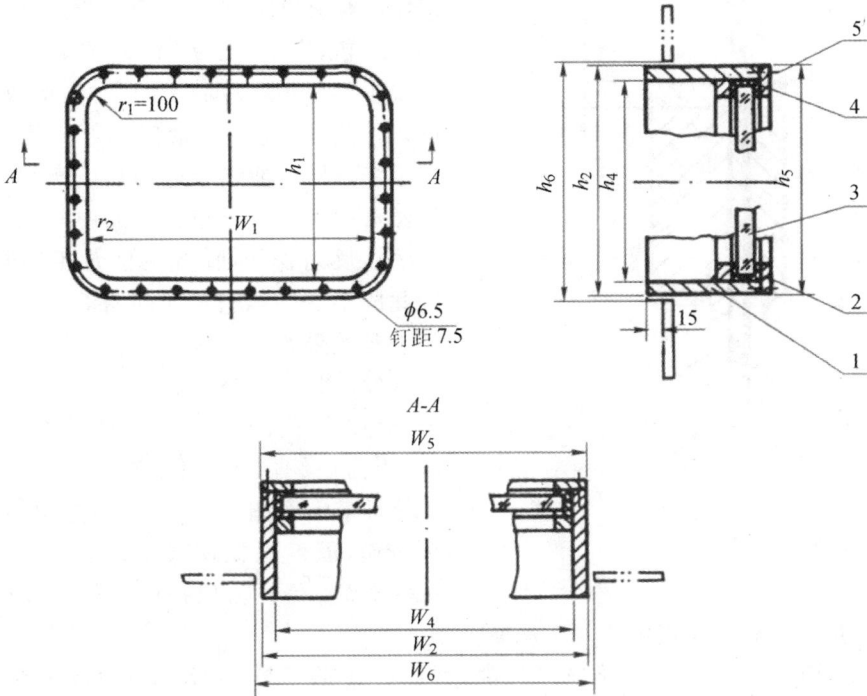

1—主窗框;2—玻璃压板;3—玻璃;4—密封圈;5—沉头螺钉。

图 2-63　WH，WN 型矩形窗结构形式

2.13.2　驾驶室固定矩形窗主要零件的材料

螺栓式驾驶室矩形窗的主窗框可采用铝合金、不锈钢或碳素钢,焊接式驾驶室矩形窗的主窗框应采用碳素钢或不锈钢,玻璃压板可采用铜合金或铝合金。玻璃为钢化安全玻璃或电加热玻璃。密封圈为氯丁橡胶,沉头螺钉为不锈钢。

2.13.2.1　电加热玻璃

(1)电加热玻璃是指玻璃在通电的情况下,使玻璃加热从而起到除霜、除雾的作用,保证玻璃的透视效果。电加热玻璃按照加热元件不同分为导电膜电加热玻璃和电阻丝电加热玻璃。导电膜电加热玻璃由于导电膜的制作工艺未完全解决,所以未得到广泛应用。电阻丝电加热玻璃是将电阻丝均匀地分布在两层或多层玻璃中间,在通电的情况下,使玻璃加热从而起到除霜、除雾的作用。根据电阻丝的成形形状分为直线丝电加热玻璃和曲线丝电加热玻璃。直线丝电加热玻璃的缺点是在光的照射下,因为电阻丝的存在,玻璃表面出现一条"光带"造成视觉误差,从

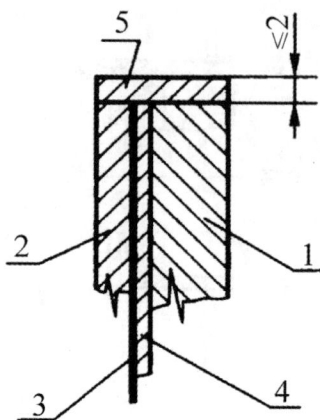

图 2-64　电加热玻璃示意图
1-托板；2-盖板；3-加热元件；4-中间层；
5-边缘保护层。

而影响使用者的视觉效果。通过光学原理的分析，产生"光带"主要是因为电阻丝直线平行分布在玻璃中间，对光形成镜面反射作用，使光的能量集中而成像，从而产生"光带"。曲线丝电加热玻璃，则将电阻丝弯曲地均匀分布在玻璃中间，通过对光的漫反射作用，使光的能量不能集中，因此成不了像，消除了"光带"，从而提高了视觉效果。

（2）电加热玻璃由船用钢化安全玻璃，电加热元件及保护电加热元件玻璃组成，四周边缘应予以保护。图 2-64 为电加热玻璃示意图，图中托板为船用钢化安全玻璃，厚度根据窗大小按表 2-37 和表 2-38 确定，盖板为保护电加热元件玻璃，一般采用 6 mm 厚船用钢化安全玻璃。

（3）功率负荷。在南北极以外的水域，玻璃除雾除霜设备的功率负荷见表 2-39，当船舶要求航行到南北极区，尤其是冬季，设计者对电加热玻璃的功率应提出特殊要求。

表 2-39　电加热玻璃所需功率负荷

功率负荷/（W/dm^2）		室外温度/ ℃
最小	最大	
7	9	－12
12	15	－28
17	21	－40

（4）电源。电加热玻璃的供电电压和频率应和船上配电板正常提供的能连续工作的供电电压和频率一致。

（5）过热保护。当玻璃表面温度达到＋40 ℃时，应启动热关闭装置，即温度限定装置（调节器）。调节器分单件调节器和成组调节器。设计时一般选用成组调节器。

2.14　耐火窗

2.14.1　耐火窗的适用范围

耐火窗系指安装在船舶耐火分隔上且与该分隔具有等效耐火性能的窗和舷窗,通常为固定式结构。经修正的《SOLAS 公约》以及 MSA《法规》对于客船和液货船耐火分隔上的窗和舷窗的有关内容引述如下。

2.14.1.1　客船

（1）对于国际航行的客船:

①起居处所、服务处所和控制站舱壁上的窗和舷窗,除了不适用于船舶外部限界面的 A 级和 B 级完整性要求和本款下述②项所要求者外,其构造应能保持对其所在舱壁类型的完整性要求。

②面向救生设施、登乘和集合点、外部梯道和用作脱险通道的开敞甲板的窗以及位于救生筏和撤离滑道登乘区以下的窗,应具有与该区域相同要求的耐火完整性。如果这些窗配有专用的自动喷水器喷头,则可接受"A-0"级窗作为等效窗。

（2）对于国内航行的客船:

①起居处所、服务处所和控制站内各舱壁上的一切窗和舷窗,其构造应能保持其所在舱壁的完整性要求。

②面向救生设施、登乘站和外部集合站区域、外部梯道和用作脱险通道的开敞甲板的窗,以及位于救生艇、筏和撤离滑梯下方的窗,应满足本款下述③和④项耐火完整性的要求。但如果在这些窗安装有专用自动喷水器喷头,则这些窗可不作耐火完整性要求。位于救生艇登乘区以下的舷侧窗应至少具有相当于"A-0"级耐火完整性。

③面向救生设施、登乘站和外部集合站区域,外部梯道以及用作脱险通道的开敞甲板的外部限界面以及位于在失火时遭受破坏后会阻碍撤向登乘甲板处的限界面,包括门、窗和舷窗,其耐火完整性应至少为"A-0"级标准;载客 100 人及以上的应达到"A-30"级标准;载客 500 人及以上的应达到"A-60"级标准。

④对于撤离站和外部脱险通道（包括救生艇筏存放区、作为救生艇和救生筏登乘与降落站的开敞甲板处所和围蔽游步甲板处所、内部和外部集合站、用作脱险通道的外部梯道和开敞甲板、最轻载航行水线之上的舷侧和位于救生艇筏和撤离滑道的登乘区域下方且相邻的上层建筑和甲板室舷侧）,除与其相邻的处所为开敞甲板处所、卫生间及类似处所以及极少或没有失火危险的舱、空舱及辅机处所,其限

界面的耐火完整性仅为"A-0"级标准外,其他与其相邻处所的限界面的耐火完整性应至少为"A-30"级标准,当载客 500 人及以上时应达到"A-60"级标准。但最轻载航行水线之上的船侧、位于救生艇筏和撤离滑道的登乘区甲板下方且相邻的上层建筑和甲板室舷侧可降低为"A-30"级。若具有失火危险(不论大小)的起居处所或卫生间及类似处所完全位于集合站的外边界之内,这些处所的舱壁允许具有"B-0"级耐火完整性。其中声音、视像和灯光装置的控制位置可以视为集合站的一部分。

2.14.1.2 液货船

(1)国际和国内航行的液货船面向货物区域的外部限界面隔热要求。环围起居处所的上层建筑和甲板室的外部限界面并包括支承该起居处所的悬伸甲板,其面向货物区域的所有部分以及从面向货物区域的限界面端部起 3 m 之内的外表面,应用钢材制成并隔热至"A-60"级标准。该 3 m 距离应在每层甲板上从面向货物区域的限界面起平行于船舶中线水平面量取。对于这种上层建筑和甲板室的各个侧面,此种隔热应延伸到驾驶室甲板的底面。

但是,国内航行的小于 500 总吨的液货船,上述提及的限界面可以采用"A-30"级隔热标准。

(2)国际和国内航行的液货船限界面开口的限制如下:

①通往起居处所、服务处所、控制站和机器处所的出入门、空气进口和开口,均不应面向货物区域。它们应位于不面向货物区域的横舱壁上,或位于上层建筑或甲板室外侧距离上层建筑或甲板室面向货物区域的端壁至少为船舶长度的 4%,但不少于 3 m 位置处。此距离不必超过 5 m。

②驾驶室的门窗可以位于本款上述①项规定的限制范围内,只要它们的设计保证驾驶室能迅速而有效地达到气密和油气密。

③面向货物区域和在本款上述①项所指限制范围内的上层建筑及甲板室侧壁上的窗和舷窗应为永闭(不能开启)型。除驾驶室的窗外,这种窗和舷窗可以采用"A-60"级标准建造。但本条(1)款规定的 3 m 限制范围外的窗和舷窗可以采用"A-0"级标准建造。

④对于国内航行的小于 500 总吨的液货船,上述本款③项范围内的窗和舷窗可以采用 A-0 级标准,但在主甲板上第一层的这种窗和舷窗应装有钢或其他等效材料制成的内部罩盖。

2.14.2 耐火窗的分级

船用耐火窗和舷窗通常为固定式(不可开启)结构,按其耐火性能可分为:A-0、A-15、A-30、A-60、B-0、B-15、B-30、H-0、H-60 和 H-120 等级别,其具体要求如下。

（1）"A-0"级耐火窗

应在 1 小时的标准耐火试验至结束时，能防止烟与火焰通过；对玻璃背火一面的升温无要求。

（2）"A-15""A-30"和"A-60"级耐火窗

应在 1 小时的标准耐火试验至结束时，能防止烟与火焰通过；应分别在 15 min、30 min、60 min 内其背火一面的平均温度较初始温度升高不超过 140 ℃，且在包括任何接头在内的玻璃外表面的任何一点的温度较初始度升高不超过 180 ℃。

（3）"B-0"级耐火窗

应在标准耐火试验最初的 30 min 结束时，能防止火焰通过；对玻璃背火一面的升温无要求。

（4）"B-15"和"B-30"级耐火窗应在标准耐火试验最初的 30 min 结束时，能防止火焰通过，应分别在 15 min、30 min 内其背火一面的平均温度较初始温度升高不超过 140 ℃，且在包括任何接头在内的玻璃外表面任何一点的温度较初始温度升高不超过 225 ℃。

（5）"H-0"级耐火窗

应在 2 h 的 H 级标准耐火试验至结束时，能防止烟与火焰通过，对玻璃背火一面的升温无要求。

（6）"H-60""H-120"级耐火窗

应在 2 h 的 H 级标准耐火试验至结束时，能防止烟与火焰通过，应分别在 1 h 和 2 h 内其背火一面的平均温度较初始温度升高不超过 140 ℃，且在包括任何接头在内的玻璃外表面任何一点的温度较初始温度升高不超过 180 ℃。

2.14.3　A-60 级耐火窗的形式、规格及主要参数

目前常用的 A-60 级固定式耐火窗采用分隔式结构，窗的透光部分由钢化玻璃（朝外防浪）+间隙+耐火玻璃构成，其中的耐火玻璃为在两层或三层玻璃之间填充耐火填料的夹层结构。耐火玻璃按其耐火填料的特性可分为胶式和膜式，两种耐火填料的原始状态均为液态，但前者经烘干后为胶质状态，后者经烘干后为硬质状态。

A-60 级的胶式矩形耐火窗如图 2-65 所示，膜式矩形耐火窗如图 2-66 所示，两种窗的规格及主要尺寸列于表 2-40。

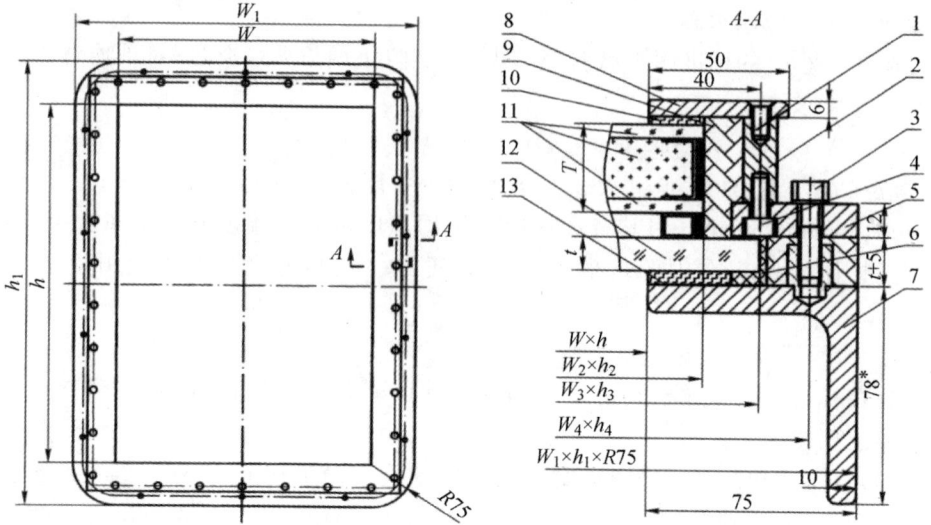

1—沉头螺钉;2—连接框;3—螺栓;4—内六角螺钉;5—压框;6—槽形密封条;7—主框架;8—压板;9—隔热材料;10、13—阻燃密封条;11—耐火玻璃板;12—防浪玻璃。

图 2-65　A-60 级胶式矩形耐火窗

*:实际高度根据需要可变动。

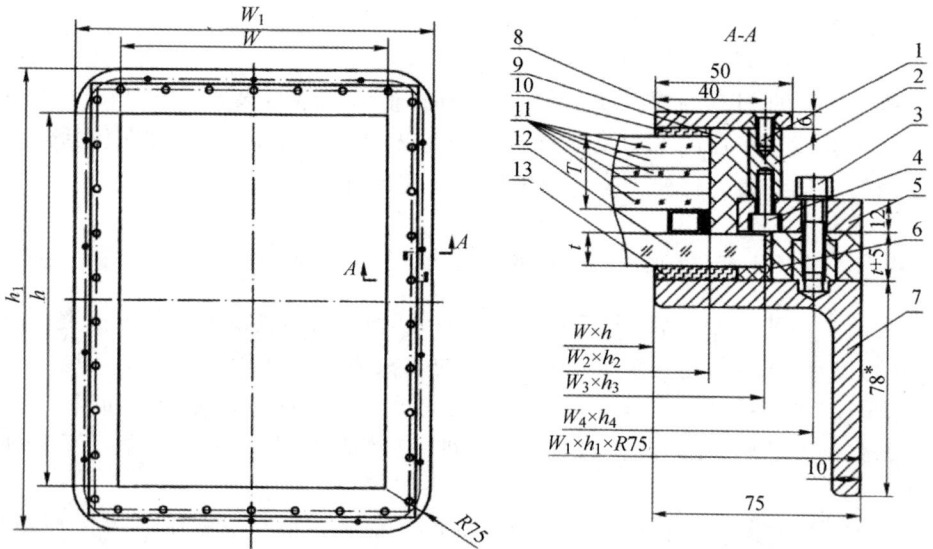

1—沉头螺钉;2—连接框;3—螺栓;4—内六角螺钉;5—压框;6—槽形密封条;7—主框架;8—压板;9—隔热材料;10、13—阻燃密封条;11—耐火玻璃板;12—防浪玻璃。

图 2-66　A-60 级膜式矩形耐火窗

*:实际高度根据需要可变动。

表 2-40　矩形耐火窗的规格和主要尺寸

(mm)

公称尺寸 $W \times H$	$W_1 \times H_1$	$W_2 \times H_2$	$W_3 \times H_3$	$W_4 \times H_4$	t	T 胶式	T 膜式	围壁开孔	质量/kg
300×425	$450 \times 575 - R75$	340×465	380×505	416×541	12	32～38	27～30	$454 \times 579 - R77$	47
355×500	$505 \times 650 - R75$	395×540	435×580	471×616				$509 \times 654 - R77$	56
400×550	$550 \times 700 - R75$	440×590	480×630	516×666				$554 \times 704 - R77$	65
450×630	$600 \times 780 - R75$	490×670	530×710	566×746				$604 \times 784 - R77$	76
500×710	$650 \times 860 - R75$	540×750	580×790	616×826				$654 \times 864 - R77$	88.5
560×800	$710 \times 950 - R75$	600×840	640×880	676×916				$714 \times 954 - R77$	103
900×630	$1\,050 \times 780 - R75$	940×670	980×710	$1\,016 \times 746$	15			$1\,054 \times 784 - R77$	123
$1\,000 \times 710$	$1\,150 \times 860 - R75$	$1\,040 \times 750$	$1\,080 \times 790$	$1\,116 \times 826$				$1\,154 \times 864 - R77$	149
$1\,100 \times 800$	$1\,250 \times 1\,150 - R75$	$1\,140 \times 1\,040$	$1\,180 \times 1\,080$	$1\,216 \times 1\,116$				$1\,254 \times 954 - R77$	175
$1\,200 \times 800$	$1\,350 \times 950 - R75$	$1\,240 \times 840$	$1\,280 \times 880$	$1\,316 \times 916$				$1\,354 \times 954 - R77$	187
$1\,500 \times 1\,000$	$1\,650 \times 1\,150 - R75$	$1\,540 \times 1\,040$	$1\,580 \times 1\,080$	$1\,616 \times 1\,116$				$1\,654 \times 1\,154 - R77$	262

注:此质量不包括耐火玻璃板质量。

A-60 级的胶式耐火舷窗如图 2-67 所示,膜式耐火舷窗如图 2-68 所示,两种窗的规格及主要尺寸列于表 2-41。

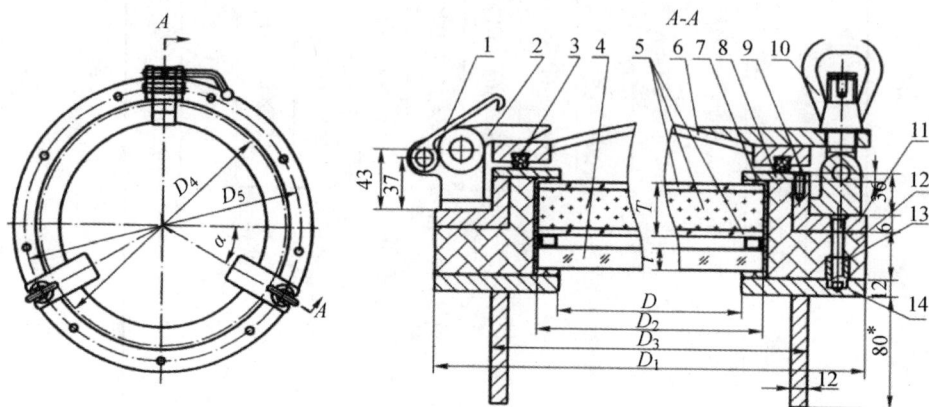

1—棘爪;2—铰链座;3—密封圈;4—防浪玻璃;5—耐火玻璃板;6—风暴盖;7—槽形密封条;8—压板;
9—沉头螺钉;10—压紧装置;11—压框;12—隔热材料;13—六角螺灯;14—主窗框。

图 2-67　A-60 级胶式耐火舷窗

*:实际高度根据需要可变动。

表 2-41　耐火舷窗的规格和主要尺寸　　　　　　　　　　　　　　　（mm）

公称尺寸 D	D_1	D_2	D_3	D_4	D_5	a	t	T 胶式	T 膜式	壁开孔	质量/kg
200	374	230	294	280	334	45°				298	27
250	424	280	344	330	384	48°				348	33
300	474	330	394	380	434		15	32~38	27~30	398	38
350	524	380	444	430	484	31°				448	46
380	554	410	474	460	514					478	51
400	574	430	494	480	534					498	63

注:此质量不包括耐火玻璃板质量。

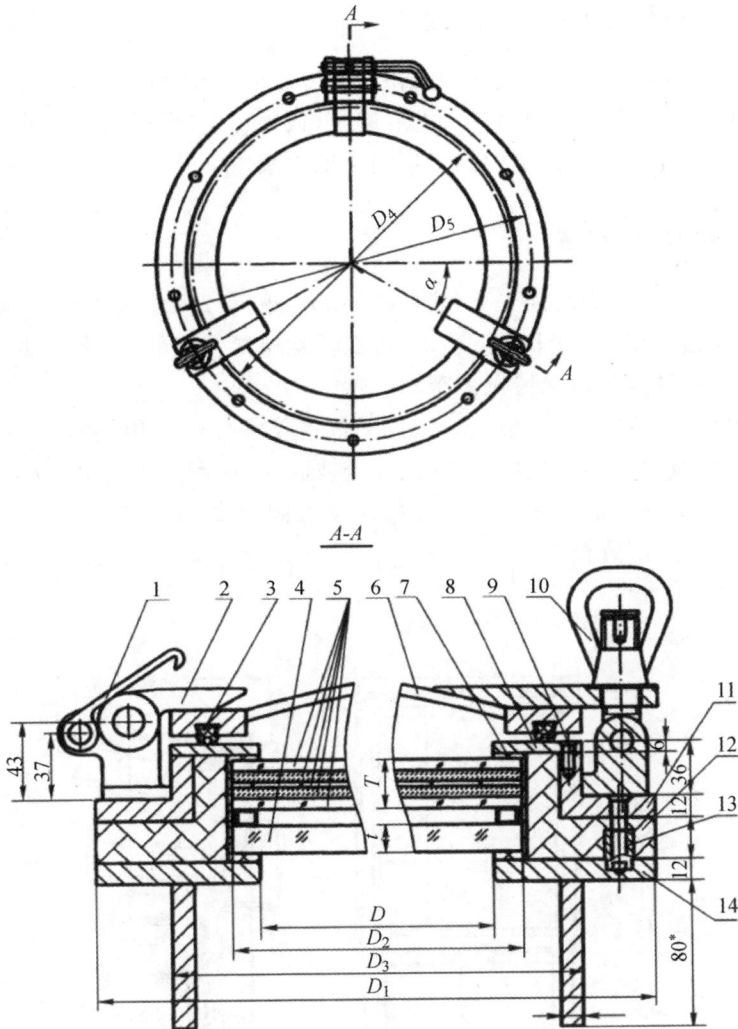

1—棘爪;2—铰链座;3—密封圈;4—防浪玻璃;5—耐火玻璃板;6—风暴盖;7—槽形密封条;8—压板;9—沉头螺钉;10—压紧装置;11—压框;12—隔热材料;13—六角螺灯;14—主窗框。

图 2-68 A-60 级膜式耐火舷窗

*:实际高度根据需要可变动。

2.15 船用衡力窗及移窗

符合风雨密要求的竖动式衡力升降式窗(简称衡力窗)和横动式移窗(简称移窗),可用于干舷甲板以上的第一层上层建筑(或甲板室)甲板以上围壁的侧壁和后端壁,也可用于干舷甲板以上内部无通向干舷甲板以下开口的甲板室外围壁。

2.15.1 铝质衡力窗

铝质衡力窗的形式及其主要尺寸见图 2-69 和表 2-42。衡力窗由衡力器产生的力使活动窗在窗框导轨中上下移动,可在任意位置保持平衡,再由锁紧装置于以锁紧,窗关闭及锁紧后可保持风雨密。

衡力窗的前、后窗框、支架、导轨、拉手等主要零件均采用铝合金制作,衡力器主要部分是弹簧钢带,窗玻璃采用钢化安全玻璃,防水密封条为耐海水和耐紫外线橡胶。衡力窗的前窗框与钢围壁用螺栓和螺母固定,后窗框与舱室装饰衬板用螺钉固定,不需另外配置窗斗。

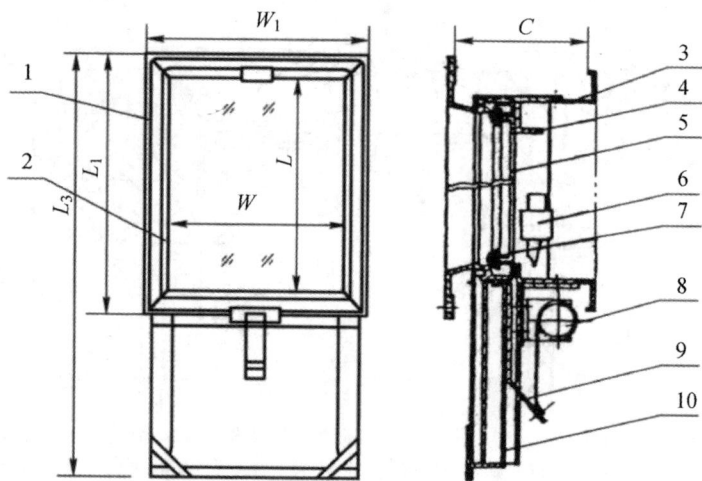

1—前窗框;2—活动窗;3—后窗框;4—拉手;5—上导轨;6—锁紧装置;7—防水密封条;8—衡力器;9—衡力器支架;10—下导轨。

图 2-69 铝质衡力窗

表 2-42　铝质衡力窗的规格及主要尺寸　　　　　　　　（mm）

代号	公称尺寸 $W \times L$	外形尺寸 $W_1 \times \dfrac{L_3}{L_1}$		围壁开口 $W_2 \times L_2$	玻璃厚度 t	示图
		$90 \leqslant C \leqslant 120$	$C > 120$			
1	300×425	$424 \times \dfrac{1\,050}{500}$	$424 \times \dfrac{970}{550}$	378×503		
2	355×500	$480 \times \dfrac{1\,200}{625}$	$480 \times \dfrac{1\,120}{625}$	433×578	5.6	
3	400×560	$524 \times \dfrac{1\,320}{685}$	$524 \times \dfrac{1\,240}{685}$	478×638		
4	450×630	$574 \times \dfrac{1\,460}{755}$	$574 \times \dfrac{1\,380}{755}$	528×708		
5	500×710	$624 \times \dfrac{1\,620}{835}$	$624 \times \dfrac{1\,540}{835}$	578×788		
6	560×800	$684 \times \dfrac{1\,800}{925}$	$684 \times \dfrac{1\,720}{925}$	638×878	6.8	
7	900×630	$1\,024 \times \dfrac{1\,460}{755}$	$1\,024 \times \dfrac{1\,380}{755}$	978×708		
8	$1\,000 \times 710$	$1\,124 \times \dfrac{1\,620}{835}$	$1\,124 \times \dfrac{1\,540}{835}$	$1\,078 \times 788$	8.10	
9	$1\,100 \times 800$	$1\,224 \times \dfrac{1\,800}{925}$	$1\,224 \times \dfrac{1\,720}{925}$	$1\,178 \times 878$		

2.15.2　铝质移窗

铝质移窗的结构形式及其主要尺寸见图 2-70 和表 2-43。铝质移窗的活动窗扇沿滑轨作横向水平移动,关闭后应有良好的风雨密性,故可按照本章 2.12.2 节船用普通矩形窗的定位方法选择移窗。

铝质移窗的窗座和内外窗框采用铝合金制作,滑轨为不锈钢材料,压紧装置和拉紧装置的零件分别用不锈钢和铝合金制作后组合装配,窗玻璃为钢化安全玻璃,密封条和密封圈为耐海水和耐紫外线橡胶。移窗的窗座与钢围壁用螺栓和螺母固定,内部装饰条与舱室装饰板用螺钉固定,不需另外配置窗斗。

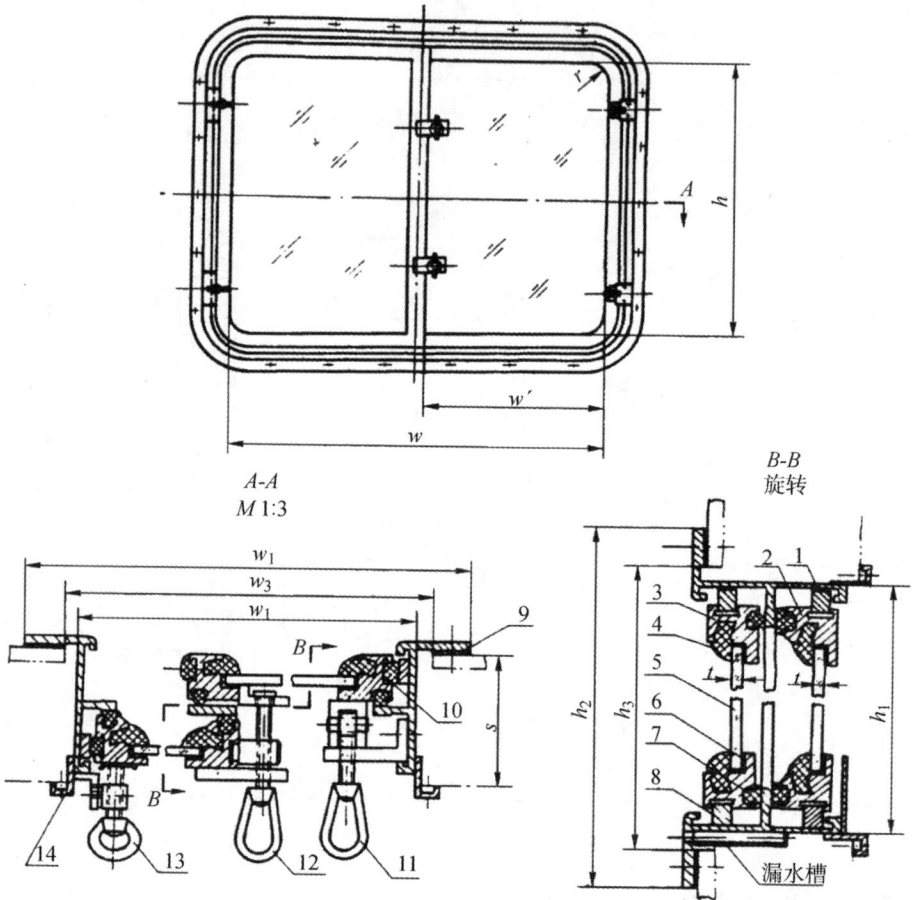

A-A
M 1:3

B-B
旋转

1—窗座;2—内窗框;3—外窗框;4—玻璃密封条;5—玻璃;6—玻璃填料;7—压紧密封条;8—滑轨;9—密封垫圈;10—窗座密封条;11—拉紧装置;12—中间拉紧装置;13—压紧装置;14—装饰条。

图 2-70　移窗

注:①装饰条 s 的尺寸,由订货方提供;

　　②装饰条也可由制造厂根据订货方提供的其他结构形式配套供应。

表 2-43 移窗的规格及主要尺寸

(mm)

公称尺寸 $w \times h$	单扇窗透光尺寸 $w' \times h \times r$	窗座尺寸 $w_1 \times h_1 \times r_1$	窗座尺寸 $w_2 \times h_2 \times r_2$	围壁开孔尺寸 $w_3 \times h_3 \times r_3$	玻璃外形尺寸 厚度 t	玻璃外形尺寸 $w_4 \times h_4 \times r_4$	窗座安装螺栓数量（个）	最大允许压力/kPa $t=8$	最大允许压力/kPa $t=6$	质量/kg $t=8$	质量/kg $t=6$
740×500	355×500×50	828×588×94	890×650×125	840×600×100		373×518×58	20	45	26	20.0	18.9
830×560	400×560×50	918×648×94	980×710×125	930×660×100		418×578×58	24	36	21	21.9	20.7
930×630	450×630×100	1 018×718×144	1 080×780×175	1 030×730×150	6.8	468×648×108	26	28	16	24.8	23.3
1 030×710	500×710×100	1 118×798×144	1 180×860×175	1 130×810×150		518×728×108	30	23	13	28.0	26.1
500×630	235×630×50	588×718×94	650×780×125	600×730×100		253×648×58	18	66	37	18.6	17.8
600×710	285×710×50	688×798×94	750×860×125	700×810×100		303×728×58	22	46	26	21.5	20.4
750×800	360×800×50	838×888×94	900×950×125	850×900×100		378×818×58	26	30	18	25.6	24.0

2.16　船用透光窗和百叶窗

2.16.1　透光窗

透光窗可安装在甲板室围壁、轻型风雨密门和天窗上。

（1）船用钢质固定圆窗

常用的钢质固定圆窗有两种即无护栅和带护栅。图 2-71 为带护栅固定圆窗的结构形式，其规格及主要参数见表 2-44。

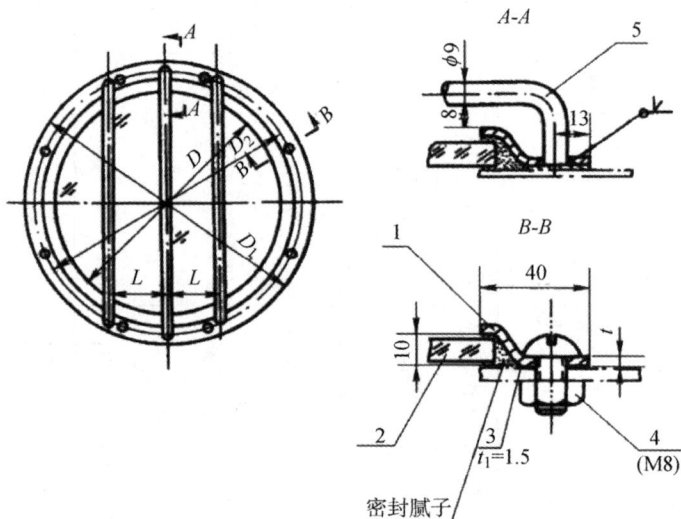

1—窗框；2—玻璃；3—垫片；4—螺栓；5—护栅。

图 2-71　钢质带护栅固定圆窗

表 2-44　钢质固定圆窗的规格及主要参数　　　　　　　　（mm）

透光尺寸 D	围壁开口尺寸 D	D_1	D_2	t	螺栓数量	玻璃		护栅		质量/kg	
						直径	厚度	根数	L	无护栅	带护栅
200	200	280	254	3	8	213	8	2	75	1.7	1.9
250	250	330	304	3	10	263	8	3	65	2.3	2.7

表 2-44 （续）

透光 尺寸 D	围壁开口 尺寸 D	D_1	D_2	t	螺栓 数量	玻璃		护栅		质量/kg	
						直径	厚度	根数	L	无护栅	带护栅
300	300	380	354	3	10	316	8	3	75	2.9	3.5
350	350	430	404	3.5	12	366	8	4	70	3.9	4.7
400	400	480	454	3.5	12	416	10	6	65	5.4	6.7

（2）船用钢质固定矩形窗

常用的钢质固定矩形窗有两种：无护栅和带护栅。图 2-72 为带护栅固定矩形窗的结构形式，其规格及主要参数见表 2-45。

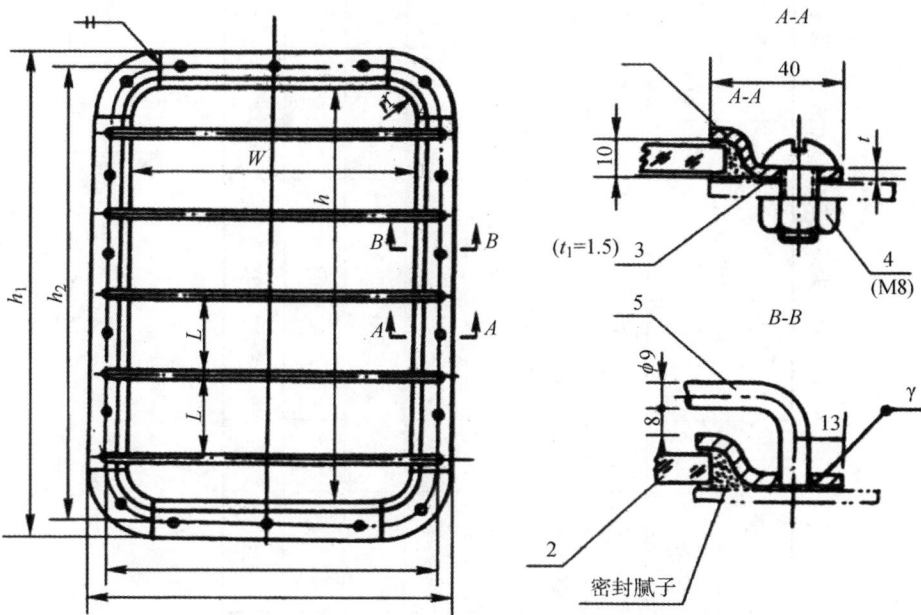

1—窗框；2—玻璃；3—垫片；4—螺栓；5—护栅。

图 2-72 钢质带护栅固定矩形窗

表 2-45　钢质固定矩形窗的规格及主要参数

(mm)

类型	透光尺寸 W×h	r	围壁开口 W×h	r	$W_2 \times h_2$	$W_1 \times h_1$	t	护栅 根数	L	螺栓数量	玻璃 $W_3 \times h_3$	r_3	厚度	质量/kg 无护栅	带护栅
A	300×425	50	300×425	50	354×479	380×505	4	5	90	16	314×439	58	8	3.9	4.9
	355×500	50	355×500	50	409×554	435×580	4	6	90	20	369×514	58	8	5.0	6.4
	400×560	50	400×560	50	454×614	480×640	4	6	95	20	414×574	58	8	6.0	7.6
B	450×630	100	450×630	100	504×684	530×710	4	6	100	22	464×644	108	8	6.3	7.9
	500×710	100	500×710	100	554×764	580×790	5	7	100	24	514×724	108	10	9.4	11.5
A	560×800	100	560×800	100	614×854	640×880	5	—	—	28	574×814	108	10	11.5	—
	900×630	100	900×630	100	954×684	980×710	5	—	—	32	914×644	108	12	16.0	—

钢质固定圆窗和固定矩形窗的窗框及护栅均为普通碳素钢,玻璃采用钢化玻璃或夹层玻璃,垫片为氯丁橡胶,窗框与玻璃接触处的镶嵌材料采用密封腻子,以保持水密。钢质固定圆窗和固定矩形窗安装时用圆头螺钉和螺母固定在钢围壁上。

2.16.2　百叶窗

百叶窗一般安装在需要通风的舱室和甲板室的围壁上作通风口用,对于有风雨密要求的处所,应配风雨密百叶窗,如设置在干舷甲板以上的应急发电机室。

(1) 钢质固定百叶窗

钢质固定百叶窗有非密钢质百叶窗和风雨密钢质百叶窗两种形式,图 2-73 为非密钢质百叶窗的结构形式,表 2-46 为非密钢质百叶窗的规格及主要尺寸。

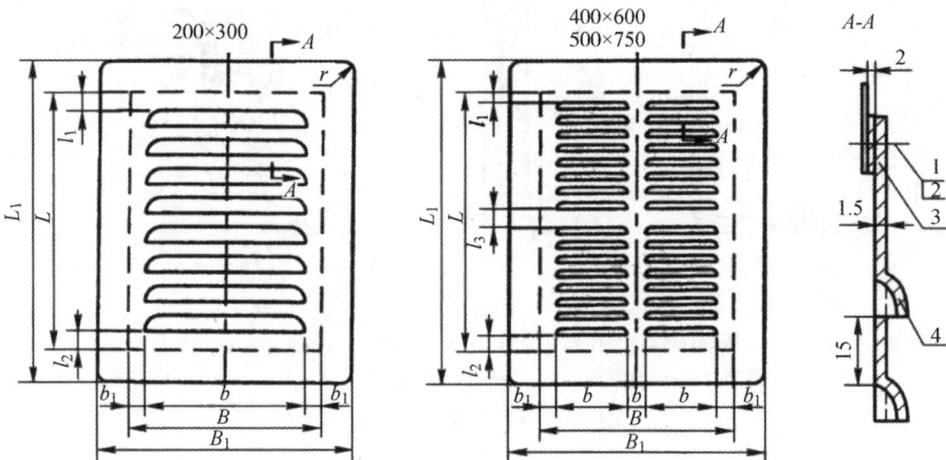

1—螺栓;2—螺母;3—垫料;4—百叶窗。

图 2-73　非密钢质百叶窗

表 2-46　非密钢质百叶窗的规格及主要尺寸　　　　　　　(mm)

公称尺寸 $B \times L$	外形尺寸 $B_1 \times L_1$	r	l_1	l_2	l_3	b	b_1	b_2	螺栓螺母数量(个)	质量/kg
200×300	260×360			15	—	160		—	20	1.10
400×600	460×660	5	20	15	35	160	20	40	32	3.56
500×750	560×810			20	40	200		60	40	5.34

风雨密钢质百叶窗是在非密钢质百叶窗上加外开式风雨密盖,如图 2-74 所示,该窗规格较多,按其尺寸($L \times B$)最小的为 150 mm×120 mm,最大的为 800 mm×1 500 mm。

钢质固定百叶窗的主要零件:窗座、百叶窗、叶片、盖板等采用普通碳素钢制造,铰链的销轴、活节螺栓用不锈钢制造,蝶形螺母为黄铜,防鼠网为钢板网制成,防火网和防虫网用黄铜或不锈钢金属丝筛网制成,密封填料用耐老化橡胶制成。

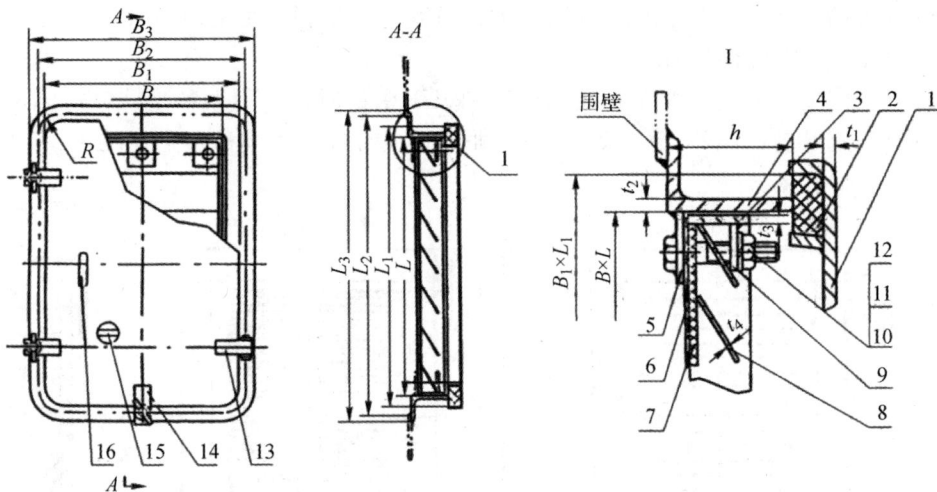

1—盖板;2—填料;3—百叶窗框;4—窗座;5—固定眼板;6—防虫网(或防火网);7—防鼠网;8—叶片;9—耳板;10—螺栓;11—螺母;12—弹簧垫圈;13—铰链;14—螺旋夹扣;15—挂钩;16—拉手。

图 2-74 带风雨密盖百叶窗

(2) 烟囱可闭百叶窗

船上机器处所失火时,所有人员均应撤离,并释放灭火剂,为此烟囱上的通风口应设置能在烟囱外部关闭的装置。常用的烟囱可闭百叶窗设有活动的百叶板和百叶板联动拉杆,通过设在烟囱外面的手柄可以开启和关闭该百叶窗。

烟囱可闭百叶窗的形式及其主要尺寸,见图 2-75 和表 2-47。

烟囱可闭百叶窗的窗框、百叶板、拉杆和手柄等主要零件均为钢质。窗框与烟囱焊接固定。

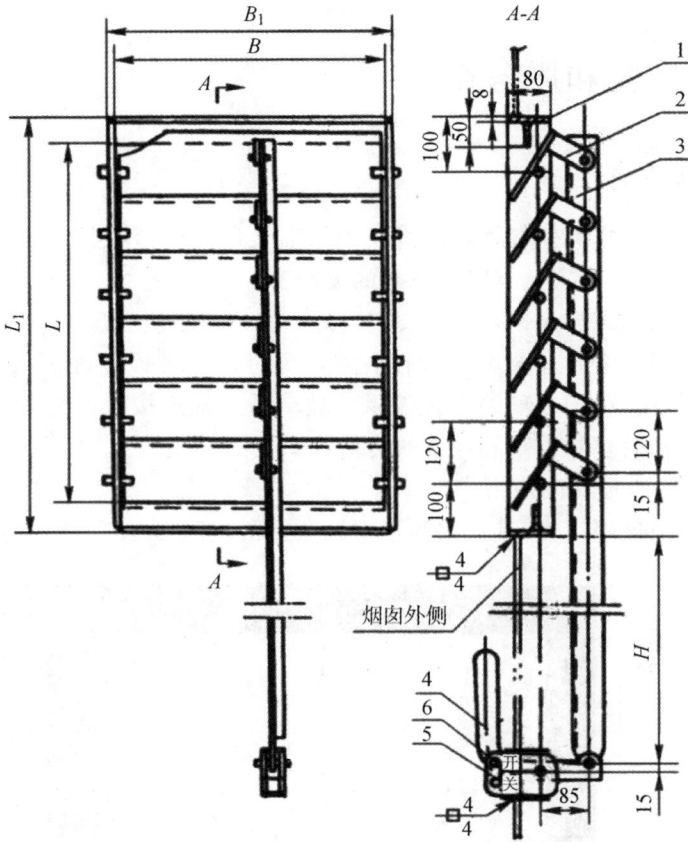

1—窗框；2—百叶窗板；3—拉杆；4—手柄；5—手柄座；6—插销。

图 2-75　烟囱可闭百叶窗

表 2-47　烟囱可闭百叶窗的规格及主要尺寸　　　　　　　（mm）

通孔尺寸 $B \times L$	围壁开孔尺寸 $B_1 \times L_1$	百叶窗板		质量/kg
		长×宽×厚	数量	
400×580	416×680	396×160×4	5	28.6
500×460	516×560		4	28.3
500×700	516×800		6	37.0
500×940	516×1 040	496×160×4	8	45.6
500×1 180	516×1 280		10	54.2
500×1 420	516×1 520		12	62.9

2.17　隔声窗和服务窗

2.17.1　隔声窗

　　船舶主辅机舱或其他有强噪声产生的机器处所内的监视控制室,在面向机器一侧的围壁上,通常设置具有隔声效果的玻璃窗。

　　目前常用的隔声窗为铝合金中空玻璃隔声窗。按中空玻璃的形式分为双层和三层中空玻璃隔声窗。玻璃之间留有空隙,并抽真空,从而起到隔声作用,同时在有温度变化时不会影响玻璃的透视效果。玻璃与窗框连接处设密封垫圈,窗框与围壁连接处设橡胶垫片以阻隔声音的传播。

　　(1)双层中空玻璃隔声窗

　　双层中空玻璃隔声窗,其形式和基本尺寸见图 2-76 及表 2-48。

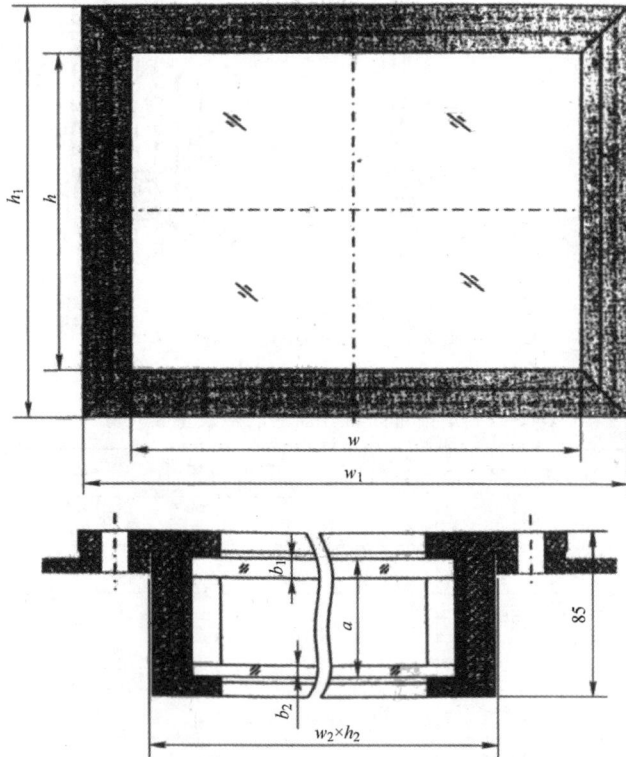

图 2-76　双层中空玻璃隔声窗

表 2-48　双层中空玻璃隔声窗的规格及主要尺寸　　　　　　　　　（mm）

公称尺寸 $w \times h$	外形尺寸 $w_1 \times h_1$	围壁开口 $w_2 \times h_2$	玻璃厚度			窗框螺钉		平均隔声量 TL/dB	质量/kg
			a	b_1	b_2	个数	直径		
500×710	640×850	570×780		6		22		≥31	25.86
900×630	$1\,040 \times 770$	970×700				26		≥31.8	35.48
$1\,000 \times 800$	$1\,140 \times 940$	$1\,070 \times 870$		8		32		≥35	49.23
$1\,200 \times 800$	$1\,340 \times 940$	$1\,270 \times 870$	60		6	34	M12	≥34	56.87
$1\,400 \times 800$	$1\,540 \times 940$	$1\,470 \times 870$				36		≥33	70.11
$1\,600 \times 1\,000$	$1\,740 \times 1\,140$	$1\,670 \times 1\,070$		10		40		≥32	93.39
$1\,800 \times 1\,200$	$1\,940 \times 1\,340$	$1\,870 \times 1\,270$				44		≥30.5	119.9

（2）三层中空玻璃隔声窗

三层中空玻璃隔声窗，其形式和基本尺寸见图 2-77 及表 2-49。

表 2-49　三层中空玻璃隔声窗的规格及主要尺寸　　　　　　　　　（mm）

公称尺寸 $w \times h$	外形尺寸 $w_1 \times h_1$	围壁开口 $w_2 \times h_2$	玻璃厚度				窗框螺钉		平均隔声量 TL/dB	质量/kg
			a	b_1	b_2	b_3	个数	直径		
500×710	640×850	570×780		6			22		≥31.3	31.21
900×630	$1\,040 \times 770$	970×700					26			43.97
$1\,000 \times 800$	$1\,140 \times 940$	$1\,070 \times 870$		8			32		≥37.1	61.23
$1\,200 \times 800$	$1\,340 \times 940$	$1\,270 \times 870$	60		6	6	34	M12		71.27
$1\,400 \times 800$	$1\,540 \times 940$	$1\,470 \times 870$					36			86.91
$1\,600 \times 1\,000$	$1\,740 \times 1\,140$	$1\,670 \times 1\,070$		10			40		≥36.6	117.39
$1\,800 \times 1\,200$	$1\,940 \times 1\,340$	$1\,870 \times 1\,270$					44			152.28

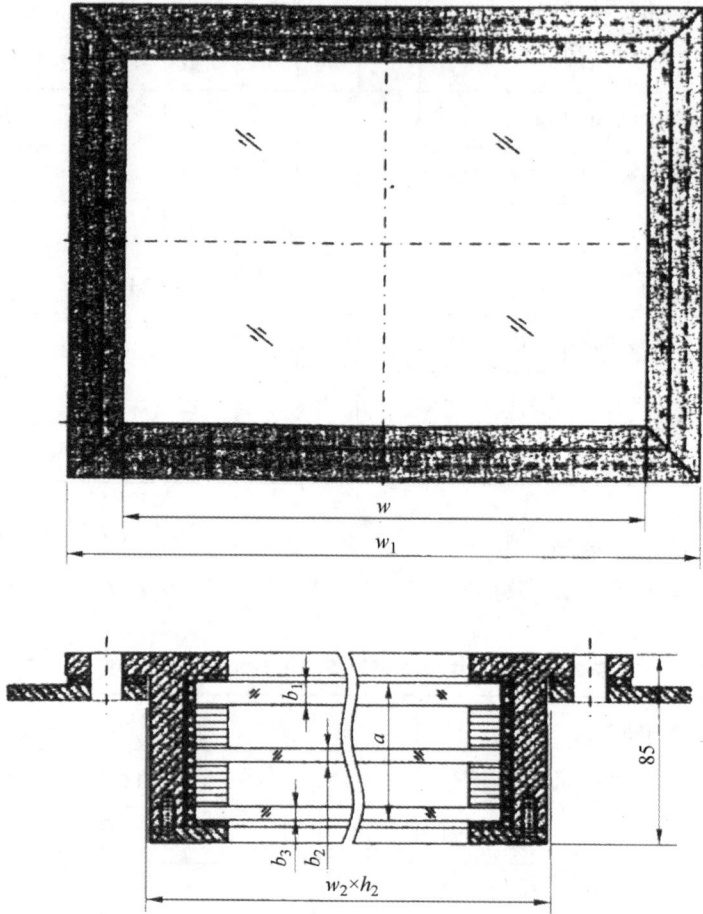

图 2-77　三层中空玻璃隔声窗

2.17.2　服务窗

（1）C 级服务窗

C 级服务窗通常用于船舶的餐厅、值班室和小卖部等处所。可满足 C 级分隔围壁的要求。

常用的 C 级服务窗有：平板结构移动式（图 2-78）、闸片结构移动式（图 2-79）及闸片结构卷启式（图 2-80）。服务窗的规格按其透光尺寸（宽×高，单位 mm）有：630×500、900×630、$1\,100\times800$、$1\,400\times1\,000$、$1\,800\times1\,100$ 及 $2\,300\times1\,200$ 等。

　　服务窗的窗框、平板窗、闸片移窗、闸片卷启窗、导向槽等采用不锈钢或铝合金制作。导轨、导向轮和滚轮等采用不锈钢制作。安装时,将窗框与围壁用螺栓和螺母固定。

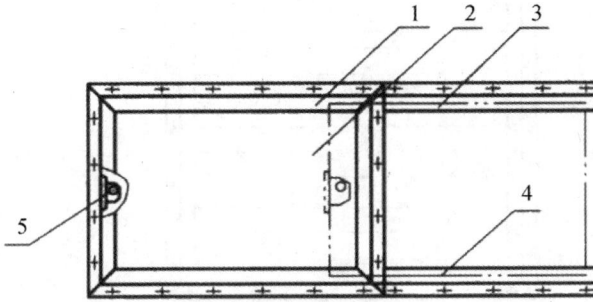

1—窗框;2—平板移窗;3—导向槽;4—导轨;5—小蟹钳锁。

图 2-78　平板结构移动式服务窗

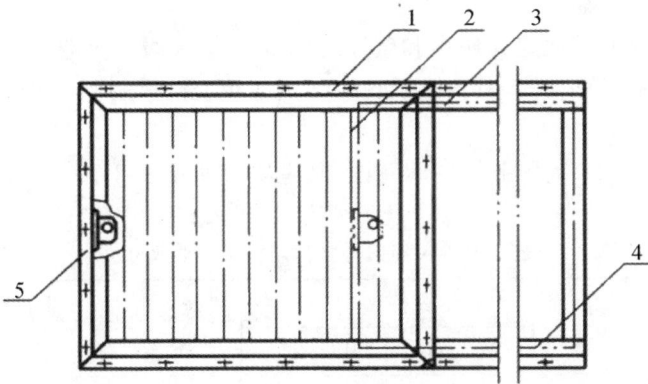

1—窗框;2—闸片移窗;3—导向槽;4—导轨;5—小蟹钳锁。

图 2-79　闸片结构移动式服务窗

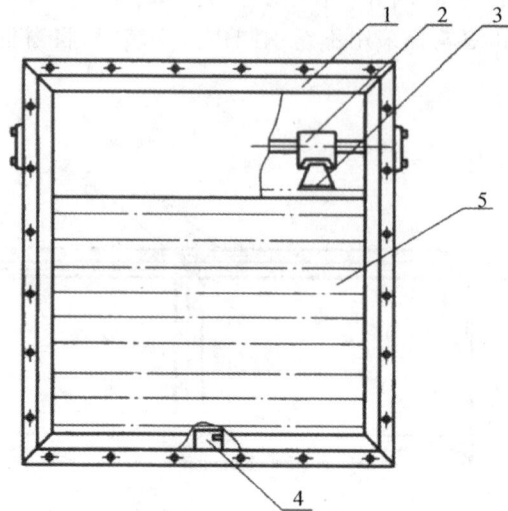

1—窗框;2—弹簧盒;3—挂钩;4—小蟹钳锁;5—闸片卷启窗。

图 2-80　闸片结构卷启式服务窗

（2）A 级服务窗

A 级服务窗通常放置在厨房和餐厅之间以及有 A 级耐火要求的围壁上。

常用的为平板移动式,其窗框及窗本体内均填充防火材料。窗关闭时,窗框与窗本体之间无空隙。

图 2-81 为 A-15 级服务窗的示意图,其主要尺寸见表 2-50。

表 2-50　A 级服务窗的规格及主要尺寸　　　　　　　　（mm）

透光尺寸 $W \times H$	围壁开口 $W_2 \times H_2$	窗框尺寸		滑轨长度 W_4	窗框深度			质量/ kg
		$W_1 \times H_1$	$W_3 \times H_3$		D	t_1	t_2	
630×500	696×566	690×560	750×620	1 350	185	100	70	33.1
900×630	966×696	960×690	1 020×750	1 890				47.3
1 100×800	1 167×867	1 160×860	1 220×920	2 290	225	110	100	64.6
1 400×1 000	1 467×1 067	1 460×1 060	1 520×1 120	2 890				89.3
1 800×1 100	1 868×1 168	1 860×1 160	1 920×1 220	3 690	265	140	110	118.2
2 300×1 200	2 368×1 268	2 360×1 260	2 420×1 320	4 690				152.4

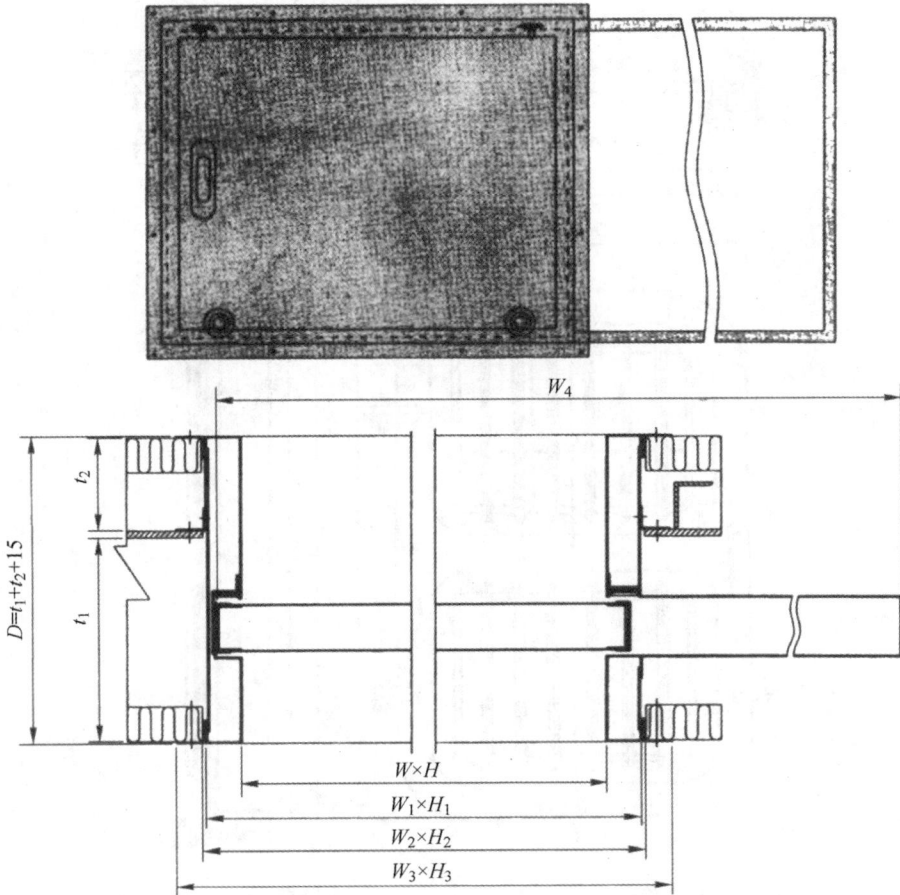

图 2-81 A 级服务窗

2.18 天窗

2.18.1 普通天窗

普通天窗的结构如图 2-82 所示,盖板上设置带护栅固定矩形窗,可在天窗外部利用拉手将盖板提起,并用支撑固定。按盖板的开启方式可分为长边开启(C型)和短边开启(D型),其规格及主要参数列于表 2-51。

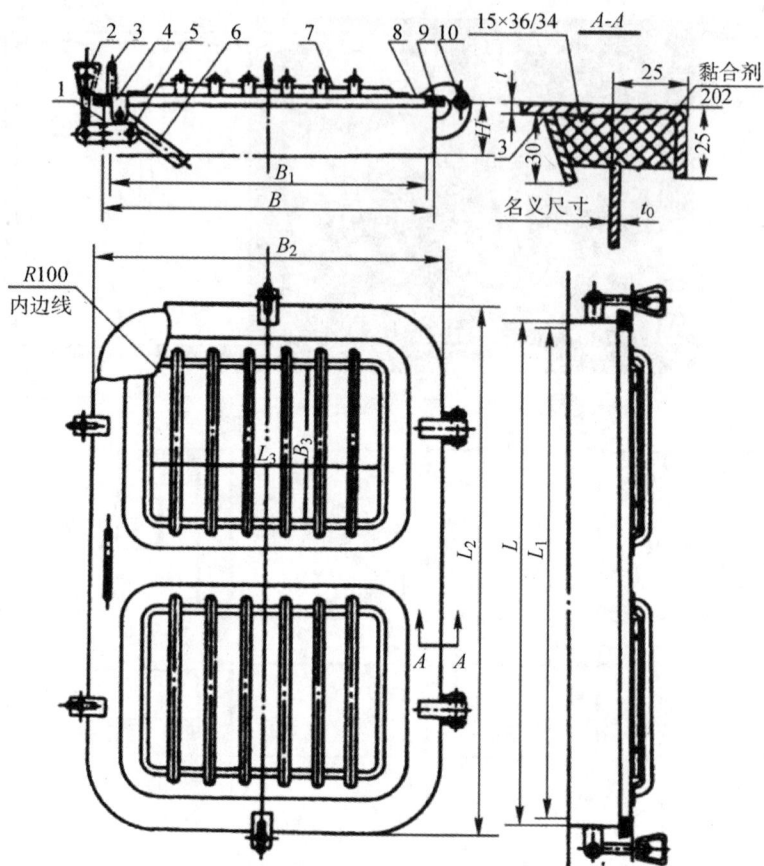

1—围板;2—螺旋夹扣;3—拉手;4—耳板;5—六角螺栓螺母垫圈;6—支撑;
7—带护栅固定矩形窗;8—盖板;9—密封橡皮填料;10—铰链。

图 2-82　普通天窗形式

表 2-51　普通天窗规格及主要尺寸 　　　　　　　　　　　　　　(mm)

型号	名义尺寸 $B \times L$	甲板开口尺寸		盖板尺寸			围板	透光尺寸 $B_3 \times L_3$	螺旋夹扣		质量/kg
		$B_1 \times L_1$	R	$B_2 \times L_2$	厚度 t	厚度 t_0	高度 H		螺栓直径	数量	
	470×620	450×600	90	520×670	3	4	120	300×425	M12	2	18.40
					6	7					26.01

表 2-51 （续）

型号	名义尺寸 $B \times L$	甲板开口尺寸			盖板尺寸		围板			透光尺寸 $B_3 \times L_3$	螺旋夹扣		质量/kg
		$B_1 \times L_1$	R	$B_2 \times L_2$	厚度 t	厚度 t_0	高度 H				螺栓直径	数量	
C	520×770	500×750	90	570×820	3	4	120			355×500	M12	4	23.83
					6	7							33.43
	620×920	600×900	90	670×970	6	7	120			$2(300 \times 425)$	M16	4	48.78
	$820 \times 1\,220$	$800 \times 1\,200$	90	$870 \times 1\,270$	6	7	120			$2(400 \times 560)$	M16	5	70.46
D	470×620	450×600	90	520×670	3	4	120			300×425	M12	3	19.04
					6	7							26.64
	520×770	500×750	90	570×820	3	4	120			355×500	M12	5	25.03
					6	7							34.70

注：1. 围板高度 H 可根据需要选用大于表中尺寸，并在布置图中注明；

　　2. C 型——长边开启，D 型——短边开启。

普通天窗通常设在船舶第一层上层建筑（或甲板室）甲板以上的甲板室的顶部露天甲板，或设在干舷甲板以上内部无通向干舷甲板以下开口的甲板室顶部，用于这些甲板室内部舱室或走道的通风或采光。普通天窗应符合风雨密的要求，但不能用于有耐火等级要求的舱室甲板。

普通天窗的围板，盖板及支撑均为钢质，钢质带护栅固定矩形窗应配置夹层玻璃，盖板与围板接触处有密封橡胶垫料，锁紧装置采用螺旋夹扣，其螺栓和环形螺母为黄铜，销轴为不锈钢。普通天窗安装时，围板与甲板焊接固定。

2.18.2　机舱天窗

机舱天窗用于机舱棚和货油泵舱顶部。按有关规定，机器处所和货油泵舱的天窗应为钢质，不应有玻璃板，并应能从外面予以开启和关闭。

现有机舱天窗设有可开启的窗盖板，上有钢质带护栅固定矩形窗，矩形窗上设有防火盖，矩形窗的玻璃采用钢丝网玻璃或夹层玻璃。窗盖板同围板采用螺旋夹扣作锁紧装置，窗盖板与围板之间用橡胶密封填料以保持风雨密。机舱天窗的窗盖板、围板、防火盖等主要零件均为钢质。围板与棚顶钢板焊接固定。

机舱天窗分 C 型（长边开启）和 D 型（短边开启），见表 2-52 和图 2-83。

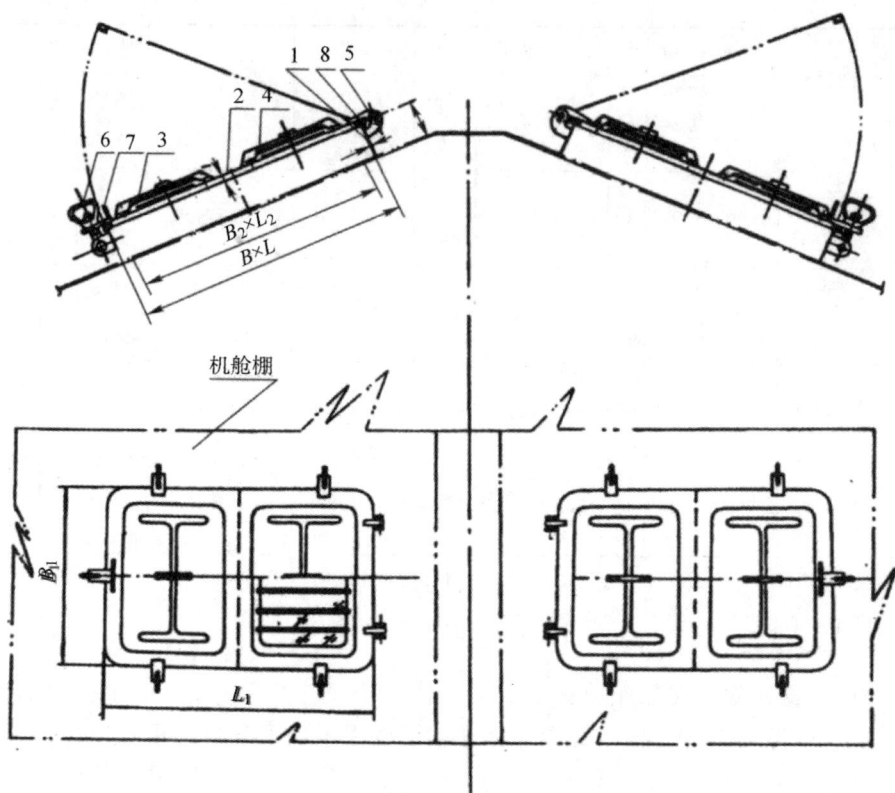

1—围板；2—窗盖板；3—带护栅矩形窗；4—防火盖；5—铰链；6—螺旋夹扣；7—拉手；8—橡皮。

图 2-83　机舱天窗结构

表 2-52　机舱天窗的规格及基本尺寸　　　　　　　　　　　　　　　　（mm）

形式	通孔尺寸 $B \times L$	盖板尺寸 $B_1 \times L_1$	天窗棚开口尺寸 $B_2 \times L_2 \times R$	透光尺寸	盖板厚度 t_0	围板厚度 t_1	围板高度 H	质量/kg
C,D	600×900	635×935	590×890×95	2(300×450)	4	5	100	45
C,D	800×1 200	836×1 236	790×1 190×95	2(400×600)			100	63
C,D	1 200×1 600	1 238×1 638	1 190×1 590×95	4(400×600)	5	6	100	131
C,D	1 200×2 000	1 238×2 038	1 190×1 990×95	4(400×600)			100	159

2.19　眉毛板

　　舷窗及内开式矩形窗安装在无任何遮蔽物的围壁上时,一般在窗的上方设置眉毛板。

2.19.1　舷窗眉毛板

　　舷窗眉毛板可采用直径 25 mm 的圆钢或角钢 $L25 \times 25 \times 3$ 制作,焊接固定,如图 2-84 所示。舷窗眉毛板的安装尺寸 $R(mm)$ 应根据舷窗的透光尺寸 D 及舷窗的固定方式确定。

　　对于螺栓固定舷窗的眉毛板:

$$R = \frac{D}{2} + 85 \qquad (2.19.1)$$

　　对于焊接固定舷窗的眉毛板:

$$R = \frac{D}{2} + 40 \qquad (2.19.2)$$

式中,D——舷窗透光尺寸,mm。

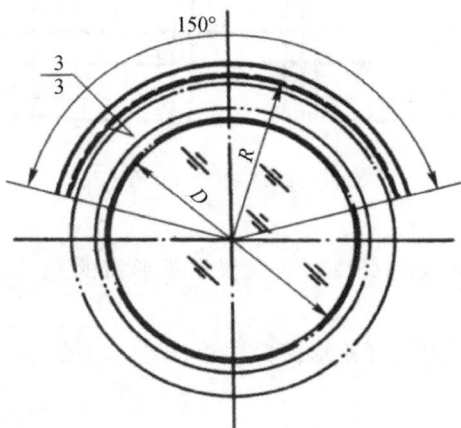

图 2-84　舷窗眉毛板

2.19.2　矩形窗眉毛板

　　内开式矩形窗的眉毛板通常采用角钢 $L25 \times 25 \times 3$ 制作,焊接固定。其单联式如图 2-85 所示,双联式如图 2-86 所示。

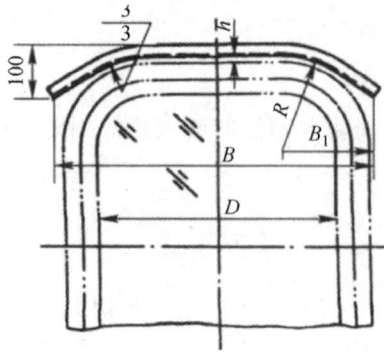

图 2-85　单联式矩形窗眉毛板

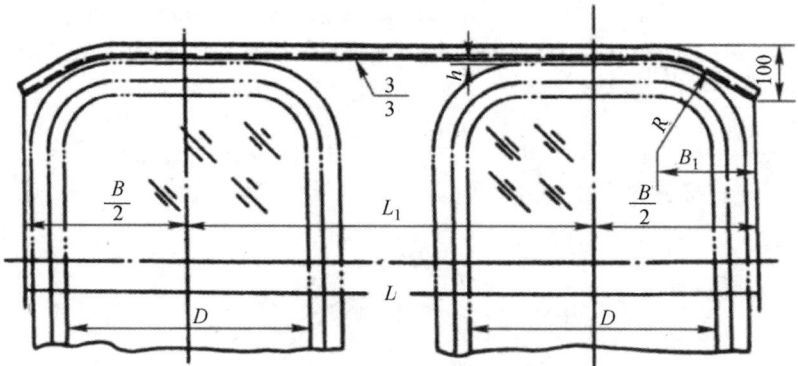

图 2-86　双联式矩形窗眉毛板

单联式矩形窗眉毛板的安装尺寸应根据矩形窗的透光尺寸 D 及窗的固定方式确定。

对于单联式螺栓固定内开矩形窗：

$B = D + 180$ mm；

$h = 10$ mm；

当 $D = 300 \sim 400$ mm 时：$R = 120$ mm，$B_1 = 140$ mm；

当 $D = 450 \sim 1\,100$ mm 时：$R = 170$ mm，$B_1 = 190$ mm。

对于单联式焊接固定内开矩形窗：

$B = (D + 100)$ mm；

$h = 10$ mm；

当 $D = 300 \sim 400$ mm 时：$R = 80$ mm，$B_1 = 100$ mm；

当 $D=450\sim1\,100$ mm 时：$R=130$ mm，$B_1=150$ mm。

以上计算式中，D—矩形窗透光尺寸，mm。

双联式矩形窗与单联式矩形窗的眉毛板的差别仅为长度 L（mm）不同，其余尺寸均相同。

$$L = B + L_1 \tag{2.19.3}$$

式中　B——单联式矩形窗眉毛板的长度，mm；

　　　L_1——两扇矩形窗之间的中心距，mm。

2.20　海船门和窗的设置

2.20.1　海船门和窗设置的一般要求

（1）海船防撞舱壁上不准开门；

（2）客船分隔相邻货物处所的水密横舱壁上不准设门。但下述情况除外：

①甲板处所之间分隔货物的水密舱壁上；

②载运货车和随车人员的客船上的乘客总数（包括随车人员在内）不超过 $N=12+A/25$，其中 A 为能用来装载货车处所的甲板总面积（m^2），以及装货车辆处所及其出入口的净高度不小于 4 m。但这些门可设置在分隔装货处所水密舱壁的任何高度上。

（3）除下述（4）和（5）款所述者外，客船水密舱壁上的门应为动力滑动水密门。该门可为竖动式或横动式，使用电力或液压开启和关闭，并设有独立的能从门的任何一侧手动开启和关闭门的机械装置。该门应能遥控关闭，并显示其是否开启或关闭。

（4）客船甲板处所之间分隔货物的水密舱壁上，允许设置铰链式，滚动式或滑动式水密门。

（5）载运货车和随车人员的客船，分隔装货处所的水密舱壁可设置上述（4）款要求的门，且可以设置在水密舱壁的任何高度处。但应在驾驶室设有显示门关闭及扣紧的指示器。

（6）客船水密舱壁上的门应位于 1/5 船宽的破损区域之外。

（7）客船限界线以下以及舱壁甲板以上第一层甲板以下的处所，所有的舷窗应设置内侧舷窗盖，并能紧固成水密。

（8）客船面向救生设施、登乘和集合地点、外部梯道以及用作脱险通道的露天甲板的窗以及位于救生筏和撤离滑梯下方的窗，应具有这些窗所在舱壁所要求的耐火完整性（A-0、A-30 或 A-60）。布置在救生艇登乘地点以下的舷侧窗至少应具有相当于 A-0 级耐火完整性。

（9）货船为确保海上使用的水密舱壁开口的水密完整性而设置的门须是滑动水密门，该门能从驾驶室遥控关闭，也能从舱壁的每一边就地操纵，在控制位置装设显示门是开启或关闭的指示器，并且在门关闭时发出声响警报。

（10）液货船上的门除准许者外，不应面向货物区域，而应位于不面向货物区域的横舱壁上，或位于上层建筑或甲板室的外侧，距离上层建筑或甲板室面向货物区域的端壁至少为船舶长度的 4%，但不少于 3 m，也不必超过 5 m，在这一区域内的驾驶室的门窗应能保证驾驶室迅速而有效地达到气密和油气密。在这一区域内的其他的窗和舷窗应为不可开启型，并按 A-60 级标准建造（详见本章 2.14.1 小节第（2）条所述）。

（11）如直升机平台位于船舶甲板室或类似结构以上，则直升机平台以下的所有窗口应设有钢质挡板。

（12）无线电报站门的宽度应不小于 600 mm，如果没有直接通往开敞甲板的出口，则该站处应有两个出入口，其一可以为足够尺寸的舷窗或窗，以供紧急脱险之用。

（13）机舱及货油泵舱的天窗应为钢质，且不应有玻璃板，并应能从外部予以关闭。

（14）凡经常驶往蚊虫猖獗港口的船舶，应在通往开敞甲板的门，舷窗和窗上设置适当的纱网，以使船员舱室免受蚊子的侵扰。

（15）当船舶要求满足 1 人驾驶船舶时，驾驶室前窗下边缘在甲板上的高度应尽实际可能不超过 1 m。

（16）封闭处所内通向油漆间的门或朝向封闭处开启的油漆间的门应为自闭式气密门（风雨密门可看作气密门）。

（17）船员舱室门的宽度一般应不小于 600 mm，船员卧室的门应向内开，除非该室设有经认可的可供紧急时逃生用的窗口，否则卧室的门应带有应急逃口（在门的下半部），逃口的尺寸应不小于 350 mm×450 mm。

（18）在任何情况下客舱室门的宽度应不小于 760 mm。除非客舱设有经认可的可供紧急时逃生用的窗口，否则该舱室的门应带有应急逃口（在门的下半部），逃口的尺寸应不小于 350 mm×450 mm。餐厅及公共处所门的宽度不小于 800 mm，

（19）客船的餐厅、会议室、休息室、吸烟室、娱乐室和阅览室等公共舱室的门应向外开，或设置可向两面开关的活动门。

（20）通往开敞甲板的门应向外开，驾驶室通向露天甲板的门一般为移门，也可采用外开铰链门。

（21）客船公共厕所的门应向内开。

（22）病房应有单独的出入口，病房或医务室的门的宽度应不小于 800 mm。

2.20.2　海船门布置的一般要求

安装在上层建筑或甲板室两侧围壁上的外门应向外开，而且必须向船首方向开启。这样安装的门在航行时不会因开门时受风力影响而损坏门，甚至伤及人员。

安装在上层建筑或甲板室前、后端壁上的门一般向最近的一侧船舷开启，以防止海水进入室内。

邻近垂直围壁安装的门应向该围壁开启，并且门框离开该围壁的距离还应考虑该围壁的木作和绝缘层厚度。

所有外门或内门开启角度应大于 90°；如果门安装部位无相邻的垂直围壁，而且有大于门宽的空间，则门的开启角度应不小于 180°。

门的大小除了应考虑走道的宽度，舱室的有效空间高度和门槛高度外，还应使外门通孔的上缘离开甲板的高度不小于 1 850 mm，舱室内门的通孔上缘离开甲板的高度不小于 1 900 mm。

居住舱室的门一般应有通风栅或应急通孔。通风栅作为有空调设施舱室的通风口；应急通孔是在紧急时人员从室内向室外打开后的应急逃口。厕所门一般不应带通风栅。

设置门时应尽可能不破坏舱壁结构，在船体结构设计时扶强材切断处应作加强处理。

外围壁门上方无遮蔽物时，应设置挡水板，以阻挡上方流水进入舱室内及不影响人员进出。

有空调设施的舱室通向露天甲板的出入口，除设置钢质外门外，还应设置有自闭装置的内门，在两扇门之间形成一个过渡区，以有效防止冷热气的散失。

居住舱室内分隔空调区域与非空调区域的限界面上的门，必须设置自闭装置。

2.20.3　海船窗布置的一般要求

船用窗的布置，除了根据公约、规则和规范的规定选择符合其要求的窗外，从窗的功能、规格、材质来选择，也是设计布置时须考虑的重要内容。

窗布置时以尽可能不切断或少切断肋骨或扶强材为宜，设置大透光尺寸的矩形窗时，则在船体结构设计时必须考虑扶强材切断处作加强处理。

窗的安装高度以与人的平视视线相近为宜，一般来说舷窗的中心距地板的高度为 1.55 m～1.60 m，矩形窗的中心距地板高度为 1.50 m～1.55 m。由于目前船上大部分窗都安装窗斗，因此布置窗时还应考虑窗斗大小，以保证窗顺利开启，特别是窗的紧固装置活节螺栓能很方便地脱开，或者上开窗能可靠地挂吊在天花板下,此外窗斗还不应影响天花板的安装。

每一层甲板上的窗,应平行于脊弧或梁拱布置。除驾驶室外,在同一区间需要设置多个窗时,在连续设置两个窗后,至少应间隔一至两个肋距再设置窗。

通常外侧开的窗应向首部方向开启。但是在相邻两个肋距内连续设置两个侧开窗时,则不论是外侧开还是内侧开,为了防止开启一个窗后影响另一个窗的开启,此时两个窗按其相对位置而言,艏部的向艏部开启,艉部的向艉部开启。

驾驶室矩形窗如加装扫雪器,则玻璃应有相应的开孔尺寸。但驾驶室矩形窗如为电加热玻璃时,则不能加装扫雪器。

2.21　海船门和窗的密性试验

2.21.1　密性试验方法

根据规范和有关规定,海船门和窗在制造完工后和上船安装后应分别进行密性试验。

(1) 水压试验

水压试验的水温不低于 5 ℃,若周围温度在 0 ℃ 以下时,要保证溶液与溶剂不凝固。

水压试验的压力按有关公约、规则和规范及设计的要求。试验的持续时间视外观检查的需要而定。

水密舷窗在制造厂的水压试验压力见表 2-53,试验的持续时间最长为 3 min。若被检部位无水珠或水迹等漏水现象,即为合格。

表 2-53　水密舷窗的水压试验压力

舷窗类型	试验压力/kPa	
	装上玻璃但打开风暴盖	不装玻璃但关闭风暴盖
A(重型)	150	100
B(中型)	75	50
C(轻型)	35	—

(2) 气压试验

当船体、舱柜用气压试验代替水压试验时,气压试验与船体一起进行。将密封的舱室充气加压到 30～50 kPa,持续 15 min。若被检部位的试剂不产生气泡,即为合格。

（3）冲水试验

用直径不小于 12 mm 的喷嘴对准被试部位，自下而上直接冲射，喷嘴水压力为 0.2 MPa，压力表装在喷嘴与软管连接处。喷嘴离被试部位的距离：对密性要求一般者为 2.5～3 m；对密性要求较高者为不大于 1.5 m；对密性有特殊要求者，可提高水压力或缩短距离。

试验的持续时间，除舷窗和矩形窗最长为 3 min 外，其余皆视检查的需要而定。若被检部位无水珠或水迹等漏水现象，即为合格。

（4）淋水试验

用直径 16 mm 的喷嘴，使自由降落的水滴淋（浇、洒）到被试处。试验的持续时间视检查的需要而定。若被检部位无水滴或水珠等漏水现象，即为合格。

（5）阻气试验

对被试部位吹喷蚊香的烟雾或香烟烟雾。试验的持续时间视检查的需要而定。若无烟雾从缝隙漏出，即为合格。

2.21.2　密性试验的要求

试验前，应检查门、窗的完整性、外观及开启和关闭的灵活性。受试部位表面和接缝应保持清洁和干燥。密封填料沿接触面用涂色法检查，应均匀地压印在密封面上，不得有间断现象。受检部位如需涂漆和敷设绝缘等覆盖物，应在试验合格后进行。

门、窗的密性试验项目和要求见表 2-54。

表 2-54　门、窗密性试验项目和要求

项目	安装部位	试验要求
水密门 管隧门	水密舱壁、水密甲板（平台）	装船前或装船后作水压试验。若装船前已作水压试验，则装船后作冲水试验，试距不大于 1.5 m
水密舷窗	干舷甲板至平行线间，该平行线的最低点位于载重水线以上的距离为船宽的 2.5% 或 500 mm（取其大者）；干舷甲板上封闭上层建筑、舱壁甲板以上第一层甲板以下；主船体	装船前作水压试验，装船后作冲水试验，试距不大于 1.5 m

表 2-54 （续）

项目	安装部位	试验要求
风雨密门 舷门	限界线以上外板、露天甲板、甲板室、通往干舷甲板以下或封闭上层建筑内的开口、封闭上层建筑；破损水线以上部位	制造厂抽 10%（最少 1 只）作冲水试验，试距不大于 1.5 m。装船后由船厂作冲水试验，试距不大于 1.5 m
水密装货门	最深分舱载重线或载重线以上至干舷甲板	装船后作冲水试验。作为特殊要求者，应提高水压或缩短试距，但需证得验船师同意
矩形窗 舷窗	干舷甲板或舱壁甲板以上第二层至驾驶室；封闭的上层建筑	制造厂抽 10%（最少 1 只）作冲水试验，试距为 2.5～3 m；装船后由船厂作冲水试验，试距为 2.5～3 m
天窗、驾驶室移门	上层建筑高层	装船后作淋水试验
隔声阻气门	有隔声、阻气要求的舱室	装船后作阻气试验

第 3 章 船 用 梯

3.1 概述

　　船用梯是船舶的通道设施,可分为船外梯和船内梯两大类。

　　船外梯是用于与外界交通的可移(动)的通道设施,如舷梯、登船跳板、登乘绳梯、舷墙梯、引航员梯等。船外梯的设置除了考虑船舶本身的要求外,还应符合有关公约,规则和规范提出的要求,如引航员梯的设置。

　　船内梯是设置在船上各层甲板,平台或双层底内以及桅,柱等处,便于人员上下的固定的通道设施,如斜梯、直梯、踏步等。船内梯必须采用钢质或经验船部门批准使用的其他等效材料制造。

　　在现代船舶上内部的梯道与脱险通道的设置有着密切的联系,对此有关公约、规则和规范均有明确严格的规定。

3.2 舷梯及其收放装置

3.2.1 舷梯装置在船上的设置

　　舷梯装置是供人员登离船舶的设施,用于客船及其他各类大、中型船舶。

　　舷梯装置由舷梯及其收放机构组成,一般设置在舱壁或干舷甲板以上,舷边未被外板封闭的通道处。使用时,利用收放机构将舷梯移出船外,紧靠船壳板斜置于船旁,供人员上下。船舶航行时,舷梯应收起,并在甲板舷边处系紧固定。

　　通常,船舶每舷设置一部舷梯,但是根据船舶的尺度和使用需要大型客船应考虑每舷设置两部舷梯。船舶每舷设置一部舷梯时,应将其设在船的舯部以后或上层建筑附近,以便于人员上下。梯口可向艉,也可向艏,但舷梯的位置应使其放下后,处在船体外板较平直的部位,尽可能避开艉部线型变化较大之处。

除了一般船舶使用的舷梯外,还有为特殊用途设计配置的舷梯,如潜水员舷梯供穿着重潜水装具的潜水员离船入水和出水登船时使用。

3.2.2 《SOLAS公约》及MSA法规对舷梯的要求

根据经修正的 1974 年《SOLAS 公约》(MSC.256(84)决议)以及 MSA《国际航行海船法定检验技术规则(2014)》(2018 年修改通报)的规定:2010 年 1 月 1 日或以后建造的船舶应配备按国际海事经组织制定的指南(指 MSC.1/Cire。1331)进行建造和安装的登离船设施,如舷门和舷梯,供在港口和港口相关作业使用,除非主管机关认为符合某条具体规定不合理或不切合实际,如船舶有小干舷并设有登船跳板;或船舶在指定的港口间航行,这些港口相应设有岸基舷梯/登乘梯(平台)。

对舷梯的构造及安装的具体要求(按 MSC.1/Circ.1331《登离船设施构造,维护和检查/检验指南》)如下。

(1) 构造

① 配备在 2010 年 1 月 1 日及以后建造船舶上用于登离船设施的舷梯和跳板梯应符合适用的国际标准,如 ISO 5488:1979《造船—舷梯》ISO 7061:1993《造船—海船铝质码头跳板梯》和/或国家标准和/或其他主管机关认可的要求。2010 年 1 月 1 日以前建造船舶上安装的舷梯,如果在该日期之后被更换,只要合理可行,则应符合本指南。

②舷梯和跳板梯及其配件和附件的构造应允许进行所有部件的定期检查和维护并,如必要,允许进行转动销加油润滑。应特别注意确保焊接连接工作适当地执行。

③舷梯绞车的构造和试验应符合适用的国际标准,如 1S07364:1983《造船和海上结构—甲板机械—舷梯绞车》。

(2) 安装

①位置。只要切实可行,登离船设施应位于非工作区域,并不应置于货物或其他悬挂重物可能在其上空经过的位置。

②照明。足够的照明应予以提供,以照亮登离船设施、甲板上人员登离船和装置控制的位置。

③救生圈。当登离船装置在使用时,在其附近应备有一只带有一只自亮浮灯和一根救生浮索的救生圈,以供即时使用。

④布置。

(a) 每部舷梯应具有在其设计最大操作倾斜角时,下平台在按 SOLAS Ⅲ/3.13 定义的最轻载航行水线以上不大于 600 mm 的长度。

(b) 舷梯顶部的布置应提供梯子和船舶甲板之间直接通道,该通道是一个由栏杆和足够的扶手作安全防护的平台。梯子应安全放置于船舶以防止倾翻。

(c) 对于登离甲板高度在本项上述(a)规定的水线之上超过 20 m 的船舶,和主管机关认为符合本项上述(a)规定不可行的其他船舶,提供船舶安全通道的替代措施或舷梯的底平台安全通道的辅助设施可予以接受。

⑤标记。在每部舷梯或跳板梯的两端应设置一块标记牌,以清楚显示安全操作和负荷限制,包括最大和最小允许设计倾斜角,设计负荷,最大底端板负荷等。如果最大操作负荷小于设计负荷,则最大操作负荷也应显示在标记牌上。

⑥试验。

(a) 安装后,绞车和舷梯应予以操作试验,以试验后确认绞车和梯子的适当操作和状态。

(b) 绞车应作为完整舷梯单元的一部分,按适用的国际标准,如 ISO 7364：1983,规定的船上试验要求,通过提升和降放舷梯至少两次进行试验。

(c) 每一部新舷梯一旦安装应经受规定的最大工作负荷的静负荷试验。

⑦放置。

(a) 跳板梯使用时安放水平倾斜角不应大于 30°和舷梯使用时水平倾斜角不应大于 55°,除非设计和构造的使用倾角大于这些角度,并按本款上述⑤项的规定予以标记。

(b) 跳板梯决不能紧固在船舶的栏杆,除非跳板梯的设计用于该用途。如果通过舷墙或栏杆的开口放置,跳板梯宽度范围以外的任何剩余开口应设置足够的栅栏。

(c) 在黑暗时间,登离船设施的足够的照明和直接通道应从船舶和/或岸上予以保证。

⑧属具(安全网)。在人员从登离船设施或船舶与码头之间可能坠落的舷梯和跳板梯下应安放安全网。

⑨验证。一旦安装,整个布置与本文件所述相关指南的符合性应予以验证。

3.2.3　舷梯及其收放装置的类型和构造特点

舷梯主要由梯节(由梯架和踏步组成)、上平台、下平台,栏杆柱及扶手等构成,梯节的实际有效宽度一般为 600 mm。根据舷梯在甲板上的出入口离水面的高度,可设置单节或多节舷梯,后者在上平台与下平台之间设有两个或两个以上的梯节,梯节之间设中间平台。上平台有旋转式和固定式,常用的旋转式上平台使舷梯可在水平方向略有转动。无论是单节舷梯还是多节舷梯,正常使用时的仰角为 45°~

55°，而且从这个角度到水平的范围内可保持正常使用，下平台离开水面的高度通常不大于 600 mm。

舷梯按其踏步形式可分为两种，一种是活动踏步舷梯，其踏步与梯架为铰接，通过设置在踏步下面的传动杆将上、下平台和所有踏步连在一起，当舷梯与水平面的夹角发生变化时，在传动杆的带动下，踏步和上、下平台始终保持水平状态。另一种为固定踏步舷梯，其踏步为弧形曲面踏步，与梯架焊接固定。

舷梯按其梯节的材料可分为钢质舷梯和铝质舷梯。

舷梯收放装置分为两大类即翻转式及平移式。翻转式收放装置即通常所说的翻梯装置，又可分为横担式和吊臂式；平移式收放装置则分为水平式和倾斜式。舷梯收放装置应根据舷梯的形式，长度（踏步级数）及安装位置确定。

3.2.3.1 活动踏步钢质舷梯及其翻梯装置

活动踏步钢质舷梯通常为旋转平台式单节舷梯，如图 3-1 所示。其规格及主要参数列于表 3-1，使用的最大仰角不超过 55°。这种舷梯的主要部件包括：梯架、踏步、上平台、下平台，斜撑杆，传动杆、栏杆柱和扶手等均为钢质结构。

表 3-1　活动踏步钢质舷梯规格及主要参数　　　　　　　　　　　　　（mm）

规格（踏步级数）	名义长度 L_1	最大选择高度 H	L	B	D	t	h	翻转中心距/l_1	翻转中心至舷侧距离 l_2	质量/kg
12	3 600	3 519	5 130							390
14	4 200	4 010	5 730							440
16	4 800	4 502	6 330					850、900、950、1 000	300、350、400、450	500
18	5 400	4 994	6 930	50 75	≥350	5	220			550
20	6 000	5 485	7 530							600
22	6 600	5 977	8 130							650
24	7 200	6 468	8 730							700
26	7 800	6 960	9 330					900、950、1 000、1 050、1 100	350、400、450	795
28	8 400	7 451	9 930	75	≥450	6	300			850
30	9 000	7 943	10 530							905
32	9 600	8 434	11 130							960

表 3-1　(续)

规格(踏步级数)L_1	名义长度L_1	最大选择高度H	L	B	D	t	h	翻转中心距/l_1	翻转中心至舷侧距离 l_2	重量/kg
34	10 200	8 926	11 730					1 000、	400、	1 150
36	10 800	9 417	12 330	80	≥500	6	350	1 050、	450、	1 210
38	11 400	9 909	12 930					1 100、1 150	500、550	1 270
40	12 000	10 400	13 530					1 050、		1 440
42	12 600	10 892	14 130					1 100、	450、	1 510
44	13 200	11 383	14 730	80	≥550	8	400	1 150、	500、550、600	1 580
46	13 800	11 875	15 330					1 200、		1 650
48	14 400	12 366	15 930					1 250		1 720

注　1:踏步级数包括下平台;

　　2:最大选择高度 H 系指 a 舷梯上平台端眼板中心至水面距离;

　　3:l_1 和 l_2 尺寸由选用者根据船型确定;

　　4:表中质量为舷梯和下平台的质量,不包括上平台质量。

　　活动踏步钢质舷梯配置的翻梯装置以及舷梯绞车,吊梯钢索等要求列于表 3-2。

表 3-2　A 型、B 型翻梯装置和舷梯配套使用内容

舷梯规格(踏步级数)	翻梯装置形式或型号(CB/T 4379/2014)	舷梯吊架形式(CB/T 4378/2014)
12,14,16,18,20	A/C/D	A
12,14,16,18,20	A/C/D	B 或 C
22,24,26,28,30,32,34	B/C/D	
36,38,40,42,44,48	C/D	

　　活动踏步钢质舷梯的翻梯装置的配置方式如下所述:

　　(1) 12 级～20 级活动踏步钢质舷梯与 A 型翻梯装置的配置方式如图 3-2 及图 3-3 所示,其布置的主要尺寸列于表 3-3。这种配置方式的翻梯装置通常为 A 型横担式(图 3-4),必须同吊架配合使用。吊架有 3 种形式,A 型弧形吊杆式(图 3-5)可安装在存放舷梯的甲板上;B 型悬臂式(图 3-6)可安装在高于舷梯存放位置的船

体外侧壁上。C 型带座架悬臂式(图 3-7)可安装在高于舷梯存放位置的甲板上。

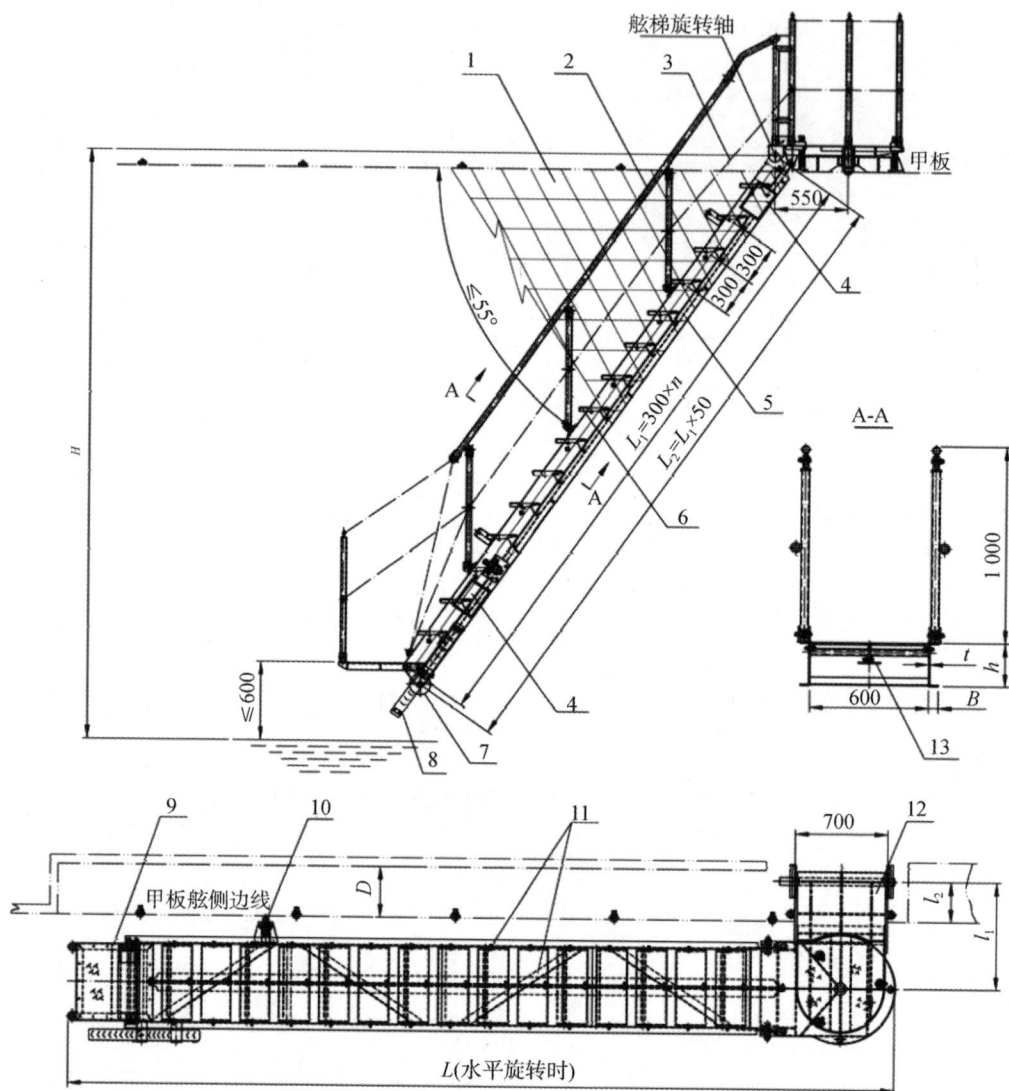

1—安全网;2—扶手;3—栏索;4—标记铭牌;5—梯架梁;6—踏步;7—靠岸轮;8—防护木;9—下平台;
10—侧滚轮;11—撑杆(仅 26 级以上舷梯设置斜撑杆);12—上平台;13—传动杆。

图 3-1 活动踏步钢质舷梯

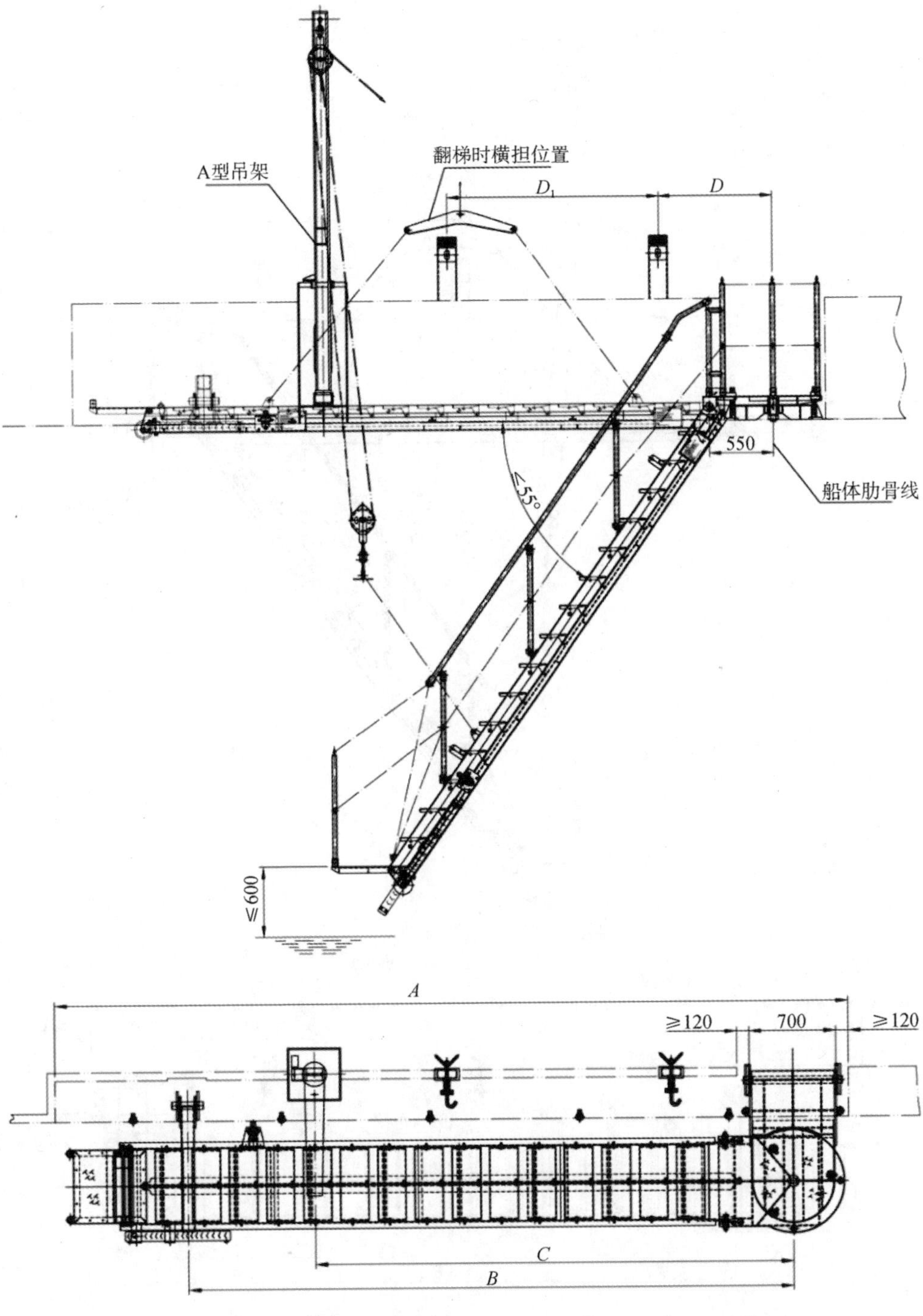
A型吊架
翻梯时横担位置
D_1
D
550
船体肋骨线
≤55°
≤600
A
≥120
700
≥120
C
B

图 3-2 A 型吊架、A 型翻梯装置和 12～20 级钢制舷梯的配套使用

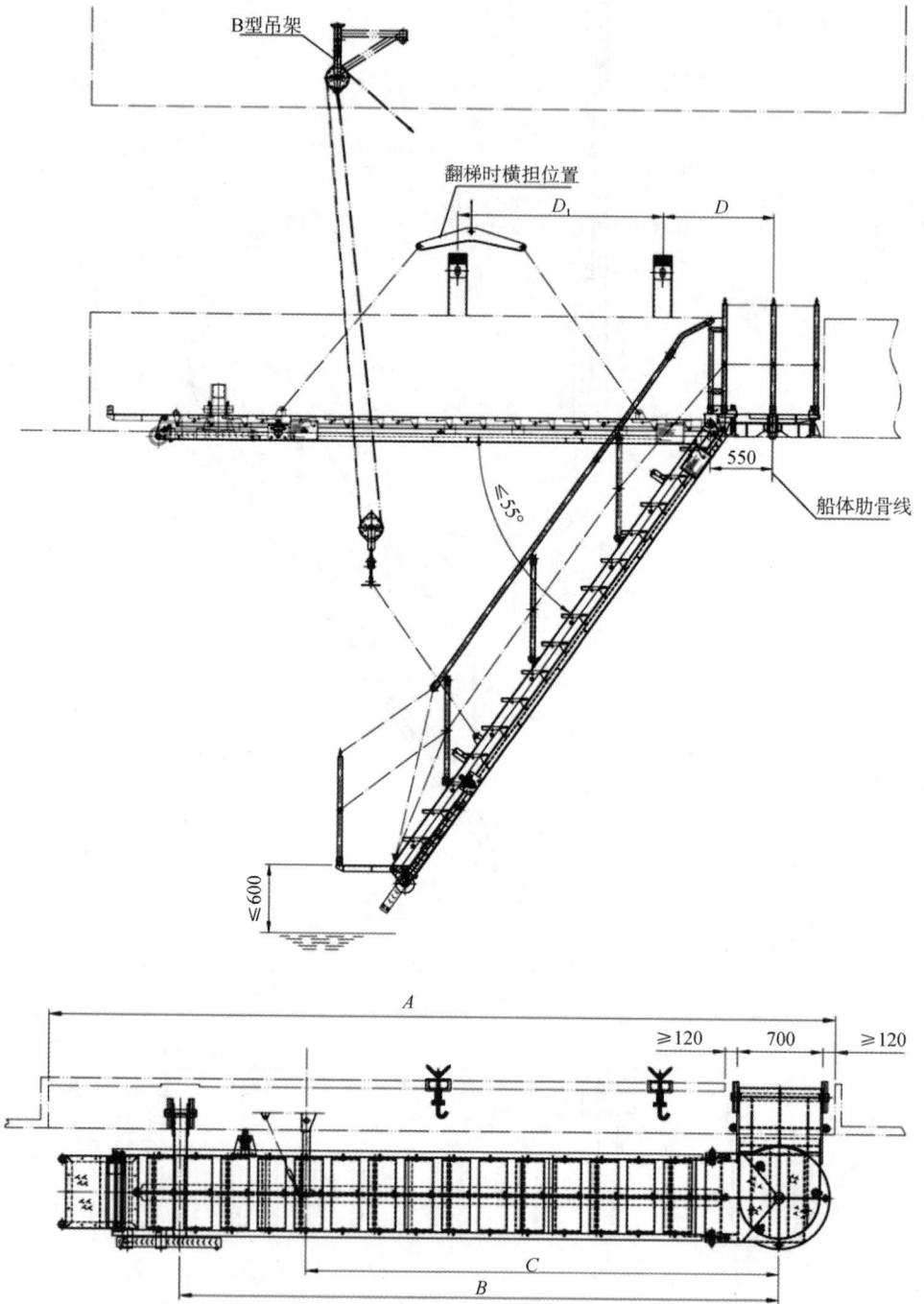

图 3-3   B 型吊架、A 型翻梯装置和 12～20 级钢制舷梯的配套使用

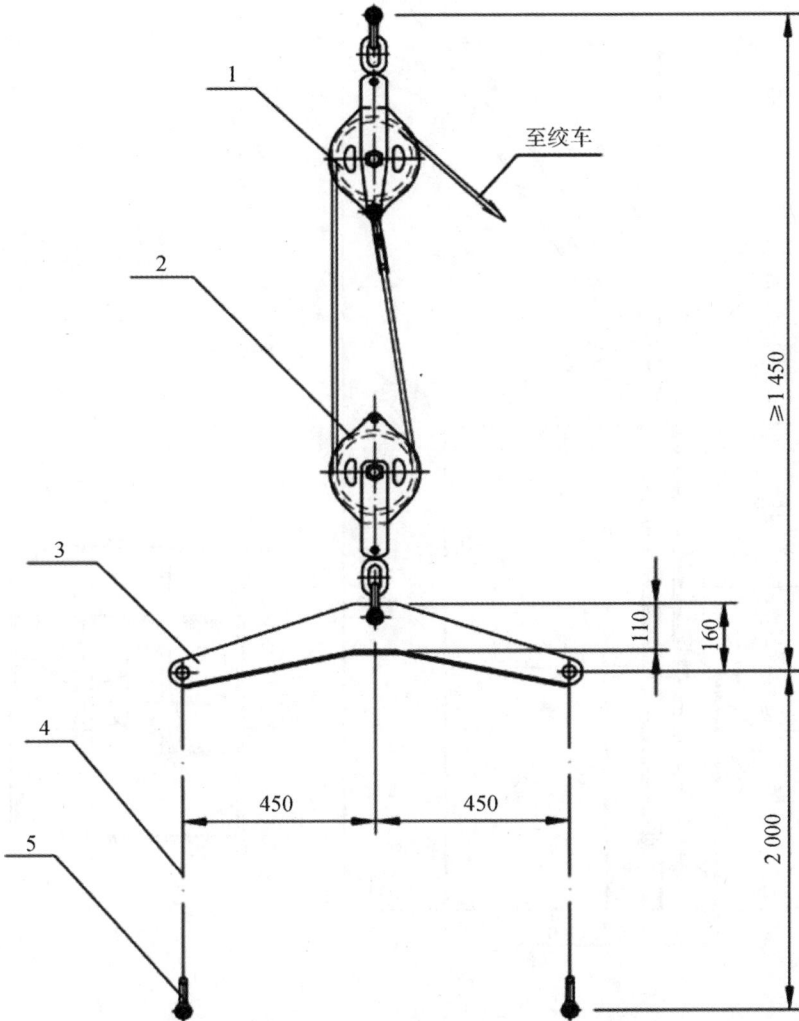

1—上滑轮;2—下滑轮;3—横担;4—吊索;5—卸扣。

图 3-4　A 型横担式舷梯翻梯装置

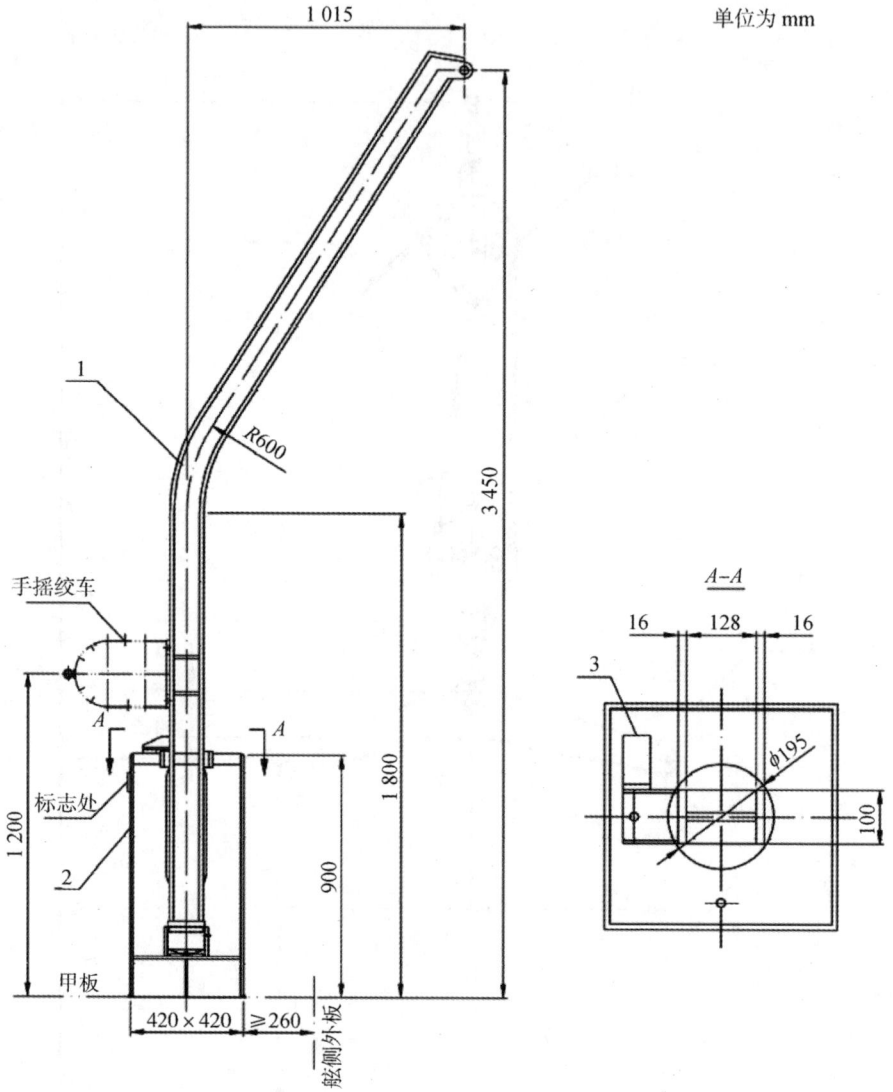

1 015

单位为 mm

R600

3 450

1

手摇绞车

A

标志处

A

1 800

1 200

2

900

甲板

420×420 ≥260

舷侧外板

A–A

16   128   16

3

φ195

100

1—吊杆;2—底座;3—制动块。

图 3-5 A 型弧形吊杆式舷梯吊架

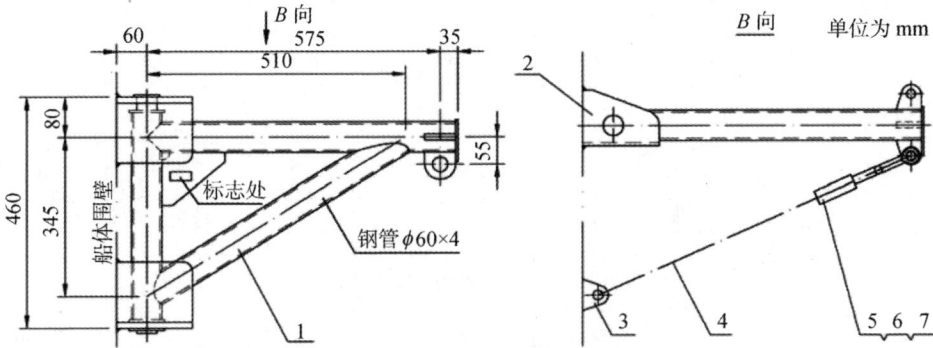

1—架体;2—底座;3—眼板;4—牵索;5—螺旋扣;6—卸扣;7—套环。

图 3-6　B 型悬臂式舷梯吊架

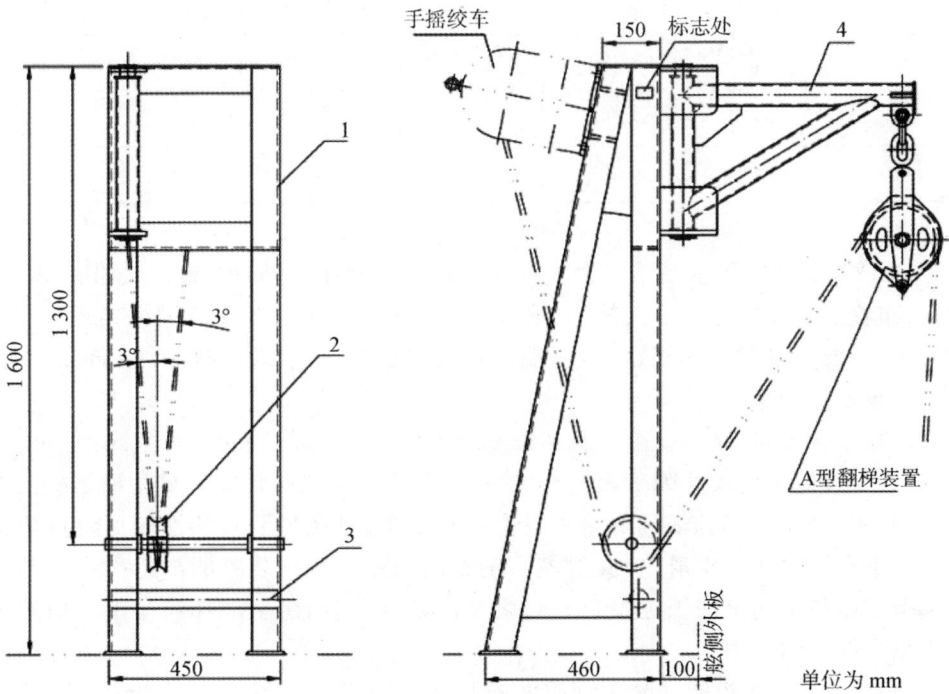

1—本体;2—导轮;3—挡索杆;4—B 型吊架。

图 3-7　C 型带座架悬臂式舷梯吊架

表 3-3　A 型及 B 型翻梯装置和舷梯配套装置尺寸　　　　　　　　（mm）

舷梯规格	A	B	C	D	D_1	D_2
12	5 225	3 675	2 730	955	2 400	—
14	5 825	4 275	3 030	1 255	2 700	—
16	6 425	4 875	3 330	955	3 600	—
18	7 025	5 475	3 630	1 255	3 900	—
20	7 625	6 075	4 230	955	4 800	—
22	8 225	5 985	6 138	1 255	2 100	2 100
24	8 825	6 585	6 738	955	2 400	2 400
26	9 425	7 185	6 738	1 255	3 300	2 400
28	10 025	7 785	7 338	955	3 600	2 700
30	10 625	8 385	7 938	1 255	3 300	3 600
32	11 225	8 985	8 538	955	3 600	3 900
34	11 825	9 585	9 138	1 255	3 300	4 800

　　（2）22 级～34 级活动踏步钢质舷梯及其 B 型翻梯装置的配置方式如图 3-8 所示，其布置的主要尺寸列于表 3-3。这种配置方式的翻梯装置为 B 型板架式双索型（图 3-9）。悬挂舷梯的两根钢索，一端固定在舷梯上，另一端通过翻梯装置的滑轮后均引至舷梯绞车。

　　（3）12 级～48 级活动踏步钢质舷梯及其 C 型翻梯装置的配置方式如图 3-10 所示，其布置的主要尺寸列于表 3-4。这种配置方式的翻梯装置为 C 型槽钢式滑轮内置型（图 3-11）。悬挂舷梯的钢索只有一根，它通过翻梯装置的滑轮后绕过舷梯两侧的垂直滑轮和水平滑轮（底滑轮），钢索的两端从翻梯装置的滑轮引出后其中一端引至船舶结构上的固定眼板并与之系固，另一端则引至舷梯绞车上。由此可减小舷梯绞车的拉力。

　　（4）12 级～48 级活动踏步钢质舷梯及其 D 型翻梯装置的配置方式如图 3-12 所示，其布置的主要尺寸列于表 3-5。这种配置方式的翻梯装置为 D 型槽钢式滑轮外置型（图 3-13）。

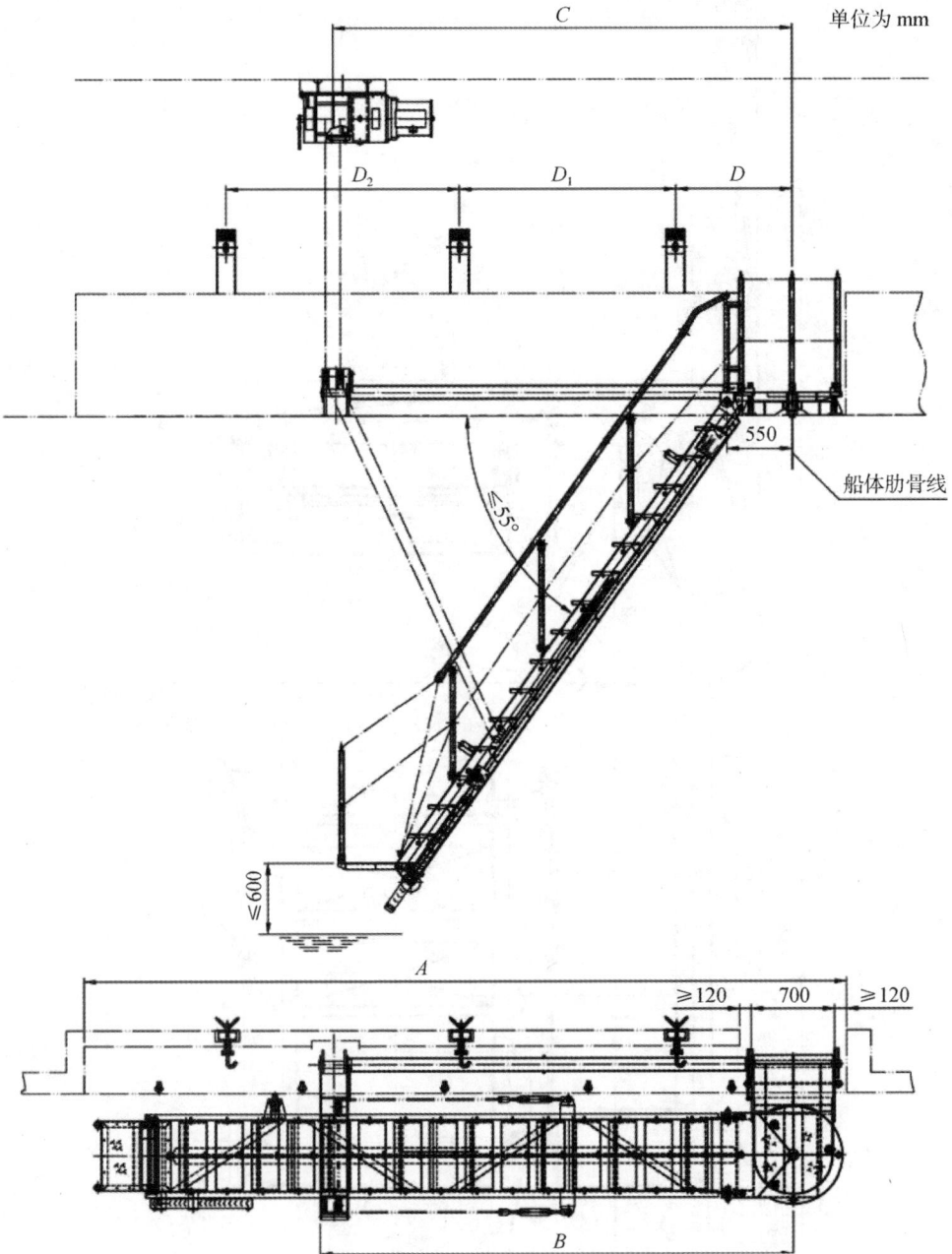

图 3-8 B 型翻梯装置和 22～34 级钢制舷梯的配套使用

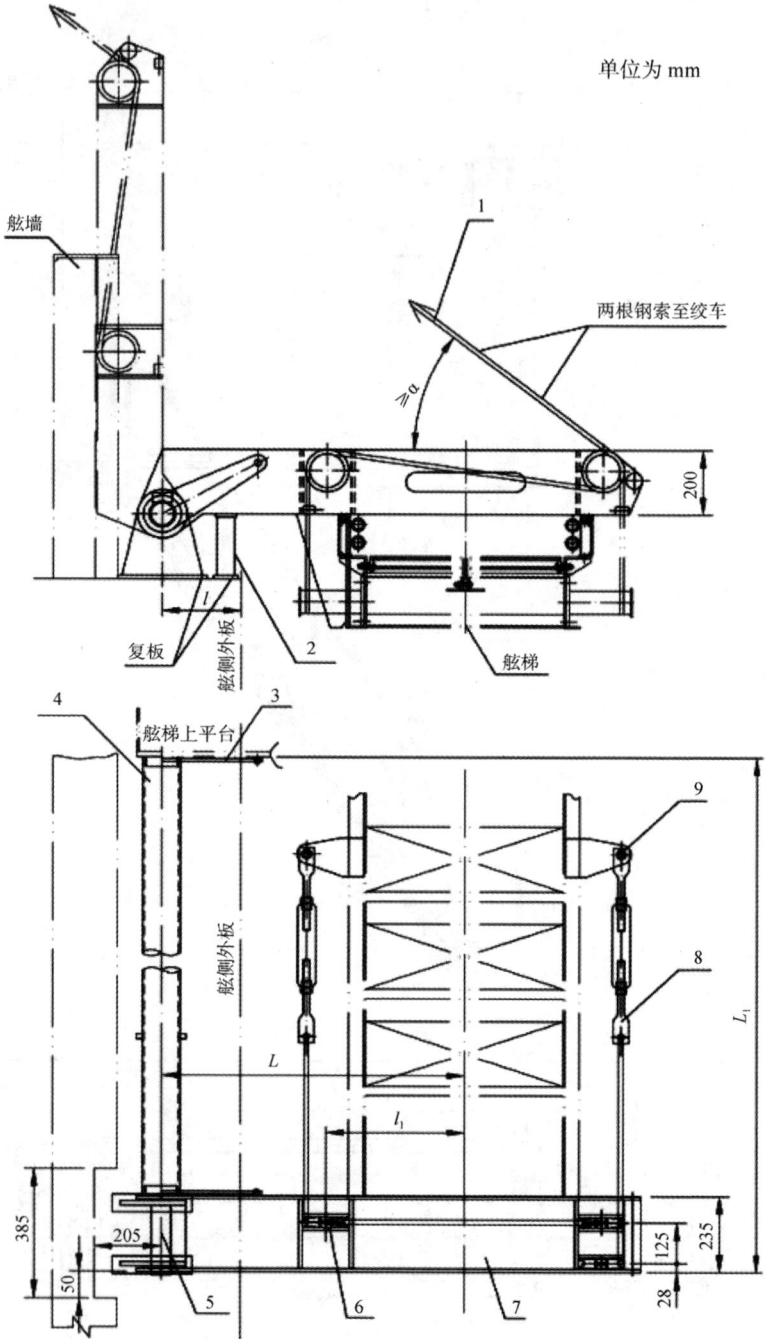

单位为 mm

1—吊索;2—支座;3—传动板;4—传动管;5—吊臂轴;6—滑轮;7—吊臂;8—螺旋扣;9—眼板。

图 3-9　B 型板架式双索翻梯装置

单位为 mm

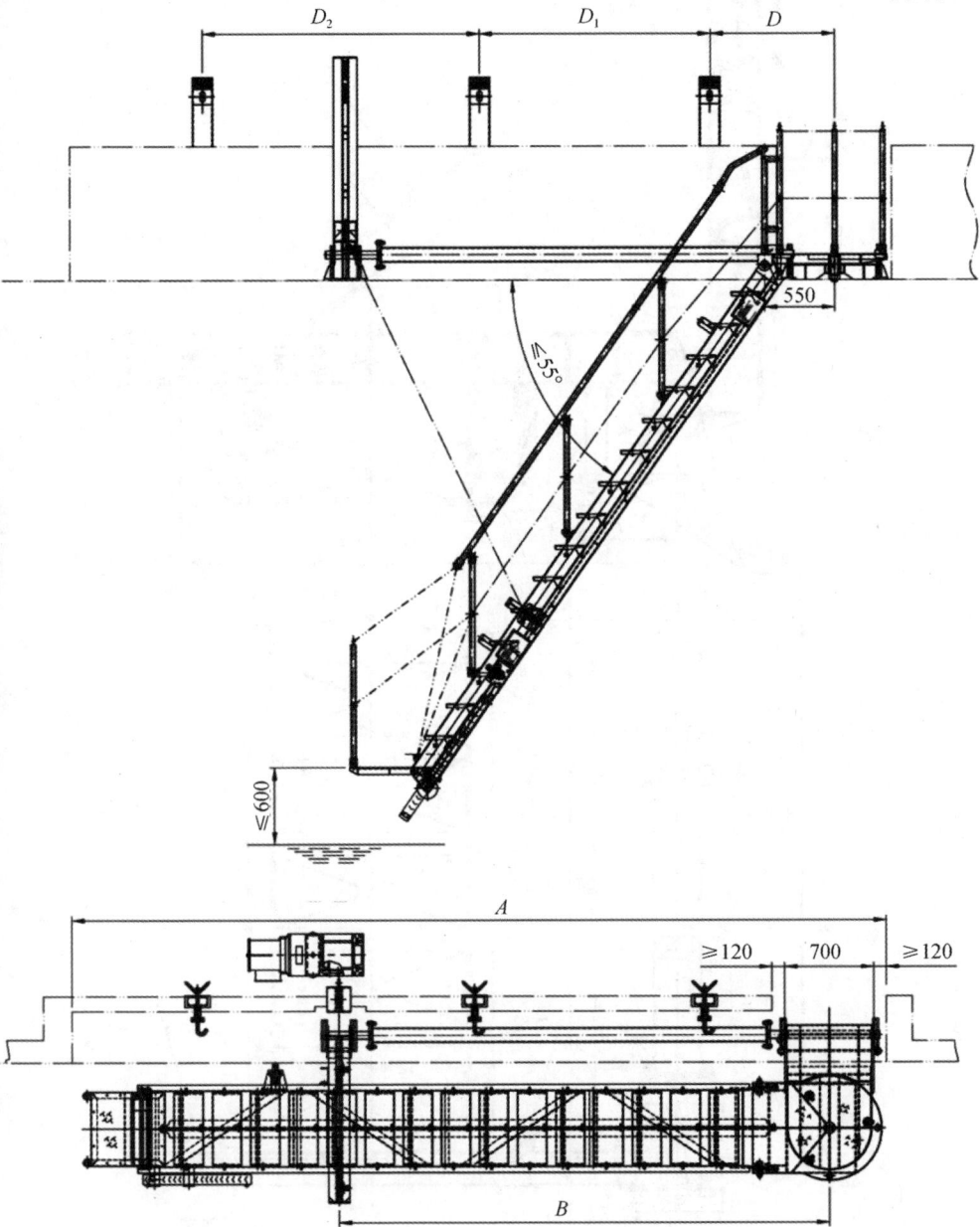

图 3-10　C 型翻梯装置和 12～48 级钢制舷梯的配套使用

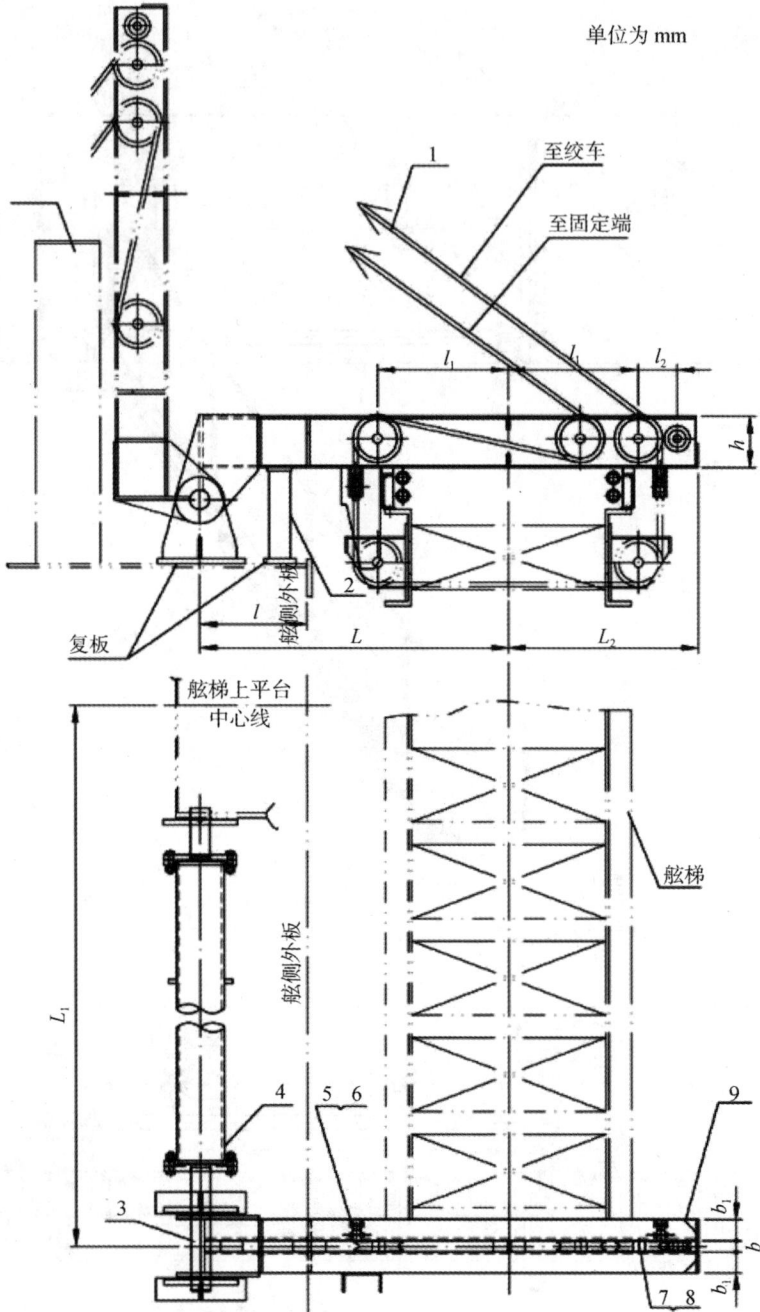

1—吊索；2—支座；3—吊臂轴；4—传动管；5—滚轮；6—滚轮轴；7—滑轮；8—滑轮轴；9—吊臂。

图 3-11　C 型槽钢式滑轮内置型翻梯装置

表 3-4　C 型翻梯装置和舷梯配套装置尺寸　　　　　　　　　　（mm）

舷梯规格	A	B	D	D_1	D_2
12	5 245	2 600	885	1 500	—
14	5 845	3 200	1 185	1 500	—
16	6 445	3 500	885	1 800	—
18	7 045	3 800	1 185	1 800	—
20	7 645	4 400	885	2 100	—
22	8 245	4 700	1 185	2 400	—
24	8 845	5 300	1 185	2 700	—
26	9 445	5 600	1 185	3 000	—
28	10 045	6 200	1 185	3 000	—
30	10 645	6 800	1 185	2 100	2 100
32	11 245	7 100	1 185	2 100	2 100
34	11 845	7 700	1 185	2 100	2 400
36	12 445	8 000	1 185	2 400	2 400
38	13 045	8 600	1 185	2 700	2 700
40	13 645	9 200	1 185	3 000	3 000
42	14 245	9 500	1 185	3 300	3 300
44	14 845	9 800	1 185	3 300	3 600
46	15 445	10 400	1 185	3 600	4 200
48	16 045	10 700	1 185	3 900	4 200

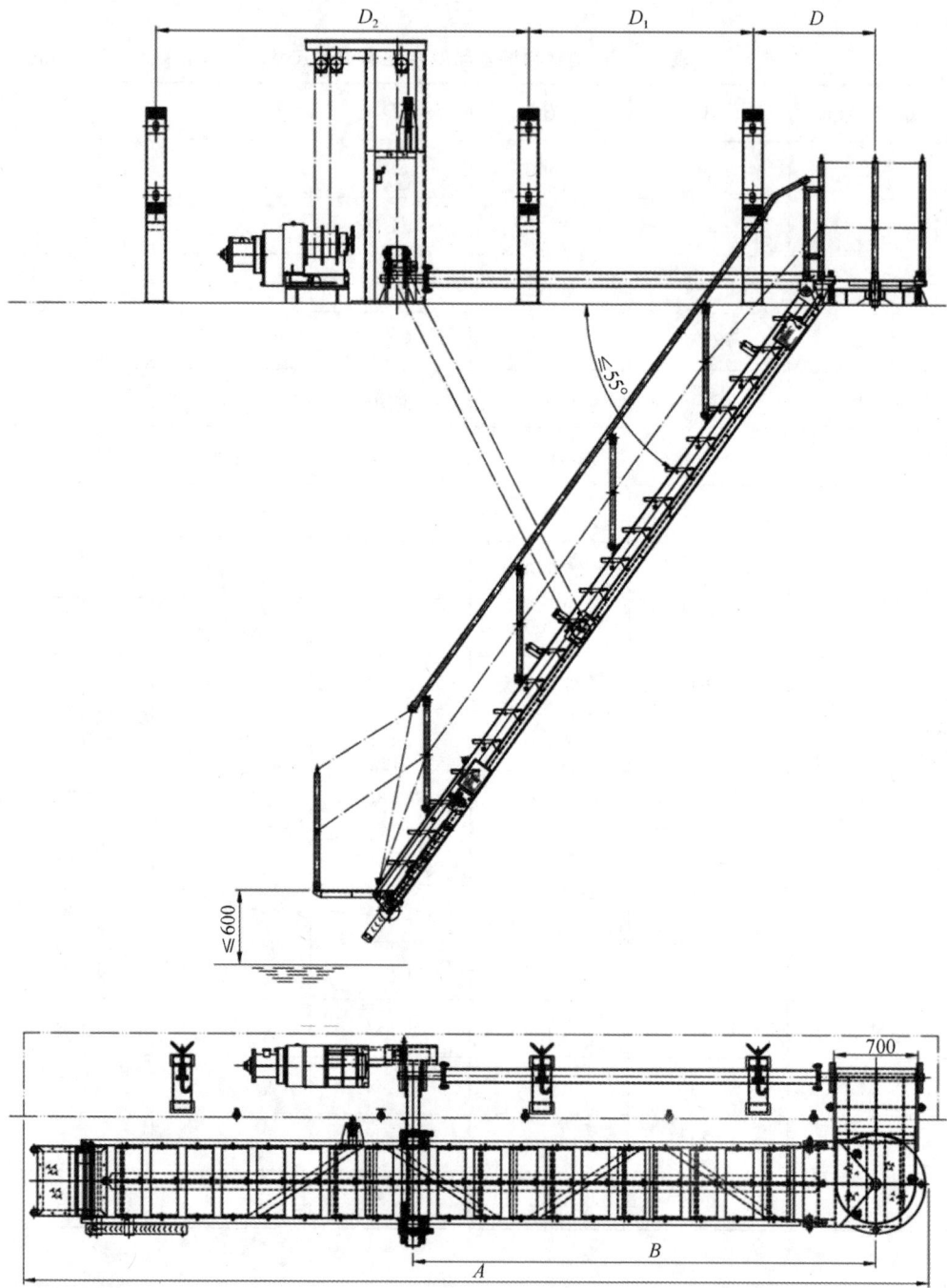

图 3-12 D 型翻梯装置和 12～48 级钢制舷梯的配套使用

注：此图为无舷墙情况。

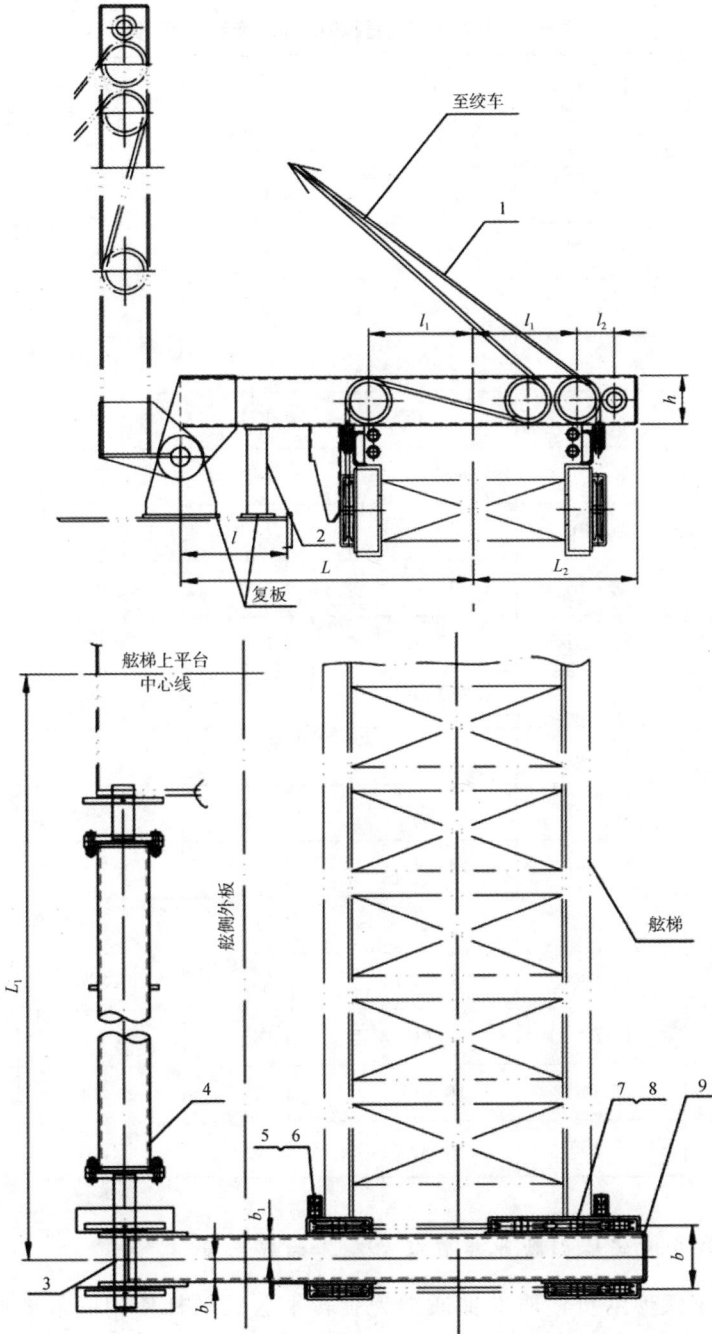

1—吊索;2—支撑;3—吊臂轴;4—传动管;5—滚轮;6—滚轮轴;7—外置滑轮;8—滑轮轴;9—吊臂。

图 3-13　D 型槽钢式滑轮外置型翻梯装置

表 3-5　D 型翻梯装置和舷梯配套装置尺寸　　　　　　　　　　（mm）

舷梯规格	A	B	D	D_1	D_2
12	5 150	2 600	885	1 500	—
14	5 750	3 200	1 185	1 500	—
16	6 350	3 500	885	1 800	—
18	6 950	3 800	1 185	1 800	—
20	7 550	4 400	885	2 100	—
22	8 150	4 700	1 185	2 400	—
24	8 750	5 300	1 185	2 700	—
26	9 350	5 600	1 185	3 000	—
28	9 950	6 200	1 185	3 000	—
30	10 550	6 800	1 185	2 100	2 100
32	11 150	7 100	1 185	2 100	2 100
34	11 750	7 700	1 185	2 100	2 400
36	12 350	8 000	1 185	2 400	2 400
38	12 950	8 600	1 185	2 700	2 700
40	13 550	9 200	1 185	3 000	3 000
42	14 150	9 500	1 185	3 300	3 300
44	14 750	9 800	1 185	3 300	3 600
46	15 350	10 400	1 185	3 600	4 200
48	15 950	10 700	1 185	3 900	4 200

3.2.3.2　单节固定弧形踏步铝质舷梯及其翻梯装置

单节固定弧形踏步铝质舷梯通常为旋转平台式舷梯使用的最大仰角不超过 55°。这种舷梯的梯架、弧形踏步、扶手及栏杆柱为铝质构件，上转台、下平台及滚轮等均为钢质构件。舷梯按不同的路步间距分为两种形式（表 3-6）。

表 3-6　单节固定弧形踏步铝质舷梯分类　　　　　　　（mm）

形式	踏步间距	踏步级数	名义梯长 L_1	适用翻梯装置
A	300	12～48	3 600～14 400	CB/T 4186-2011 Ⅰ
		50～60	15 000～18 000	GB/T 4186-2011 Ⅱ
B	350	52～80	18 200～28 000	

（1）A 型铝质舷梯的踏步间距为 300 mm，根据踏步级数的不同，又分为 12～48 级舷梯和 50～60 级舷梯。12 级～48 级铝质舷梯结构如图 3-14 所示，主要参数

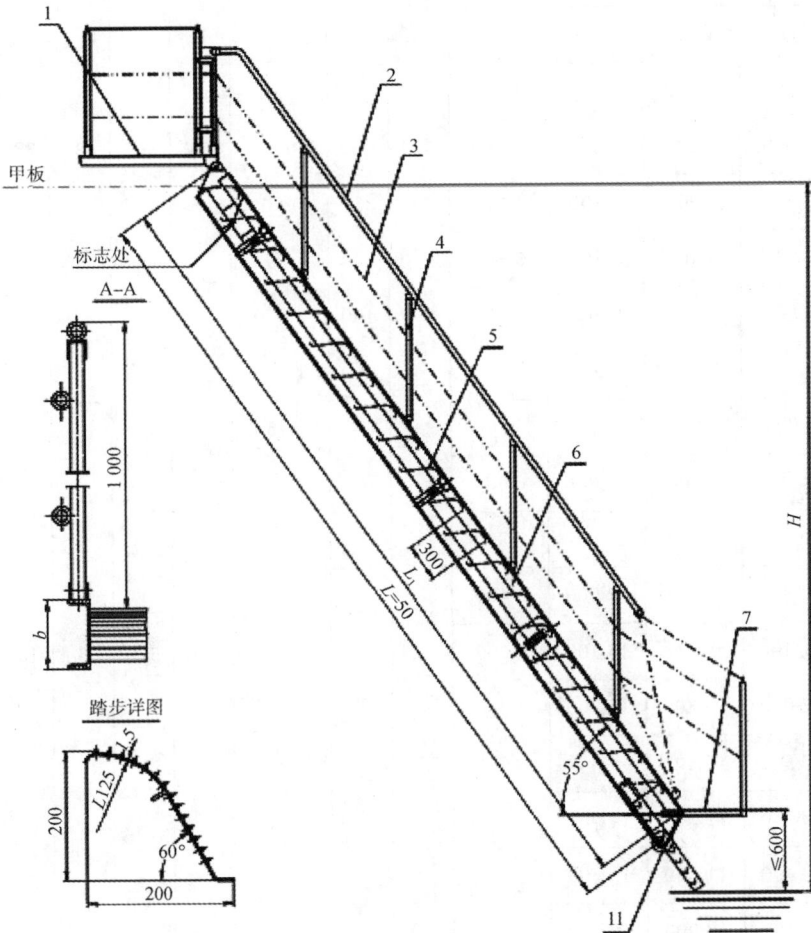

1—上平台；2—栏杆扶手；3—栏杆索；4—栏杆柱；5—固定踏步；6—梯架；7—下平台；
8—护木；9—滑轮；10—侧滚轮；11—下滚轮。

图 3-14　A 型踏步级数 12～48 的铝质舷梯

列于表 3-7。50 级～60 级铝质舷梯结构如图 3-15 所示，主要参数列于表 3-8。

表 3-7　A 型踏步级数 12～48 铝质舷梯的主要参数　　　　　　　　（mm）

踏步级数	名义尺寸 L_1	最大选择高度 H	L	B	h	l_1	l_2	l_3	l_4	l_5	R	质量/kg
12	3 600	3 400	5 100	3 200								175
14	4 200	3 900	5 700	3 500								185
16	4 800	4 400	6 300	3 800	220							195
18	5 400	4 900	6 900	4 400			850					220
20	6 000	5 400	7 500	5 000		300	900	600	550	430	380	275
22	6 600	5 900	8 100	5 300		350	950					295
24	7 200	6 400	8 700	5 600		400	1 000					325
26	7 800	6 900	9 300		250	450	1 050					360
28	8 400	7 400	9 900	6 200		500	1 100					435
30	9 000	7 900	10 700	6 600			1 150					465
32	9 600	8 400	11 300	6 900								495
34	10 200	8 900	11 900	7 500								525
36	10 800	9 300	12 500	8 400	320	370	950	800	650	530	480	565
38	11 400	9 800	13 100	9 000		400	1 000					590
40	12 000	10 300	13 700	9 300		450	1 050					625
42	12 600	10 800	14 300	9 600	350	500	1 100					685
44	13 200	11 300	14 900	10 200		550	1 150 / 1 200					770
46	13 800	11 800	15 500		400	600	1 250					810
48	14 400	12 300	16 100	10 800			1 300					850

注：表中重量仅为梯架质量。

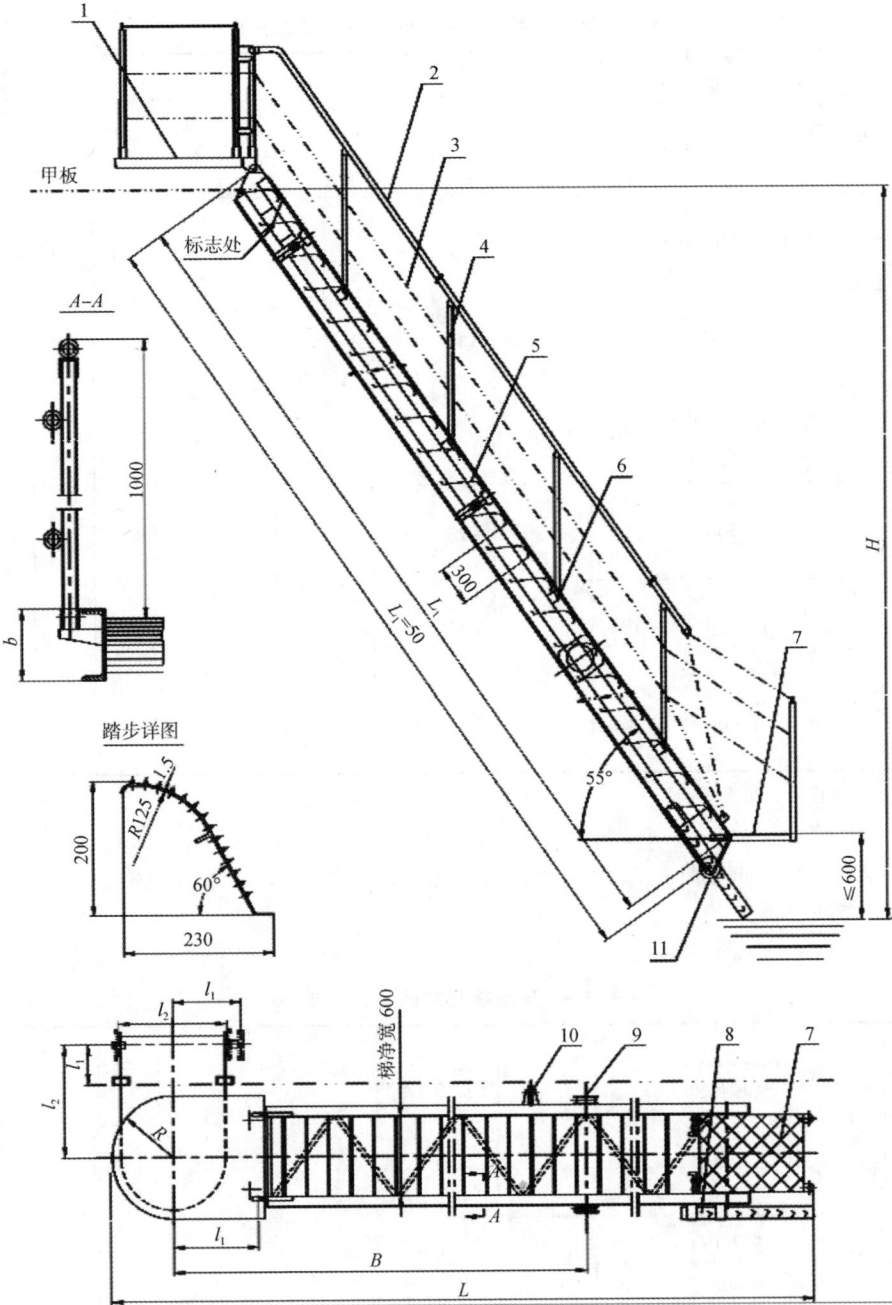

1—上平台；2—栏杆扶手；3—栏索；4—栏杆柱；5—固定踏步；6—梯架；7—下平台；8—护木；9—滑轮；10—侧滚轮；11—下滚轮。

图 3-15　Ａ型踏步级数 50～60 的铝质舷梯

表 3-8 A 型踏步级数 50~60 铝质舷梯的主要参数　　　　　　　　　（mm）

踏步级数	名义尺寸 L_1	最大选择高度 H	L	B	h	l_1	l_2	l_3	l_4	l_5	R	质量/kg
50	15 000	12 900	16 700	11 100	420	450	1 000 / 1 050	800	650	530	480	930
52	15 600	13 300	17 300	11 700	420	500 / 550 / 600 / 650	1 100 / 1 150 / 1 200 / 1 250 / 1 300	800	650	530	480	1 020
54	16 200	13 800	17 900	12 300	420			800	650	530	480	1 065
56	16 800	14 300	18 500	12 900	400	500 / 550	1 050 / 1 100	800	650	530	480	1 150
58	17 400	14 800	19 100	13 200	460	600 / 650 / 700	1 150 / 1 200 / 1 250	800	650	530	480	1 240
60	18 000	15 300	19 700	13 200	500	750	1 300 / 1 350	800	650	530	480	1 420

注:表中质量仅为梯架质量。

（2）B 型铝质舷梯的踏步间距为 350 mm。B 型铝质舷梯的结构见图 3-16,主要参数见表 3-9。

表 3-9 B 型铝质舷梯的主要参数　　　　　　　　　（mm）

踏步级数	名义尺寸 L_1	最大选择高度 H	L	B	h	l_1	l_2	l_3	l_4	l_5	R	质量/kg
52	18 200	15 400	19 900	13 700	440	500 ~ 750	1 050 ~ 1 350					1 240
54	18 900	16 000	20 600	14 200	500							1 300
56	19 600	16 600	21 300	14 300								1 380

表 3-9　（续）

踏步级数	名义尺寸 L_1	最大选择高度 H	L	B	h	l_1	l_2	l_3	l_4	l_5	R	质量/kg
58	20 300	17 100	22 000	15 300	550							1 470
60	21 000	17 700	22 700	15 600								1 540
62	21 700	18 300	23 400	16 700	600							1 630
64	22 400	18 900	24 100	17 000		650	1 200	800	650	530	480	1 700
66	23 100	19 400	24 800	17 500	650	700	1 250					1 800
68	23 800	20 000	25 500	18 000		750	1 300					1 880
70	24 500	20 600	26 200	18 500	700	800	1 350					2 010
72	25 200	21 200	26 900			850	1 400					2 110
74	25 900	21 700	27 600	19 200	750	900	1 450					2 230
76	26 600	22 300	28 300	19 800	800	950	1 500					2 330
78	27 300	22 900	29 000	20 500			1 550					2 440
80	28 000	23 500	29 700	20 900	850							2 580

注：表中质量仅为梯架质量。

（3）单节固定弧形踏步铝质舷梯的翻梯装置，按舷梯踏步级数可分为Ⅰ型和Ⅱ型（表 3-10）。

Ⅰ型翻梯装置。适用于 12～48 级铝质舷梯，设置单卷筒绞车，其翻梯装置的结构形式见图 3-17，主要参数见表 3-11。

Ⅱ型翻梯装置。适用于 50～80 级铝质舷梯，设置双卷筒绞车，其翻梯装置的结构形式见图 3-18，主要参数见表 3-12。

表 3-10　铝质舷梯翻梯装置分类

翻梯装置的形式	使用范围	绞车形式
Ⅰ	适用于踏步级数为 12～18 级舷梯	单卷筒绞车
Ⅱ	适用于踏步级数为 50～80 级舷梯	双卷筒绞车

单位为 mm

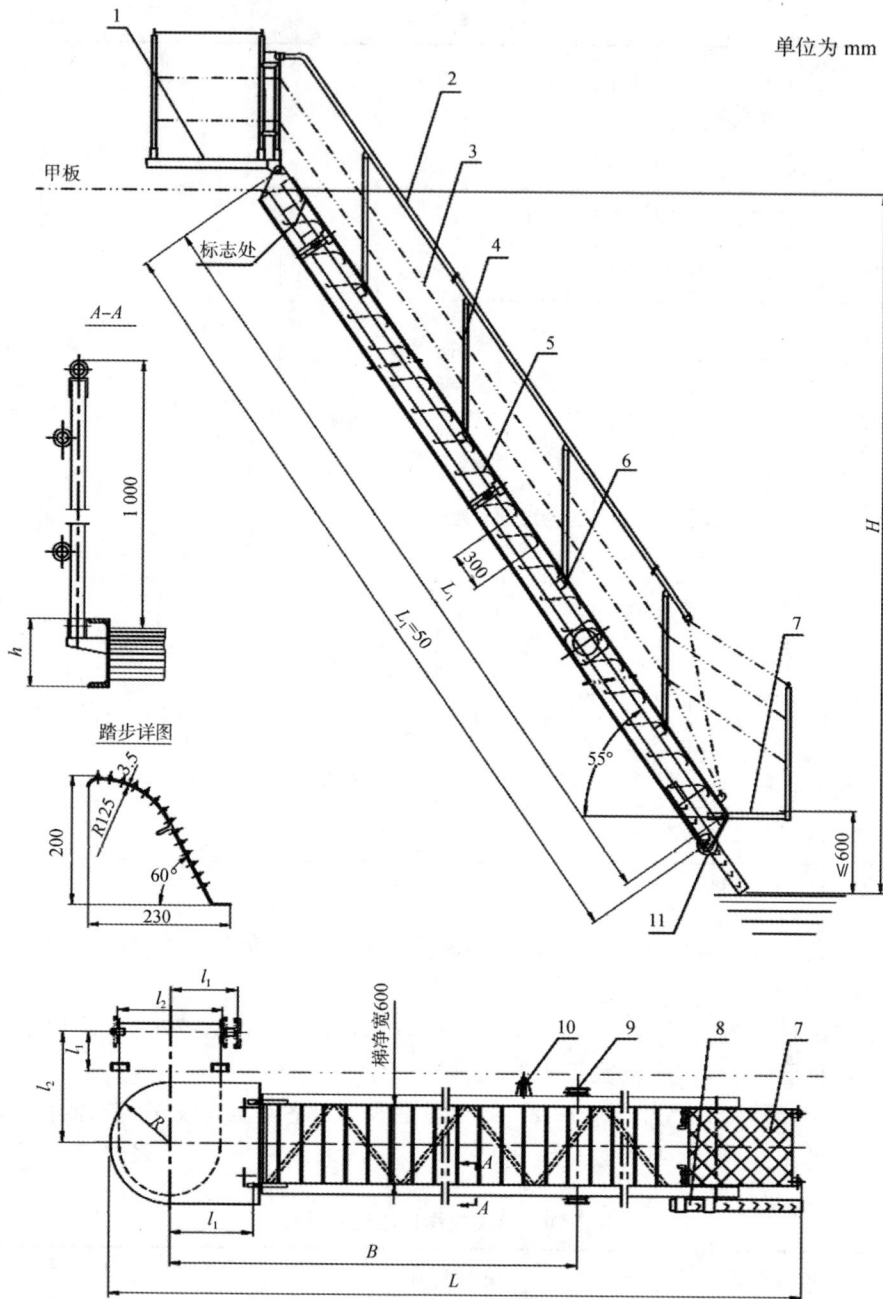

1—上平台;2—栏杆扶手;3—栏索;4—栏杆柱;5—固定踏步;6—梯架;7—下平台;8—护木;9—滑轮;10—侧滚轮;11—下滚轮。

图 3-16 B 型铝质舷梯

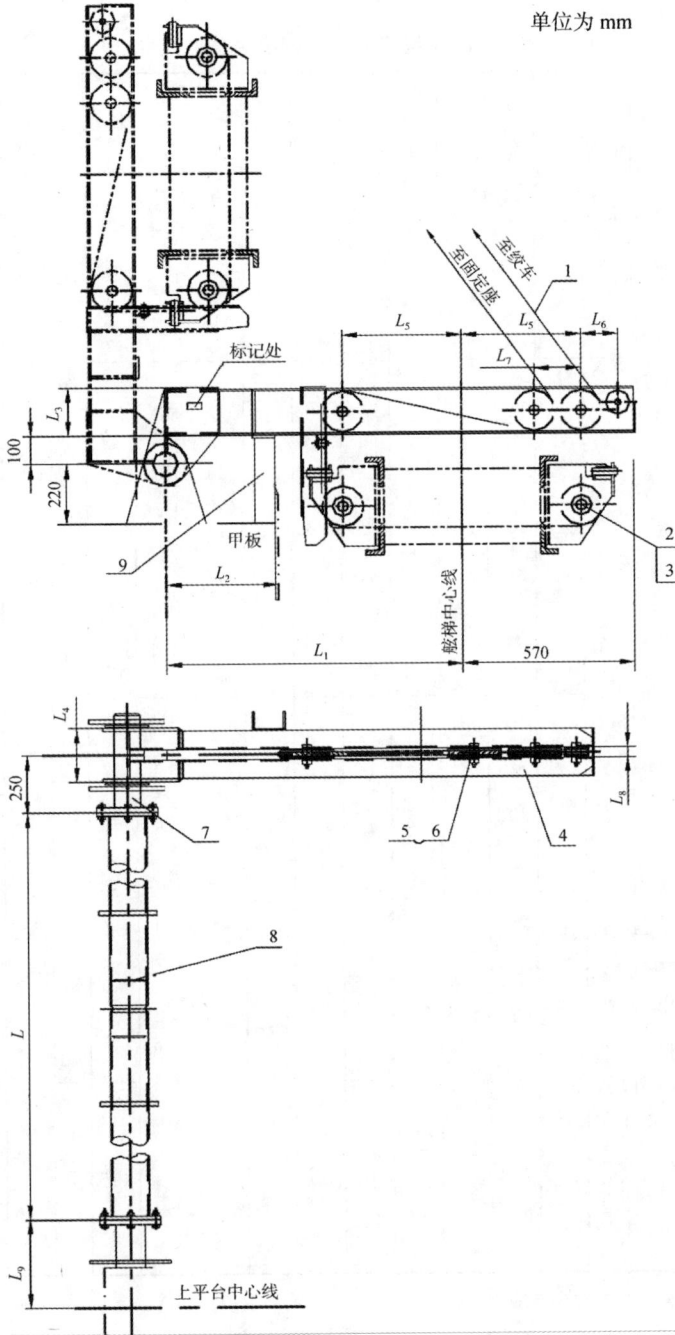

单位为 mm

1—吊梯索;2—滚轮;3—滚轮轴;4—吊臂;5—滑轮;6—滑轮轴;7—吊臂轴;8—传动管;9—支座。

图 3-17　Ⅰ型铝质舷梯翻梯装置

表 3-11　I 型铝质舷梯翻梯装置的尺寸　　　　　　　　　　(mm)

舷梯踏步级数	L	L_1	L_2	L_3	L_4	L_5	L_6	L_7	L_8	L_9	吊梯索规格	传动管		吊臂轴直径 ϕ	质量 /kg	绞车选用参数	
												直径 ϕ	管厚			卷筒负荷(动) kN	支撑负荷(静) kN
A12	2 520														125		
A14	2 820											89			130	5	15
A16	3 120										11 ZBB 6×37+FC 1 670 ZS 59.6			50	135		
A18	3 720	850		120	162	375	80	120	28						180		
A20	4 320	900	300							430					190		
A22	4 620	950	350									114			195		
A24	4 920	1 000 / 1 050	400 / 450												200		
A26	5 520	1 100	500										6		265		
A28	5 520	1 150												60	265		
A30	5 820				200										271		
A32	6 120			160				180							277		
A34	6 720								38			133			288	10	30
A36	7 620	950				403	120				13 ZBB 6×37+FC 1 670 ZS 83.3				305		
A38	8 220	1 000	370		204					530					316		
A40	8 520	1 050	400												322		
A42	8 820	1 100 / 1 150	450 / 500											80	442		
A44	9 420	1 200	550	180	214			200	38			146	7		456		
A46	10 020	1 250	600												470		
A48	10 020	1 300													470		

单位为 mm

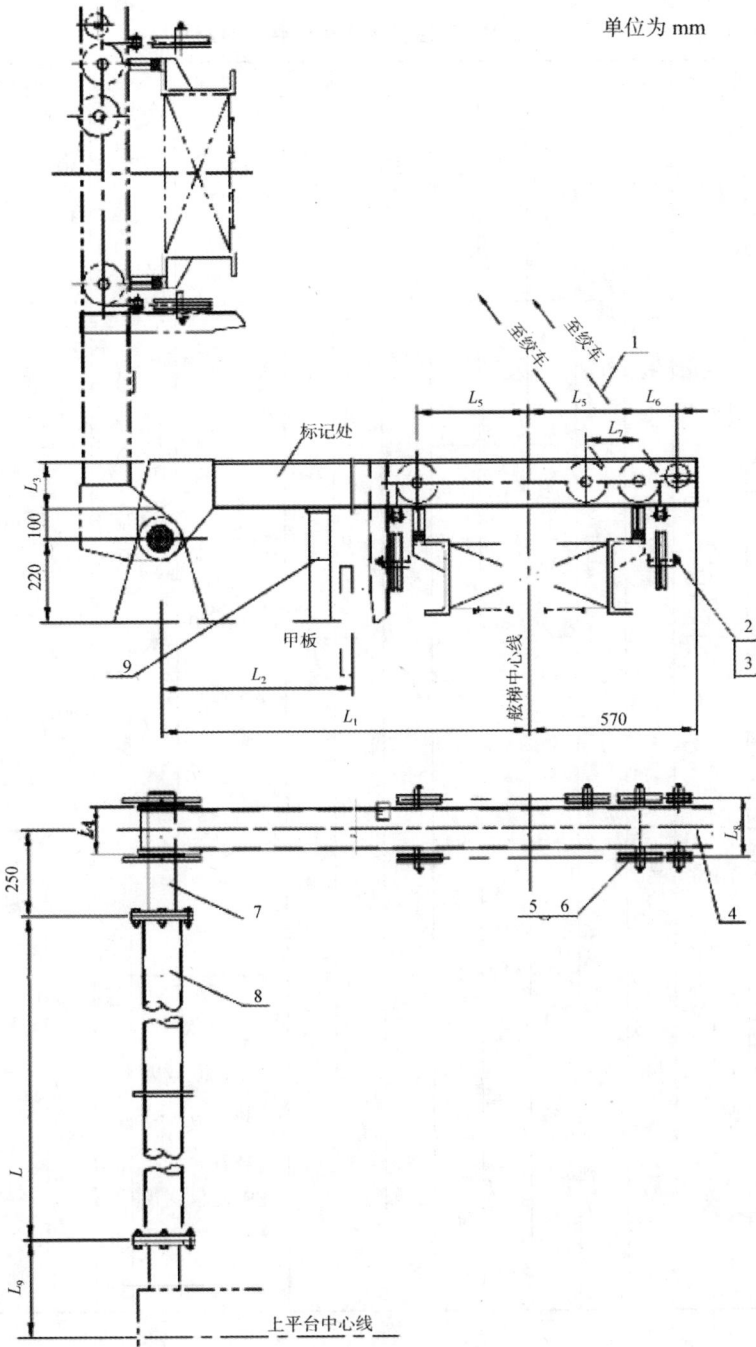

1—吊梯索；2—滚轮；3—滚轮轴；4—吊臂；5—滑轮；6—滑轮轴；7—吊臂轴；8—传动管；9—支座。

图 3-18　Ⅱ型铝质舷梯翻梯装置

表 3-12　Ⅱ型铝质舷梯翻梯装置的尺寸　　　　　　　　　　　　　　（mm）

舷梯踏步级数	L	L₁	L₂	L₃	L₄	L₅	L₆	L₇	L₈	L₉	吊梯索规格	传动管直径φ	传动管管厚	吊臂轴直径φ	质量/kg	卷筒负荷(动)kN	支撑负荷(静)kN
A50	10 320	1 000 ～ 1 300	450 ～ 650	180	176		120		196					80	478		
A52	10 920														527		
A54	11 520														628		
A56	12 120	1 050 ～ 1 350	500 ～ 750	200	190	412	125	200	210	530		168	7		644	16	48
A58	12 420														655		
A60	12 420														655		
B52	12 920										15 ZBB 6×37+FC 1 670 ZS 111				632		
B54	13 420														646		
B56	13 520													90	649		
B58	14 520														766		
B60	14 820	1 200		200	190				210			180	7		775	20	60
B62	15 920	1 250	650												808		
B64	16 220	1 300	700												817		
B66	16 720	1 350	750			412	125	200		530					838		
B68	17 220	1 400	800									203	8.5		1 036	30	90
B70	17 720	1 450	850												1 056		
B72	17 720	1 500	900								15 ZBB 6×37+FC 1 870 ZS 124				1 056		
B74	18 420	1 550		220	198				222					100	1 085		
B76	19 020														1 216		
B78	19 720											219	9		1 249		
B80	20 120														1 268		

（4）铝质舷梯装置安装及配置方式应根据舷梯安装处的船舶结构情况确定。在行走通道比较宽敞的区域，A 型舷梯装置安装示意图见图 3-19。在行走通道比

较狭窄的区域,A 型船装示意图见图 3-20。安装尺寸及配套设备见表 3-13。用于尾部有遮阳甲板处的 B 型舷梯装置安装示意图见图 3-21,安装尺寸及配套设备见表 3-14。

单位为 mm

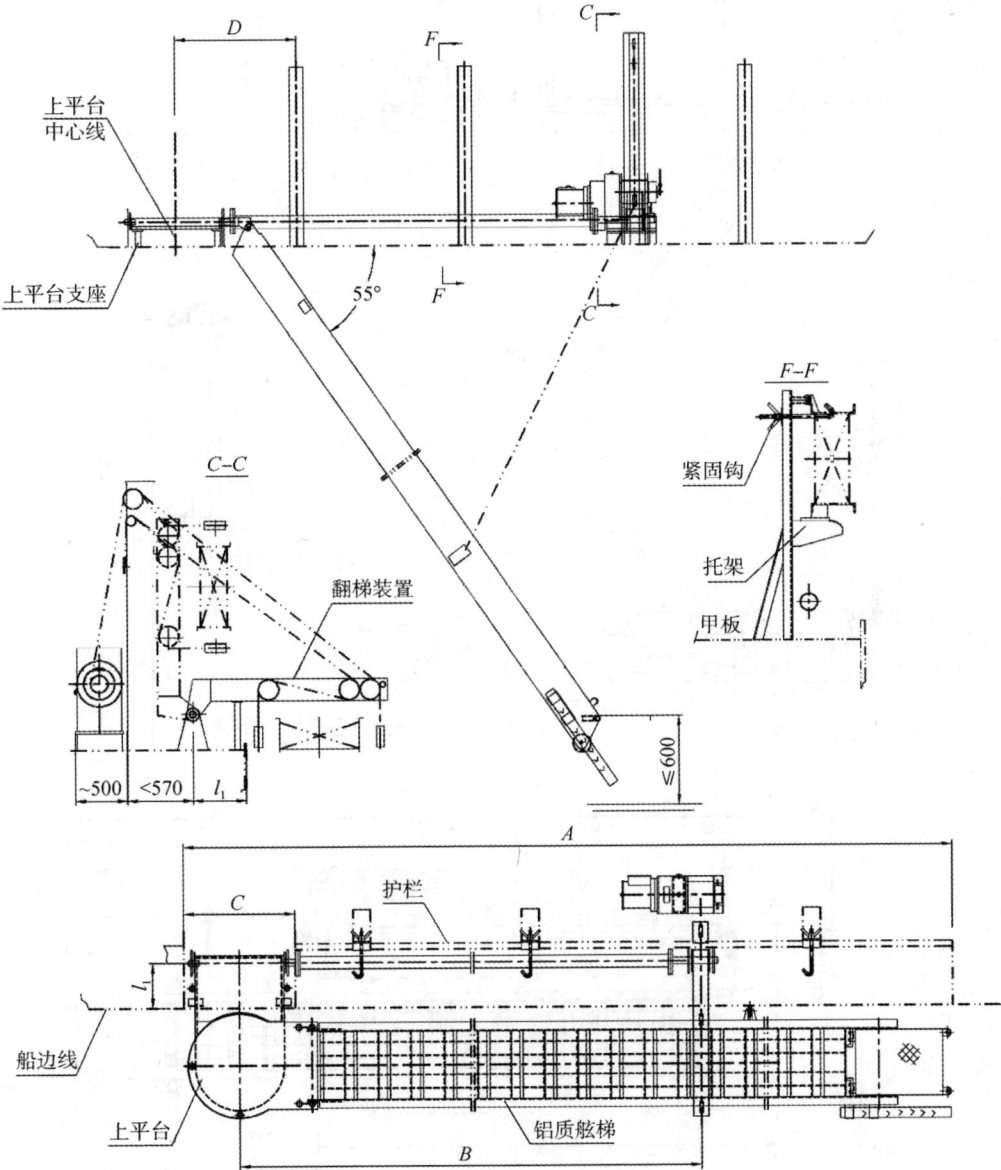

图 3-19　行走通道比较宽大区域的 A 型舷梯装置安装示意图

单位为 mm

上平台
中心线

上平台
支座

D

F

C

C–C

翻梯装置

甲板

<500 l_1

F–F

紧固钩

托架

甲板

≤600

A

C

护栏

l_1

船边线

上平台

铝质舷梯

B

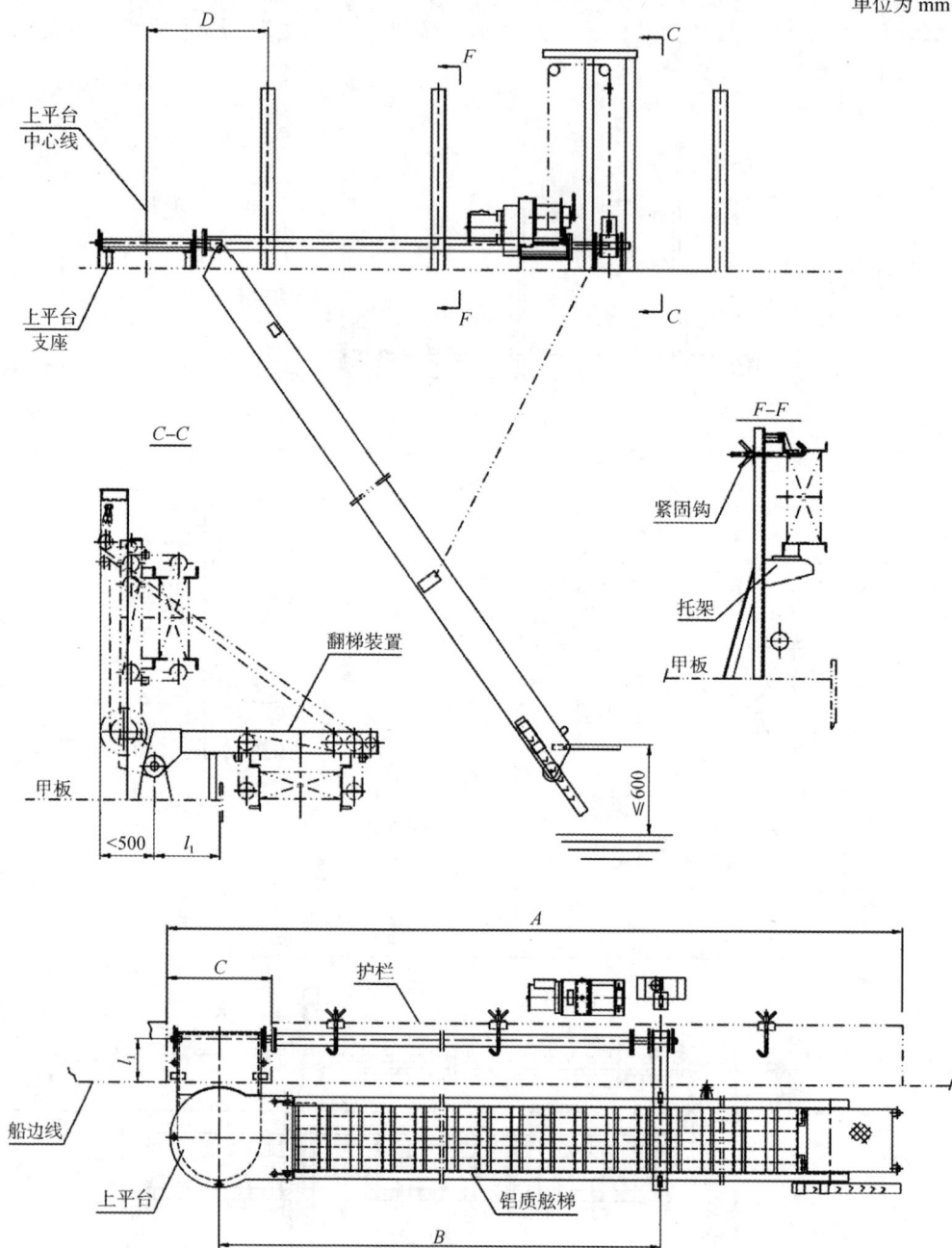

图 3-20 行走通道比较窄小区域的 A 型舷梯装置安装示意图

表 3-13　A 型铝质舷梯的安装尺寸及配套设备表　　　　（mm）

踏步级数	配套翻梯装置标准代号	A	B	C	D	I_1	紧固装置数量 n
12	CB/T 4186-2011 I A12-850~1150	5 200	3 200				
14	CB/T 4186-2011 I A14-850~1150	5 800	3 500				
16	CB/T 4186-2011 I A16-850~1150	6 400	3 800				2
18	CB/T 4186-2011 I A18-850~1150	7 000	4 400				
20	CB/T 4186-2011 I A20-850~1150	7 600	5 000	800	1 200		
22	CB/T 4186-2011 I A22-850~1150	8 200	5 300			300 350 400 450 500	
24	CB/T 4186-2011 I A24-850~1150	8 800	5 600				
26	CB/T 4186-2011 I A26-850~1150	9 400	6 200				
28	CB/T 4186-2011 I A28-850~1150	10 000					3
30	CB/T 4186-2011 I A30-850~1150	10 800	6 600		1 300		
32	CB/T 4186-2011 I A32-850~1150	11 400	6 900				
34	CB/T 4186-2011 I A34-850~1150	12 000	7 500	1 000	1 600		
36	CB/T 4186-2011 I A36-950~1300	12 600	8 400			370 400	
38	CB/T 4186-2011 I A38-950~1300	13 200	9 000			450 500	4
40	CB/T 4186-2011 I A40-950~1300	13 800	9 300		1 300	550 600	

表 3-13 （续）

踏步级数	配套翻梯装置标准代号	A	B	C	D	I_1	紧固装置数量 n
42	CB/T 4186-2011 I A42-950～1 300	14 400	9 600		1 600	370 400 450	4
44	CB/T 4186-2011 I A44-950～1 300	15 000	10 200				
46	CB/T 4186-2011 I A46-950～1 300	15 600	10 800		1 300	500 550 600	5
48	CB/T 4186-2011 I A48-950～1 300	16 200	1 080		1 600		
50	CB/T 4186-2011 II A50-1000～1 300	16 800	11 100	1 000		450 500 550 600 650	
52	CB/T 4186-2011 II A52-1000～1 300	17 400	11 700				
54	CB/T 4186-2011 II A54-1000～1 300	18 000	12 300		1 300		
56	CB/T 4186-2011 II A56-1050～1 300	18 600	12 900			500 550 600 700 750	6
58	CB/T 4186-2011 II A58-1050～1 300	19 300	13 200				
60	CB/T 4186-2011 II A60-1050～1 300	19 900					

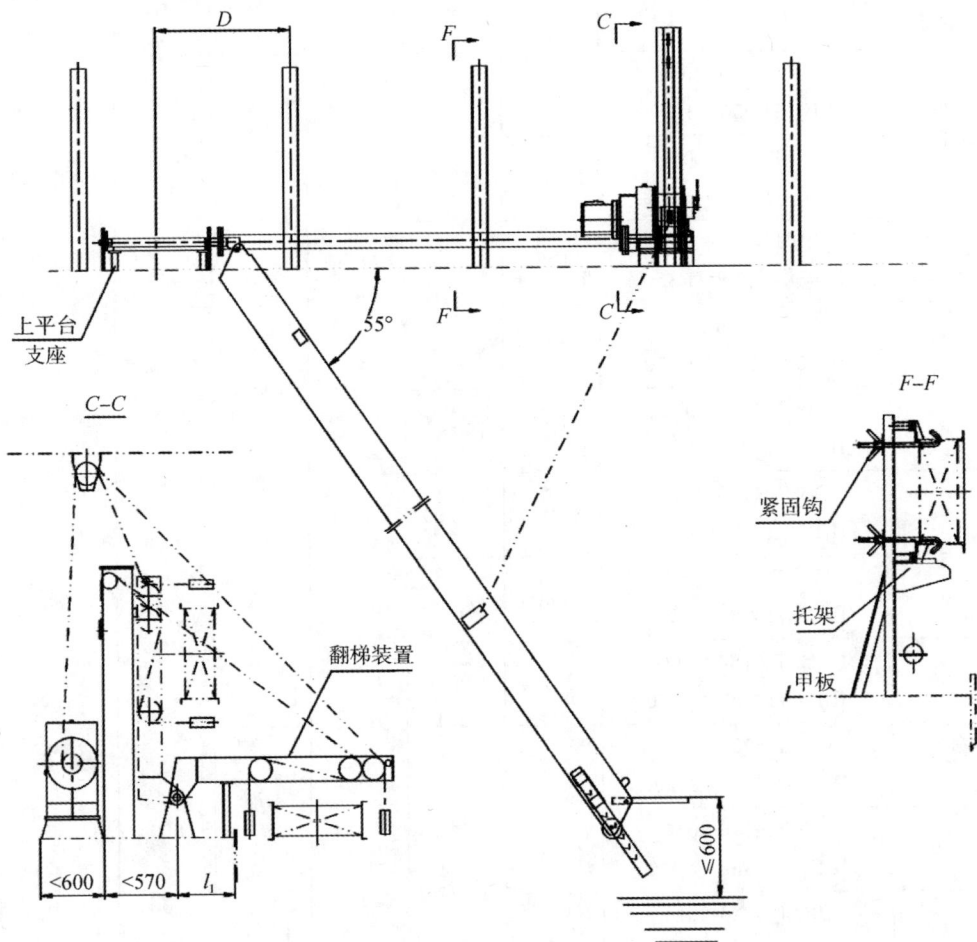

图 3-21　用于艉部有遮阳甲板处的 B 型舷梯装置安装示意图

表 3-14 B 型铝质舷梯的安装尺寸及配套设备表 （mm）

踏步级数	配套翻梯装置标准代号	A	B	C	D	I_1	紧固装置数量 n
52	CB/T 4186-2011 II B52-1 050～1 350	20 400	13 700			500～750	7
54	CB/T 4186-2011 II B54-1 050～1 350	21 100	14 200				
56	CB/T 4186-2011 II B56-1 050～1 350	21 800	14 300		1 400		
58	CB/T 4186-2011 II B58-1 200～1 550	22 500	15 300				
60	CB/T 4186-2011 II B60-1 200～1 550	23 200	15 600				
62	CB/T 4186-2011 II B62-1 200～1 550	23 900	16 700				8
64	CB/T 4186-2011 II B64-1 200～1 550	24 600	17 000	1 000			
66	CB/T 4186-2011 II B66-1 200～1 550	25 300	17 500			650	
68	CB/T 4186-2011 II B68-1 200～1 550	26 000	18 000			700 750	
70	CB/T 4186-2011 II B70-1 200～1 550	26 700	18 500			800 850	9
72	CB/T 4186-2011 II B72-1 200～1 550	27 400				900	
74	CB/T 4186-2011 II B74-1 200～1 550	28 100	19 200		1 750		
76	CB/T 4186-2011 II B76-1 200～1 550	28 800	19 800				10
78	CB/T 4186-2011 II B78-1 200～1 550	29 500	20 500				
80	CB/T 4186-2011 II B80-1 200～1 550	30 200	20 900				

3.2.3.3　双节固定弧形踏步铝质舷梯及其翻梯装置

双节固定弧形踏步铝质舷梯如图 3-22 所示,其规格及主要参数列于表 3-15,使用时的最大仰角不超过 55°。双节舷梯的翻梯装置应分上、下梯节配置,如上梯节采用吊臂式翻梯装置,下梯节则采用横担式翻梯装置。

3.2.3.4　舷梯平移装置

舷梯平移装置是将舷梯水平移出船外及降放的装置,分为两种形式:一种为 A 型水平式平面移动装置,另一种为 B 型倾斜式重力移动装置。

水平式平面移动装置如图 3-23 所示,该装置的两个移动轨道 3 和 8 设置在水平座架上。降放舷梯时,首先解开舷梯系固装置 1,然后通过绞车 4 将舷梯提起使其脱离存放架,再由平移绞车 5 通过钢索牵引使吊臂 2 和舷梯上平台 9 在各自的移动轨道 3 和 8 内同步移动,将舷梯水平地移出船外。然后再由收放绞车 4 将舷梯降放至水面。回收舷梯的操作与上述降放过程相反。

水平式移动装置操作平稳,安全可靠,适用于大中型油船。但是,该装置需配置两台绞车,对于有众多甲板机械的船舶来说,增加了操作和维护的工作量。

倾斜式重力移动装置如图 3-24 所示,该装置的两个移动轨道 4 和 7 设置在斜面座架上。降放舷梯时,首先解开舷梯系固装置 1,然后操纵绞车 2 通过钢索使吊臂 3 和上平台 8 依靠包括舷梯在内的重力在各自的移动轨道 4 和 7 内同步移动,将舷梯移出船外,然后继续操纵绞车 2 将舷梯降放至水面。回收舷梯的操作与上述降放过程相反。

倾斜式重力移动装置只需配置一台绞车,因此比水平式移动装置更加经济,适用,安装、操作和维护也较方便,适合中小型船舶使用。

水平式和倾斜式舷梯平移装置的规格及主要参数列于表 3-16,主要尺寸列于表 3-17。

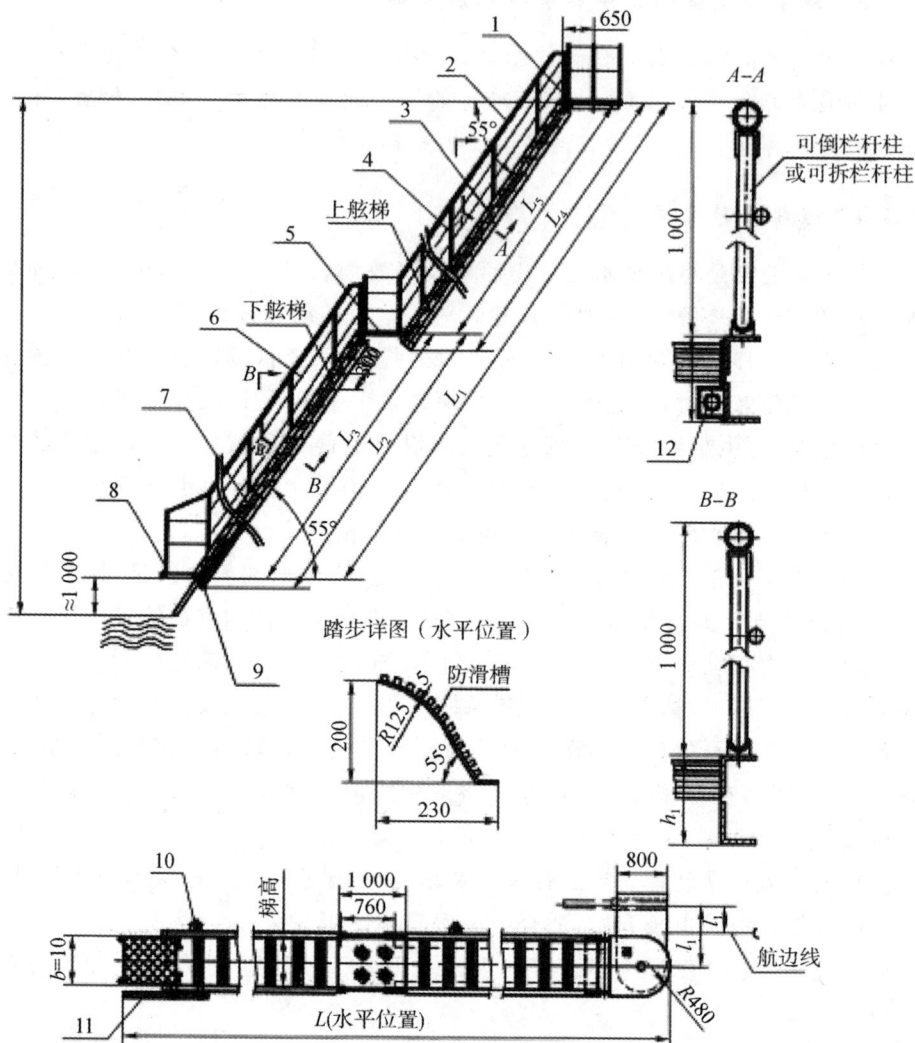

踏步详图（水平位置）

1—上转台；2—栏杆扶手；3—上节梯架及踏步；4—栏杆柱；5—中间平台；6—栏杆索；
7—下节梯架及踏步；8—下平台；9—下滚轮；10—侧滚轮；11—护木；12—水平拉杆。
图 3-22　双节固定弧形踏步铝质舷梯

表 3-15　双节固定弧形踏步铝质翻梯规格及主要参数　　　　(mm)

踏步级数	名义尺寸 $L_1 = 2 \times L_3$	最大选择高度 H	L	$L_2 = L_3 + 50$	上、下舷梯 L_3	上、下舷梯 踏步级数
56	16 800	14 800	19 250	8 450	8 400	28
60	18 000	15 800	20 450	9 050	9 000	30
64	19 200	16 800	21 650	9 650	9 600	32
68	20 400	17 700	22 850	10 250	10 200	34
72	21 600	18 700	24 050	10 850	10 800	36
78	23 400	20 200	25 850	11 750	11 700	39
84	25 200	21 700	27 650	12 650	12 600	42
90	27 000	23 100	29 450	13 550	13 500	45
96	28 800	24 600	31 250	14 450	14 400	48
102	30 600	26 000	33 050	15 350	15 300	51

踏步级数	b			h	h1	l1	l2	质量[1]/kg B 600	质量[1]/kg B 700	质量[1]/kg B 800
56	600	700	800	350	250			850	890	930
60						1 000	375	880	920	960
64						1 050	425	1 050	1 092	1 130
68				400	320	1 100	475	1 080	1 120	1 160
72						1 150	525	1 110	1 150	1 190
78						1 200	由选用者根据船型确定	1 375	1 415	1 455
84						1 250		1 410	1 450	1 480
90				470	380	1 300		1 645	1 685	1 715
96						1 350		1 780	1 820	1 860
102						1 400		1 925	1 965	2 005

① 计算质量时，中间平台以铝质材料为依据。

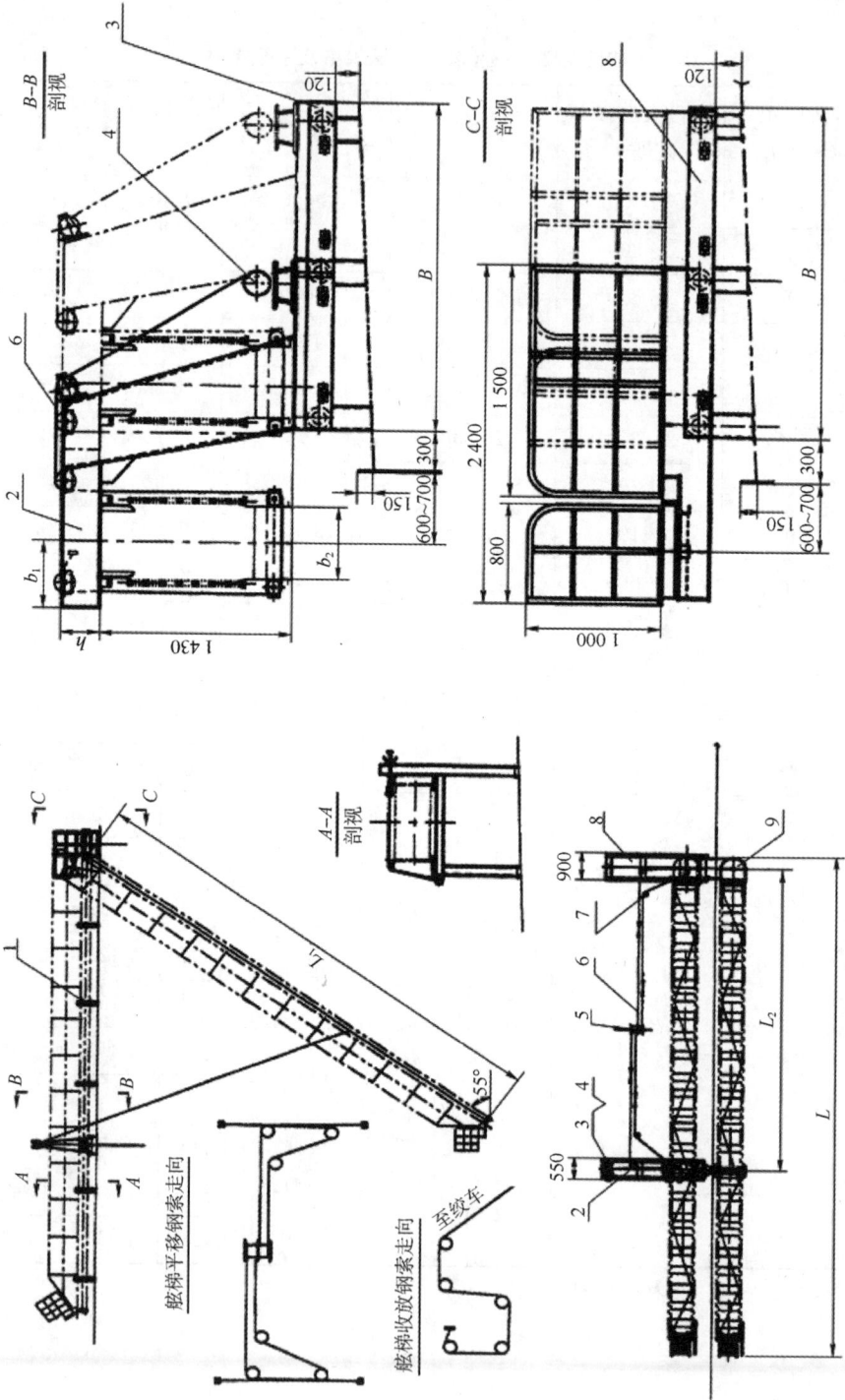

图 3-23　舷梯水平式平面移动装置

1—固紧装置；2—吊臂装置；3—吊臂轨道；4—收放经车；5—平移绞车；6—收放、平移钢索；7—导向滑轮；8—上平台轨道；9—上平台装置。

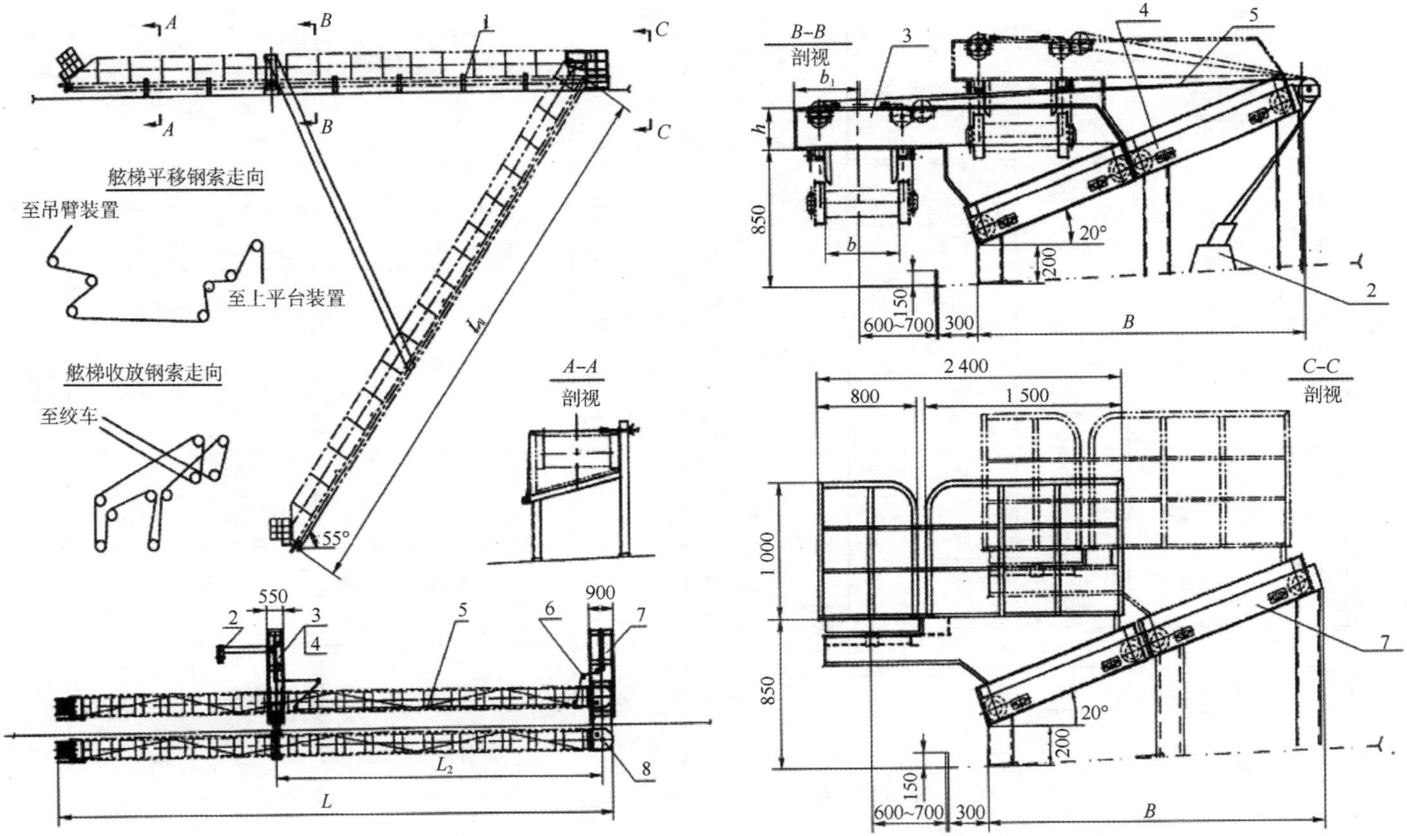
A
A
B
B
C
C
1
舷梯平移钢索走向
至吊臂装置
至上平台装置
舷梯收放钢索走向
至绞车
55°
A–A
剖视
550
2
3
4
5
6
7
8
900
L_2
L
B–B
剖视
3
4
5
b_1
h
850
b
20°
200
150
600~700
300
B
2
2 400
800
1 500
C–C
剖视
1 000
850
7
20°
200
150
600~700
300
B

1—固紧装置；2—收放绞车；3—吊臂装置；4—吊臂轨道；5—收放，平移钢索；6—导向滑轮；7—上平台轨道；8—上平台装置。

图 3-24　舷梯倾斜式平面移动装置

表 3-16　舷梯平移装置的规格及主要参数

序号	形式	舷梯宽度 b/mm	舷梯公称长度 L_1/m		收放绞车卷筒负荷/kN	平移绞车卷筒负荷/kN	钢索直径(6×36—1570)/mm	舷梯递升速度 m/nim	质量[①]/kg
			钢质	铝质					
1	A10	600~800	12~16	12~20	10	10	15	>4	1 500
2	B10					—			1 600
3	A12.5		16~18	20~26	12.5	10	17.5		1 800
4	B12.5					—			1 900
5	A16		18~20	26~30	16	12.5	21.5		2 100

① 质量为平移装置质量,不包括舷梯及绞车质量。

表 3-17　舷梯平移装置的规格及主要尺寸　　　　　　　　　　　　（min）

形式	b	b_1	B	h	L		L_2
					钢质舷梯	铝质舷梯	
A10	600	560	2 500	160	≤(L_1＋1 400)	≤(L_1＋1 700)	3/5L_1
B10	700	610	2 600	180			
	800	660	2 700	200			
A12.5	600	560	2 500	160			
B12.5	700	610	2 600	180			
	800	660	2 700	200			
A16	600	560	2 500	160			
	700	610	2 600	180			
	800	660	2 700	200			

3.2.4　潜水员舷梯及其翻梯装置

潜水员舷梯是专供各类救助打捞工作船用作运载潜水员上下水面的升降装置。与前述的钢质舷梯和铝质舷梯不同之处在于潜水员舷梯下端伸到水面以下，使潜水平台即通常舷梯的下平台在水面以下 1.8 m，以保证潜水员从潜水平台上进入水中或登上潜水平台出水。

潜水员舷梯有两种形式：A 型带有可翻倒伸出船外的辅助平台如图 3-25 所示，B 型则在舷边设置登梯平台，两者的舷梯部分相同。潜水员舷梯不论是 A 型或 B 型，最大干舷的选择条件均为潜水平台下降到 1.8 m 水深，梯架高出甲板 220 mm，最大倾角为 60°。两型舷梯的主要参数列于表 3-18。

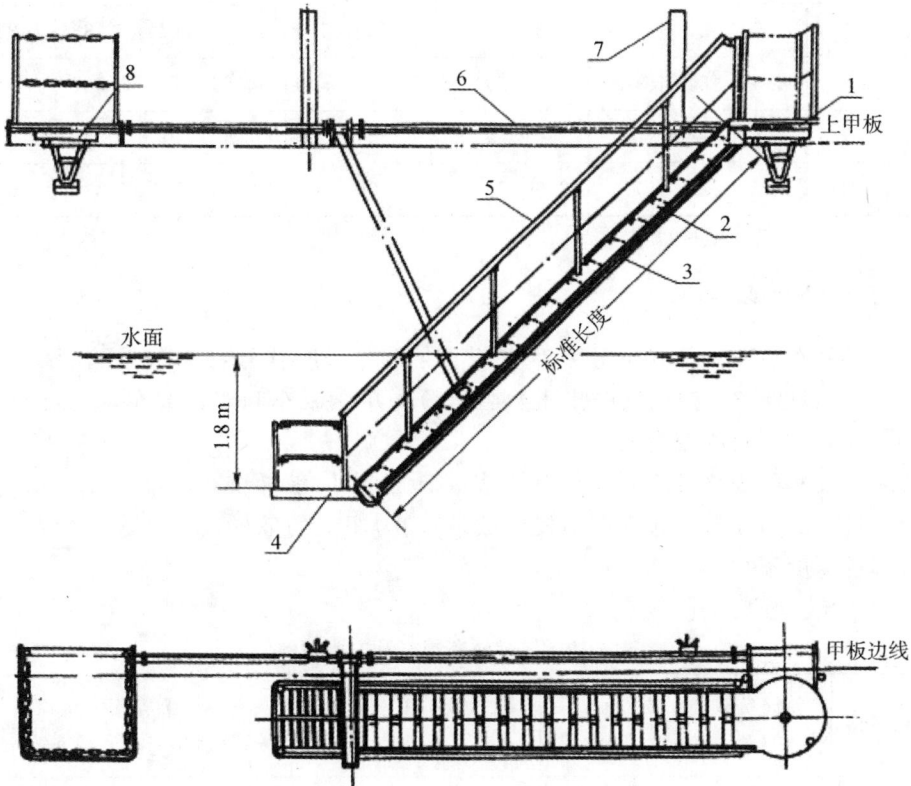

1—上转台；2—梯架；3—拉杆；4—潜水平台；5—栏杆扶手；6—翻梯装置；7—固定装置；8—辅助平台。

图 3-25　A 型带辅助平台的潜水员舷梯

表 3-18　A 型和 B 型潜水员舷梯主要参数

型号		梯长/m	踏步数(n)	最大选择干舷 H/m	梯架槽形材尺寸(h×b×8)/(mm×mm×mm)	甲板布置尺寸(L×B)/(mm×mm)		质量/kg	
						A 型	B 型	A 型	B 型
A5.0	B5.0	5.0	14	2.3	180×60×5	8 100×500	6 950×500	1 292	1 137
A5.5	B5.5	5.5	15	2.7	180×60×5	8 600×500	7 450×500	1 340	1 186
A6.0	B6.0	6.0	17	3.2	180×60×5	9 100×500	7 950×500	1 377	1 222
A6.5	B6.5	6.0	18	3.6	180×60×5	9 600×500	8 450×500	1 416	1 260
A7.0	B7.0	7.0	20	4.05	180×60×5	10 100×500	8 950×500	1 451	1 297
A7.5	B7.5	7.5	21	4.5	180×60×5	10 600×500	9 450×500	1 483	1 328
A8.5	B8.5	8.5	24	5.35	240×75×6	11 600×500	10 450×500	1 667	1 513
A9.5	B9.5	9.5	26	6.2	240×75×6	12 600×500	11 450×500	1 750	1 595
A10.5	B10.5	10.5	29	7.1	240×75×6	13 600×500	12 450×500	1 830	1 675

3.2.5　舷梯绞车

舷梯绞车按驱动方式可分为手动(代号:U),电动(代号:E),气动(代号:P)和液压(代号:H)绞车;按钢索的出索数目可分为单索绞车和双索绞车,双索绞车又有隔离卷筒式和对称双卷筒式。

舷梯绞车的规格及主要参数列于表 3-19。此外,舷梯绞车应能以 1.5 倍的卷筒负荷进行 2 min 超载起升而不发生故障,动力驱动的舷梯绞车在卷筒负荷下的公称起升速度不得小于 0.1 m/s。

表 3-19　舷梯轿车规格及主要参数

公称规格	卷筒负载/kN	支持负载/kN	最小钢索强度(5×支持负载)/kN	推荐钢索直径(适用于单索绞车)/mm
5	5.0	15.0	75.0	13.0
6	6.3	18.0	90.0	14.0
8	8.0	24.0	120.0	16.0

表 3-19　（续）

公称规格	卷筒负载 /kN	支持负载 /kN	最小钢索强度 (5×支持负载)/kN	推荐钢索直径 (适用于单索绞车)/mm
10	10.0	30.0	150.0	18.0
12	12.5	37.5	187.5	20.0
16	16.0	48.0	240.0	22.0

注：当绞车用两根钢索工作时，卷筒负载、支持负载以及最小钢索强度栏所列数值为两根钢索张力之和。

图 3-26 所示为手摇舷梯绞车，钢索静负荷 5.5 kN，动负荷 2.2 kN。钢索直径为 11 mm 时，卷筒最大容绳量 28 m，手柄着力为 0.09 kN，转速为 20 r/min。

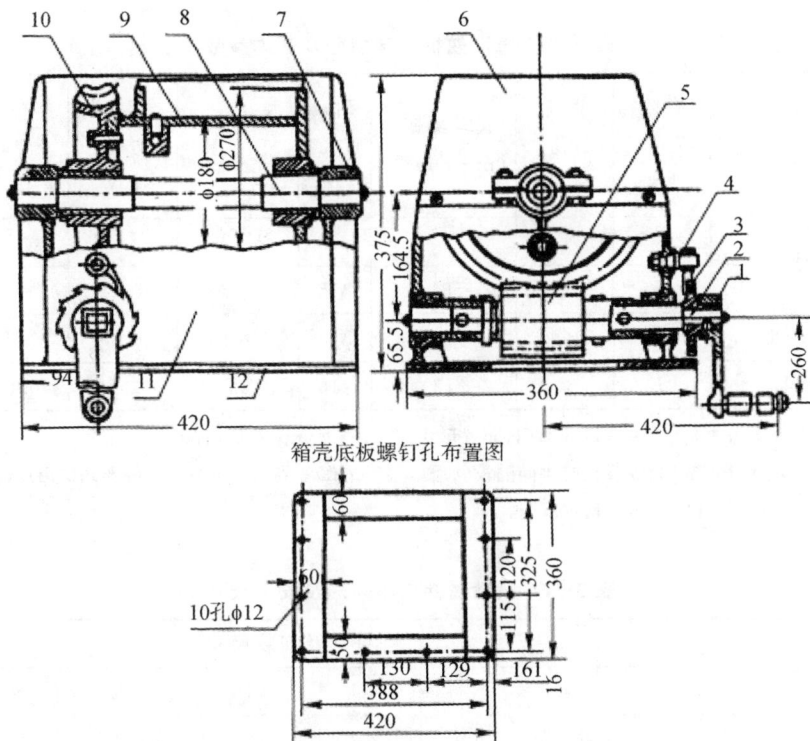

箱壳底板螺钉孔布置图

1—摇手柄；2—蜗杆轴；3—棘轮；4—棘爪；5—蜗杆；6—罩壳；7—轴承；8—卷筒轴；9—卷筒；10—蜗轮；11—箱壳；12—底板。

图 3-26　手摇舷梯绞车

气动绞车的形式如图 3-27 所示,其型号及基本参数列于表 3-20,外形及安装尺寸列于表 3-21。

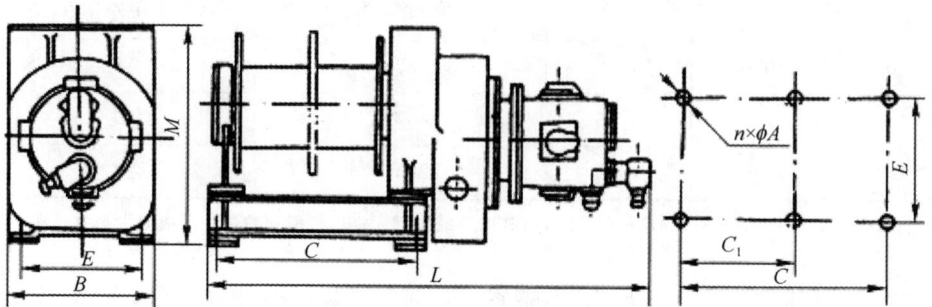

图 3-27　气动舷梯绞车

表 3-20　气动舷梯绞车型号及基本参数

型号		卷筒负荷/kN	支持负荷/kN	起升绳速/(m·min⁻¹)	钢索直径/mm	容绳量/m	气动机功率/kW	气动机工作气压/MPa
PD10 DD	A	2×5	2×15	12	φ13	2×25	4.412	0.5~0.7
	B	2×5	2×15	12	φ13	2×25	4.41	0.6
PD12 DD		2×6.3	2×18	8	φ15	2×20	4.05	0.6
PD8 D		8	30	12	φ15	35	4.412	0.5~0.7

注:1.舷梯绞车均分左机(L)和右机(R)两种布置形式,图3.27所示为左机,右机对称制造;

2.PD10 DD 和 PD12 DD 有卷筒带中间隔板(如图3.27所示)和卷筒不带隔板两种形式供用户选用;

3.PD10DDA 型和 PD8D 卷筒均带罩壳。

表 3-21　气动舷梯绞车外形及安装尺寸　　　(mm)

型号		外形及安装尺寸				
		L×B×H	C	C₁	E	n—ΦA
PD10 DD	A	1 027×350×600	810	375	240	6—Φ22
	B	1 040×350×550	510	253.5	300	6—Φ21
PD12 DD		1 080×350×535	455		300	4—Φ22
PD8 D		850×370×600	605	375	240	6—Φ22

图 3-28 及图 3-29 所示为两种常用的电动舷梯绞车,可同 24 级、28 级 32 级钢质舷梯和 B 型吊臂式翻梯装置配套使用。这两种绞车均采用摆线针轮减速装置并配有手动应急装置。安装方式为正装或倒置。其主要参数列于表 3-22。

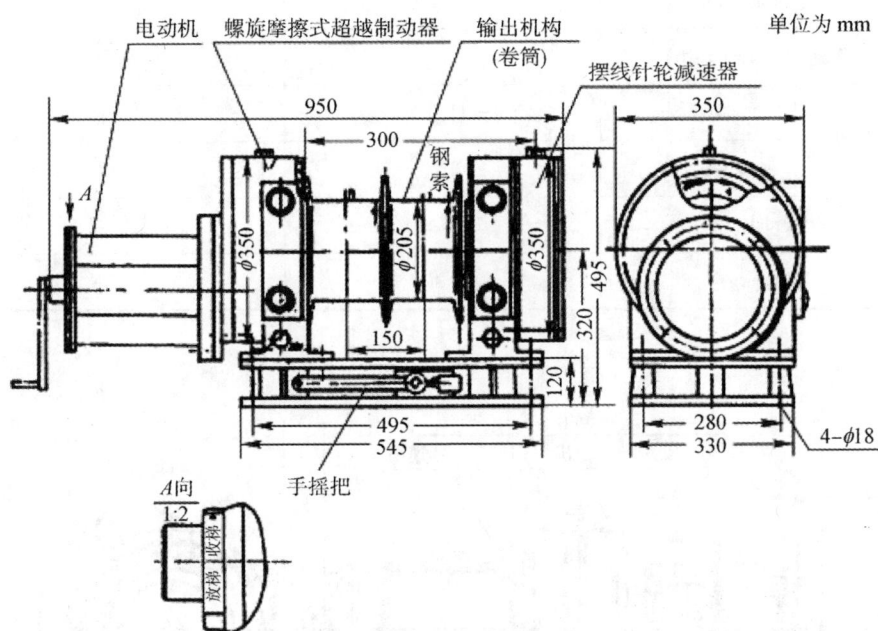

图 3-28 E10L(R)型电动舷梯绞车

注:图示为左式(L),右式(R)与此对称。

(1)本图为左式舷梯绞车,右式舷梯绞车对称布置;

(2)倒置安装时,把放泄螺塞与透气螺塞对调位置。

表 3-22 电动舷梯绞车主要技术参数

项目	型号	
	E10R(L)型	JD₂·S—10R(L)型
卷筒负荷/kN	2×5=10	2×5=10
挂重负荷/kN	2×15=30	2×15=30
钢索直径/mm	2-Φ30	2—Φ12
钢索型号	6×37-13-170-I-甲镀-左同	6×37-12-170-I-甲镀-左同

表 3-22 （续）

项目		型号	
		E10R(L)型	JD$_2$·S—10R(L)型
卷筒容绳量/m		2×24	2×20
钢索速度/(m·min)		9.6	9.8
电动机	型号	YZ—H112L—6	JZ2—12H—4T2
	功率/kW	2.2	2.2
传动比		1∶71.3	1∶87
质量/kg		约300	约250

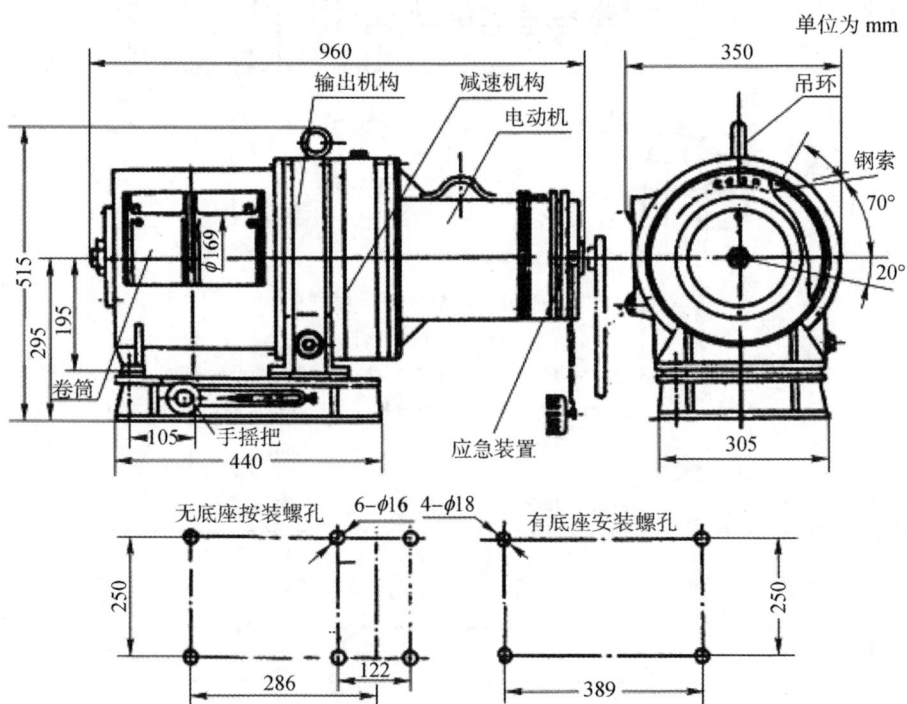

图 3-29　JD$_2$S—10R(L)型电动舷梯绞车

注：图示为右式(R)，左式(L)与此对称。

3.3 登乘绳梯

登乘绳梯是救生艇筏的登乘装置,在船舶发生海难事故弃船时挂在舷外,供人员登乘救生艇筏使用。

登乘绳梯的形式如图 3-30 所示,踏板级数为 10 级～60 级,梯长（L）为:3.1～18.5 m。

踏板可为铝质或木质,但绳梯最下端的 4 级均应采用橡胶踏板。边索直径为 22 mm（周长 69 mm）,应采用白棕绳或剑麻绳,不得采用合成纤维绳制作。

3.4 登船跳板

登船跳板是船舶停靠码头时的登离船设施,尤其是小型船舶,因其干舷小,不宜设置舷梯,通常设置登船跳板供人员上下使用（见本章 3.2.2 所述）。

登船跳板按其主要结构的材料可分为:木质,钢质和铝质跳板,也可采用钢质构架铺木板的结构。

钢质带滚轮的跳板如图 3-31 所示,目前常用的规格为长度（L）4 m 和 6 m 两种。这种跳板结构坚固,设有栏杆,但不宜制作得太长,否则由于质量大,搬移很不方便,以至必须借助起重机才能搬移。

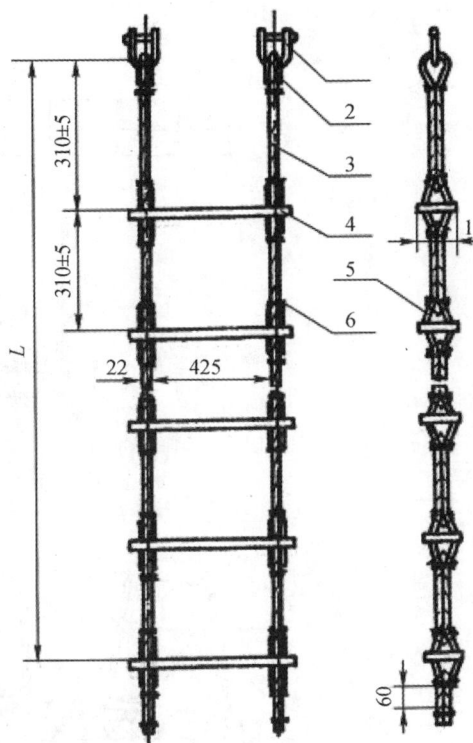

1—卸扣;2—套环;3—边索;4—踏板;5—嵌环;6—扎索。

图 3-30 登乘绳梯

铝质登船跳板的优点是重量轻,耐腐蚀。常用的铝质跳板有整体式（图 3-32）和可拆式（图 3-33）,后者梯架可从中间拆开分为两节,以便于收藏。铝质跳板的长度（L 或 L_1+L_2）为 8～15 m。

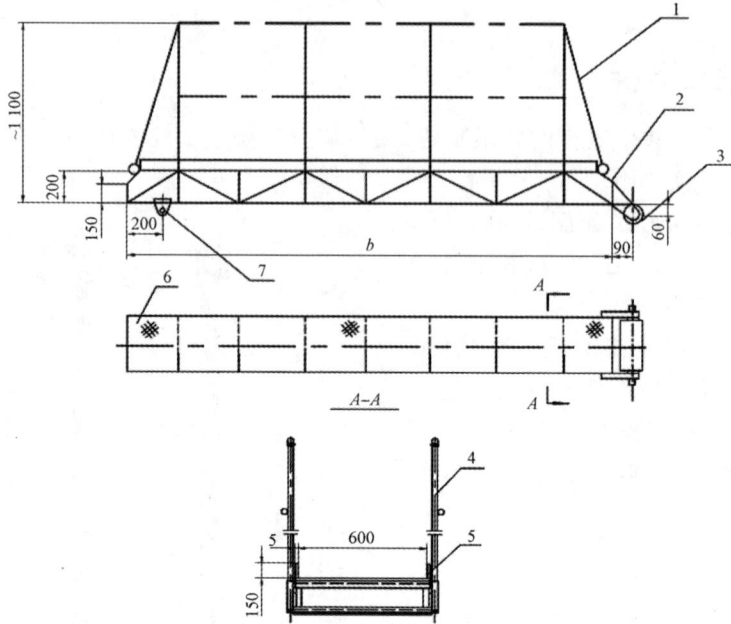

1—梯绳;2—梯架;3—滚轮;4—栏杆;5—挡板;6—钢板网;7—搁板。

图 3-31　钢质带滚轮跳

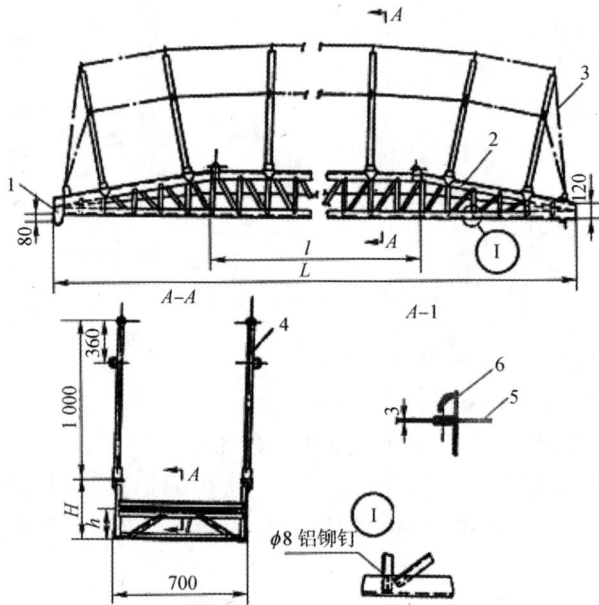

1—滚轮;2—梯架;3—栏绳;4—栏杆;5—踏板;6—踏步。

图 3-32　整体式铝质跳板

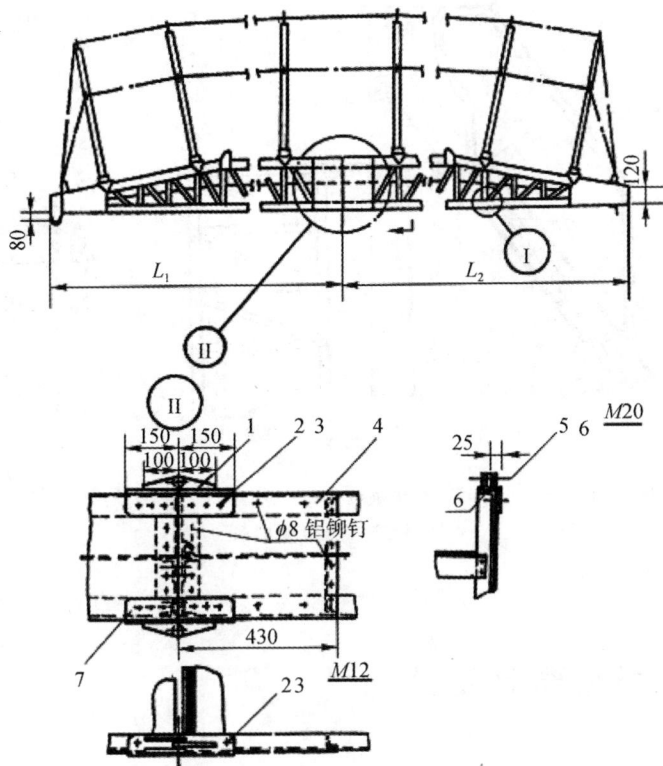

1—耳板;2,5—螺栓;3,6—螺母;4—侧板;7—座板。

图 3-33　可拆式铝质跳板

3.5　舷墙梯

舷墙梯也是船舶对外通道设施。当船舶靠码头后,舷墙梯的支承架同舷墙顶板或栏杆扶手连接固定,从而与登船跳板配合使用,供人员上下。舷墙梯也可同引航员软梯配合使用,作为引航员登、离船舶的安全通道。

舷墙梯按其材料可分为钢质和铝质,结构形式大同小异。如图 3-34 所示为铝质舷墙梯,适应的舷墙或栏杆高度(H)为 1.1 m 或 1.2 m,相应的梯长(L)为 1.34 m 和 1.47 m。

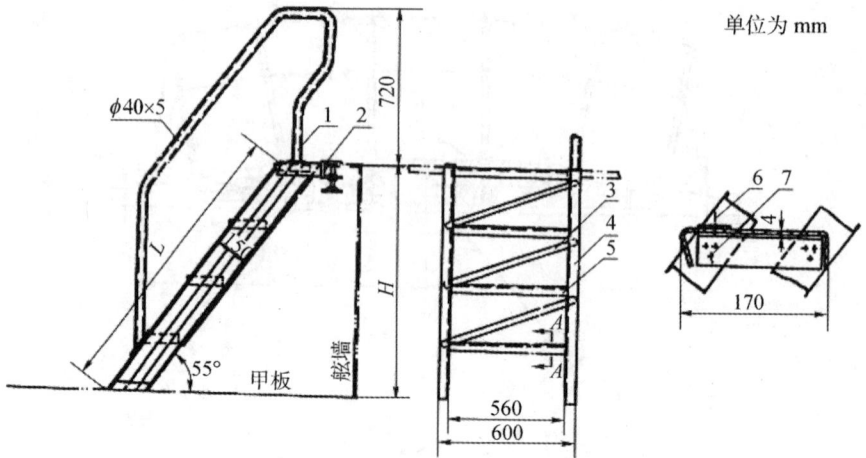

1—扶手;2—支承架;3—连接板;4—梯架;5—踏步;6—螺钉;7—铆钉。

图 3-34　铝质舷墙梯

3.6　引航员登离船装置

3.6.1　关于引航员登离船装置的基本要求

引航员登离船装置是国际航行的海船配置的供引航员安全登、离被引航船舶的专用设施,通常设置在舱壁甲板或干舷甲板以上的甲板两舷处。

根据经修正的 1974 年《SOLAS 公约》(MSC。308(88)决议)规定:"航行中雇用引航员的船舶应设有引航员登离船装置,且应有效地达到使引航员安全登船和离船的目的。引航员登船时,应由一名负责驾驶员进行监督,该驾驶员应有与驾驶室进行联系的通信设备,还应安排护送引航员经由安全通道前往和离开驾驶室。供引航员登离船使用的所有引航员软梯应使用标签或其他永久性标记清晰地作出标识"。该决议还规定,对于 2012 年 7 月 1 日或以后安装的供引航员登离船使用的设备和装置应符合下述要求。

3.6.1.1　登离船装置

(1)应设有能使引航员从船舶的任一舷安全登船和离船的装置。

(2)在所有船舶上,当从海平面至登船处或离船处的距离超过 9 m,并欲将舷梯或其他同样安全方便的装置与引航员软梯一起供引航员登船或离船使用时,则应在每舷均装有这种设备,除非该设备能够转移以供任一舷使用。

(3) 船舶应设置下列任一装置,以供安全方便地登船或离船:

①引航员软梯,所需爬高不小于 1.5 m,离水面高度不超过 9 m,其位置和系固应做到:

(a) 避开任何可能的船舶排水孔;

(b) 在平行船体长度范围内,并尽实际可能在船中一半船长范围内;

(c) 每级踏板稳固地紧靠在船舷;如结构特性,例如护舷材妨碍本规定的实施,应作出使主管机关满意的特别布置,以确保人员能安全登船和离船;

(d) 引航员软梯的单一长度能从登船处或离船处抵达水面,并充分考虑所有装载工况和船舶纵倾及 15°的不利横倾;安全加固点,卸扣和系索的强度应至少与扶手索相同。

②当从水面至登船处的距离超过 9 m 时,与引航员软梯相连的舷梯(即组合装置),或其他同样安全方便的装置。舷梯应导向船尾设置。在使用时,应设有将舷梯的下平台系固在船舷的装置,从而确保舷梯的下端和下平台稳固地紧靠在平行船体长度范围内的船舷并尽可能在船中一半船长范围内,且避开所有的排水孔。

③当引航员登船使用组合装置时,应设有在舷梯的底平台以上名义尺寸1.5 m处将引航员软梯和安全绳系固在船舷的装置。对于使用舷梯并在底平台(即登乘平台)上有一活板门的组合装置,引航员软梯和安全绳的安装应为穿过活板门并延伸至平台以上扶手的高度。

3.6.1.2 到甲板的通道

应设有装置确保在引航员软梯的上端或任何舷梯或其他设施的上端与船舶甲板之间有安全,方便和无障碍的通道,供任何人员登船和离船。如果这种通道是:

(1) 在栏杆或舷墙中开门,则应设有适当的扶手;

(2) 舷墙梯,则应设有两根扶手支柱,其根部或接近根部处以及较高的几处应以刚性方式系固在船舶结构上。舷墙梯应牢固地固定在船舶上,以防翻转。

3.6.1.3 舷门

供引航员登离船用的舷门不应向外开启。

3.6.1.4 引航员机械升降器

不应使用引航员机械升降器。

3.6.1.5 相关设备

(1) 应在近处配备下列相关设备,以备在人员登离船时即可使用;

①两根安全绳,直径不小于 28 mm 且不大于 32 mm,牢固地系在船上(如引航员有要求);安全绳的绳端应固定在甲板上的环板上,并应在引航员离船或当靠近船舷的引航员提出要求时即可使用(安全绳应在终止于甲板上的环板前,于登上甲板处达到支柱或舷墙的高度);

②带有自亮灯的救生圈;

③抛缆绳。

(2) 按上述第 3.6.1.2 条的要求时,应配备支柱和舷墙梯。

3.6.1.6　照明

应配备足够的照明,以照亮舷外的登离船装置和甲板上人员登船和离船位置。

3.6.2　引航员登离船装置的形式及布置

引航员登离船装置应根据登船口离开水面的高度配置,当到达登船口的爬高不小于 1.5 m,离水面高度不超过 9 m 时,可仅配置引航员软梯。超过 9 m 时,还应配置舷梯或其他安全方便的装置与引航员软梯一起使用,但不准使用机械升降器。引航员软梯应配置储存绞车。

关于引航员登离船装置的各项设备以及它们在船上的布置及安装要求阐述如下:

3.6.2.1　引航员软梯

引航员软梯由边索,踏板及其固定器,止扭横杆、系固索以及若干连接件组成,引航员软梯的具体要求如下。

(1) 引航员梯的踏板。踏板应采用无结的整块硬木或经主管机关认可的具有等效的强度、刚度和耐久性的其他材料制成。最下面的 4 级踏板可采用具有足够的强度和刚度的橡胶制成,也可用主管机关满意的其他材料制成。踏板应具有有效的防滑表面。

踏板两边绳之间的距离应不少于 400 mm,踏板宽度 15 mm,厚度 25 mm,不计入任何防滑材料或凹槽。

踏板应水平固定,各踏板的间距应不小于 310 mm 也不大于 350 mm。

(2) 止扭横杆。超过 5 块踏板的引航员梯应设长度至少为 1.8 m 的横杆并按一定间距分布,该间距应使引航员梯不致扭转。最下面的横杆踏板应为梯底端以上的第 5 级,中间的横杆间隔应不超过 9 级踏板。

(3) 回收缆。当回收缆被认为是必须确保引航员梯安全的绳索,此缆绳应固定在最后一根横杆或其以上处,并导向前方。回收缆应不影响引航员及引航船的安全到达。

（4）边索。引航员梯的两根边索应由裸绳制成，其直径不小于 18 mm，连续且无接头，每根边索破断强度不小于 24 kN。每根边索应各由一根连续的绳索制成，在长度的中点处设有足以容纳至少两根绳索的套环。

边索应采用马尼拉绳或其他同等强度、耐用性和握持力的材料制成，此种材料应经防光照老化的处理，并应使主管机关满意。

每对边索应用适当设计用于此目的机械夹紧装置在踏板的上下固定在一起，或利用于踏板固定的附件（木楔或小装置）的捆绑方法，当梯自由悬挂时这些装置能控制踏板保持水平。首选的方法是利用于踏板固定的附件。

（5）标志。在梯长范围内以一定的间隔（如 1 m）设永久标记，并与梯的设计，使用和维护相协调以便于梯安装在要求的高度。

（6）引航员软梯的系固。引航员软梯的系固点、卸扣和系绳应至少具有上述边索的强度。

常用的引航员软梯的形式如图 3-35 所示，边索为直径 20 mm 的白棕绳，系固

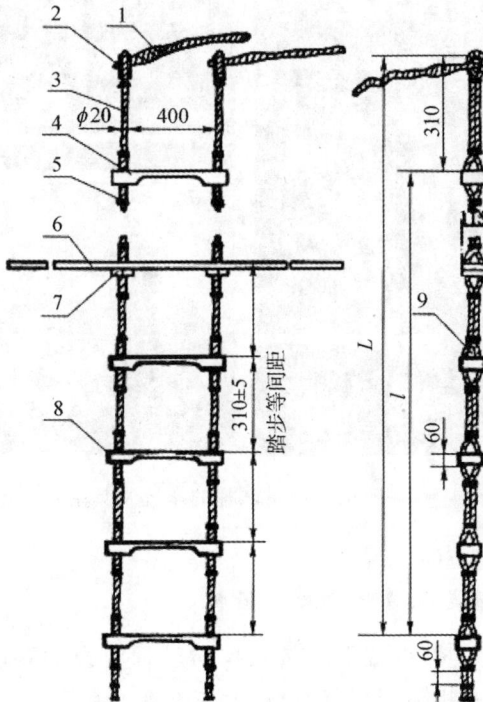

1—系固索；2—套环；3—边索；4—硬木踏板；5—扎绳；6—止扭横杆；7—拼合板；8—橡胶踏板；9—踏板固定嵌环。

图 3-35　引航员软梯

索为直径 28 mm 的白棕绳。此外,设置 2 根扶手索及 1 根安全索,均为直径 28 mm 的白棕绳,扶手索和安全索的长度同软梯边索的长度相同。当引航员上下梯时,将安全索绑在身上,即使掉下软梯也不会落入海中。

干舷不超过 9 m 时的引航员软梯布置和系固方式如图 3-36 所示。软梯的 2 根系固索分别同软梯两侧的边索端部套环连接,然后绑在靠近舷边的甲板上的专用的带环眼板上。扶手索也同甲板上的专用带环眼板连接。

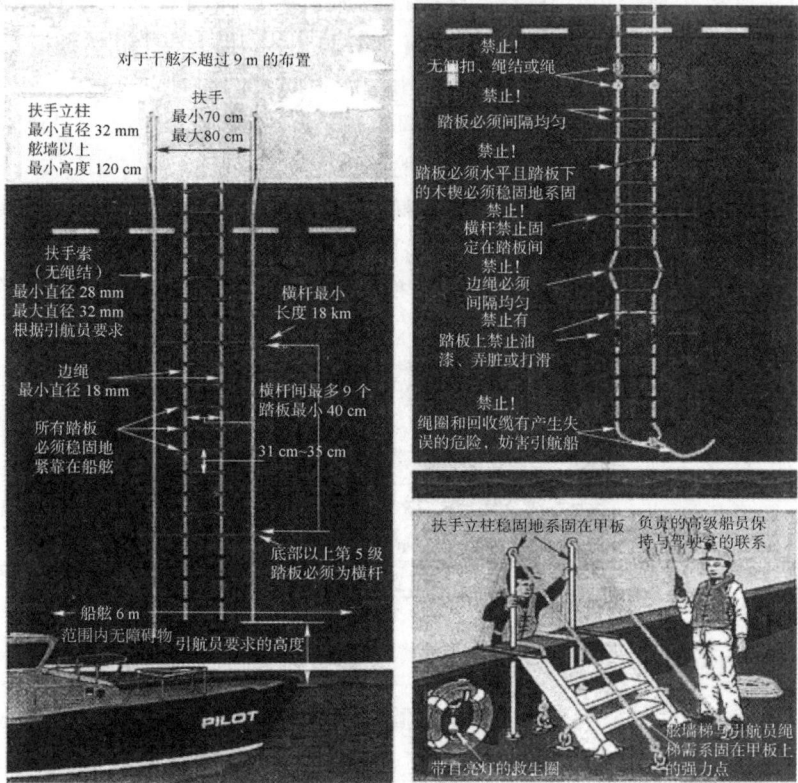

图 3-36 单独的引航员软梯的布置及其系固方式

3.6.2.2 引航员软梯与舷梯组合的登船梯

登船高度超过 9 m 时,设置引航员软梯与舷梯组合的登船梯如图 3-37 所示。舷梯的构造同普通舷梯相似,但使用时的倾斜角度保持不变,且不大于 45°。可接受更适合于特殊类型船舶的装置,只要能提供同等的安全性。

组合登船梯的具体要求如下:

(1)舷梯应有足够的长度,确保其倾斜度不超过 45°。对于具有较大吃水范围的船,应提供几个悬挂位置,产生较小的舷梯倾角。舷梯宽度至少 600 mm。

(2) 舷梯的下端平台在使用时应处于水平位置并系固在船舷侧。下平台距水面高度至少 5 m。

(3) 如设有中间平台,应能自动保持水平。舷梯的梯面和踏板应设计为在使用时能提供合适和安全的立足处的样式。

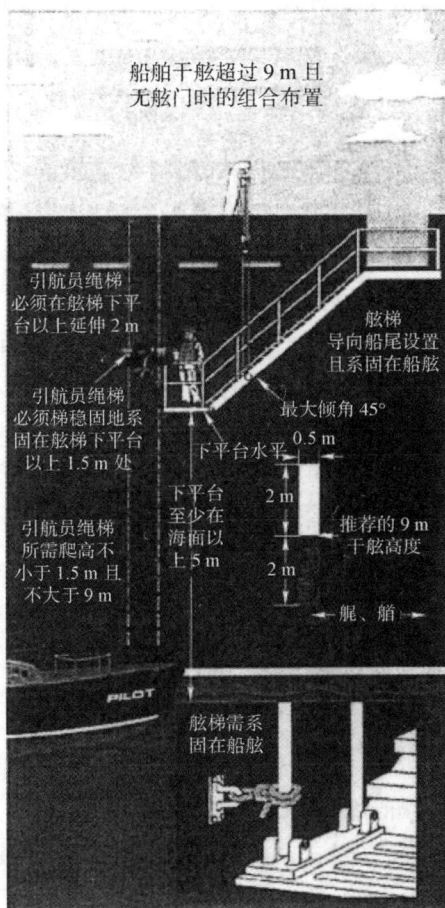

图 3-37　引航员软梯与舷梯组合的登船梯

(4) 舷梯和平台两边均应装有支柱和坚固的扶手,但如使用扶手索,则应拉紧并适当地系牢。在栏杆或扶手索和梯架之间的垂直空间设有安全的防护。

(5) 引航员软梯应紧密地连接到舷梯的下部平台,引航员软梯的上端应在该下部平台以上延续至少 2 m。引航员软梯和舷梯下平台的水平距离应为 0.1 m 至 0.2 m。

（6）如在下平台装有登离引航员软梯的地板门，其开口尺寸应不小于 750 mm×750 mm。平台的地板门需向上打开，并且平置地系固于登乘平台上，或系固在后侧的栏杆上，或系固在平台的外侧，且不应作为扶手的一部分。在此情况下，下部平台的后部也应按上述（4）款的要求装有栏杆，而引航员软梯应延伸至下部平台以上直至扶手的高度，并与船舷对齐且靠紧。

（7）舷梯及按照本建议安装和使用的任何悬挂布置或附带设备应使主管机关满意。

3.6.2.3 甲板通道

应为引航员登离船提供安全，方便和无障碍的通道，确保登离船人员往来于引航员软梯或舷梯的上端与船舶甲板之间。此种通道应是被栏杆围护的平台。这样的通道由下述方法得到：

（1）当在栏杆或舷墙上开门时，应在每舷的登离船处设有适当的扶手，门的宽度应不小于 0.7 m 且不大于 0.8 m；每个扶手的下端或接近下端处以及较高处应牢固地连接在船舶结构上，扶手直径不小于 32 mm，且在舷墙顶部以上延伸至少 1.2 m 高。立柱或栏杆柱不应和舷墙梯相连。

（2）舷墙梯应稳固地附着在船上以防止翻转。在船舶每舷的登离船处应各安装两个扶手支柱，间隔应不小于 0.7 m，不大于 0.8 m。每个支柱的下端或接近下端处以及较高处应牢固地连接在船舶结构上，其直径应不小于 32 mm 且在舷墙顶以上延伸至少 1.2 m 高。立柱或栏杆柱不应和舷墙梯相连。

3.6.2.4 引航船的安全靠近

被引航的船舶应提供 6 m 的无障碍船舷供引航船靠近，如有护舷材或其他形式的结构可能阻止引航船的安全靠近，则这种结构应在局部被取消。对于船长小于 90 m 的特殊的海洋工程船舶或其他类似船舶无法设置 6 m 的无护舷材区域时，经主管机关确认，则不需要满足此要求。在此情况下，应采取其他适合的方法确保人员登离船安全。

3.6.2.5 引航员软梯绞车及其安装

（1）登船处。如设有引航员软梯绞车，绞车所处的位置应确保人员登离船，在引航员软梯和登船处之间，具有安全的，便利的和无障碍的登离船通道（图 3-38）。

登离船处可以是船舶舷侧的开口，组合装置的舷梯或单独的引航员梯。

①登船位置及相邻区域应无包括引航员软梯绞车在内的任何障碍物，要求的距离如下：

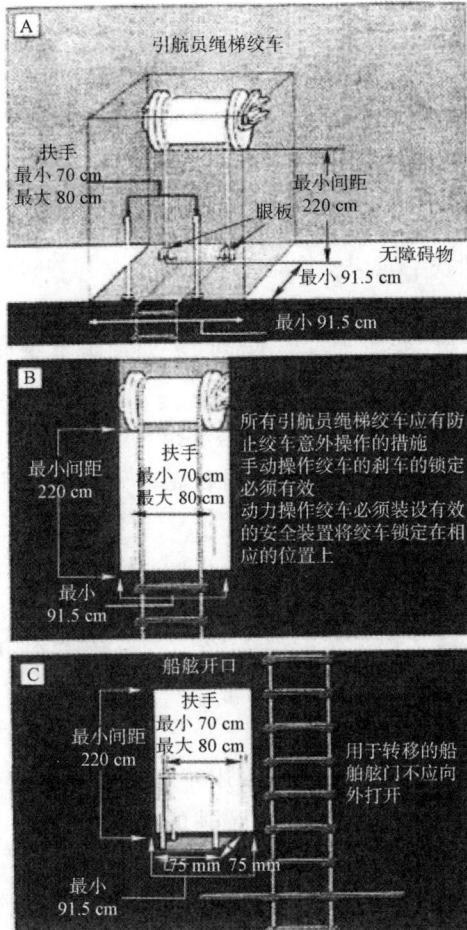

图 3-38　引航员登离船通道及软梯卷车布置

注：A. 无障碍通道；B. 引航员软梯卷卷车安装在舷侧开口处；C. 舷侧开口处的栏杆。

a. 纵向测量的宽度，距离 915 mm。

b. 舷侧板向内测量的深度，距离 915 mm。

c. 通道甲板向上垂向测量的高度，距离 2 200 mm。

（2）引航员软梯绞车的定位。引航员软梯绞车通常安装在船舶的上甲板（主甲板）或在船舶舷侧开口处，此开口包括舷门、跳板位置或加油站处。在上甲板安装绞车可能需要设置很长的引航员软梯。

①在上甲板安装的引航员软梯绞车提供引航员软梯，用于上甲板以下的舷侧开口，或组合布置的舷梯，应满足如下要求：

（a）所处位置应使引航员梯以一条直线垂直悬挂，直到临近舷侧开口通道点或舷梯下平台的一点。

（b）所处位置应能提供一段安全,便利和无障碍的通道用于人员登离船,通道位于引航员软梯和船上通道位置之间。

（c）所处位置应能在引航员软梯和舷侧开口之间提供安全、便利的通道,借助从舷侧向船外延伸至少 750 mm 的平台,纵向长度至少 750 mm。平台应设安全保护栏杆。

（d）引航员软梯和扶手索应安全地系固在作为舷侧开口的登船处平台或舷梯下平台以上 1.5 m 处。

（e）如果设组合布置,舷梯应在位于或靠近舷梯下平台处和舷侧系固,以确保舷梯紧靠在舷侧。

②引航员软梯绞车设在舷侧开口内,需满足如下要求:

（a）所处位置应能提供一段安全,便利和无障碍的通道用于人员登离船,通道位于引航员软梯和船上通道位置之间。

（b）所处位置应能提供无障碍的净空间,至少 915 mm 长、915 mm 宽和 2 200 mm高。

（c）如果所处位置使一段引航员软梯必须部分固定在甲板上的水平位置,以提供上述的净通道,允许这段引航员软梯覆盖一个坚固的平台,平台尺寸为从舷侧向船内水平测量的最小距离为 915 mm。

（3）栏杆及扶手。应提供栏杆及扶手用于帮助引航员在引航员软梯和船舶间的安全转移,除了在本条（2）款①项（c）中描述的向船外延伸的平台布置。栏杆和/或扶手的水平间距应不小于 0.7 m,不大于 0.8 m。

（4）引航员软梯的系固。如引航员软梯储存在船舶舷侧开口内或上甲板上的引航员软梯绞车上,则:

①在引航员软梯使用时,引航员软梯绞车不应该用来支撑引航员软梯。

②引航员软梯应固定在强力点,独立于引航员软梯绞车。

③引航员软梯应固定在船舶舷侧开口内的甲板上,或当引航员软梯位于上甲板上时,引航员软梯应固定在从舷侧向船内水平测量不小于 915 mm 距离处。

（5）引航员软梯绞车的机械固定。引航员软梯绞车应有防止绞车意外操作的措施,避免导致绞车机械故障和人为失误。

①引航员软梯绞车可以手动操作,或者作为另一个选择,可以电动、液压驱动或气动。

②手动操作的引航员软梯绞车应设有刹车或其他类似装置,以控制引航员软梯的下降,当引航员软梯降放到位后,可以锁紧绞车。

③电动,液压驱动或气动的引航员软梯绞车应设有安全装置,能够切断绞车电

源且将绞车锁在相应的位置。

　　④动力绞车应为控制手柄或把手提供清晰的标志,使其可以锁在中间位置。

　　⑤应利用机械装置或锁紧销锁紧动力绞车。

　　常用的引航员软梯卷(绞)车按其驱动方式可分电动和气动,图 3-39 和图 3-40

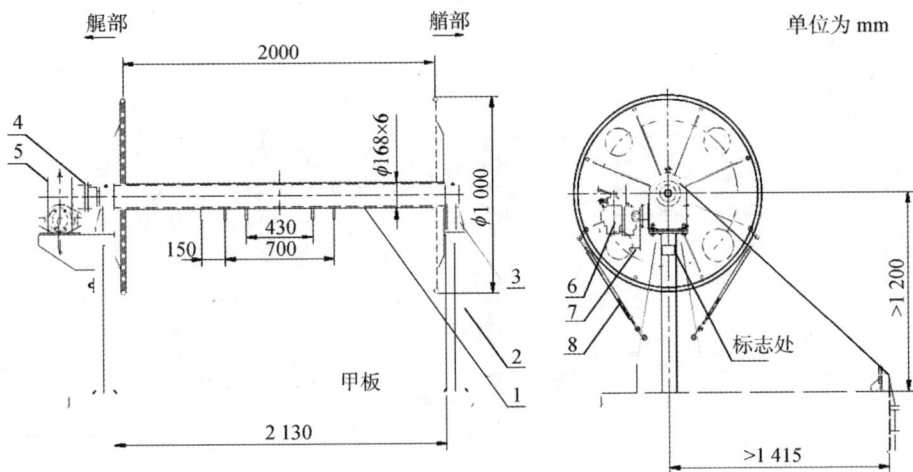

1—滚筒装置;2—座架;3—轴座;4—自锁减速箱;5—联轴器;6—气动马达;7—手摇柄;8—止转装置。

图 3-39　气动固定式软梯绞车(QF)

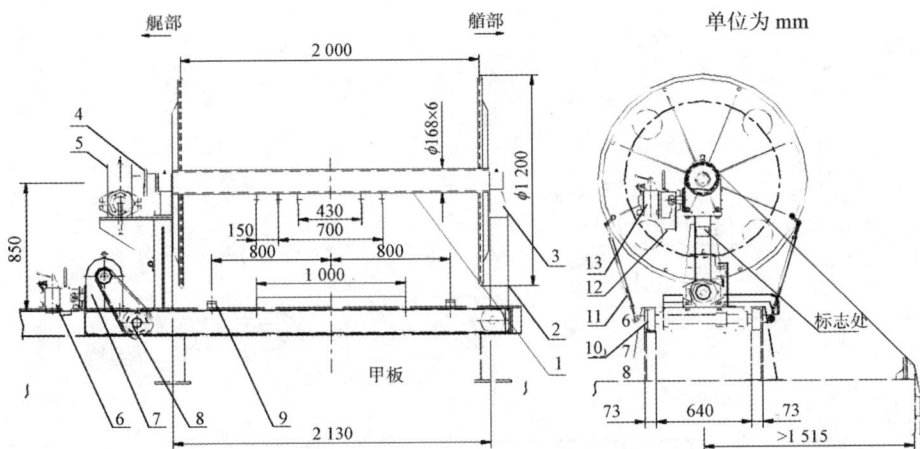

1—滚筒装置;2—座架;3—轴座;4—联轴器;5—自锁减速箱;6—气动马达;7—平移减速箱;8—链轮装置;9—平移止动座;10—平移轨道;11—止转装置;12—手摇柄;13—气动马达。

图 3-40　气动移动式软梯绞车

注:(1)卷车分左式和右式,图 3-39 和图 3-40 中所示为右式。

　　(2)图 3-40 所示为气动平移式软梯绞车,手动平移式气动软梯绞车无件 6、件 7 和件 8。

所示为气动软梯卷车,图 3-41 和图 3-42 所示为电动软梯卷车,两种软梯卷车的基本参数分别列于表 3-23 和表 3-24.引航员软梯卷车仅供收存引航员软梯用,不能作为该软梯的支承系固点。

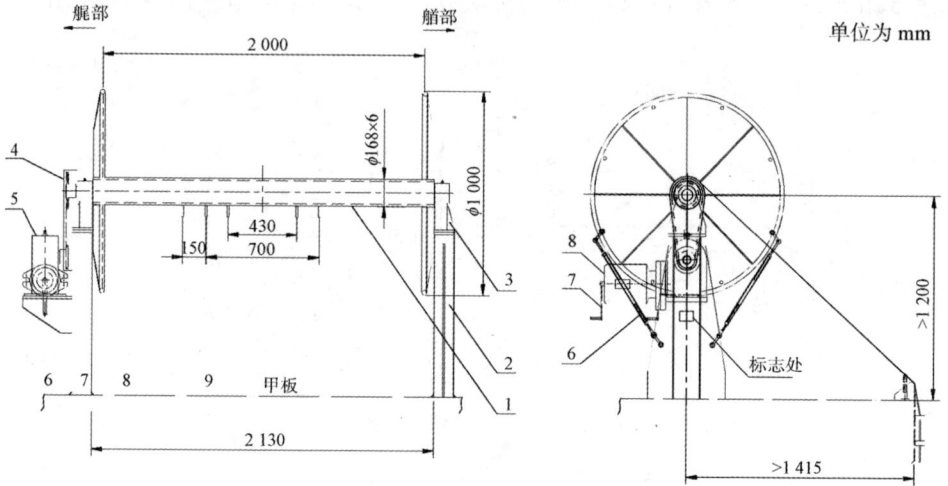

1—滚筒装置;2—座架;3—轴座;4—链轮装置;5—自锁减速箱;6—止转装置;7—手摇柄;8—电动马达。

图 3-41　电动固定式引航员软梯绞车

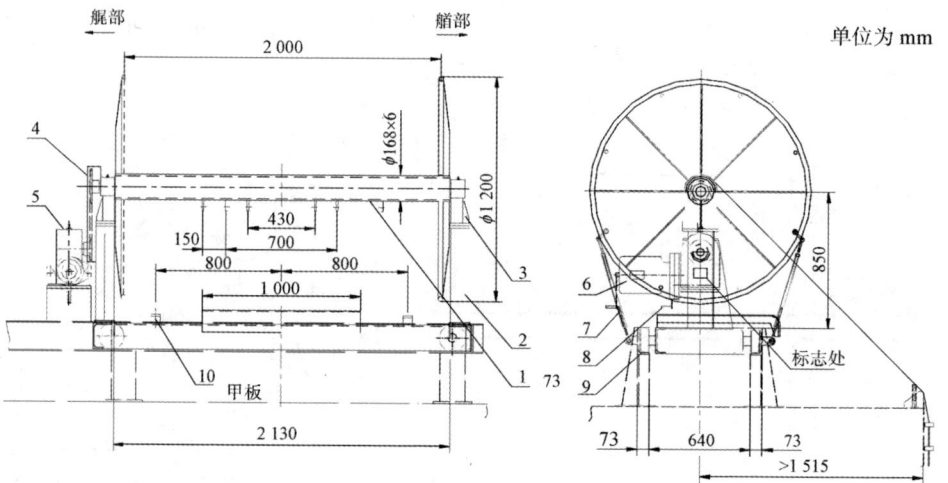

1—滚筒装置;2—座架;3—轴座;4—链轮装置;5—自锁减速箱;6—电动马达;7—止转装置;8—手摇柄;9—平移轨道;10—平移止动座。

图 3-42　电动移动式引航员软梯绞车

注:(1)卷车分左式和右式,图 3-41 和图 3-42 中所示为右式。

　　(2)图 3-42 所示为手动平移式软梯绞车。

表 3-23　气动软梯绞车的主要参数

形式	卷筒平均升降速度 m/min	气动平移速度 m/min	最大容量（软梯长）m	工作气压/MPa	耗气量 m^3/min	马达额定转速 r/min	传动比	额定功率/kW	卷筒负载/kN	支持负载/kN	理论质量/kg
QF		—	10								470
QM1	15～21	2.6		0.6	2.5	300	1:30	1.8	1.5	3	760
QM2		—	12								670

表 3-24　电动软梯绞车的主要参数

形式	卷筒平均升降速度 m/min	最大容量（软梯长）/m	额定电流 A	电压/频率 V/Hz	马达额定转速 r/min	传动比	额定功率/kW	卷筒负载/kN	支持负载/kN	理论质量/kg
DF	15～21	10	4.6	380/50	890	1:90	1.5	1.5	3	550
DM		12								695

3.7　船内梯

3.7.1　斜梯

斜梯是船舶内部各层甲板之间最常用的垂向通道设施。斜梯按其制造材料可分为钢质斜梯和铝质斜梯，民用船舶通常使用钢质斜梯；按其使用处所又可分为普通钢质斜梯、货舱斜梯和机舱斜梯等。

（1）普通钢质斜梯

普通钢质斜梯通常用于露天甲板以及除居住处所以外的舱室内部各层甲板。标准的普通钢质斜梯按其梯架形式分为 A 型（图 3-43）和 B 型（图 3-44）。A 型的梯架为角钢组合结构，B 型的梯架为球扁钢，踏步板采用花纹钢板，并设置防滑条。普通钢质斜梯的斜度为：45°、50°、55°、60°、65°和 70°。在人员经常上、下的处所使用的斜梯，其斜度应不大于 55°，斜度 65°和 70°的斜梯仅用在人员很少到达的处所。

表 3-25 所示为普通钢质斜梯的主要参数。

表 3-25　普通钢质斜梯的类型和主要参数　　　　　　（mm）

形式	斜度 $\alpha/(°)$	梯宽 B	层间高	梯长 L
A	45	700,800	400~3 500	283~4 667
	50,55,60	500,600	400~3 400	261~3 916
		700,800	400~4 400	261~4 961
	65,70	400,500,600	500~3 500	331~3 641
B	45	700,800	400~3 500	283~4 667
	50,55,60	500,600	400~3 400	261~3 916
		700,800	400~4 400	261~4 961
	65,70	400,500,600	500~3 500	331~3 641

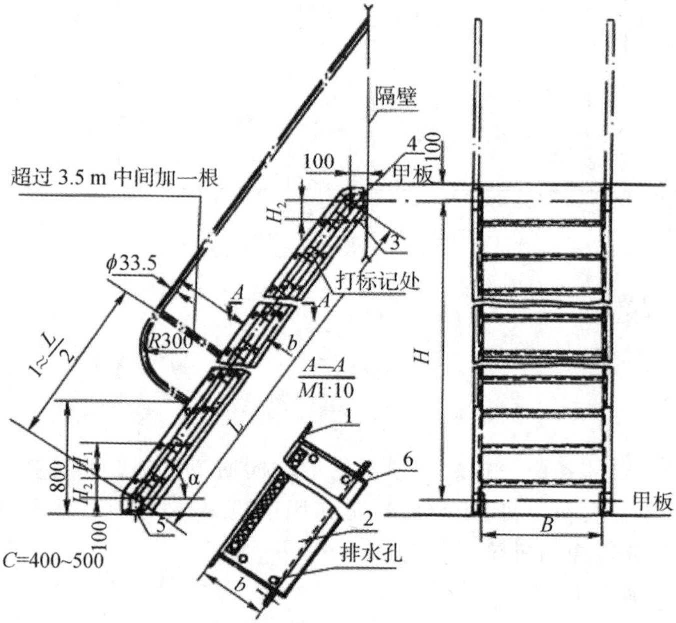

1—梯架;2—踏步板;3—宽踏步板;4—上耳板;5—下耳板;6—防尘板。

图 3-43　A 型普通钢质斜梯

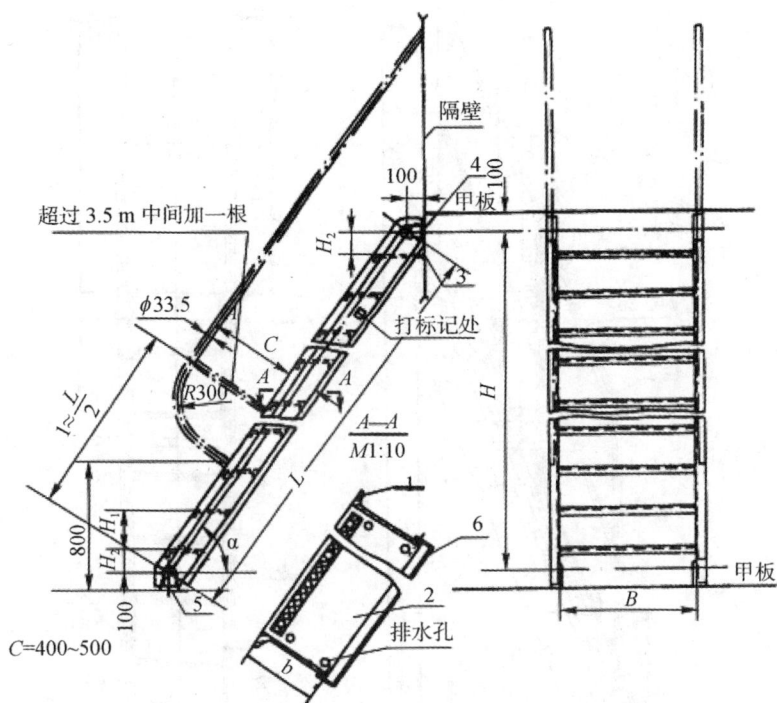

1—梯架;2—踏步板;3—宽踏步板;4—上耳板;5—下耳板;6—防尘板。

图 3-44　B 型普通钢质斜梯

（2）货舱斜梯

货舱斜梯为货船货舱专用的钢质斜梯,标准的货舱斜梯分为 A 型普通斜梯和 B 型螺旋式斜梯。

A 型货舱斜梯如图 3-45 所示,斜度为 60°和 65°,其梯架为球扁钢,梯子两侧设置固定扶手,踏步由两根角端向上的方钢组成。货舱斜梯适用的高度（Hc）为 1.5～6 m,超过 6 m 的货舱斜梯应设中间平台如图 3-46 所示。

B 型货舱斜梯如图 3-47 所示,该梯为螺旋式斜梯,踏步为角端向上的方钢结构,适用的高度为 5～12 m。螺旋式斜梯占地小,适用于安装在散货船槽形舱壁处。

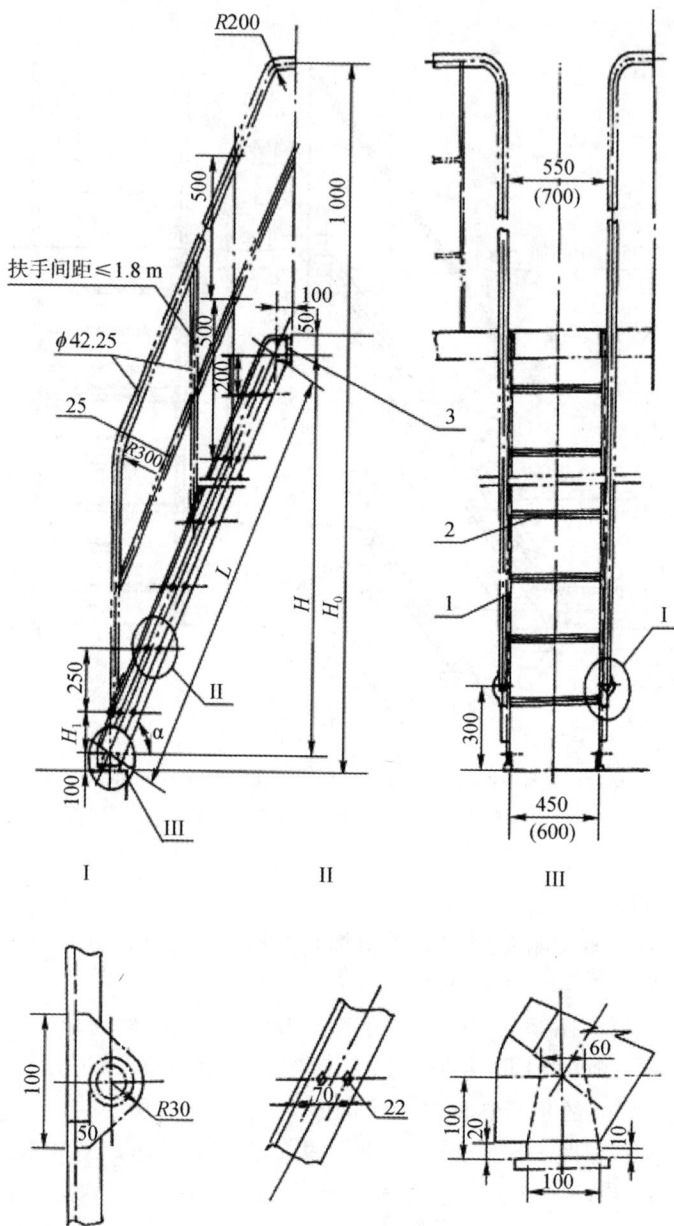

1—梯架;2—踏步;3—连接板。

图 3-45   A 型货舱斜梯

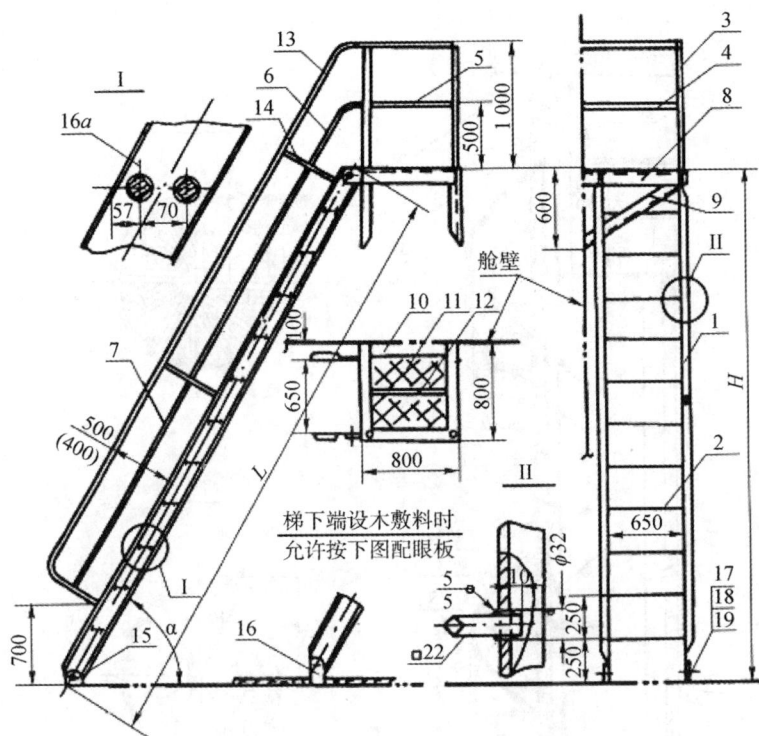

1—梯架；2—方钢踏步；3—栏杆柱；4,5,6,7—栏杆；8—平台框架；9—平台支撑；10，
12—平台扁钢；11—平台钢板；13—斜梯扶手；14—扶手柱；15,16—眼板；17—螺栓；
18—螺母；19—垫圈。

图 3-46　设置中间平台和固定扶手的货舱斜梯

（3）机舱斜梯

机舱斜梯适用于机器处所，常用的机舱斜梯，其斜度为 55°、60°和 65°，梯宽为
450 mm、600 mm 和 750 mm，适用的高度为 0.5~6.5 m。短的梯架采用角钢组
合，长的梯架采用槽钢，图 3-48 所示为槽钢梯架机舱斜梯。踏步应能防滑，因而采
用方钢，钢板网或压焊的钢格栅板制作如图 3-49 所示。

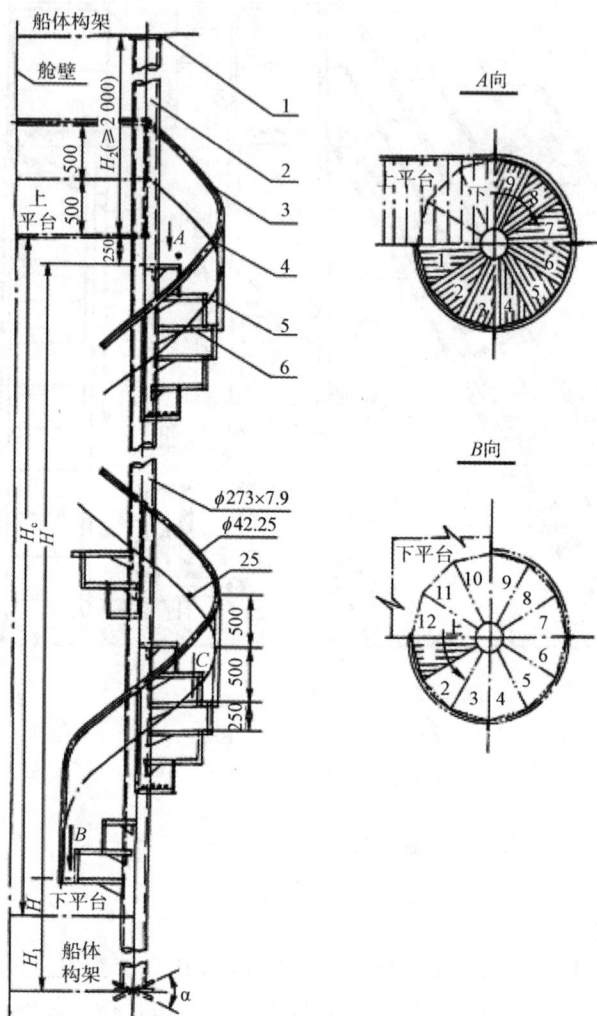

1—覆板;2—梯架;3—扶手;4—栏杆柱;5—栏杆;6—踏步。

图 3-47　B 型货舱斜梯

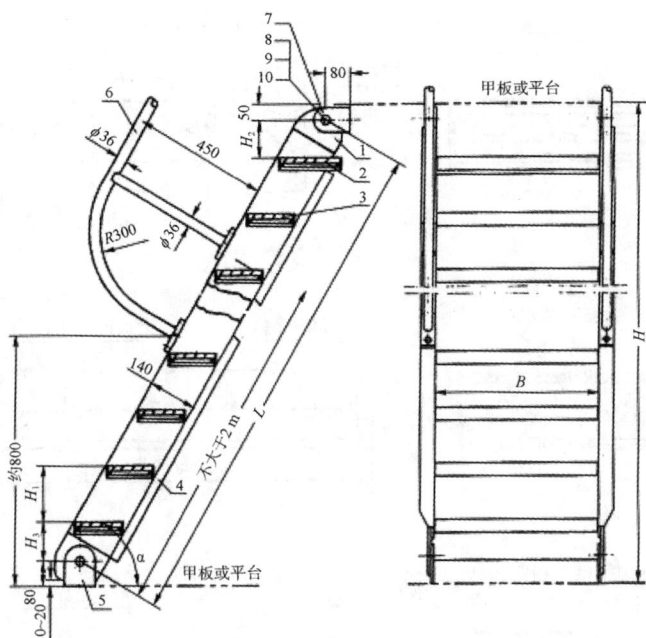

1—梯架;2—宽踏步;3—普通踏步;4—防尘板;5—下眼板;6—扶手;7—上眼板;8—螺栓;9—螺母;10—弹簧垫圈。

图 3-48　槽钢梯架机舱斜梯

3.7.2　直梯

直梯是船舶内部另一种常用的垂向通道设施,通常用于液体舱空舱以及其他人员不经常出入的处所。直梯按其制造材料可分为钢质直梯和铝质直梯、民用船舶通常应使用钢质直梯。按其使用处所又可分为普通钢质直梯及货、油舱直梯等。

(1)普通钢质直梯

普通钢质直梯通常用于海(淡)水舱、空舱、桅杆、吊杆柱,人员不经常上下或出入的甲板室顶部及舱室等处所,其类型和主要参数列于表 3-26。

普通钢质直梯的踏步间距为 300 mm,其中 A 型(图 3-50)及 B 型(图 3-51)直梯的梯架为扁钢,C 型直梯(图 3-52)的梯架为钢管结构。直梯安装时离开该处的壁板的距离应不小于 150 mm,梯长大于 2 500 mm 时,梯架中间部位应加装固定眼板。

方钢踏步

A—A旋转

20×20方钢

5×40扁钢

16 60 60 60

155(普通踏步)

215(宽踏步)

钢板网踏步

B—B旋转

5×30扁钢   钢板网 ϕ12圆钢

155(普通踏步)

215(宽踏步)

压焊钢格栅板踏步

C—C旋转

5×25扁钢 6×6扭绞方钢   花纹前护板

25

155(普通踏步)

215(宽踏步)

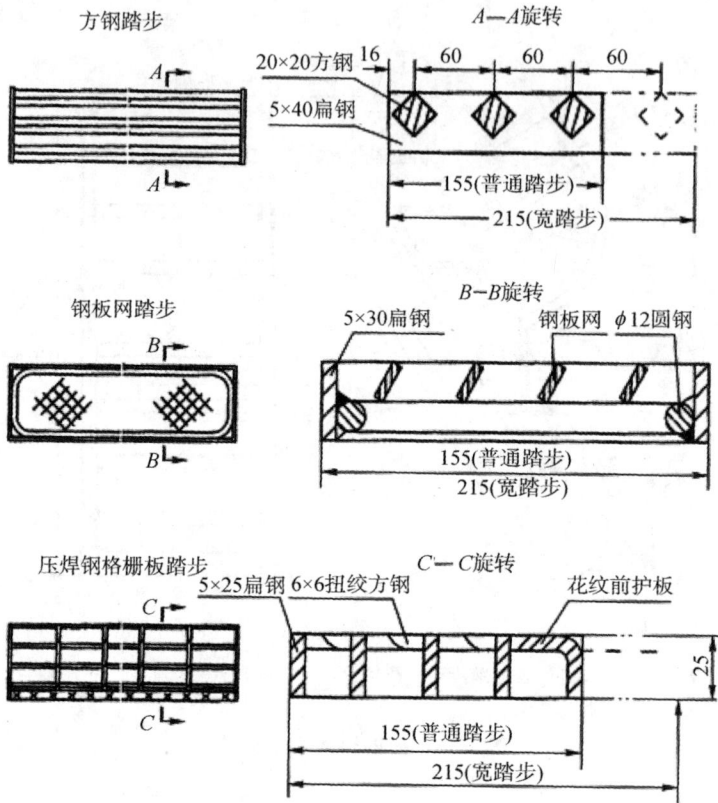

图 3-49   机舱斜梯踏步形式

表 3-26   普通钢质直梯的类型及主要参数   (mm)

类　型	踏　步		梯宽 B	梯长 L
A	ϕ20	圆钢踏步	300,350	600～6 000
	ϕ22		400	
B	ϕ20	方钢踏步	300,350	
	ϕ22		400	
C	ϕ22	钢管踏步	300,400	600～3600

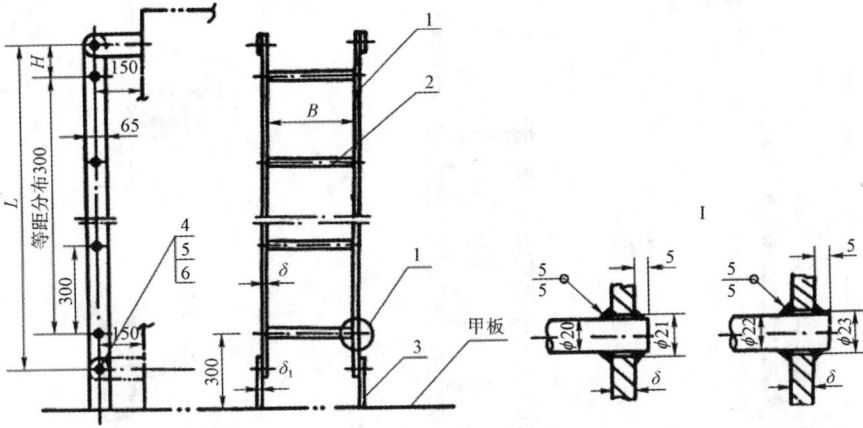

1—扁钢梯架;2—圆钢踏步;3—固定眼板;4—螺栓;5—螺母;6—垫圈。

图 3-50 A 型普通钢质直梯

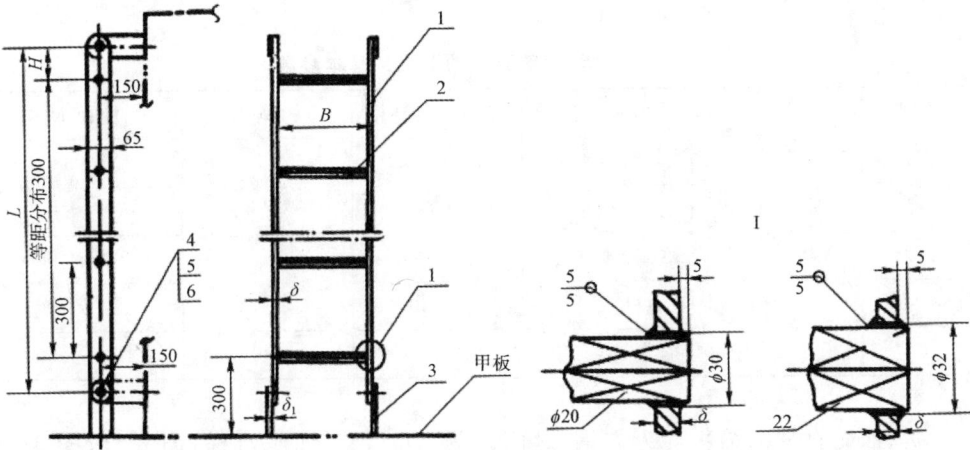

1—扁钢梯架;2—方钢踏步;3—固定眼板;4—螺栓;5—螺母;6—垫圈。

图 3-51 B 型普通钢质直梯

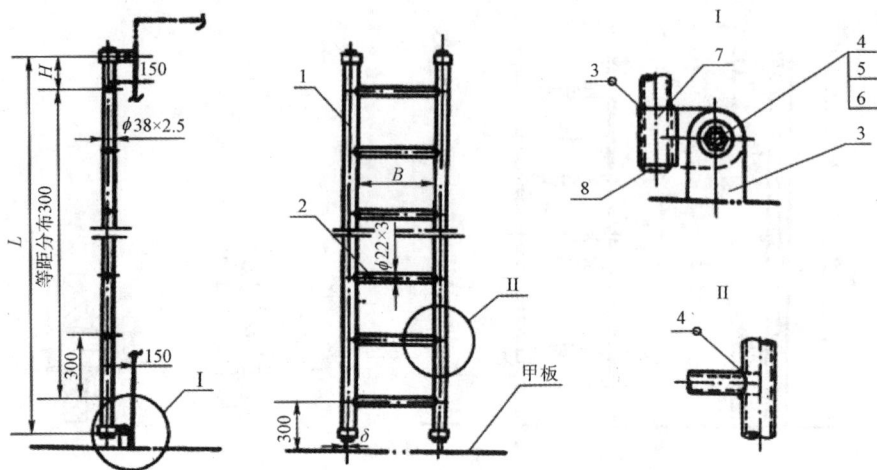

1—钢管梯架;2—钢管踏步;3—固定眼板;4—螺栓;5—螺母;6—垫圈;7—梯架套筒;8—套筒封板。

图 3-52 C 型普通钢质直梯

（2）货,油舱直梯货

油舱直梯是船舶货、油舱专用的钢质梯,其类型及主要参数列于表 3-27。

表 3-27 货、油舱直梯的形式和基本参数   （mm）

类型	名称		梯架材料规格	梯宽 B	梯长 L
A1	油舱直梯	组合型	$-65 \times t$	300,350,400	1 200～6 000
A2		焊接型			1 000～6 000
A3		螺栓连接型			1 200～6 000
B	角钢货舱直梯		L 80×50×8		1 200～6 000
C	球扁钢货舱直梯		P 140×35×9	400	2 100～6 000

货、油舱直梯的踏步均为方钢,其间距为 300 mm,油舱直梯（图 3-53、图 3-54 和图 3-55）的梯架为扁钢,货舱直梯（图 3-56 和图 3-57）的梯架为角钢或球扁钢。作为检查通道的直梯只能选用单根方钢踏步的货舱直梯。梯长大于 2 500 mm 时,梯架中间部位应加装固定眼板。

单位为 mm

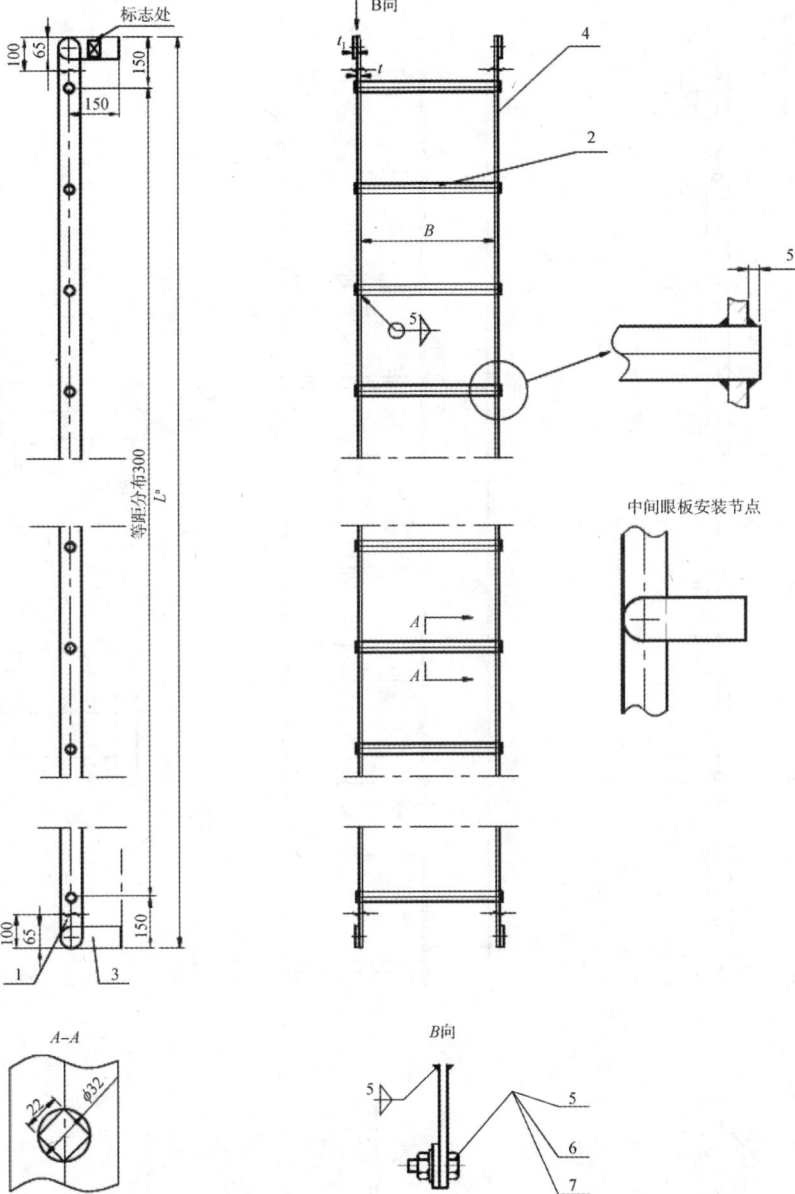

1—过渡板(不锈钢);2—踏步(不锈钢);3—眼板(不锈钢);4—梯架;5—六角螺栓(M24,不锈钢);6—六角螺母(M24,不锈钢);7—垫圈(24,不锈钢)。

图 3-53　组合型油舱直梯

注:$L > 2\,500$ mm 时,沿梯长方向约中间位置加装一个眼板固定;$L > 5\,000$ mm 时,直梯从下端量起 $2\,000$ mm 以上需加装直梯保险箍。

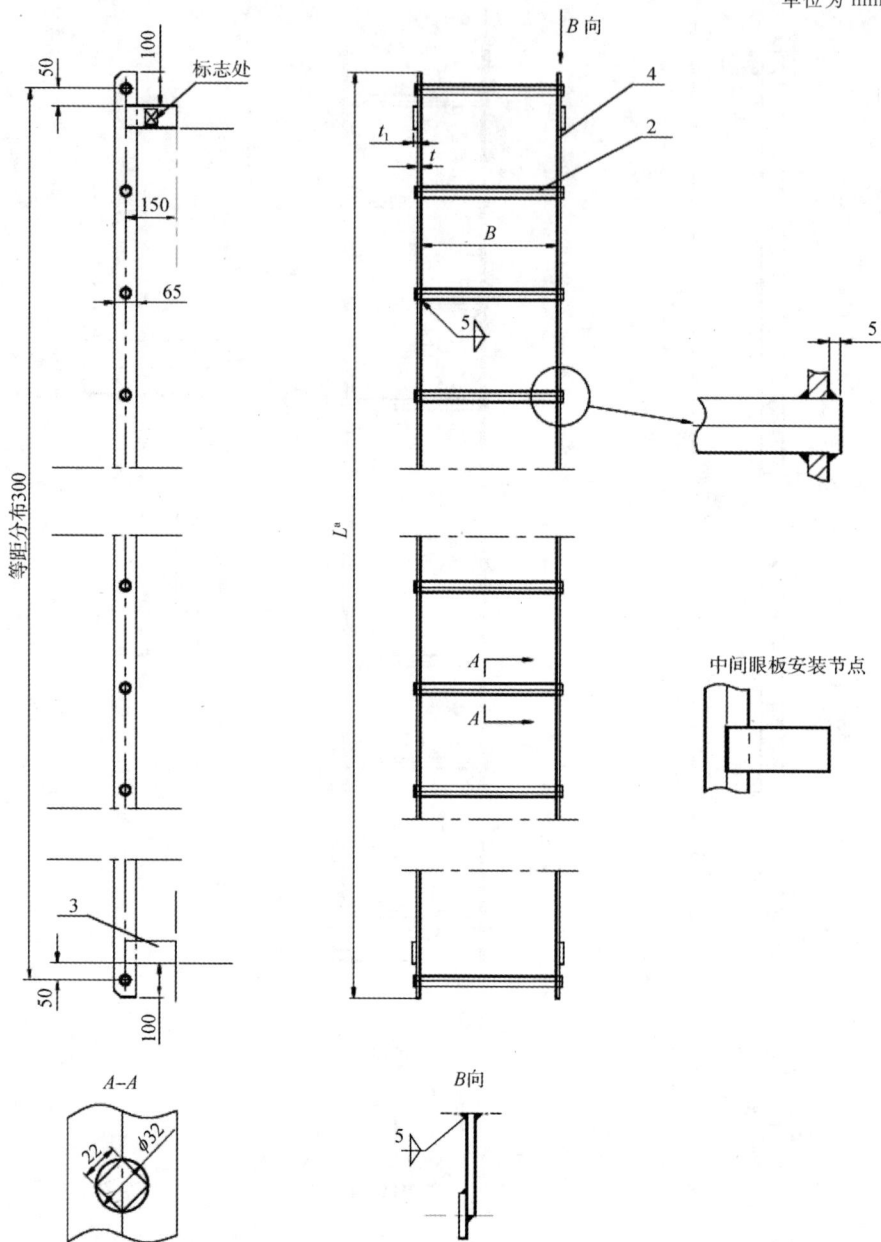

单位为 mm

1—梯架；2—踏步（不锈钢）；3—眼板（不锈钢）。

图 3-54　焊接型油舱直梯

注：L>2 500 mm 时，沿梯长方向约中间位置加装一个眼板固定；L>5 000 mm 时，直梯从下端量起
　　2 000 mm 以上需加装直梯保险箍。

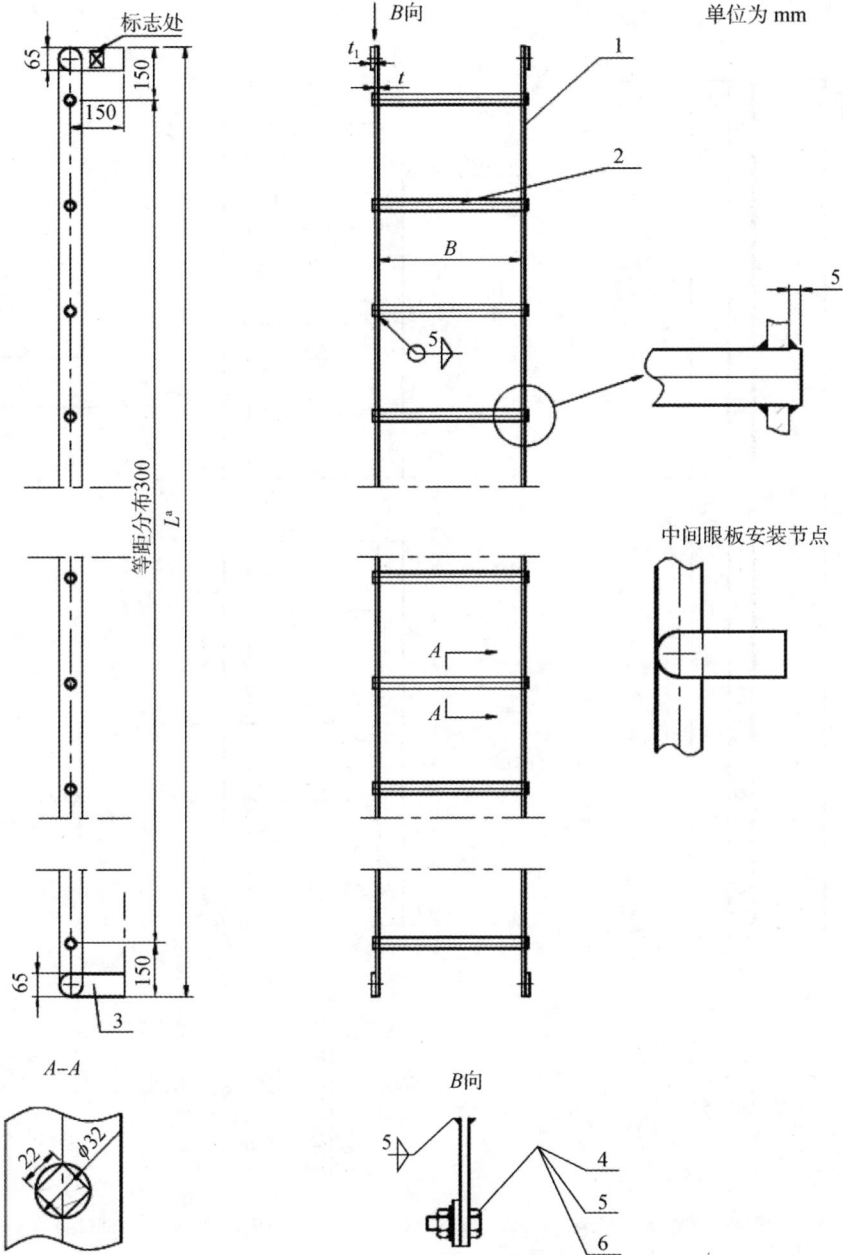

1—梯架；2—踏步；3—眼板；4—六角螺栓（M24）；5—六角螺母（M24）；6—垫圈（24）。

图 3-55　螺栓连接型油舱直梯

注：$L>2\,500$ mm 时，沿梯长方向约中间位置加装一个眼板固定；$L>5\,000$ mm 时，直梯从下端量起 2 000 mm 以上需加装直梯保险箍。

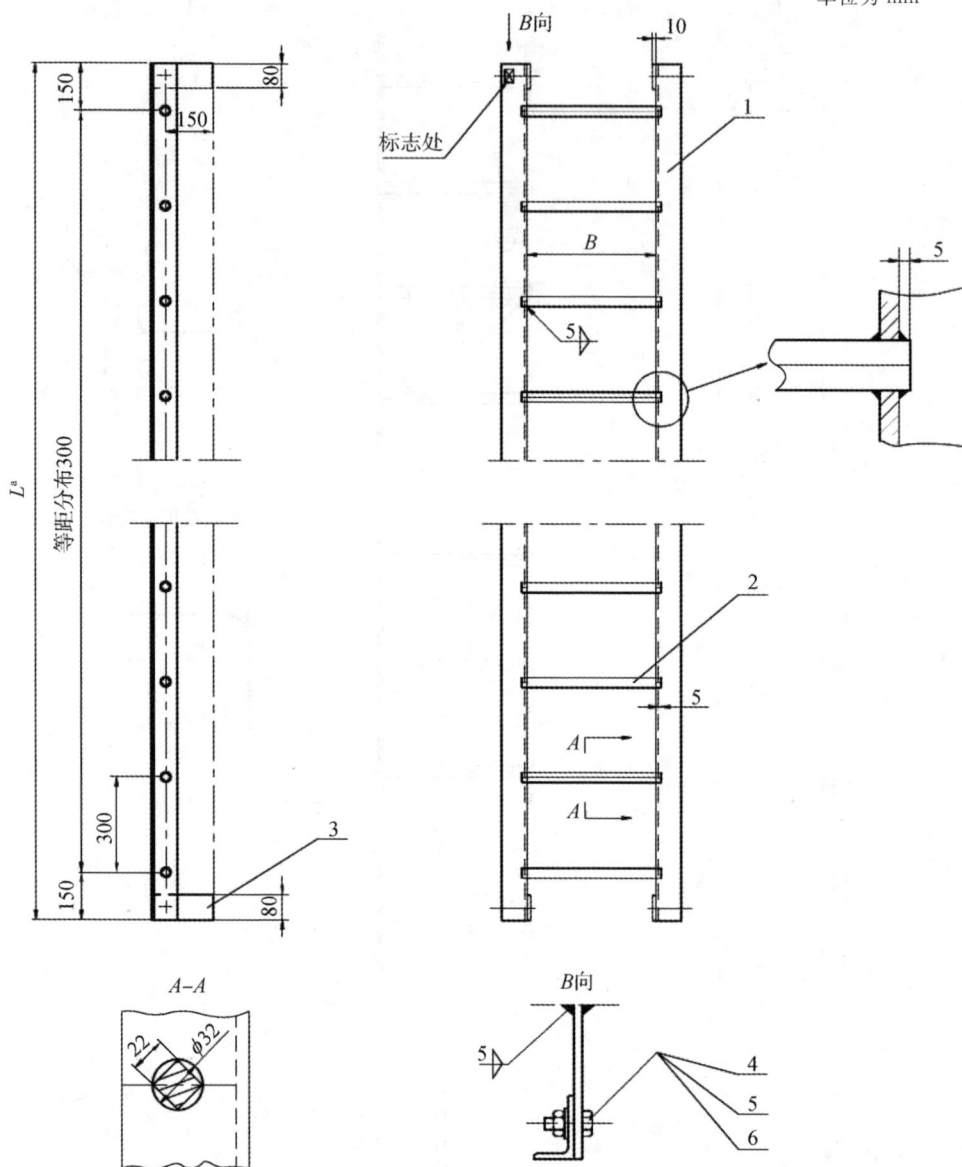

1—梯架;2—踏步;3—眼板;4—六角螺栓(M24);5—六角螺母(M24);6—垫圈(24)。

图 3-56　角钢货舱直梯

注:L>2 500 mm 时,沿梯长方向约中间位置加装一个眼板固定;L>5 000 mm 时,直梯从下端量起
2 000 mm以上需加装直梯保险箍。(CB/T 4243-2013)

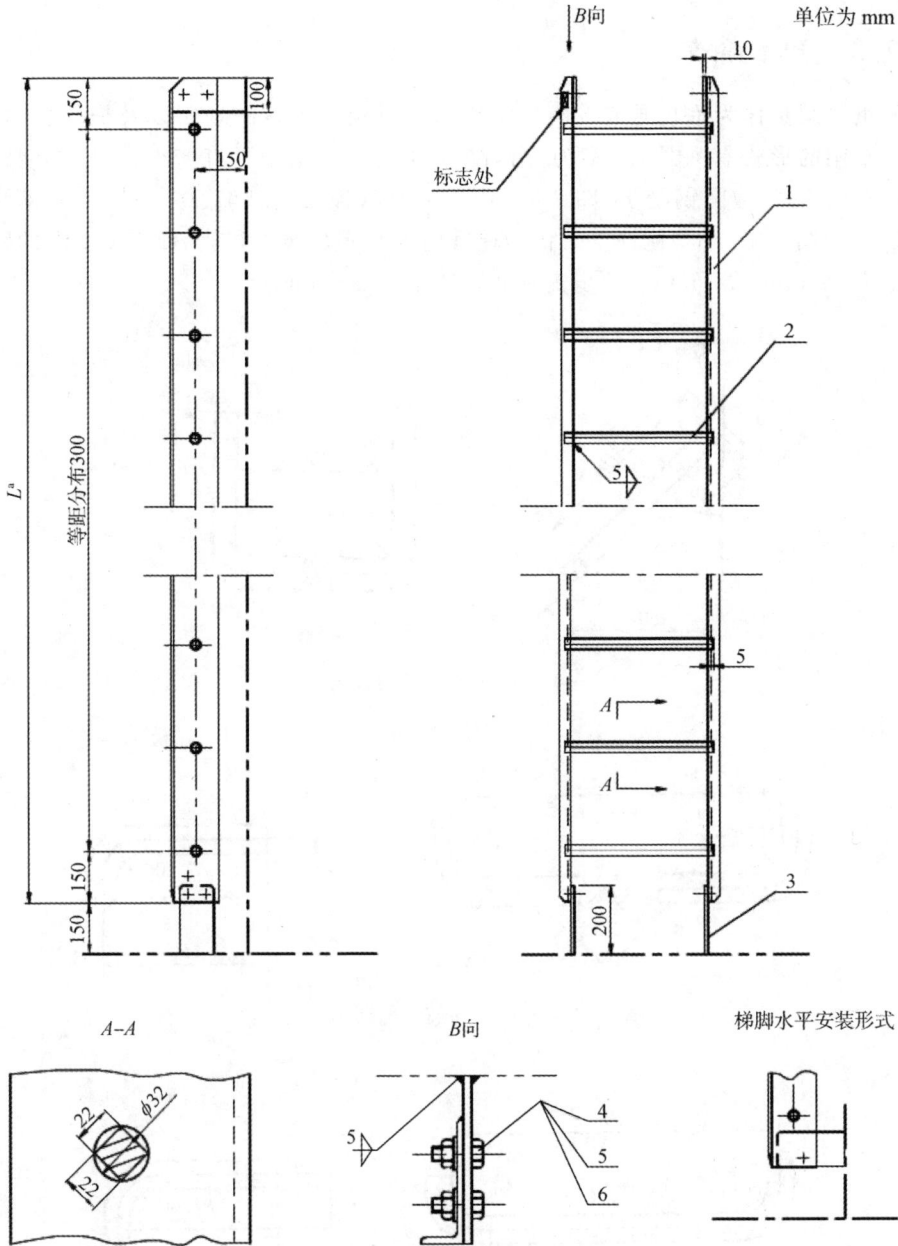

1—梯架;2—踏步;3—眼板;4—六角螺栓(M24);5—六角螺母(M24);6—垫圈(24)。

图 3-57 球扁钢货舱直梯

注:(1) L>2 500 mm 时,沿梯长方向约中间位置加装一个眼板固定;L>5 000 mm 时,直梯从下端量起
    2 000 mm 以上需加装直梯保险箍。

(2) 直梯的下梯脚,可按需要水平安装。

3.7.3　钢质踏步

钢质踏步作为垂直通道设施通常用于人员很少到达的处所以及桅、柱等构件上。常用的形式有 4 种，A 型为方钢踏步（图 3-58）用于平直壁板；B 型方钢踏步（图 3-59）及 C 型圆钢踏步（图 3-60）用于平直壁板及大型桅、柱上；D 型方钢踏步（图 3-61）用于中、小型桅柱上。作为检查通道和满足澳大利亚 AMSA 要求的踏步方钢为 22 mm×22 mm。踏步安装间距通常为 300 mm。

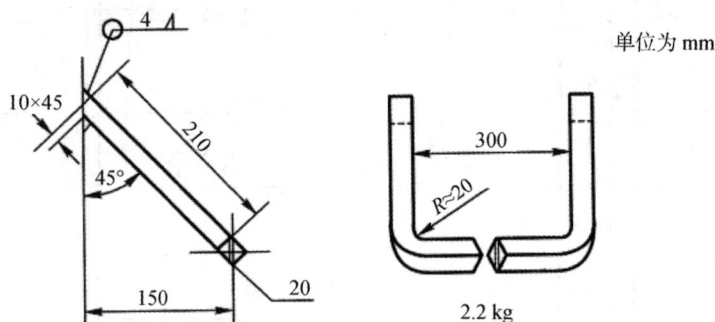

图 3-58　A 型方钢踏步

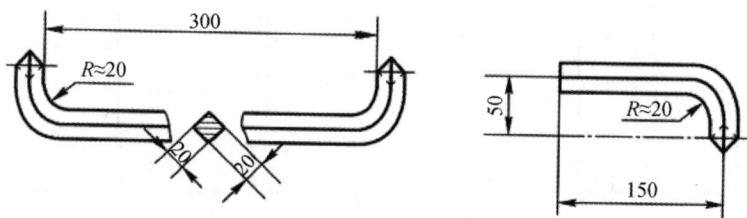

图 3-59　B 型方钢踏步

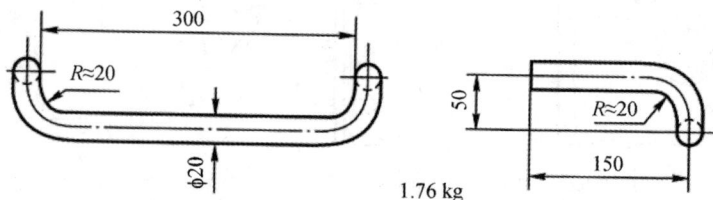

图 3-60　C 型圆钢踏步

单位为 mm

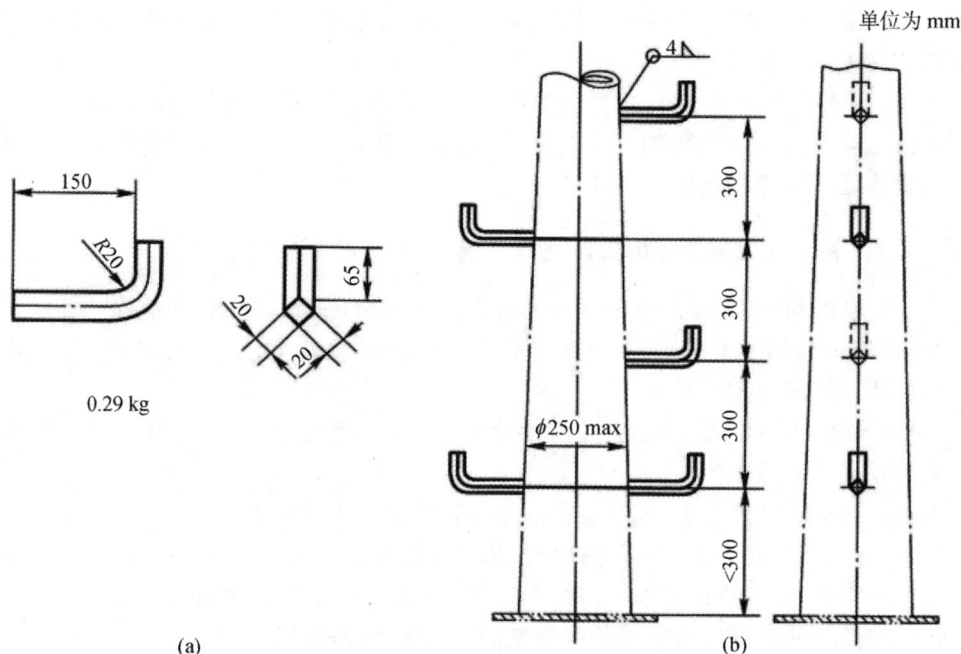

(a)踏步形式;(b)踏步安装方式。

图 3-61　D 型方钢踏步

3.8　船用梯的选择和布置

3.8.1　一般要求

作为船舶内部各层甲板之间垂直通道设施的船用梯,其形式及布置同人员的安全密切相关。首先,根据防火的要求,船用梯应采用钢或经主管机关批准的等效材料制造。同时,梯道或梯子作为通道的一部分其布置应使乘客和船员易于从舱室进出,易于到达露天(开敞)甲板和救生艇甲板。

3.8.1.1　某些处所配置的船用梯应符合有关规则和法规的要求,例如:

(1) 当梯道或梯子构成脱险通道的一部分时,应满足有关国际公约,规则和法规的要求(详见本节 3.8.2 与 3.8.3 所述)。所谓"脱险通道"系指可从乘客及船员起居处所和除机器处所以外通常有船员的处所到达救生艇和救生筏登乘甲板的通道;或可从机器处所上部或下部的门进入的通往救生艇和救生筏登乘甲板的通道。

（2）作为检查通道的梯子，应符合有关规则的规定（详见本分册第 5 章 5.1《船舶检验通道技术要求》所述）。

（3）在澳大利亚港口装卸货物的船舶，其货物处所的扶梯设置尚应符合澳大利亚海上安全局（AMSA）的有关规定（详见本分册第 5 章 5.2《澳大利亚海上安全局对货物处所通道的要求》）所述。

3.8.1.2　除以上所述外，船上一般梯子的设置可参照下述原则：

（1）除控制站，起居处所和服务处所以外的梯道（子），其倾斜度应在 45°～55°之间，但应尽可能不大于 60°。梯宽一般应不小于 700 mm，在狭窄的或人员很少出入的处所及小船上梯宽可为 600 mm。

（2）过长的斜梯或直梯，应在高度约 3～3.5 m 处设中间平台，并在梯架长度中间加设固定耳板。

（3）斜梯应设置扶手，人员经常使用的直梯也应设置扶手。

（4）控制站，起居处所，服务处所及机舱的斜梯应设置防尘板。

（5）梯道（子）的选择应与梯口配合，通常，梯口的宽度应至少大于梯宽 150 mm，梯口的长度应视斜梯的倾斜度而定如表 3-28 所示。

表 3-28　斜梯梯口的最小尺寸

斜梯的倾斜度/(°)	梯口宽度/mm	梯口长度/mm
45		2 000
50		1 700
55	不小于梯宽＋150 mm	1 450
60		1 200
65		950
70		750

（6）除设有小舱口盖或人孔盖的梯口外，其他梯口应设置围板，以防止甲板上的水或物体通过梯口坠落及影响人员上下。

（7）舱内梯子下端的固定眼板不应直接焊接在船体板上，应设法固定在底部构架上。

3.8.2　国际航行海船的梯道

3.8.2.1　国际航行海船脱险通道的梯道

对于国际航行的海船，SOLAS 公约（第Ⅱ-2 章）及 MSA《国际航行海船法定检验技术规则(2014)》(第 4 篇第 2-2 章)规定,脱险通道的梯道应满足《国际消防安全系统规则》(FSS 规则)的要求,如下:

(1) 客船的控制站、起居处所和服务处所脱险通道的梯道:

①梯道宽度。作为基本要求,梯道净宽度应不小于 900 mm。如果从该梯道撤离人数超过 90 人时,梯道的最小净宽度应每增加 1 个撤离人员而增加 10 mm。通过该梯道撤离的人员的总数应假设为该梯道服务区域的 2/3 的船员及乘客的总人数。为此,应根据每层甲板的船员和乘客的人数来计算梯道的宽度,其最小值应不低于按规定的计算方法所确定的值[详见《国际消防安全系统规则》(FSS 规则)]。

②扶手。梯道的两侧应装有扶手,扶手之间的最大净宽度应为 1 800 mm。

③梯道的对准。通过人数超过 90 人的梯道应首尾向对准。

④垂向升高和倾斜。不设梯道平台的梯道垂向升高不超过 3.5 m,且其倾斜角应不大于 45°。

⑤梯道平台。除了服务于公共处所有直接通向梯道范围内的梯道平台外,每一层甲板的梯道平台的面积应不小于 2 m²。如使用该平台人员数超过 20 人时,每增加 10 人应增加 1 m² 的面积,但不必超过 16 m²。

(2) 货船的控制站,起居处所、服务处所和机器处所脱险通道的梯道。用作脱险通道的梯道和走廊的净宽度应不小于 700 mm,并在其一侧应装有扶手。净宽为 1 800 mm 及以上的梯道和走廊应在其两侧装有扶手。"净宽度"系指扶手和另一侧舱壁之间或扶手之间的距离。梯道的倾斜角一般应是 45°但不得大于 50°,但在机器处所和狭小处所内应不得大于 60°。进入梯道的门道应与梯道的尺寸相同。

3.8.2.2　国际航行海船—客船的梯道

MSA《国际航行海船法定检验技术规则(2014)》第 7 篇"乘客舱室定额与舱室设备"关于国际航行海船一客船的梯道要求如下:

(1) 除机器处所外,一切乘客和船员出入处所以及船员经常使用的处所内,应设有钢质或其他等效材料的扶梯与梯道,以提供到达救生艇,筏登乘甲板的方便的脱险通道。脱险通道应满足本法规第 4 篇第 2-2 章的有关规定[即本节上述第 3.8.2.1 条(1)款所述]。

(2) 由固定舱壁所围蔽的每个乘客居住处所应设置供乘客上下的扶梯,扶梯数及宽度应按该处所乘客人数而定,并应按上下二层甲板中载客较多的一层甲板的乘客人数配置,其最低要求应按表 3-29 的规定。

(3) 扶梯应为钢质或其他等效材料结构。扶梯的倾角(与地板的夹角)一般应不大于 45°,对不设梯道平台的扶梯垂直高度应不大于 3.5 m。当扶梯高度大于 1 m 时,应设有扶手。梯踏步的垂直间距应不大于 0.25 m,踏步的深度应不小于

0.25 m，踏步板上应设有防滑装置。

表 3-29 扶梯数及最小宽度

乘客人数 n/人	扶梯数和宽度	
	扶梯数/部	扶梯最小宽度/m
$n \leqslant 90$	2	0.9
$n > 90$	2	$[0.9+0.01 \times (n-90)] \leqslant 1.8$

注：1.乘客人数 n 应包括船员。

2.当乘客人数 $n \leqslant 90$ 人的处所设置两部扶梯有实际困难，经同意，其中一个扶梯可以用应急出口代替。

3.8.3 国内航行海船的梯道

3.8.3.1 国内航行海船脱险通道的梯道

对于国内航行的海船脱险通道的梯道应满足 MSA《国内航行海船法定检验技术规则（2020）》（第 4 篇第 2-2 章）的如下要求。

（1）客船脱险通道的梯道。除机器处所另有规定外，一切乘客及船员处所以及船员经常使用的处所，应布置有梯道和梯子，以供作到达救生艇，筏登乘甲板的方便的脱险通道，其宽度，数量以及脱险通道的连续性应符合以下要求：

①梯道净宽度应不小于 900 mm。梯道两侧应设有栏杆或扶手。如果从该梯道撤离人数超过 90 人时，每增加 1 个撤离人员，梯道的最小净宽度应增加 10 mm。当梯道宽度大于 900 m 加时，栏杆或扶手之间最大净宽度应不超过 1 800 mm。应将梯道服务区域的 2/3 的船员和乘客数设定作为该梯道撤离人员的总数；

②通过人数超过 90 人的梯道应为首尾向梯道；

③属于脱险通道一部分的门口道，走廊及楼梯中间平台尺寸的确定应采用与确定梯道尺寸同样的方法；

④不带楼梯平台梯道的垂向高度应不超过 3.5 m，且其倾斜角应不大于 45°；

⑤除了服务于公共处所有直接通向梯道环围的梯道平台外，每一层甲板的楼梯平台的面积应不小于 2 m²。如使用该平台人员数超过 20 人时，每增加 10 人增加 1 m² 的面积，但不必超过 16 m²。

（2）货船脱险通道的梯道。

①2 000 总吨及以上的货船及 500 总吨及以上的液货船。一切起居处所以及船员经常使用的处所（除机器处所外），应布置有梯道和梯子，以提供通往开敞甲板并继而到达救生艇,筏甲板随时可用的脱险通道。应符合下列规定：

a.用作脱险通道的梯道和走廊的净宽度至少应为 700 mm,并在其一侧应装有扶手。净宽度为 1 800 mm 及以上的梯道和走廊应在其两侧装有扶手。"净宽度"系指扶手和另一侧舱壁之间或扶手之间的距离。梯道的倾斜角一般应是 45°,但不得大于 50°,但在机器处所和狭小处所内应不得大于 60°。进入梯道的门道应与梯道的尺寸相同。

b.上述机器处所和舵机处所内用作脱险通道的梯道(子)的净宽度至少应为 600 mm。

②2 000 总吨以下的货船及 500 总吨以下的液货船:

a.起居处所的各层,从每一限定处所或处所群应至少设有一条可供到达开敞甲板继而到达救生艇、筏登乘甲板的脱险通道。用作脱险通道的梯道和走廊的净宽度至少应为 600 mm。

b.上述机器处所和舵机处所内用作脱险通道的梯道(子)的净宽度至少应为 600 mm。

(3)非机动船。系指设有 A 类机器处所的非机动船,该类船构成脱险通道的梯道和梯子应由钢质材料制成。

3.8.3.2　国内航行海船—客船的梯道

MSA《国内航行海船法定检验技术规则(2020)》第 8 篇"乘客定额及舱室设备"对于国内航行海船—客船的梯道要求如下:

(1)除机器处所外,一切乘客和船员出入处所以及船员经常使用的处所内,应设有钢质或其他等效材料的扶梯与梯道,以提供到达救生艇,筏登乘甲板的方便的脱险通道。脱险通道应满足本法规第 4 篇第 2-2 章的有关规定[即本节上述第 3.8.3.1 条(1)款所述]。

(2)由固定舱壁所围蔽的每个乘客居住处所应设置供乘客上下的扶梯,扶梯数及宽度应按该处所乘客人数而定,并应按上下两层甲板中载客较多的一层甲板的乘客人数而定,其最低要求应按表 3-30 的规定。

表 3-30　扶梯数及最小宽度

乘客人数/人	扶梯数和宽度	
	扶梯数/部	扶梯最小宽度/m
不超过 100	2	0.8
100～150	2	1.0
	3	0.8

表 3-30 （续）

乘客人数/人	扶梯数和宽度	
	扶梯数/部	扶梯最小宽度/m
151～200	2	1.3
	3	1.0
200 以上	2	1.5
	3	1.0

注:如乘客人数不超过30人的处所设置两部扶梯有实际困难,经船舶检验机构同意,其中一个扶梯可以用应急出口代替

（3）扶梯应为钢质或其他等效材料结构。扶梯的倾角(与地板的夹角)一般应不大于45°,经同意,可放宽到50°。梯踏步的垂直间距应不大于0.25 m,踏步的深度应不小于0.25 m,踏步板上应设有防滑装置。当扶梯高度大于1 m时,应设有扶手。

第4章 栏杆和风暴扶手

4.1 栏杆和风暴扶手的设置及基本要求

　　船舶的露天甲板包括上层建筑和甲板室的各层甲板,其边缘若为开敞部分,作为人员的保护设施,除了设置舷墙的区域以外,应设置栏杆,梯口、舱口,用作船员通道的固定步桥以及各类工作平台的开敞边缘也应设置栏杆。

　　栏杆可分为固定和活动两大类。活动栏杆又可分为可拆式和可倒式。可拆式栏杆在工作需要时,可将栏杆拆下,另行存放。可倒式栏杆则就地放倒,便可工作,省去了搬运的麻烦。组成栏杆的主要零部件为栏杆柱、栏杆扶手、横挡和栏杆支撑。

　　风暴扶手是保证在船舶摇摆时,供人员把持防止摔倒的装置,一般装设在上层建筑或甲板室外围壁上和舱内走道的围壁上。

4.1.1 有关公约和法规对栏杆保护的要求

4.1.1.1 国际载重线公约的要求

　　经 MSC143(77)决议修正的 1966 年《国际载重线公约》对于设置栏杆保护的要求(MSA 国际及国内航行海船《法规》的要求与此相同)如下:

　　(1)(略)

　　(2)所有露天甲板四周应装设栏杆或舷墙。舷墙或栏杆的高度应至少离甲板 1 m,如果此高度妨碍船舶正常工作,可准许采用较小的高度,但需提供适当的防护措施,并经主管机关认可。

　　(3)装设在上层建筑和干舷甲板上的栏杆应至少有 3 挡。栏杆的最低一挡以下的开口应不超过 230 mm,其他各挡的间隙应不超过 380 mm。如船舶设有圆弧形舷缘,则栏杆支座应置于甲板的平坦部位。在其他位置上应装设至少有二挡的栏杆。栏杆应符合以下规定:

①应按约 1.5 m 间距装设固定式、移动式或铰链式支柱。移动式或铰链式支柱应能锁定在直立位置；

②至少每第 3 根支柱应采用肘板或撑杆支持；

③如因船舶正常工作需要，可以同意用钢丝绳代替栏杆。钢丝绳应用螺旋扣绷紧；

④如因船舶正常工作需要，可允许在两个固定支柱和/或舷墙之间装设链索来代替栏杆。

（4）为保护船员进出他们的住所，机舱以及船上重要操作所需的任何处所，应为船员提供安全通道（详见 MSA《国际航行海船法定检验技术规则》第 3 篇第 25-1 条—编者注）配备适当的设施（以栏杆、安全绳、步桥或甲板下的通道等形式）。

（5）任何船舶所装运的甲板货物的堆装，应使在货物堆装处进出船员住所，机舱以及船上重要操作所用的所有其他部位的任何开口能被关闭以防止进水。如在甲板上和甲板下均设有方便的通道，应在甲板货物以上设置栏杆或安全绳来保护船员。

4.1.1.2 SOLAS 公约的要求

SOLAS 公约（第Ⅱ-2 章）及 MSA《国际航行海船法定检验技术规则（2014）》（第 4 篇第 2-2 章）第 13 条脱险通道，对客滚船的附加要求规定：

在脱险通道沿线的所有走廊内应设置扶手或其他手扶物，以便在通向集合站和登乘站的通道内可能有的每一台阶处，都有坚固的手扶物。此种扶手应设置在宽度超过 1.8 m 的纵向走廊和宽度超过 1 m 的横向走廊的两侧。应特别注意需能穿过脱险通道沿线的大厅、天井和其他较大开敞处所。扶手或其他手扶物的强度应能承受走廊或处所中心线方向 750 N/m 的水平分布荷载以及 750N/m 的垂直向下分布荷载。这两种荷载不必同时施加。

4.1.2 IACS 对于栏杆设施的解释

IACS 对于上述 4.1.1.1 条（3）款②项的要求做出了解释（详见 IACS UI. LL47），其要点如下：至少每第 3 根支柱应采用肘板或撑杆支持。扁钢支柱可作为替代装置，但应按图 4-1 增加宽度，且除甲板厚度超过 20 mm 外，均应与甲板下的构件对齐。增加宽度的栏杆支柱以双面连续角焊缝焊于甲板上（焊足高度最小 7 mm，或根据设计标准）。

替代至少每第3根支柱处由撑条支持的装置：

(a) 至少每第3根支柱增加宽度：　$k \cdot b_s = 2.9 \cdot b_s$
(b) 至少每第2根支柱增加宽度：　$k \cdot b_s = 2.4 \cdot b_s$
(c) 每根支柱增加宽度：　　　　　$k \cdot b_s = 1.9 \cdot b_s$

此处：
b_s 按设计标准的通常支柱宽度。

增加宽度的支柱与甲板下的构件对齐，最小100×12的扁钢以双面连续角焊焊于甲板，如甲板厚度超过20 mm，增加宽度的支柱无需与甲板下的构件对齐。

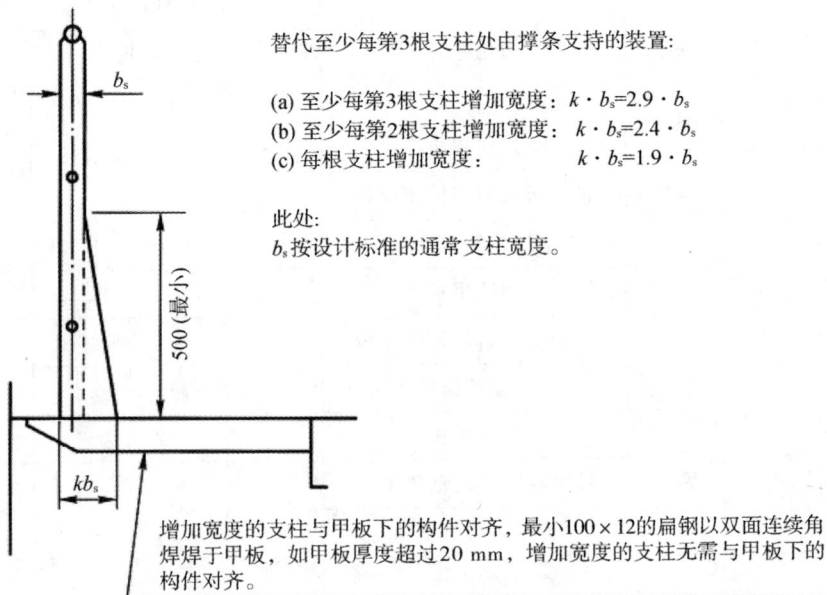

图 4-1　替代每第 3 根支柱设置撑杆的方法

4.2　栏杆

4.2.1　固定栏杆

常用的固定栏杆按其栏杆柱的形式可分为扁钢栏杆、钢管栏杆和安全网栏杆。扁钢栏杆因其扶手的形式不同，又可分为钢管扶手扁钢栏杆、塑料扶手扁钢栏杆和硬木扶手扁钢栏杆，钢管栏杆及安全网栏杆的扶手均为钢管。固定栏杆的类型、高度及适用范围列于表 4-1。

（1）无撑杆固定扁钢栏杆

无撑杆固定扁钢栏杆的栏杆柱为扁钢，可分为：A 型（A，AF 及 AS）钢管扶手栏杆如图 4-2 所示，B 型（B，BF 及 BS）塑料扶手栏杆如图 4-3 所示，C 型（C，CF 及 CS）硬木扶手栏杆如图 4-4 和 D 型（D，DF 及 DS）钢管扶手栏杆如图 4-5 所示，D 型与 A 型栏杆的主要区别是两者的横挡安装方式不同。无撑杆固定扁钢栏杆的横挡可采用钢管或圆钢。

表 4-1　固定栏杆的类型、高度及适用范围　　　　　　　　　（mm）

形式	名称	扶手	适用范围	栏杆柱质量 kg 栏杆高度 H/mm			
				800	900	1 000	1 050
A	固定扁钢栏杆	钢管	钢质甲板	—	6.42	7.18	—
AF			带甲板敷料的钢质甲板	—	—	—	7.55
AS			上层建筑侧壁板	—	6.06	6.82	—
B		塑料	钢质甲板	—	6.55	7.31	—
BF			带甲板敷料的钢质甲板	—	—	—	7.68
BS			上层建筑侧壁板	—	6.19	6.93	—
C		硬木	钢质甲板	—	6.62	7.38	—
CF			带甲板敷料的钢质甲板	—	—	—	7.75
CS			上层建筑侧壁板	—	6.26	7.02	—
D	固定扁钢栏杆	钢管	钢质甲板	—	6.51	7.27	—
DF			带甲板敷料的钢质甲板	—	—	—	7.64
DS			上层建筑侧壁板	—	6.15	6.91	—
E			支撑　钢质甲板	—	10.15	10.91	—
ES			上层建筑侧壁板	—	9.79	10.55	—
F			钢质甲板	—	10.24	11.00	—
FS			上层建筑侧壁板	—	9.98	10.64	—
GA	固定钢管栏杆	钢管	栏杆柱通径 φ32×3.5　钢质甲板	2.01	2.26	—	—
			φ42×3.5	2.77	3.10	—	—
GB			φ32×3.5	2.59	2.91	—	—
			φ42×3.5	2.75	3.08	—	—
HA	固定安全网栏杆		φ32×3.5	2.01	2.26	—	—
			φ42×3.5	2.77	3.10	—	—
HB			φ32×3.5	2.59	2.91	—	—
			φ42×3.5	2.75	3.08	—	—

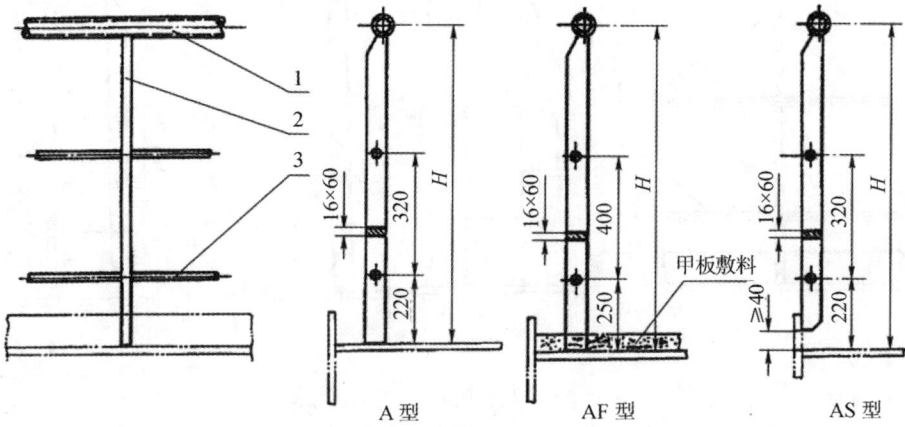

1—扶手;2—栏杆柱;3—横杆。

图 4-2　A、AF 及 AS 型栏杆

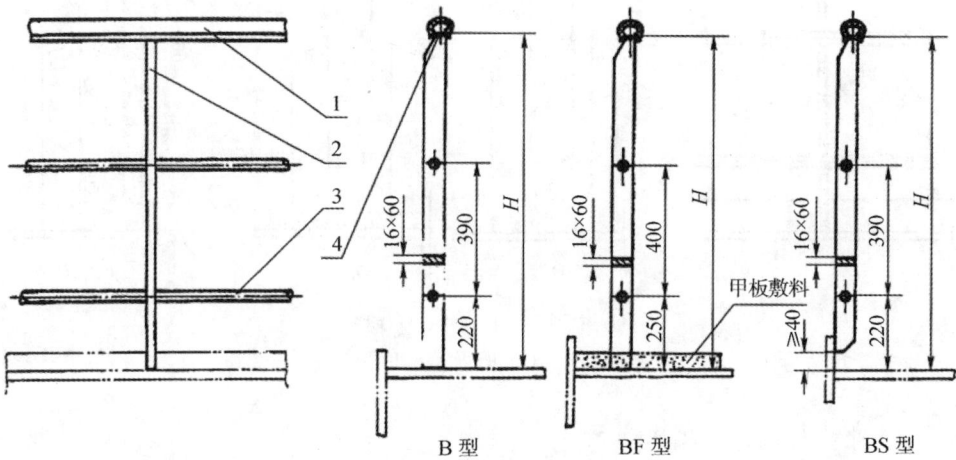

1—扶手;2—栏杆柱;3—横杆;4—扁钢。

图 4-3　B、BF 及 BS 型栏杆

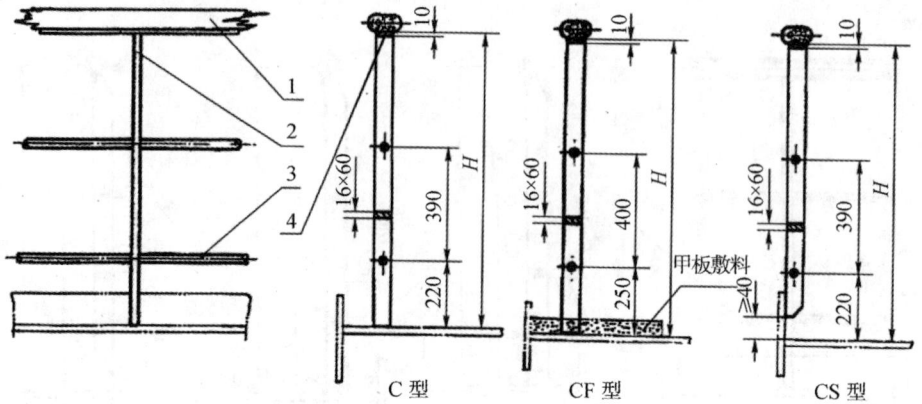

1—扶手;2—栏杆柱;3—横杆;4—扁钢。

图 4-4　C、CF 及 CS 型栏杆

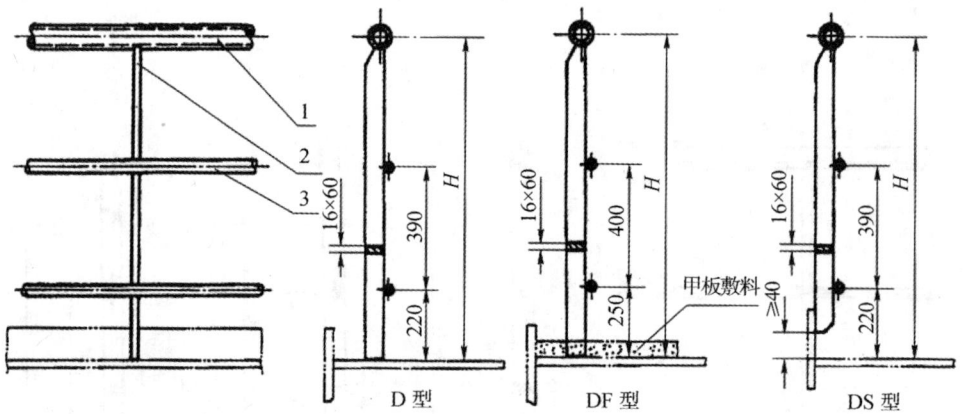

1—扶手;2—栏杆柱;3—横杆。

图 4-5　D、DF 及 DS 型栏杆

(2) 带撑杆固定扁钢栏杆

带撑杆固定扁钢栏杆的栏杆柱为扁钢,扶手为钢管,可分为:E 型(E 及 ES)栏杆如图 4-6 所示和 F 型(F 及 FS)栏杆如图 4-7 所示。E 型与 F 型栏杆均设有扁钢撑杆,两者的主要区别是横挡的安装方式不同。带撑杆固定扁钢栏杆的横挡可采用钢管或圆钢。

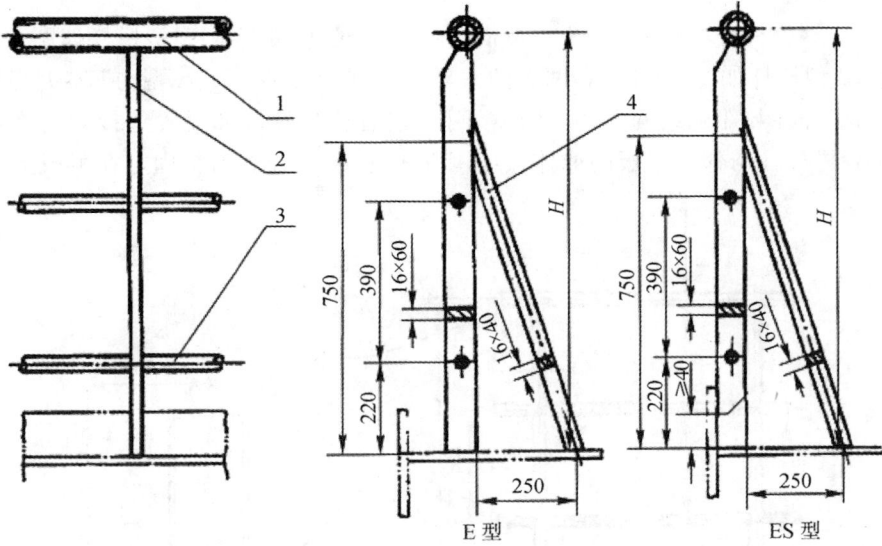

1—扶手;2—栏杆柱;3—横杆;4—支撑。

图 4-6　E 及 ES 型栏杆

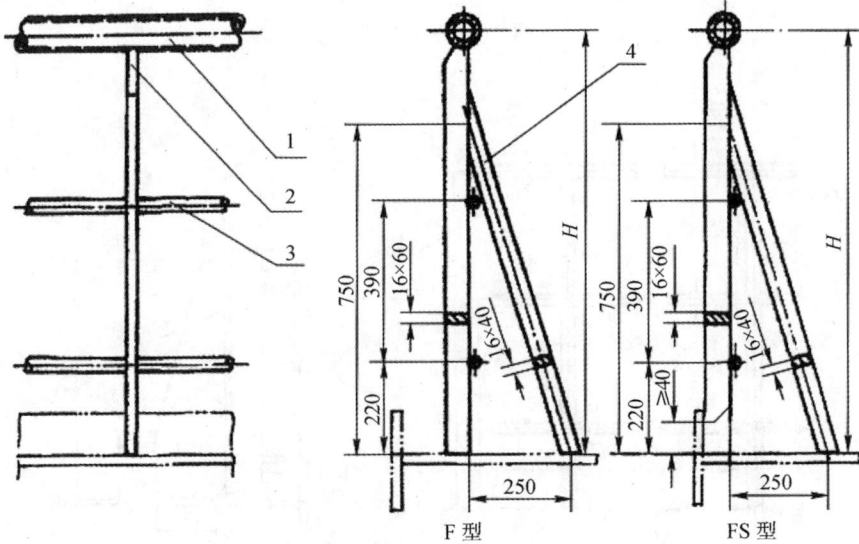

1—扶手;2—栏杆柱;3—横杆;4—扁钢。

图 4-7　F 及 FS 型栏杆

（3）固定钢管栏杆

固定钢管栏杆的栏杆柱、扶手及横挡均为钢管,可分为:GA 型栏杆如图 4-8 所示和 GB 型栏杆如图 4-9 所示,两者的主要尺寸列于表 4-2。GA 型与 GB 型栏杆的区别为栏杆柱与船舶结构的固定方式不同,前者栏杆柱底部设置垫板固定在甲板上;后者栏杆柱与伸出甲板的船体板或围壁板连接,并设置肘板固定在甲板上。

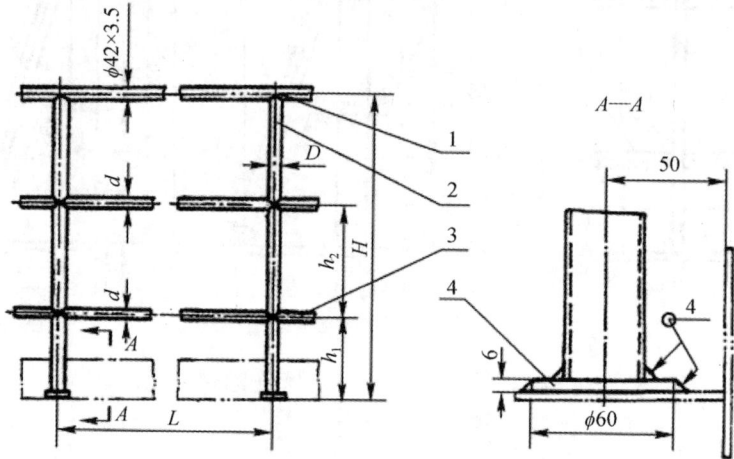

1—扶手;2—栏杆柱;3—横杆;4—覆板。

图 4-8　GA 型栏杆

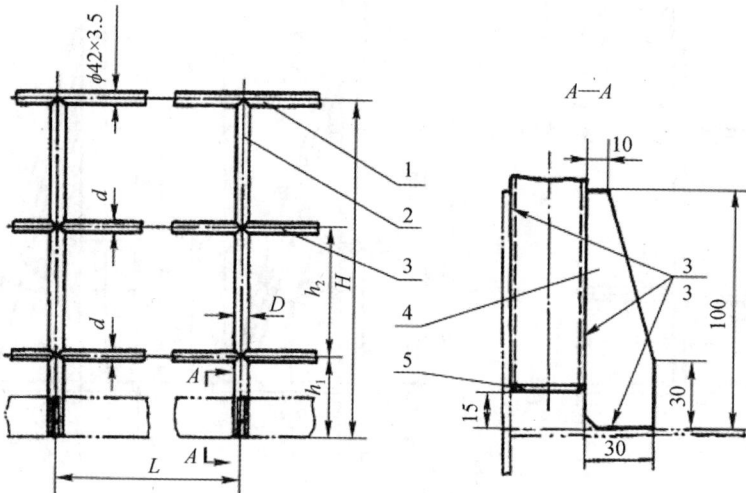

1—扶手;2—栏杆柱;3—横杆;4—肘板;5—封板。

图 4-9　GB 型栏杆

表 4-2 GA 和 GB 型固定栏杆尺寸 　　　　　　　　（mm）

钢管公称通径		H	h_1	h_2	L
0	d				
32×3.5	22×3.5	800	220	290	1 500～1 800
42×3.5		900	220	340	

（4）固定安全网栏杆

固定安全网栏杆以钢丝编织的安全网代替全部或部分横挡，可分为：HA 型栏杆如图 4-10 所示和 HB 型栏杆如图 4-11 所示，两者的主要尺寸列于表 4-3。固定安全网栏杆的栏杆柱、扶手及横挡均为钢管，栏杆柱底部设置垫板固定在甲板上。

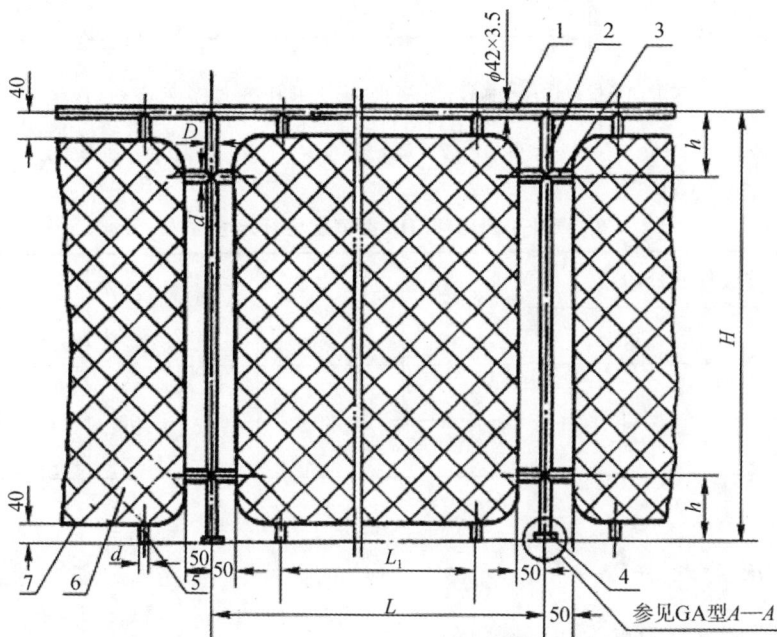

1—扶手；2—栏杆柱；3—横杆；4—覆板；5—连接杆；6—安全网；7—圆钢。

图 4-10　HA 型栏杆

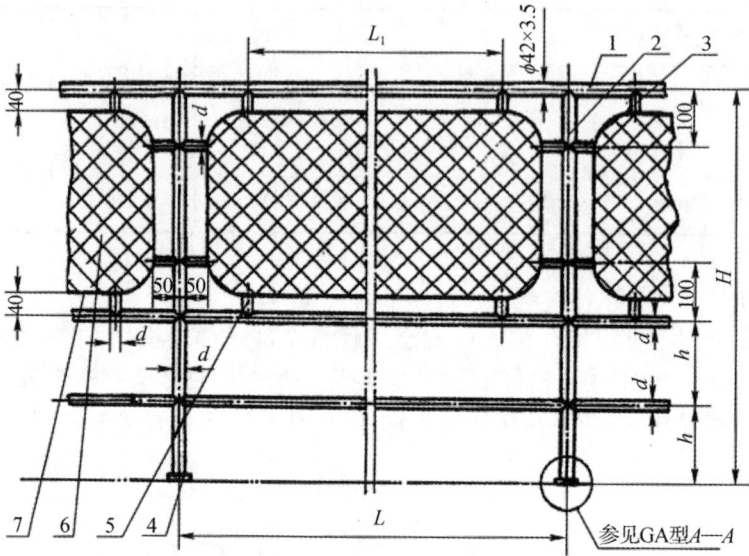

1—扶手;2—栏杆柱;3—横杆;4—覆板;5—连接杆;6—安全网;7—圆钢。

图 4-11　HB 型栏杆

表 4-3　HA 和 HB 型固定栏杆尺寸　　　　　　　　　　（mm）

钢管公称通径		H	h	L_1	L
D	d				
32×3.5	22×3.5	800	220	600～1 400	1 500～1 800
42×3.5		900			

4.2.2　活动栏杆

活动栏杆可分为可拆和可倒两种形式。

（1）可拆栏杆

可拆栏杆在工作需要时可将栏杆拆下,另行存放。可拆栏杆的栏杆柱均为钢管,安装时插入底座中,扶手可采用链条或钢丝绳。可拆栏杆的形式列于表 4-4。

表 4-4　可拆栏杆的形式　　　　　　　　　　　　　　（mm）

形式	名称	扶手	适用范围	栏杆柱质量/kg		
				栏杆高度 H/mm		
				800	900	1 000
J	链条		凡需拆卸的栏杆	2.47	2.79	3.11
K		链条		2.49	2.81	3.13
LA	可拆栏杆	绳索		2.49	2.81	3.13
LB				2.47	2.79	3.11

　　J 型栏杆如图 4-12 所示，K 型栏杆如图 4-13 所示，两者的扶手和横挡均采用链条，两根栏杆柱之间的链条通常采用直径 9 mm 的 C 型船用小链，一端配置卸扣，另一端配置安全钩，分别与栏杆柱上的环状眼板连接。J 型和 K 型的区别在于底座的形式不同，且 J 型栏杆柱插入底座后加设插销，K 型栏杆柱插入底座（套管）后则不加插销。

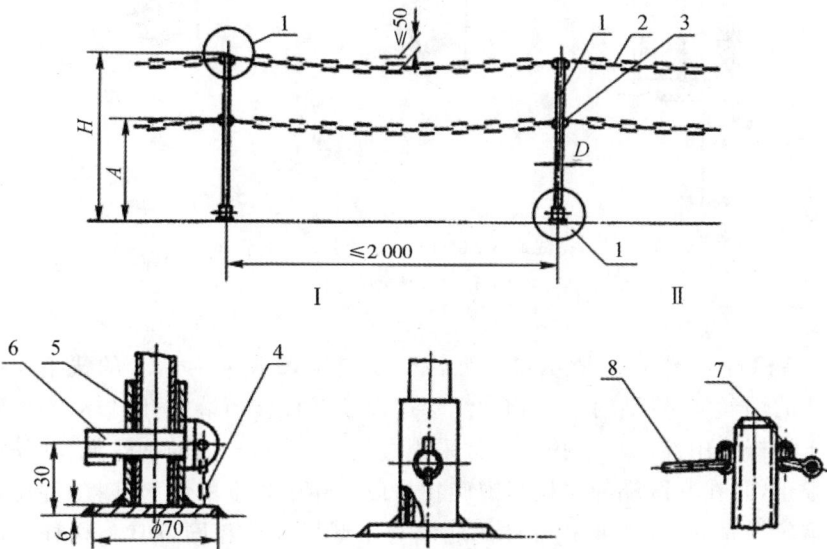

1—栏杆柱；2—链条；3—链环；4—小链；5—底座；6—插销；7—卸扣；8—安全钩。

图 4-12　J 型栏杆

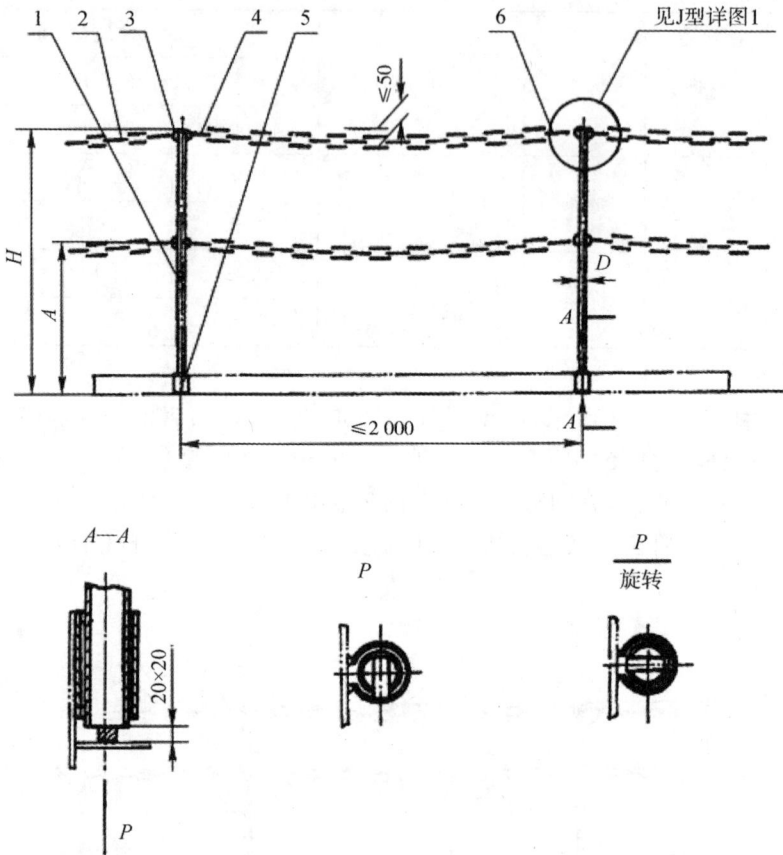

1—栏杆柱;2—链条;3—链环;4—安全钩;5—套管;6—卸扣。

图 4-13 K 型栏杆

　　LA 型栏杆如图 4-14 所示,LB 型栏杆如图 4-15 所示。两者的扶手和横挡均采用连续的钢丝绳,安装时扶手钢丝绳穿过设于栏杆柱顶端的开口环,横挡钢丝绳穿过设于栏杆柱中部的环形扣。通常采用直径 6~8 mm 加的钢丝绳,其长度应予以适当限止,并在其两端配置松紧螺旋扣与设置在甲板上的眼板连接,并用松紧螺旋扣将钢丝绳张紧。LA 型栏杆柱的底座与 J 型栏杆柱相同,LB 型栏杆柱的底座则与 K 型栏杆柱相同。K、J 和 L 型可拆栏杆柱的主要尺寸列于表 4-5。

表 4-5　K、J 和 L 型栏杆柱的主要尺寸　　　　　　　　　（mm）

钢管公称通径	H	h
	800	450
32×3.5	900	500
	1 000	550

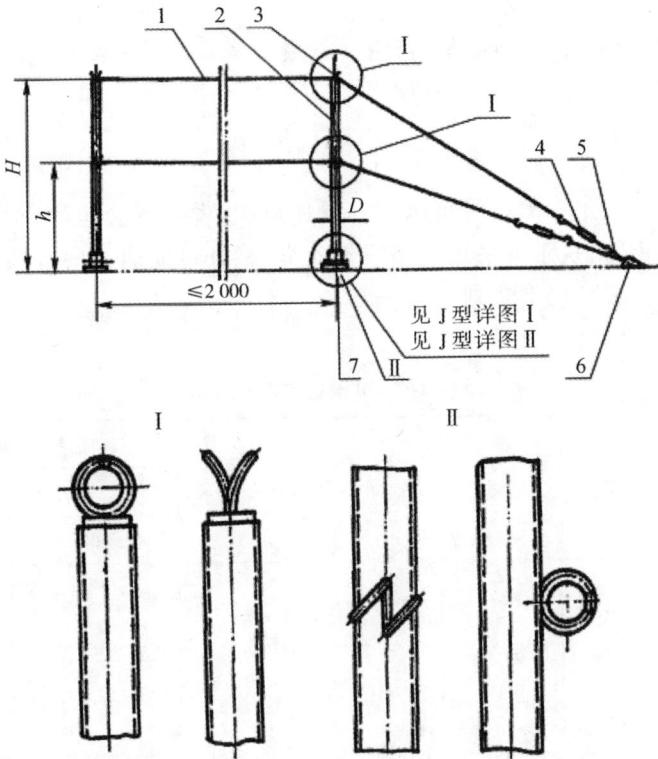

1—钢丝绳;2—栏杆柱;3—开口环;4—螺旋扣;5—卸扣;6—眼板;7—底座。

图 4-14　LA 型栏杆

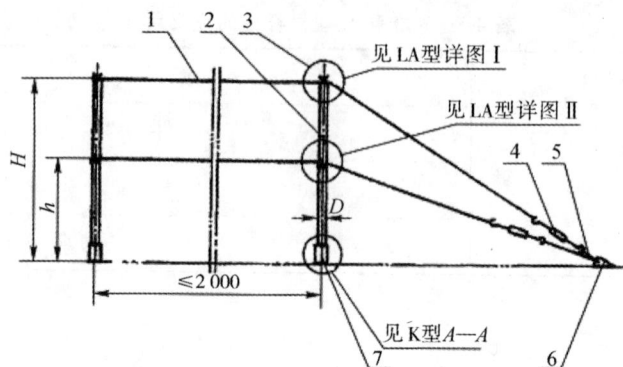

1—钢丝绳;2—栏杆柱;3—开口环;4—螺旋扣;5—卸扣;6—眼板;7—底座。

图 4-15　LB 型栏杆

（2）可倒栏杆

可倒式栏杆在工作需要时可将栏杆就地放倒,省去了搬运的麻烦。可倒栏杆的栏杆柱均为钢管,扶手可采用链条或钢丝绳,栏杆可向船体中心线方向或舷、艉方向倾倒。可倒栏杆的形式列于表 4-6。

表 4-6　可倒栏杆的形式　　　　　　　　　　　　　　　（mm）

形式	名称	扶手	适用范围	栏杆柱质量/kg	
				栏杆高度 H/mm	
				900	1 000
NAZ	可倒栏杆	链条	凡需立即放倒的栏杆	2.76	3.07
NAS					
NBZ				2.70	3.01
NBS					
PAZ		绳索		2.73	3.04
PAS					
PBZ				2.67	2.98
PBS					

注:Z—表示向船中倾倒;S—表示向艉舷倾倒。

NAZ 型向船中倾倒的栏杆和 NAS 型向艏艉倾倒的栏杆如图 4-16 所示,两者的扶手和横挡均采用链条,链条的设置方法与 J 型和 K 型栏杆相同。NAZ 型和 NAS 型的栏杆柱与底座均为铰链连接,底座一侧开口,且配置使栏杆保持垂直位置的插销,拔去插销即能使栏杆从开口处放倒。两者的底座形式相同,但开口方向须按栏杆的倾倒方向设置。

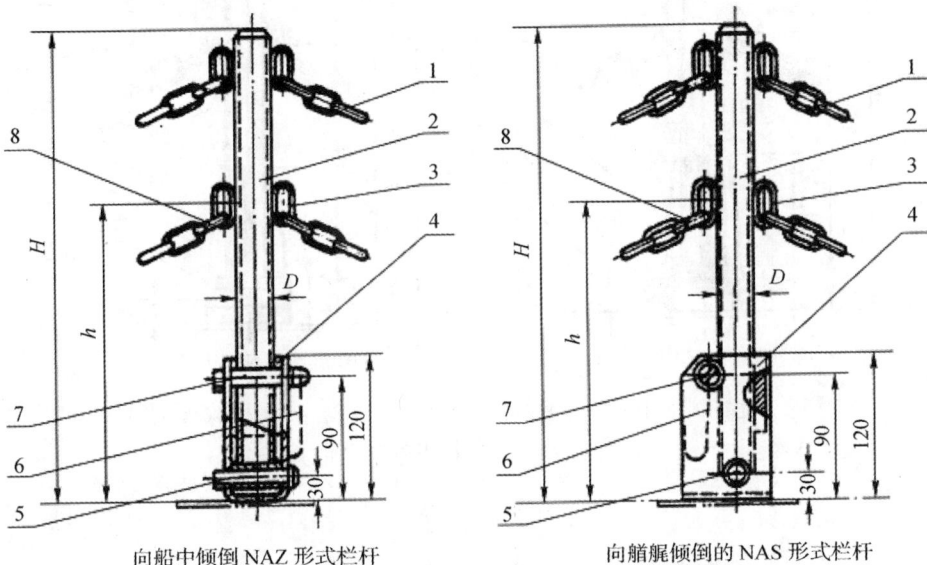

向船中倾倒 NAZ 形式栏杆　　　　向艏艉倾倒的 NAS 形式栏杆

1—链条;2—栏杆柱;3—链环;4—底座;5—横销;6—小链;7—插销;8—安全钩。

图 4-16　NAZ 及 NAS 型栏杆

NBZ 型向船中倾倒的栏杆和 NBS 型向艏艉倾倒的栏杆如图 4-17 所示,两者的扶手和横挡均采用链条,链条的设置方法与 J 型和 K 型栏杆相同。NBZ 型和 NBS 型的栏杆柱与底座采用两个带螺纹端的插销固定,螺纹端配置螺母。由于两个插销在同一平面上,只要将其中一个插销拔去,即能使栏杆柱绕另一个插销旋转放倒。

PAZ 型向船中倾倒的栏杆和 PAS 型向艏艉倾倒的栏杆如图 4-18 所示,两者的扶手和横挡均采用钢丝绳,钢丝绳的设置方法与 LA 型和 LB 型栏杆相同。底座的形式与 NAZ 型和 NAS 型栏杆相同。

PBZ 型向船中倾倒的栏杆和 PBS 型向艏艉倾倒的栏杆如图 4-19 所示,两者的扶手和横挡均采用钢丝绳,钢丝绳的设置方法与 LA 型和 LB 型栏杆相同。底座的形式与 NBZ 型和 NBS 型栏杆相同。

N 型和 P 型可倒栏杆柱的主要尺寸列于表 4-7。

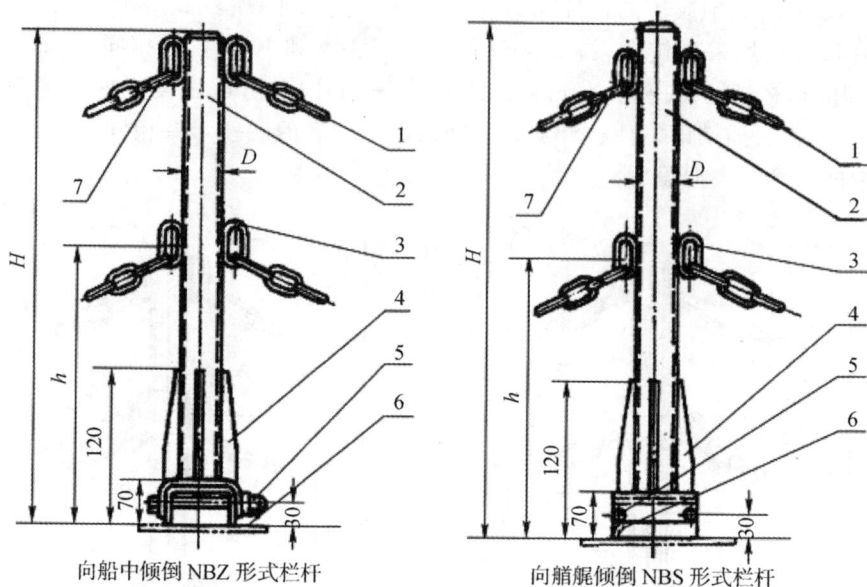

向船中倾倒 NBZ 形式栏杆　　　　向艏艉倾倒 NBS 形式栏杆

1—链条;2—栏杆柱;3—链环;4—底座;5—横销;6—小链;7—安全钩。

图 4-17　NBZ 及 NBS 型栏杆

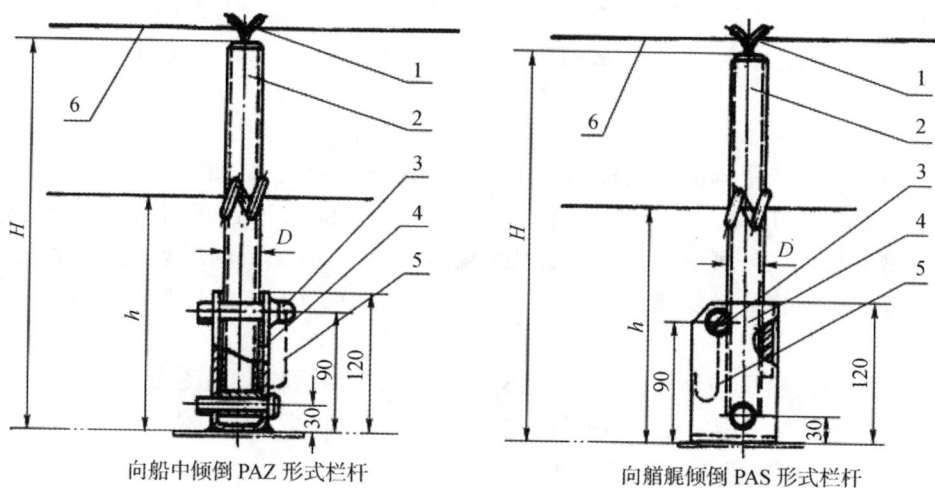

向船中倾倒 PAZ 形式栏杆　　　　向艏艉倾倒 PAS 形式栏杆

1—开口环;2—栏杆柱;3—横销;4—底座;5—小链;6—钢丝绳。

图 4-18　PAZ 及 PAS 型栏杆

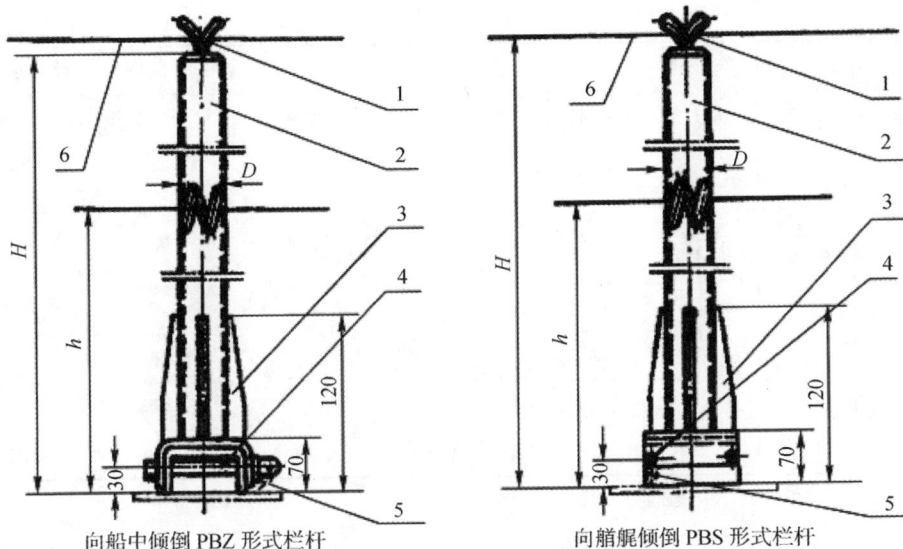

向船中倾倒 PBZ 形式栏杆　　　　　向艉艉倾倒 PBS 形式栏杆

1—开口环；2—栏杆柱；3—底座；4—横销；5—小链；6—钢丝绳。

图 4-19　PBZ 及 PBS 型栏杆

表 4-7　N 型和 P 型栏杆柱的主要尺寸　　　　　　　　　　（mm）

钢管公称通径 D	H	h
32×3.5	900	500
	1 000	550

4.2.3　天幕栏杆

天幕栏杆系指与天幕配合使用的栏杆，天幕柱与栏杆柱相连接。天幕栏杆的形式列于表 4-8。

表 4-8　天幕栏杆的形式

形式	名称	扶手	栏杆柱通径	适用范围	栏杆柱质量/kg 栏杆高度 H/mm	
					800	900
TLZ		链条	ϕ42×3.5		2.66	2.99
			ϕ42×3.5		3.05	3.43
TLS			ϕ60×3.5		3.88	4.37

表 4-8 （续）

形式	名称	扶手	栏杆柱通径	适用范围	栏杆柱质量/kg	
					栏杆高度 H/mm	
					800	900
TSZ	钢管	绳索	$\phi 42 \times 3.5$	与天幕柱相连接的栏杆柱	2.66	2.99
			$\phi 48 \times 3.5$		3.05	3.43
TSS			$\phi 60 \times 3.5$		3.88	4.37
TG		钢管	$\phi 42 \times 3.5$		2.66	2.99
			$\phi 48 \times 3.5$		3.05	3.43
			$\phi 60 \times 3.5$		3.88	4.37

注:Z—表示向船中倾倒;S—表示向艏艉倾倒。

TLZ 型向船中倾倒的天幕栏杆和 TLS 型向艏艉倾倒的天幕栏杆如图 4-20 所示,两者的扶手和横挡均采用链条,链条的设置方法与 J 型和 K 型栏杆相同。其栏杆柱与底座的连接方式分别与 NBZ 型和 NBS 型可倒栏杆相同。

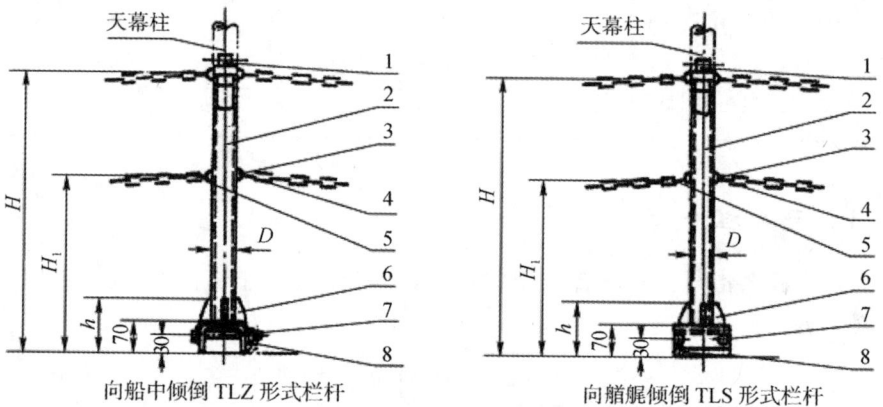

向船中倾倒 TLZ 形式栏杆　　　　向艏艉倾倒 TLS 形式栏杆

1—连接座;2—栏杆柱;3—链环;4—安全钩;5—卸扣;6—底座;7—横销;8—小链。

图 4-20　TLZ 及 TLS 型栏杆

TSZ 型向船中倾倒的天幕栏杆和 TSS 型向艏艉倾倒的天幕栏杆如图 4-21 所示,两者的扶手和横挡均采用钢丝绳,钢丝绳的设置方法与 LA 型和 LB 型栏杆相同。其栏杆柱与底座的连接方式分别与 NBZ 型和 NBS 型可倒栏杆相同。

TG 型天幕栏杆为与 GA 型栏杆相似的固定钢管栏杆,如图 4-22 所示。

TSZ、TSS 和 TG 型天幕栏杆主要尺寸列于表 4-9。

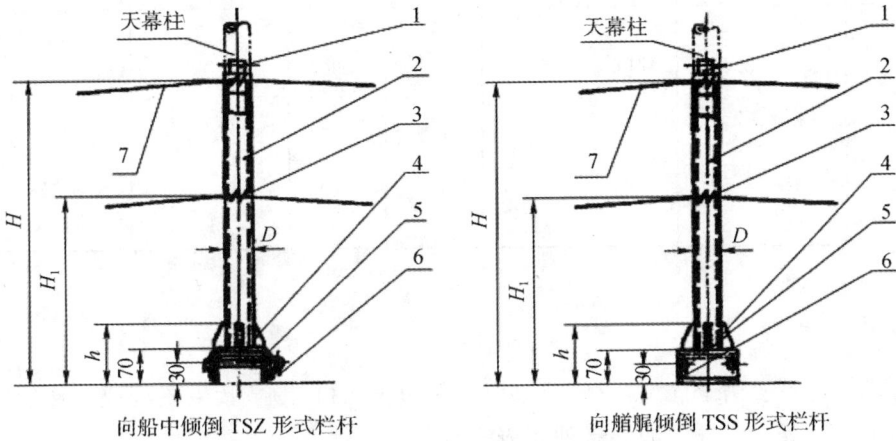

向船中倾倒 TSZ 形式栏杆　　　　向艉艉倾倒 TSS 形式栏杆

1—连接座；2—栏杆柱；3—开口环；4—底座；5—横销；6—小链；7—钢丝绳。

图 4-21　TSZ 及 TSS 型栏杆

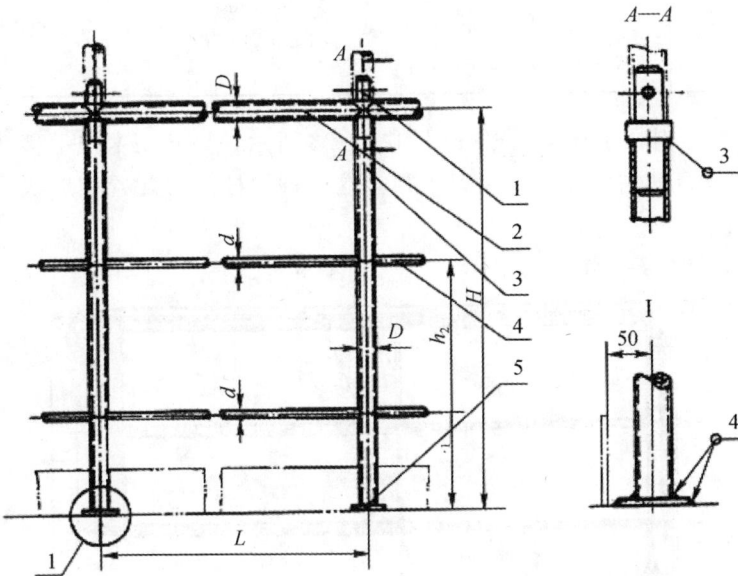

1—连接座；2—扶手；3—栏杆柱；4—横杆；5—底座。

图 4-22　TG 型栏杆

表 4-9　TSZ、TSS 和 TG 型天幕栏杆主要尺寸　　　　　（mm）

H	D	H_1	h	h_1	h_2	d	L
800	42×3.5	450	120	220	290	22×3.5	1 500～1 800
	48×3.5		140				
	60×3.5						
900	42×3.5	500	120		340		
	48×3.5		140				
	60×3.5						

4.2.4　栏杆门

　　栏杆门一般用于固定栏杆开口处，如舷边出入口、围蔽救生艇筏或工作艇的栏杆的出入口等。栏杆门的形式列于表 4-10。

表 4-10　栏杆门的形式　　　　　（mm）

形式	名称	高度	宽度
MYA	塑料扶手移动式栏杆门	800,900 1 000,1 050	1 000,1 100,1 200, 1 300,1 400, 1 500,1 600
MYB	木扶手移动式栏杆门		
MZ	钢管扶手侧开式栏杆门		

　　MYA 型塑料扶手移动式栏杆门如图 4-23 所示，MYB 型木扶手移动式栏杆门如图 4-24 所示，其主要尺寸列于表 4-11。这两种栏杆门与配置相应扶手的固定栏杆配合使用。

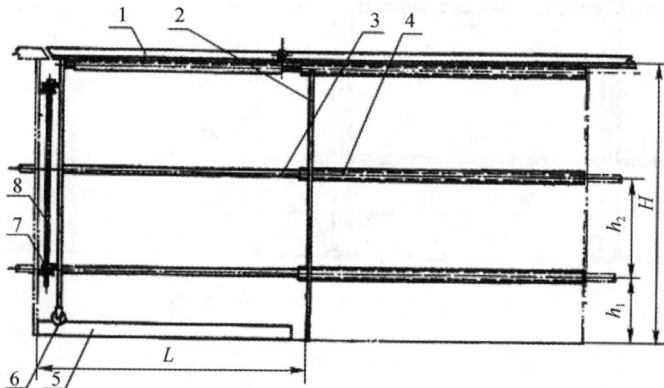

1—扶手；2—栏杆柱；3—横杆；4—套管；5—轨道；6—滑轮；7—耳板；8—插销。

图 4-23　MYA 型栏杆门

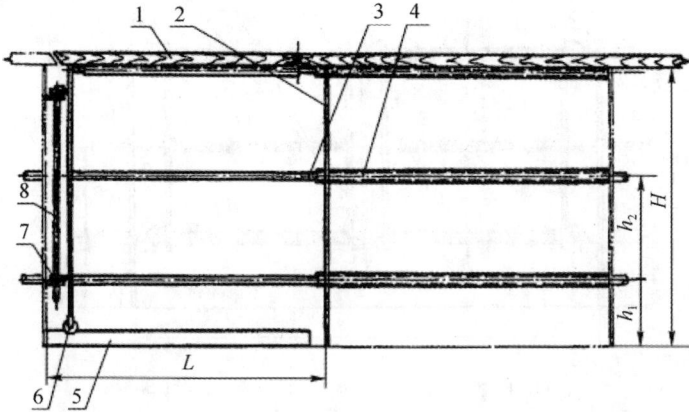

1—扶手；2—栏杆柱；3—横杆；4—套管；5—轨道；6—滑轮；7—耳板；8—插销。

图 4-24　MYB 型栏杆门

表 4-11　MYA 型及 MYB 型栏杆门主要尺寸　　　　　　　　（mm）

形式	H	h_1 [2]	h_2	质量[1]/kg						
				门的宽度 L						
				1 000	1 100	1 200	1 300	1 400	1 500	1 600
MYA 和 MYB	800	220	290	23.67	24.78	25.86	26.97	28.08	29.19	30.27
	900		340	25.19	26.30	27.38	28.49	29.60	30.71	31.79
	1 000		390	26.69	27.80	28.88	29.99	31.10	32.21	33.29
	1 050	250	400	27.45	28.56	29.64	30.75	31.86	32.97	34.05

注：①表内质量未包括塑料或木质扶手的质量；

②甲板敷料敷层厚度大于 20 mm 时，h_1 为 250 mm。

MZ 型钢管扶手侧开式栏杆门如图 4-25 所示，其主要尺寸列于表 4-12。这种栏杆门通常与固定钢管栏杆配合使用。

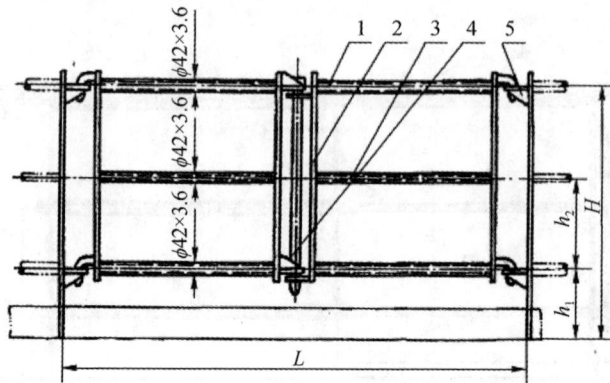

1—扶手;2—栏杆柱;3—横杆;4—插销;5—铰链。

图 4-25　MZ 型栏杆门

表 4-12　MZ 型栏杆门尺寸　　　　　　　　　　　　　　（mm）

D	H	h_1[②]	h_2	质量[①]/kg						
				门的宽度 L						
				1 000	1 100	1 200	1 300	1 400	1 500	1 600
32×3.5	800	220	290	34.67	35.29	35.86	36.41	36.99	37.55	38.12
	900		340	39.17	39.79	40.36	40.90	41.48	42.05	42.62
	1 000		390	43.70	d4.32	44.89	45.50	46.02	46.58	47.15
	1 050	250		45.97	46.59	47.16	47.72	48.29	48.85	49.42
42×3.5	800	220	290	36.22	37.01	37.79	38.57	39.35	40.13	40.92
	900		340	40.72	41.51	42.29	43.07	43.85	44.63	45.42
	1 000		390	45.25	46.04	46.82	47.60	48.38	49.16	49.95
	1 050	250		47.52	48.31	49.09	49.87	50.65	51.43	52.22

注:①表内质量为栏杆门主要零件质量;

　　②甲板敷料敷层厚度大于 20 mm 时,h_1 为 250 mm。

4.2.5　栏杆的选择和布置

钢质固定式栏杆由于其安全可靠,结构简单、施工方便,在民用船舶中得到广泛的使用。其中尤以配置扁钢栏杆柱的栏杆使用更广。栏杆的高度按照其安装位置,根据有关规范的规定而确定。栏杆柱间距一般不大于 1.5 m,但在栏杆转角处应适当增加栏杆柱,使得栏杆扶手及横挡的悬空部分尽量减小(一般为 200～300 mm)。当扁钢栏杆柱设置处的甲板板厚度太小时,应在栏杆柱底部设置三角形垫板,其厚度约 10 mm(图 4-26)。栏杆扶手或横挡在上层建筑或甲板室的外围壁上固定时,也应设置垫板,其厚度不小于 5 mm,直径不小于扶手或横挡直径的两倍。

　　当固定式栏杆在遇到舷边导缆钳或导缆孔时,应全部或部分切断。其处理方式如图 4-27 及图 4-28 所示。

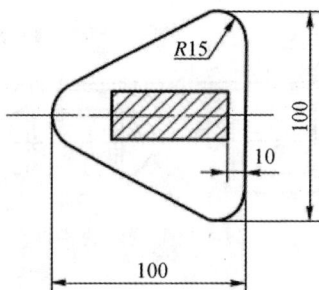

图 4-26　栏杆柱垫板

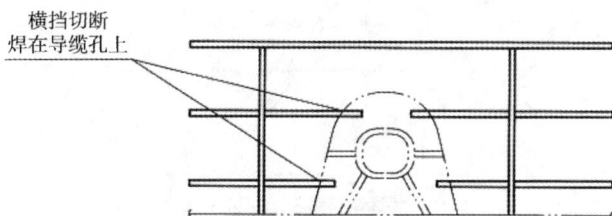

图 4-27　巴拿马导缆孔处的栏杆

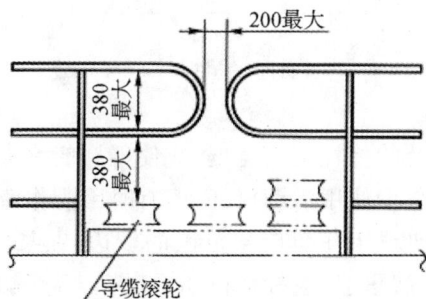

图 4-28　导缆器处的栏杆

在遇到救生筏时，可从内侧围绕救生筏设置栏杆，如图 4-29 所示。

围绕救生艇或工作艇设置的栏杆，应配置栏杆门，其出入口宽度应不小于 0.8 m。

甲板梯口周围，除登梯一侧外，应在其余无保护的边缘处设置固定栏杆，栏杆的扶手同斜梯扶手连接（图 4-30）。上层建筑或甲板室的各层甲板的外部梯道（斜梯或直梯）处，栏杆扶手均应与梯子扶手连接，此时栏杆柱的设置，应保持安装扶手后的出入口有足够的宽度。对于直梯这一宽度约为 500 mm。

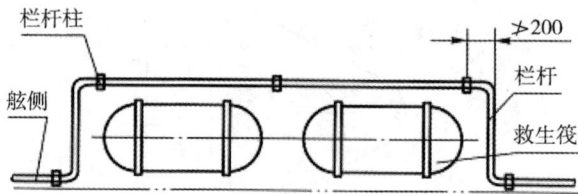

图 4-29　救生筏处的栏杆

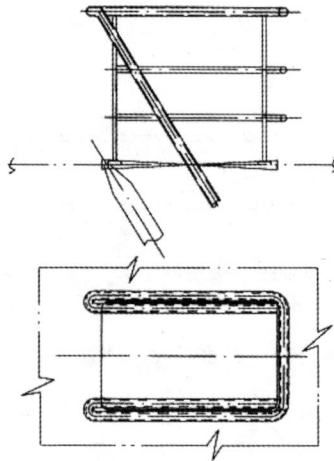

图 4-30　栏杆扶手与斜梯扶手的连接

安装于舷边出入口处的栏杆门的宽度，应使得登船跳板或登船梯的安装方便。

船舶在一般情况下很少使用活动栏杆，但有时因为作业需要，在局部区域仍需设置活动栏杆。如救生艇或工作艇艇架范围的舷边；在某些海洋调查船上供吊放试验设备的舷边开口处；起重船、航标敷设船、打捞船等船舶的作业甲板的舷边等。由于活动栏杆使用链条或钢丝绳代替刚性扶手和横挡，为便于拆卸，应在链条或钢丝绳的端部配置卸扣、挂钩及松紧螺旋扣。

4.3　风暴扶手

风暴扶手由支架与扶手组成。

室外风暴扶手通常采用镀锌钢管,其外径为 33.5 mm 或 42.25 mm。并用圆钢或钢板作支架,焊接固定在甲板室外围壁上。如图 4-31 及图 4-32 所示。

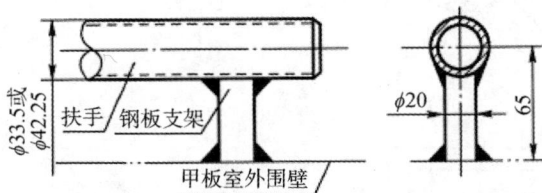

图 4-31　圆钢支架室外扶手

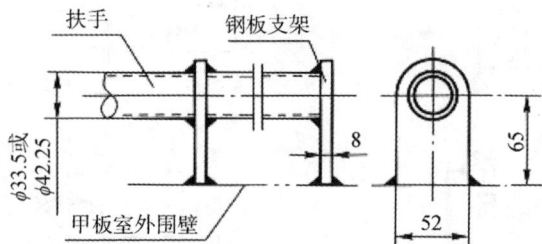

图 4-32　钢板支架室外扶手

室内风暴扶手常用的有扁钢外包塑料扶手及管状扶手。后者,通常采用硬质塑料管,铝合金管,表面抛光的不锈钢装饰管及硬木等。其支架形式如图 4-33 所示,材料为铜或不锈钢。这些形式的室内风暴扶手,也可在客船的游步甲板上作为室外风暴扶手使用。

风暴扶手的支架间距一般为 1 000～1 400 mm 之间,高度为扶手中心至甲板 900～1 000 mm 之间。支架与围壁的固定,可以是焊接,亦可以用沉头螺钉(以防止伤手)。安装在支架内的扶手亦需用螺钉固定。

不论是室内还是室外,在布置风暴扶手时,应注意不要影响门的启闭,见图 4-34。

风暴扶手不论布置在室内或室外,只需设置在通道的一侧壁上。

另外在室外还有一种风暴扶索,主要设置在首楼甲板中间,以便在风暴中人员能安全行走。此扶索只需在两端设立固定点,扶索用钢丝绳或麻绳(或化纤绳),在遇到风暴时扣上即可使用。

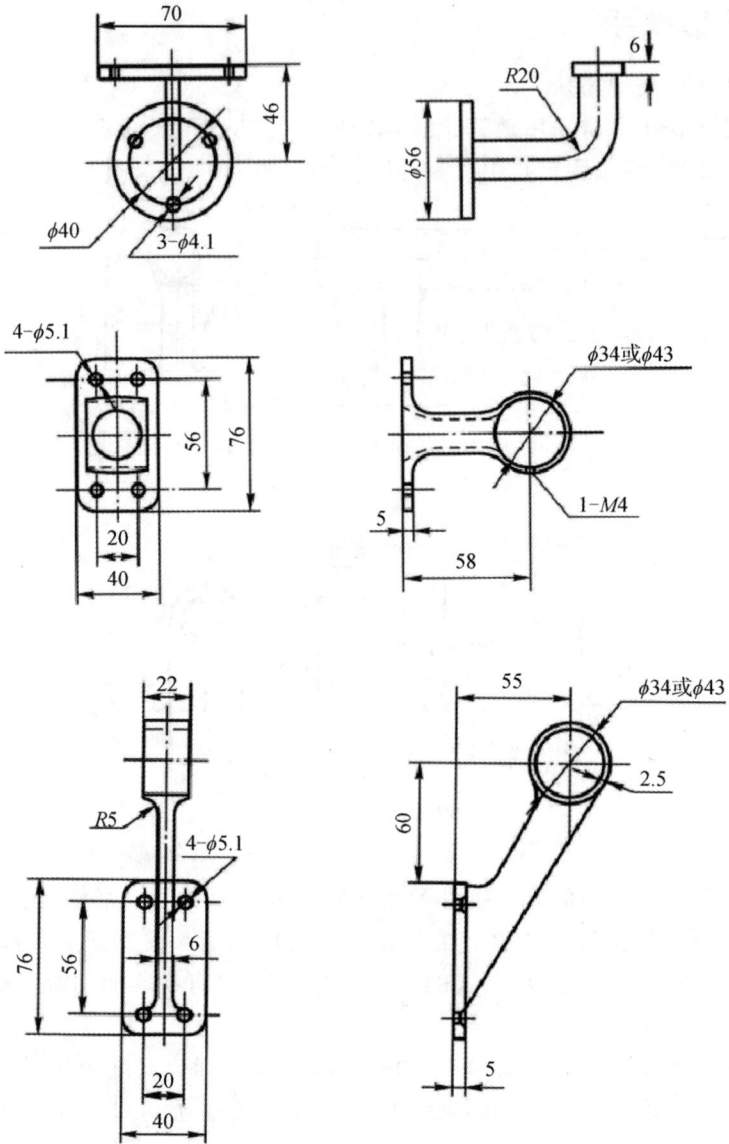

图 4-33　室内扶手支架

100   50   风暴扶手

甲板室外围壁或舱内走道

门

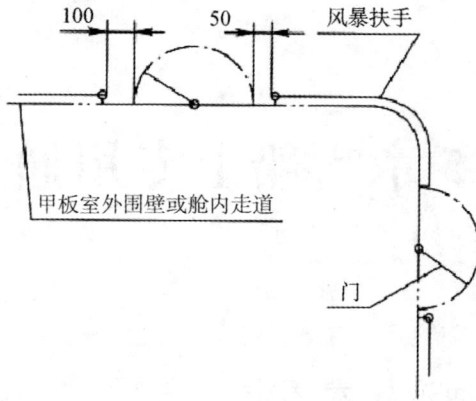

图 4-34 在门启闭处的风暴扶手布置

第5章 船上专用通道

5.1 船舶检验通道技术要求

5.1.1 概述

对船舶结构状况进行检验和检查是核实船舶结构的维护是否满足适用要求的主要办法。这些检验及检查帮助船东、船旗国及船级社确定船舶受到的腐蚀等破坏是否在允许的范围内。为了更加安全有效地进行检验及检查,必须设置能到达船体结构各处的适用通道。

为此,国际海事组织(IMO)对 SOLAS 公约和检查通道技术条款作了修订,经修订的 SOLAS 公约第Ⅱ-1/3-6 条《关于油船和散货船装货区域及其前方处所的出入通道及内部通道》要求,在船舶的整个生命周期中,这些通道应能进行船舶结构近观检查和厚度测量。这些通道可用于船旗国、船级社、船舶使用方和其他有必要使用的人员。

为了帮助新规则的执行,国际船级社协会(IACS)对于经修订的 SOLAS 公约第Ⅱ-1/3-6 条(MSC.151(78))和《检查通道技术规定》(MSC.158(78))提出了详细的解释文件(UI)SC191,IMO 的海上安全委员会(MSC)认可了此解释文件,并采纳为其通函 MSC.1/Circ.1464/Rev.1。

5.1.2 国际航行海船的检验通道

对于国际航行海船的检验通道,海安会 MSC.151(78)决议对 MSC.134(76)决议通过的 SOLAS 公约第Ⅱ-1/3-6 条作了修正,中国海事局(CHINA MSA)《国际航行海船法定检验技术规则(2014)》则直接引用了 SOLAS 公约第Ⅱ-1/3-6 条的相关内容。

经修订的 SOLAS 公约第Ⅱ-1/3-6 条(MSC.151(78))油船和散货船装货区域及其前方处所的出入通道及内部通道(引用 SOLAS 公约原文,保留原文的条款编号-编注)引述如下：

第 3-6 条进入油船和散货船货物区域处所的通道和该区域处所内的通道以及该区域处所前部的通道

1 适用范围

1.1　除第(2)条所述之外，本条适用于 2005 年 1 月 1 日或以后建造的 500 总吨及以上的油船，和第Ⅸ/1 条定义的 20 000 总吨及以上的散货船。

1.2　在 1994 年 10 月 1 日或以后，但在 2005 年 1 月 1 日以前建造的 500 总吨及以上的油船，应符合 MSC.27(61)决议通过的第Ⅱ-1/12-2 条的规定。

2 进入货舱和其他处所的通道

2.1　在船舶整个寿命期间内，在每一处所应设置通道，以供主管机关、第Ⅸ/I条所定义的船公司(系指船舶所有人或其他组织及个人，诸如管理者或光船租赁人-编注)以及船上人员和其他有关人员必要时对船舶结构进行全面检查、近观检查和厚度测量。通道应符合本条 5 的要求和海上安全委员会 MSC.133(76)决议通过的《检查通道技术规定》(MSC.133(76)已被 MSC.158(78)决议替代-编注)，并可能经本组织修正，但该修正案的通过、生效和实施应符合本公约第Ⅷ章有关适用于除第Ⅰ章外的附则修正程序的规定。

2.2　如永久通道在正常装卸货物作业时容易损坏，或如设置永久通道不切实际，主管机关可允许设置该《技术规定》中规定的移动式或便携式通道作为替代，但该连接、安装、悬吊或支撑便携式通道的装置应构成船舶结构的永久部分。所有便携式设备应易于船上人员架设或布设。

2.3　所有通道的构造和材料及其与船舶结构连接的附件均应使主管机关满意。在按第Ⅰ/10 条要求进行检验时，应在通道使用前或使用时对其进行检查。

3 进入货舱、液货舱、压载舱和其他处所的安全通道

3.1　货舱、隔离空舱、压载舱、液货舱和货物区域的其他处所的安全通道应直接从开敞甲板进入并能确保对这些处所进行全面检查。双层底处所或前部各压载舱的安全通道可从泵舱、深隔离空舱、管隧、货舱、双壳处所或不拟载运油或危险货物的类似舱室进入。

3.2　长度为 35 m 或以上的液舱和液舱的分舱，应至少设置 2 个尽可能相互远离的出入舱口和梯子。长度小于 35 m 的液舱应至少设置 1 个出入舱口和梯子。当一个液舱被 1 道或多道制荡舱壁或类似的隔堵所分开时，如不易于布置从舱室的一端到另一端的通道，则至少应设置 2 个出入舱口和梯子。

3.3　每个货舱应至少设置 2 个尽可能相互远离的出入通道。通常，出入通道应对角线布置，即 1 个出入通道布置在左舷靠近货舱前端舱壁处，另 1 个出入通道

布置在右舷靠近货舱后端舱壁处。

4 船舶结构通道手册

4.1 船上用于全面检查、近观检查和厚度测量的通道,应在经主管机关批准的船舶结构通道手册中予以说明,一份其最新版本的副本应保存在船上。船舶结构通道手册应包括每一处所的下述资料:

4.1.1 该处所的出入通道图,并有相应的技术说明和尺寸;

4.1.2 每一处所内能进行全面检查的通道图,并有相应的技术说明和尺寸。图中应标示该处所内的每一区域可从何处检查;

4.1.3 该处所内能进行近观检查的通道图,并有相应的技术说明和尺寸。图中应标示临界结构区域的位置,是否为永久通道或是便携式通道,以及每一区域可从何处检查;

4.1.4 检查和维护保养所有出入通道和附属设备结构强度的须知,其中,应考虑处所内任何腐蚀气体的影响;

4.1.5 当使用筏进行近观检查和厚度测量时,应有安全指导须知;

4.1.6 任何便携式通道安全安装和使用方法须知;

4.1.7 一份所有便携式通道的清单;和

4.1.8 船上通道定期检查和维护保养的记录。

4.2 就本条而言,"临界结构区域"系指通过计算确定需要进行监控的局部区域,或类似船舶或姐妹船在营运史上易于发生会损害船舶结构完整性的裂缝、屈曲、变形或腐蚀的区域。

5 一般技术规定

5.1 通过水平开口、舱口或人孔的通道,其尺寸应足以保证穿戴自储式呼吸装置和保护设备的人员上下梯子不受阻碍,而且净孔尺寸应便于将受伤人员从舱底提升上来。最小的净孔尺寸应不小于 600 mm×600 mm。当货舱通道布置为通过货舱口进入时,梯子的顶部应尽可能靠近舱口围板;通道出入处舱口围板的高度如超过 900 mm,则在舱口围板外侧还应有数级踏板与梯子相接。

5.2 通过制荡舱壁、肋板、纵桁和宽板肋骨上的垂向开口和人孔并可贯通该处所的长度和宽度范围的通道,其最小开口尺寸应不小于 600 mm×800 mm,除非设有格栅或其他立足处,否则这些开孔应位于船底外板以上不超过 600 mm 处。

5.3 对于载重量小于5 000t的油船,如能证明这些开口的通行和转移伤员的能力并使主管机关满意,在特殊情况下,主管机关可允许设置尺寸小于上述第5.1和5.2要求的开口。

5.1.3　国内航行海船的检验通道

国内航行海船的检验通道,应符合中国海事局(CHINA MSA)《国内航行海船法定检验技术规则(2020)》第 4 篇第 2-1 章第 5 节 5.1.5 的规定如下:

500 总吨及以上的油船和 20 000 总吨及以上的散货船货物区域及其前方处所的出入通道及其内部通道的开口应符合下列规定:

(1) 货舱、隔离空舱 、压载舱 、液货舱及货物区域的其他处所的安全通道应直接从开敞甲板进入并能确保对这些处所进行全面检查。双层底处所或前部各压载舱的安全通道可以从泵舱、深隔离舱、管隧、货舱、双壳处所及不拟运输油或危险货物的类似舱室进入。

(2) 如通过水平开口、舱口或人孔出入上述处所,则这些开口的尺度应足以保证佩戴自储式呼吸装置及保护设备的人员上下梯子不受阻碍,而且这些开口的有效尺度应确保能将负伤人员从该处底部提升上来。最小的有效开口应不小于 600 mm×600 mm。

(3) 通过可提供贯穿处所长度和宽度的通道的垂直开口或人孔而出入上述处所,则其最小有效开口应不小于 600 mm×800 mm。除非提供格栅或其他踏板,否则其应位于从底壳板量起不超过 600 mm 高度处。

(4) 对于载重量小于 5 000 吨的油船和 2 000 总吨以下的散货船,在特殊情况下,经同意,可设置较小尺度的开口,在任何情况下开口不应小于 400 mm×600 mm 或 450 mm×550 mm。

5.1.4　检查通道技术规定

对于检验通道的技术条款,海上安全委员会 MSC.158(78)决议对 MSC.133(76)决议通过的《检查通道技术规定》作了修订。

经修订的《检查通道技术规定》全文引述如下(引用 MSC.158(78)原文,保留原文的条款编号-编注):

《检查通道技术规定》现文本由以下文本替代:

1　前言

1.1　早已被认识到,确保船舶结构状况得到维护以符合适用要求的唯一途径,是在其整个营运期限内定期对所有构件进行检查。这将确保船舶不会因腐蚀、超载或碰擦而发生诸如裂缝、屈曲或变形等损坏,并厚度减薄是在已定的极限范围内。为对船体结构进行全面和近观检验及检查,设置合适的通道是必不可少的,此类通道在船舶设计阶段就应加以考虑和规定。

1.2 在船舶的设计和建造阶段,应适当考虑在其营运期限内船旗国检查人员和船级社验船师将如何对其进行检验,以及船员如何才能监测船舶的状况。没有足够的出入通道,船舶会因检查不出船舶结构状况的下降,而可能出现重大的结构损坏。完整的通道设计和维护方法应贯穿于船舶的整个计划寿命期

1.3 为了解决这个问题,国际海事组织制订了本《检查通道技术规定》(以下简称本《技术规定》),旨在便于按 SOLAS 公约第 II-1/3-6 条(油船和散货船货物区域及其前方处所的出入通道及内部通道)所述的对船舶结构进行近观检查和厚度测量。本《技术规定》不适用于符合 IBC 规则规定的化学品/油类兼装船的液货舱。

1.4 设计成船舶整体结构一部分的永久通道应优先考虑,主管机关可允许合理的偏差以利于这种设计。

2 定义

就本《技术规定》而言,除适用经修正的 1974 年 SOLAS 公约和经修正的 A.744(18)决议中所定义外,还适用如下定义:

2.1 横挡(Rung)系指直梯的梯级或垂直表面的梯级。

2.2 踏板(Tread)系指斜梯的梯级或垂直通道开孔处的梯级。

2.3 斜梯的梯段(Flight of an inclined ladder)系指斜梯的斜梯架的实际长度。对于直梯则是上下平台之间的距离。

2.4 梯架或平台(Stringer)系指:

2.4.1 梯子框架或

2.4.2 处所内的舷侧外板、横舱壁和/或纵舱壁上所设的水平加强板结构。对于由舷侧双壳形成的宽度不到 5 m 的压载舱,如该水平板结构经过舷侧外板或纵舱壁的肋骨或扶强材构成 600 mm 宽度及以上的连续过道,则可作为平台和纵向永久通道。用作永久通道的平台板材上的开孔应设栏杆或格栅盖,以确保平台的安全通行或安全通往每一个横向强框架。

2.5 直梯(Vertical ladder)系指倾斜角度为 70°～90°的梯子。直梯的偏斜不得超过 2°。

2.6 顶部障碍物(Overhead obstructions)系指通道上方包括扶强材在内的甲板和平台结构。

2.7 甲板以下距离(Distance below deck head)系指甲板板以下距离。

2.8 横向甲板(Cros deck)系指在舷内侧和前后舱口围板间的主甲板横向区域。

3 技术规定

3.1 SOLAS 公约第 II-1/3-6 条要求进行船舶结构近观检查和厚度测量的结构件,除双层底处所外,应设有 1 个永久通道,其要求如表 1 和表 2 的适用规定。

对于油船和矿砂船的边压载舱,在其结构允许安全和有效使用的条件下,经批准的替代方法可与所设置的永久通道一起使用。

3.2　永久通道应尽可能与船体结构构成一个整体,确保其牢固且对船舶结构总强度有利。

3.3　永久通道中的高架走道部分(如设有),其净宽应不小于 600 mm,除非在绕过垂直桁材处净宽可减至 450 mm,并应在通道开放一边全长范围设置栏杆。构成通道的倾斜部分结构应是防滑结构。栏杆高度应为 1 000 mm,由扶手和高度为 500 mm 的中间横挡构成,栏杆结构应坚固。栏杆支柱的间距应不超过 3 m。

3.4　从船底通往永久通道和垂向开孔的通道应由便于行走的走道、梯子或踏步等组成。踏步应设置成供脚踏的横向支撑。为垂直面设置的梯子,其横挡中心距垂直面的距离应至少为 150 mm。当垂向人孔高于行走平面 600 mm 时,应在两面设有踏步和带把手的可登平台。

3.5　永久斜梯的倾斜角度应小于 70°。距斜梯表面 750 mm 范围内不应有障碍物,但开口处的净空可减至 600 mm。在最大 6 m 的垂向高度范围内应设置大小适合的休息平台。梯子和扶手应由钢或具有足够强度和刚度的等效材料制成,通过支柱牢固地固定在船体结构上。支撑方式和支柱长度应尽量减少振动。货舱内梯子的设计与布置应不增加起货作业难度,并且使起货设备损坏梯子的风险达到最小。

3.6　斜梯梯架间的宽度应不小于 400 mm。踏步应以垂直间距 200 mm 至 300 mm 等距离布置。如使用钢材,踏步应由截面不小于 22 mm × 22 mm 的两根方钢构成水平梯级,方钢的棱线朝上。踏步应以穿过两侧梯架支撑,以双面连续焊固定。所有斜梯应在踏步两侧合适的高度处,设置结构牢固的扶手。

3.7　对于直梯和螺旋梯,其宽度和结构应符合主管机关能接受的国际或国家标准。

3.8　自立式便携式梯子的长度均应不超过 5 m。

3.9　可替代通道设施包括,但不仅限于以下设备:

3.9.1　安装在稳定基座上的液压机械臂;

3.9.2　钢缆升降平台;

3.9.3　脚手架;

3.9.4　筏;

3.9.5　机械手或遥控潜水器(ROV);

3.9.6　如使用长度超过 5 m 的便携式梯子,其必须设有能固定梯子上端的机械装置;

3.9.7　其他经主管机关批准接受的通道设备。

进出这些处所和在这些处所内部安全通行的设施和架设这类设备,应在《船舶结构通道手册》中清楚说明。

3.10 对于通过水平开孔、舱口或人孔的通道,其最小的净孔尺寸应不小于 600 mm×600 mm。如果进入货舱的通道要穿过货舱口,则梯子的顶部应尽可能靠近舱口围板;如舱口围板的高度超过 900 mm,则应在其外侧设置梯级与上述梯子配合使用。

3.11 如通过制荡舱壁、肋板、纵桁和强肋骨上的垂向开口或人孔的通道可贯穿到达该处所的长度或宽度范围,这些开孔的最小开口尺寸应不小于 600 mm×800 mm,除非设有格栅或踏步板,否则开孔距通道的高度应不超过 600 mm。

3.12 对于载重量小于5 000吨的油船,在特殊情况下,如果这些开孔可以通行或转移伤员的能力得到验证并使主管机关满意,则主管机关可同意设置小于上述 3.10 和 3.11 要求的开孔尺寸。

3.13 对于散货船,通往货舱和其他处所的通道梯子应设置如下:

3.13.1 如邻近各层甲板的上表面之间或甲板与货舱底之间的垂直距离不超过 6 m,可设直梯或斜梯。

3.13.2 如邻近各层甲板的上表面之间或甲板与货舱底之间的垂直距离超过 6 m,应在货舱一端设置斜梯或斜梯组,但若连接直梯的斜梯或斜梯组的垂向长度不低于 2.5 m,则货舱最上面 2.5 m(测量不包括头顶上的障碍物)和最下面 6 m 可设置直梯。

货舱另一端的第二个通道可由数段错开的直梯组成,且这种直梯应由设置在梯子一侧的一个或垂直间距不超过 6 m 的数个台架连接。相邻梯段的侧向间隔应至少为一个梯子宽度。梯子最上面的入口部分(此处直通货舱)应在 2.5 m 长度内保持垂直(测量不包括头顶上的障碍物),且应与一连接梯子的台架相接。

3.13.3 若甲板和顶边舱内纵向通道,或平台或顶边舱入口下方底部之间的垂直距离为 6 m 或小于 6 m,则直梯可用作顶边舱的通道。该舱甲板入口处的直梯最上段的垂直距离应为 2.5 m(测量不包括头顶上的障碍物),并含有一连接梯子的平台,除非其下部与纵向通道、或平台或底部相连,平台应设在直梯的一侧。

3.13.4 除上述 3.13.3 所允许者外,若甲板和入口下面的平台之间、各平台之间、或甲板或平台与入口下方底部之间的垂直距离超过 6 m,则应使用斜梯或组合梯通往液舱或处所。

3.13.5 若出现上述 3.13.4 的情况,甲板通往入口处的最上面一部直梯的垂直距离应为 2.5 m(不包括头顶上的障碍物),并与平台连接,既而又与斜梯连接。斜梯梯段的实际长度不得超过 9 m,垂向高度通常不超过 6 m。组合梯的最下部可垂直,其垂直长度不得小于 2.5 m。

3.13.6　在宽度小于 2.5 m 的双壳边舱内,进入该处所的通道可由垂直梯组成,这种垂直梯由设置在梯子一侧的一个或垂向间距不超过 6 m 的数个台架连接。相邻梯段的侧向间隔应至少为一个梯子宽度。

3.13.7　可考虑用螺旋梯替代斜梯。如果这样,最上面 2.5 m 段可继续用螺旋梯,不必换用直梯。

3.14　构成甲板入口处通往舱内通道的直梯,其最上段的垂直距离应为 2.5 m (不包括头顶上的障碍物),并且包含一个连接梯子的平台。如果直梯底部设在纵向或横向永久通道处,则该直梯可位于甲板结构以下 1.6 m 至 3 m 之间范围内。

表 1　油船货油舱和压载舱的通道*	
1 货油舱和除右栏中规定 之外的压载水舱	2 宽度小于 5 m 构成双壳处所的边压载 水舱及舭部舱区域
到达甲板下结构和垂直结构的通道	
1.1　对于高度为 6 m 及以上内有构件的液舱应按 1.1.1 至 1.1.6 的要求设置永久通道; 1.1.1　应在每一有扶强材一面的横舱壁上,距甲板顶以下 1.6 m 至 3 m 处,设置连续横向永久通道; 1.1.2　液舱两侧至少各设一道连续纵向永久通道。其中一道设在距甲板下 1.6 m 至 6 m 处,另一道设在距甲板下 1.6 m 至 3 m 处; 1.1.3　应在 1.1.1 和 1.1.2 中规定的通道之间和主甲板至 1.1.1 或 1.1.2 的通道之间布置通道; 1.1.4　应设置通往横向强框架的连续纵向永久通道。该通道应与纵舱壁扶强材表面的结构成为一整体,如有可能,与横舱壁水平桁连接。但如果在最上面的平台处设有固定附件,则可采用技术规定 3.9 中定义的其他可替代通道设备对中间高度处进行检查;	2.1　对于舭部底边舱上折角点以上的双壳处所,按以下 2.1.1 至 2.1.3 设置永久通道; 2.1.1　如果最上面的水平平台与甲板顶之间的垂向距离大于等于 6 m,则应在该舱全长范围内设置一个连续的永久通道,允许该通道在距甲板顶以下 1.6 至 3 m 处穿过横向强框架,同时在该液舱的每一端有直梯与之相连; 2.1.2 集成在结构上的连续纵向永久通道之间的垂向距离不超过 6 m;和 2.1.3　平台应尽可能与横舱壁水平桁连接。 2.2　对于从舱底至上部折角点的垂向距离为 6 m 及以上的舭部底边舱,应在该舱全长范围设置一个纵向永久通道。它应能通过该舱两端的垂直永久通道到达。 2.2.1　纵向连续永久通道可以设置在距底边舱顶以下 1.6 m 至 3 m 处。在这种情况下,延伸至该纵向永久通道上的强框架处的平台可用作检验结构临界区域的通道。

（续表）

1.1.5 对于距舱底 6 m 及以上有横撑材的船舶,在撑材上设置横向永久通道,用于检查舱两边连接的大肘板。该横向永久通道与 1.1.4 中所述的纵向永久通道连接;和 1.1.6 技术规定 3.9 中定义的其他可替代通道设备可以用在货油舱高度低于 17 m 的小船上,以代替 1.1.4 中所述的通道。 1.2 对于高度低于 6 m 的舱室,技术规定3.9 中定义的可替代设备或便携通道设备可代替永久通道。	2.2.2 也可选择,在环肋净开孔的上缘以下至少 1.2 m 处设置纵向连续永久通道,并允许使用便携通道设备到达结构临界区域。
艏尖舱 1.3 对于防撞舱壁中心线处深度为 6 m 或以上的首尖舱,应设置合适的通道,以通往诸如甲板下结构、平台、防撞舱壁和边壳结构等临界区域。 1.3.1 距上方甲板或上方紧邻平台的垂直距离不到 6 m 的平台,应考虑提供组合使用便携通道设备的合适通道。 1.3.2 若甲板和平台之间、各平台之间或最低平台和底部之间的垂直距离为 6 m 或以上,则应设置技术规定 3.9 中定义的其他可替代通道设备。	2.3 如果 2.2 中所提及的垂直距离小于 6 m,则可以用技术规定 3.9 中定义的其他可替代通道设备或便携通道设备代替永久通道。为了便于操作便携通道设备,应在水平桁(平台)上设置一排成直线的开口。这些开口应有足够的直径并应有适当的保护栏杆。

表 2　散货船的通道

1 货舱	2 压载舱
通往甲板下结构的通道 1.1 应在横向甲板的两边和中心线附近三个地方各设置一个到达顶部结构的永久通道。每一通道应能从货舱通道或直接从主甲板到达,并安装在甲板下方 1.6 m 至 3 m 处。	**顶边舱** 2.1 对于高度为 6 m 及以上的每一顶边舱,应在甲板下方 1.6 m 至 3 m 处,沿舷侧外板纵桁设置一个纵向连续永久通道,并在每一进出舱口附近设置垂直通道梯子通往该舱。

（续表）

1.2　设置在横向甲板下 1.6 m 至 3 m 处的横舱壁上的横向永久通道可视为与 1.1 等效。 1.3　通往横向甲板顶部结构的永久通道可以经过顶墩。 1.4　对于具有完整顶墩并有通往主甲板通道的横舱壁，可允许在内部对骨材和板材进行监控。可不要求对横向甲板设置永久通道。 1.5　如果横向甲板的顶部结构距内底的垂直距离为 17 m 或以下，则可采用移动式通道进入该结构。	2.2　如果在该舱底部 600 mm 高度范围内未设置穿过横向强肋骨框架的出入孔，且强肋骨框架的腹板高度在舷侧斜板处大于 1 m，则应设置梯级/扶手栏杆以便安全越过每一横向强肋骨框架。 2.3　应在每一液舱的端部和中间的分隔区设置 3 个永久通道，每个通道应从液舱底延伸至斜板和舱口边桁材的交点。现有的纵向结构可以用作为通道的一部分。 2.4　对于高度小于 6 m 的顶边舱，可以用技术规定 3.9 中定义的可替代通道设施或便携式通道设备替代永久通道。
到达垂直结构的通道 1.6　应在所有货舱内设置垂向永久通道，能对左右舷平均分布在整个货舱（包括两端横舱壁）内的至少 25% 的舱内肋骨进行检验。但无论如何，每舷安装的垂直永久通道应不少于 3 个（货舱前后两端和中间）。垂向永久通道应安装在舱内两个相邻肋骨之间，有利于对两个肋骨进行检查。便携式装置可用作越过底边压载舱斜板的通道。 1.7　此外，便携式或移动式通道设施还可用作至其余货舱肋骨直到上部肘板和横舱壁的通道。 1.8　便携式或移动式通道设施可用作通向舱内肋骨（直至其上肘板）的通道设施，以替代 1.6 要求设置的永久通道。这些通道设施应存放在船上并随时可用。 1.9　检查货舱肋骨的直梯的梯架宽度至少为 300 mm。 1.10　用于检查单壳结构货舱肋骨的单独直梯长度如超过 6 m 也可接受。 1.11　对于双壳结构，不要求设直梯检查货舱表面。这种结构的检查应在双壳处所内进行。	**舷部斜边舱** 2.5　对于每一高度为 6 m 及以上的舷部底边舱，应在强肋骨框架的净开口顶部下方至少 1.2 m 处设置一个沿船侧桁材的纵向连续永久通道，且在该舱每个出入口附近为此永久通道安装一个垂直通道梯子。 2.5.1　纵向连续永久通道和舱底之间的通道梯子应设置在该舱两端。 2.5.2　纵向连续永久通道也可设置在舱顶以下至少 1.6 m 处，穿过强肋骨框架的净开口上方的腹板，只要这种布置有利于对确认的结构临界区域更适合的检查。加宽的纵向桁材可用作通道。 2.5.3　对于双舷侧散货船，如使用替代方法与纵向永久通道结合到达舷部折角点，则可在距舷部折角点 6 m 的范围内设置纵向连续永久通道。 2.6　如果在该舱底部 600 mm 高度范围内未设置穿过横向强肋骨框架的出入孔，且强肋骨框架的腹板高度在舷侧斜板处大于 1 m，则应设置梯级/扶手栏杆以便安全越过每一横向强肋骨框架。

（续表）

	2.7 对于高度小于 6 m 的舭部底边舱,可以使用技术规定 3.9 中定义的可替代设施或便携式设施替代永久通道。这些通道设施应予以证实可以配备在任何需要的区域,并随时可用。 双壳边舱 2.8 应按表 1 的适用部分设置永久通道。 **艏尖舱** 2.9 对于在防撞舱壁中心线处、深度为 6 m 或以上的首尖舱,应设置合适的通道,以到达如甲板下结构、平台、防撞舱壁和舷侧外板结构等的临界区域。 2.9.1 距甲板顶或紧邻的平台垂向高度小于 6 m 的平台,应在结合考虑便携式通道设备使用的条件下,提供合适通道。 2.9.2 若甲板顶与平台之间、各平台之间或最低平台与舱底之间的垂直距离为 6 m 以上时,则应设置技术规定 3.9 中定义的可替代设施。
* 对于矿砂船,应按表 1 和表 2 的适用部分设置永久通道。	

5.1.5　IACS 关于船舶检验通道及其技术规定的解释

国际船级社协会(IACS)对 SOLAS 公约第Ⅱ-1/3-6 条(MSC.151(78))和《检查通道技术规定》(MSC.158(78))的统一解释(UI)SC 191。

5.1.5.1　对 SOLAS 公约第Ⅱ-1 /3-6 条的解释

IACS 对于经修订的 SOLAS 公约第Ⅱ-1/3-6 条(海安会 MSC.151(78)决议)做出了解释。此处,全文引述 IACS 统一解释(UI)SC 191 内容。

公约(修正案) 章节条款			1974 SOLAS公约 2000 修正案 第 II-1/3.6 条				
IACS UI 编号	SC191	UI 版本	2004.11/ Rev.1,2005.05/ Rev.2,2005.10/ Corr.2005.12/ Rev.3,2006.03/ Rev.4&Corr.1, 2011.09& 2011.11/ Rev.6,2014.5/ Corr.1,2014.09	UI 执行 时间	2005.01.01/ 2005.07.01 (Rev.1)/ 2006.05.01 (Rev.2,&Corr.)/ 2006.10.01 (Rev.3)/ 2012.7.1 (Rev.4&Corr.)/ Rev.6,2015.7.1	UI 执行 形式	Rev.2& Corr. 签订船舶 建造合同

公约/规则要求

1 适用范围

1.1 除 1.2 所述之外,本条适用于 2006 年 1 月 1 日或以后建造的 500 总吨及以上的油船,和第 IX/1 条定义的 20 000 总吨及以上的散货船。

1.2 在 1994 年 10 月 1 日或以后、但在 2005 年 1 月 1 日以前建造的 500 总吨及以上的油船,应符合 MSC.27(61)决议通过对 II-1/12-2 条的规定。

解　释

油船:

本条仅适用于具有载运散装油类的整体式液舱的油船,油类的定义列于 MARPOL 73/78 附则 1。独立式油舱不包括在内。

第 II-1/3-6 条通常不适用于 FPSO 或 FSO,除非主管机关另有决定。

技术背景

MSC.158(78)决议有关通道的技术规定中的通道(MA)的规定并不是特定的适用于整体式货油舱,或许也适用独立式货油舱。油船的加强检验程序(简称 ESP-编注)规定中已经明确目标货油舱为整体式油舱。SOLAS 公约第 Reg.II-1/3-6 条中规定的通道是针对第 IX/1 条中的全面检验和近观检查而言。因此认为目标货油舱就是 ESP 中规定的油舱,即整体式油舱。如果 FPSO 或 FSO 属于执行经修正的 A.1049(27)(2011 ESP 规则)决议中的 ESP 规则的范围之内,则第 II-1/3-6 条适用于 FPSO 或 FSO。

备　注

参阅 SOLAS 公约第 IX/1 条以及经修正的 A.1049(27)(2011 ESP 规则)决议。

（续表）

公约/规则要求

2.1 在船舶整个寿命期间内，每一处所均应设置通道，以供主管机关、第 IX/1 条所定义的船公司以及船上人员和其他人员必要时对船舶结构进行全面检查、近观检查和厚度测量。通道应符合本条 5 的要求和海上安全委员会 MSC.133(76)决议通过的《检查通道技术规定》，并可能经本组织修正，但该修正案应按本公约第 VIII 条有关适用于除第 I 章外的附则修正程序的规定予以通过、生效和实施。

解　释

无需近观检验的每一处所，诸如货物区域前部的燃油舱和空舱处所，可为报告船体结构的整体状况而进行的全面检查提供必要的通道设施。

公约/规则要求

2.2 当正常装卸货物的操作容易损坏该永久通道，或在该处设置永久通道不切实际，作为替代，主管机关可允许设置在技术要求中规定的移动式或便携式通道，只要固定、安装、悬吊和支撑便携式通道的装置构成船舶结构的固定部分。所有便携式设备应易于船上人员安装或使用。

解　释

一些可能的替代通道设施列于《检查通道技术规定》(MSC.158(78)，简称 TP-编注)TP3.9中。经主管机关批准后，在甲板顶部结构(如货油舱与压载舱的甲板横梁与甲板纵骨)的全面近观检查以及厚度测量中所采用的替代通道设施(如无人操作机械臂、ROV 以及操纵杆)以及永久通道的必要设备应能：
- 在液面上方的空间且无气体的环境中安全操作；及
- 从甲板通道直接放入舱内。

如考虑采用 TP 3.9 列出的替代通道设施，则应使用本解释的附件。(Rev.1)

如考虑采用 TP 3.9 列出的替代通道设施，则可参见 IACS 的 No.91 建议案《批准/认可替代通道设施指南》。(Rev.2)

技术背景

鼓励创新设计，尤其是开发高架通道处的遥控机械，并有必要提供这种设计的功能要求。

备　注

（续表）

公约/规则要求

2.3　所有通道的构造和材料及其与船舶结构连接的附件均应经主管机关同意。在按照SOLAS公约第 I/10 条要求进行检验前或检验时，应对通道进行检验。

解　释

检查

通道装置，包括便携式设备和附件，必须由船员或有资质的检查人员定期及在使用时进行检查，确认装置保持良好的工作状态。

程序

1. 任何经授权使用通道的人员，在使用通道装置前应充当检查人员，检查该通道设施是否有明显损坏。在使用通道时，检查人员应仔细检查所使用部分的状况，并查明任何恶化现象。如果发现损坏或恶化情况，应估测该损坏或恶化程度是否影响到继续使用通道的安全性。影响到安全使用的恶化情况称之为"实质损坏"，并且应采取措施确保受影响的部分在妥善修复之前不得继续使用。

2. 包括通道在内的任何舱室的法定检验应包括确认舱室内的该通道是否能继续使用。通道的检验不应超过检验本身的范围。如果通道存在不足，则必须拓展检验范围。

3. 所有检查必须根据船舶安全管理系统规定的要求作相应记录。记录应随时可供使用通道的人员查阅，通道手册后附上记录的复印件。经检查的通道部分的最新记录应至少包括检查日期、检查人员的姓名和职务、确认签字、检查的通道部分、可继续使用状况的核准或者所发现的任何恶化情况或实质损坏。必须保留签发的许可文件，以供核对。

技术背景

通常认为，通道设施在长时间处于腐蚀环境、船舶运动外力作用以及液舱内液体晃动、冲刷的情况下会产生恶化。因此在每次进入舱室/处所时都应检查通道。上述解释应为通道手册的一部分。

备　注

公约/规则要求

3. 进入货舱、液货舱、压载舱和其他处所的安全通道

3.1　为确保全面的检查，应直接从开敞甲板安全进入＊货舱、隔离舱、压载水舱、液货舱和货物区域的其他处所。可从泵舱、深隔离空舱、管隧、货舱、双壳处所或不装油或危险货物的类似处所安全进入双层底或首压载舱。

＊ 参考本组织经修订的 A.1050(27)决议通过的"进入船上围蔽处所的建议案"。

（续表）

解　释

可从顶边舱、双层底或以上两处进入散货船的双壳边舱。

"不拟装油或危险货物"仅适用于"类似处所"，即安全通道可通过泵舱、深隔离空舱、管隧、货舱或双壳处所。

技术背景

除非用作其他用途，双壳边舱应设计成一个大的 U 型压载舱的一部分，应通过该处所的相邻区域，即顶边舱或双层底/舭部斜边舱进入这种处所。从相邻区域进入而不是从开敞甲板直接进入双壳边舱的做法已经被证实是正确的。任何此类布置应提供便于从该处所撤离的，直达的，而安全的通道。

备　注

公约/规则要求

3.2　长度为 35 m 或以上的液舱或液舱的分舱，应至少设置 2 个出入舱口和梯子，并根据实际情况尽可能远离。长度小于 35 m 的液舱应至少设置 1 个出入舱口和梯子。当 1 个液舱被 1 道或多道制荡舱壁或类似的障碍所分开，导致不易于布置从舱的一端到另一端的通道，则至少应设置 2 个出入舱口和梯子。

解　释

没有制荡舱壁且长度小于 35 m 的货油舱仅要求一个出入舱口。

Rev.2 &Corr.：如果"船舶结构通道手册"中指明筏被用作通达甲板下结构的检查通道设施时，以上规定中提到的"类似的障碍"系指当筏处于所需的最大水位时，那些会妨碍筏直接靠近通向甲板的通道和梯子的内部结构（例如复板高度大于 1.5 m 的大构件）。按 A.1049 (27)(2011 ESP 规则)决议的规定，如筏或艇作为替代通道设施可单独采用，但应提供可安全进出的永久通道设施。这意味着：

a)每一跨都应设有通道可直接从甲板通到一个直梯以及甲板以下约 2 m 的小平台；或

b)设纵向永久平台，且其在液舱两端处都有梯子通至甲板。液舱全长范围内的该平台应设置在甲板结构以下筏所需的最大水平面处或以上。该最大水平面应设定为甲板板以下不超过 3 m 处（在液舱长度之半处的甲板横梁跨距中点处测量，见下图）。每一跨都要设置从纵向永久平台到上述水位的永久通道设施（例如在纵向永久平台一侧的甲板构件复板上设置永久性的踏步横挡）。

（续表）

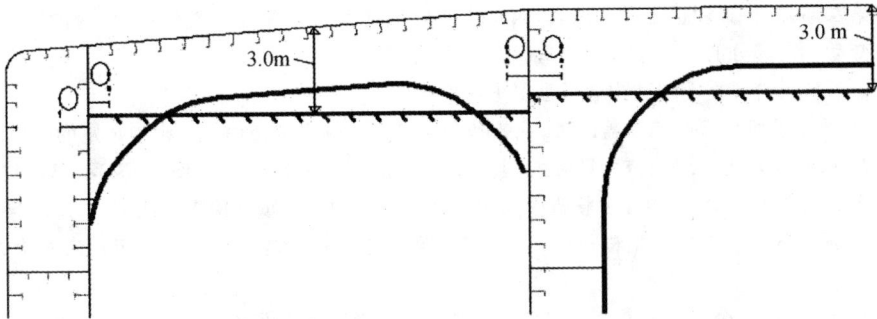

备　注

公约/规则要求

　　船舶结构通道手册

　　4.1　船上用于全面检查、近观检查和测厚用的通道,应列在船舶结构通道手册中,并经主管机关批准。船上应保留一份最新版本的船舶结构通道手册。船舶结构通道手册应反映每一处所的下述情况:

　　4.1.1　图示进入处所的出入通道,注有技术说明和尺寸;

　　4.1.2　图示设置在每一舱室内能进行全面检查的通道,注有技术说明和尺寸。

　　图中应标示该通道可检查该处所内的每一区域;

　　4.1.3　图示设置在舱室内进行近观检查的通道,注有技术说明和尺寸。无论采用固定还是便携式通道,图中均应标示临界结构区域的位置,且标示该通道可检查该处所内的每一区域;

　　4.1.4　检查和维护所有出入通道和附属设备的结构强度的说明,应考虑舱室内腐蚀气体的影响;

　　4.1.5　当用筏进行近观检查和测厚时,应有安全须知;

　　4.1.6　任何便携式通道安全安装和使用方法的说明;

　　4.1.7　所有便携式通道的一份清单;和

　　4.1.8　船上通道定期检查和维护记录。

解　释

　　通道手册应指出第 II-1/3-6 条 3 中列出的处所。

　　至少应提供一份英文版手册。

　　船舶结构通道手册应至少包含以下两部分:

　　第一部分:第 II-1/3-6 条中 4.1.1 至 4.1.7 中规定的图纸、说明和清单。这部分应经主管机关或主管机关承认的组织批准。

（续表）

第二部分:检查和保养的记录表,以及建造后因增添或更换设备而导致的便携式设备清单的变动。这部分的格式在新船建造时即得到批准。

以下事项需要在船舶结构通道手册中特别说明:

1) 通道手册必须明确涵盖船员、验船师和港口国控制官员使用的规则中规定的范围。

2) 手册的审批/复批程序,即在规则和技术要求之内的任一永久、便携式、移动式或替代式通道设施发生变动,必须经主管机关或主管机关承认的组织重新检查并批准。

3) 通道的核查为安全结构检验的一部分,旨在检验通道是否能继续使用。该项检查为法定检验。

4) 船员和/或公司主管检查人员的通道检查是常规检查和保养的一部分。(参见 SOLAS 公约第 II-1/3-6 条 2.3 的解释)

5) 如果发现通道的使用不安全,应立即采取相应措施。

6) 如果使用便携式设备,必须提供图纸显示各处所的通道,并标明从何处进入以及如何检查这些区域。

备　注

公约/规则要求

4.2　在本条中"临界结构区域"系指通过结构强度和疲劳计算确定需要进行监控的局部区域,或是通过同类船舶或姐妹船的营运史及设计研究反馈信息确定的。

解　释

1) 确定临界结构区域应尽可能借助先进的计算结构强度、疲劳性能等手段,以及同类船舶或姐妹船的营运史和设计方面的反馈信息。

2) 视情况可参考以下有关临界结构区域方面的出版物:

—油船:油船结构合作论坛(简称 TSCF-编注)出版的液货船舶结构指导手册;

—散货船:IACS 出版的散货船船体结构检验、评估和维修指南;以及

—油船和散货船:经修正的 A.1049(27) (2011 ESP 规则)决议

技术背景

这些文件包含了当前船舶类型的相关信息。不过新型双壳油船和改进结构设计的双壳散货船的临界结构区域必须在设计阶段通过结构分析确定。应将此信息考虑在内,以确保能设置合适的通道进入所有确定的临界区域。

备　注

（续表）

公约/规则要求

5　一般技术规定

5.1　通过水平开口、舱口或人孔的通道的尺寸应足以保证穿戴自储式呼吸装置和保护设备的人员上下梯子不受阻碍,而且净孔尺寸应便于将负伤人员从舱底提升上来。最小的净孔尺寸应不小于 600 mm×600 mm。如通过货舱口进入货舱,梯子的顶部应尽可能靠近舱口围板;如舱口围板的高度超过 900 mm,则在梯子同一位置的舱口围板外侧应设置踏步。

解　释

最小为 600 mm×600 mm 的净孔尺寸,其孔的角半径最大可达到 100 mm。MSC/Circ. 686 通函规定净孔尺寸应足以保证穿戴呼吸装置的人员通过。如果结构分析结果应当减小净孔周围的设计应力,可以考虑采取适当的措施诸如用加大圆半径的较大开口来降低该处应力。例如用圆半径为 300 mm,开口尺寸为 600 mm×800 mm 的较大开口,取代孔角半径 100 mm,净孔尺寸为 600 mm×600 mm 的开口。

技术背景

解释是基于 MSC/Circ.686 通函中规定的指南。

备　注

参阅 MSC/Circ.686 通函附件第 9 段。

公约/规则要求

5.2　如通过制荡舱壁、肋板、纵桁和强肋骨上的垂向开口和人孔到达该处所长度或宽度范围,这些开孔的最小尺寸应不小于 600 mm×800 mm,除非设有格栅或踏板,否则这些开孔应位于从船底板量起不超过 600 mm 的高度处。

解　释

1) 不小于 600 mm×800 mm 的最小净孔可包含圆半径为 300 mm 的开口。高 600 mm 宽 800 mm 的开口可作为垂直结构中的通道开口,因为在结构强度方面大开口是不合适的,如双层底中的纵桁和肋板。

2) 为便于使用担架营救伤员,除传统的圆半径为 300 mm 的 600 mm×800 mm 开孔外,也可采用 850 mm×620 mm 的垂直开孔,上半部分宽度超过 600 mm,而下半部分则小于 600 mm,总高度不小于 850 mm(见下图)。

3) 如果垂直开孔处于高度超过 600 mm 以上处,必须提供踏板和扶手。此时,应验证:伤员可以容易地通过。

（续表）

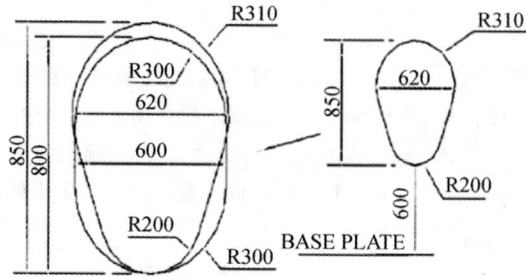

技术背景

该解释是基于 MSC/Circ.686 通函规定的指南,并考虑到人体自由进出的一种开孔创新设计。

备　注

参阅 MSC/Circ.686 通函附件第 11 段。

5.1.5.2　对《检查通道技术规定》(MSC.158(78))的统一解释

公约(修正案)章节条款			MSC(158)78 决议				
IACS UI 编号	SC191	UI 版本	2004.11/ Rev. 1，2005.05/ Rev. 2，2005.10 Corr. 2005.12 Rev. 3，2006.03/ Rev. 4&Corr. 1， 2011.09&2011.11/ Rev. 5，2013.05/ Rev. 6，2014.05/ Corr. 1，2014.09/ Rev. 7，2015.01/ Corr. 1，2016.06/ Corr. 2，2016.12/ Corr. 3，2017.1	UI 执行时间	2005.01.01/ Rev. 1，2005.07.01/ Rev. 2，&Corr. ， 2006.05.01/ Rev. 3，2006.10.01/ Rev. 4&Corr. ， 2012.07.01/ Rev. 5，2013.06.24/ Rev. 6，2015.07.01/ Rev. 7，2016.07.01	UI 执行形式	签订船舶建造合同

（续表）

公约/规则要求

前言

1.3　为了解决这个问题,本组织已制定了本《检查通道技术规定》(下文称为"本《技术规定》"),旨在便于按 SOLAS 公约第 II-1/3-6 条(油船和散货船货物区域及其前方处所的出入通道及内部通道)所述的船舶结构进行近观检查和厚度测量。本《技术规定》不适用于符合《IBC 规则》规定的化学品/油类兼装船的液货舱。

解　释

"符合《IBC 规则》规定的化学品/油类兼装船"指具有有效的国际防止油污证书(IOPP)(作为油船)和有效的载运散装危险化学品适装证书的油船,即能按 MAPPOL 附则 1 全部或部分载运油类货物和按 IBC 规则第 17 章全部或部分载运化学品货物的油船。

本《技术规定》应适用于符合 IBC 规则规定的化学品/油类兼装船的压载舱。

备　注

公约/规则要求

1.4　设计成船舶整体结构—部分的永久通道应优先考虑,主管机关可允许合理的偏差以利于这种设计。

解　释

上述规定的文本中,偏差只限于于表 1 的 2.1.2 中的整体式永久通道之间的距离。

偏差不适用于影响甲板下纵向通道的安装距离及是否需要永久通道的尺度的决定,例如处所高度和至结构件(如横撑材)的高度。

备　注

公约/规则要求

3.1　SOLAS 公约第 II-1/3-6 条要求进行船舶结构近观检查和厚度测量的结构件,除双层底处所外,应设有 1 个永久通道,其要求如表 1 和表 2 的适用规定。对于油船和矿砂船的边压载舱,在其结构允许安全和有效使用的条件下,经批准的替代方法可与所设置的永久通道一起使用。

解　释

处所的永久通道可视作检查用的永久通道。

（续表）

技术背景

　　本《技术规定》对通往处所和用以全面检查和近观检验的船体结构的通道作出规定。通往船体结构的通道的要求不一定总适用于处所通道。不过，如果通往处所的通道也可在检验和检查中使用，则该通道可视作检验和检查用的通道。

备　注

公约/规则要求

　　3.3　永久通道中的高架走道部分（如设有），其净宽应不小于 600 mm，除非在绕过垂直桁材处净宽可减至 450 mm，并应在通道开放一边全长范围设置栏杆。构成通道的倾斜部分结构应是防滑结构。栏杆高度应为 1 000 mm，由扶手和高度为 500 mm 的中间横挡构成，栏杆结构应坚固。栏杆支柱的间距应不超过 3 m。

解　释

　　1. 倾斜结构系指船舶在龙骨水平的正浮状态时，与水平面成 5 度或以上倾斜角的结构。
　　2. 必须在开敞一侧安装栏杆，高度至少为 1 000 mm。独立通道的两侧都必须安装栏杆。栏杆柱应固定在 PMA（永久检验通道）上。通道和中间横挡以及中间横挡和顶部栏杆之间的距离应不大于 500 mm。
　　3. Rev.3：栏杆的顶部扶手允许不连续，但间隙不得超过 50 mm。
　　栏杆顶部扶手与其他结构构件（如舱壁、横向环肋）的最大间隙，应同样对待。
　　上述间隙两侧的相邻的二根栏杆支柱之间的最大间距，如果栏杆的顶部扶手和中间横挡不连在一起，应为 350 mm，如连在一起，应为 550 mm。
　　上述栏杆的支柱与其他结构构件之间的最大间距，如栏杆的顶部扶手和中间横挡不相连，应不超过 200 mm，如相连，应不超过 300 mm。如果栏杆的顶部扶手和中间横挡采取弯曲形式相连，则弯曲部分的外径不得超过 100 mm（见下图）。

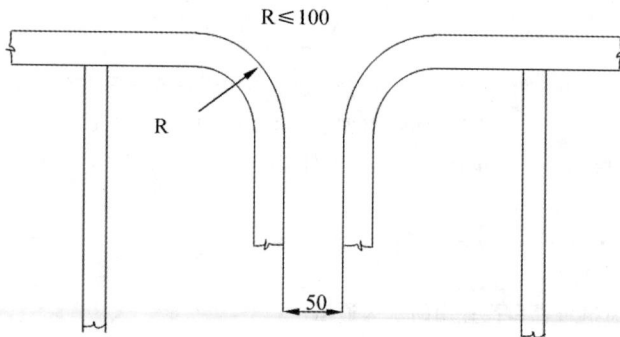

（续表）

4. 防滑结构指当人员行走在上面时，可以提供足够摩擦力的表面，即便该表面处于潮湿状态或有细微颗粒。

5. "坚固结构"系指在船舶营运寿命期间能承受设计强度以及剩余强度的结构。应通过初始防腐措施以及日常检查保养来确保通道及其栏杆的耐久性。

6. 在栏杆中使用诸如 GRP（玻璃钢-编著）等其他材料必须保持与该舱所装载的液体相容。用作高温逃生路线的处所通道不得使用非耐火材料。

7. 梯子之间的驻足平台的要求与高架通道的规定相同。

备　注

参阅 MSC/Circ.686 通函附件第 10 段。

公约/规则要求

3.4　从船底通往永久通道和垂向开孔的通道应由便于行走的走道、梯子或踏步等组成。踏步应设置成供脚踏的横向支撑。为垂直面设置的梯子，其横挡中心距垂直面的距离应至少为 150 mm。当垂直人孔高于行走平面 600 mm 时，应在两面设有踏步和带把手的可登平台。

解　释

如果垂向人孔高于行走平面 600 mm，应证明能方便转移伤员。

备　注

公约/规则要求

3.5　永久斜梯的倾斜角度应小于 70°。距斜梯表面 750 mm 范围内不应有障碍物，但开口处的净空可减至 600 mm。在最大 6 m 的垂向高度范围内应设置大小适合的休息平台。梯子和扶手应由钢或具有足够强度和刚度的等效材料制成，通过支柱牢固地固定在船体结构上。支撑方式和支柱长度应尽量减少振动。货舱内梯子的设计与布置应不增加起货作业难度，并且使起货设备损坏梯子的风险达到最小。

解　释

进出压载舱、液货舱和除首尖舱外处所的通道：

油船：

1. 长度在 35 m 或以上具有两个舱口通道的液舱和液舱的分舱：

第一个通道的舱口：应使用斜梯或多个梯子。

第二个通道的舱口：

（续表）

i. 可使用直梯。当垂直距离超过 6 m，直梯应由一个或多个连接平台的梯子组成，平台垂直间距不超过 6 m，并且均位于该梯子的同一侧。

直梯的最上面那部分与液舱入口避开上方障碍物的垂直间距应不小于 2.5 m，但不大于 3.0 m，并与一个连接平台相连，该连接平台必须位于直梯的一侧。然而，如果梯子末端落在该区域内设有的纵向或横向永久通道上，直梯的最顶端与液舱入口避开上方障碍物处的垂直距离可减至 1.6 m。梯子相邻部分的横向间距至少应为梯子的宽度（参见 MSC/Circ. 686 通函第 20 条以及 MSC. 158(78)决议 3.13.2 和 3.13.6 条的解释）；或者

ii. 如使用斜梯或组合梯进出处所，直梯的最顶端与液舱入口避开上方障碍物处的垂直距离应不小于 2.5 m 但不大于 3.0 m，并且包含一处与斜梯连接的平台。但如果梯子末端落在该区域内设有的纵向或横向永久通道上，直梯的最顶端与液舱入口避开上方障碍物处的垂直距离可减至 1.6 m。斜梯的垂直高度通常不超过 6 m。梯子的最底下一段可为直梯，但其垂直距离不得超过 2.5 m。

2. 长度小于 35 m 且仅有一处舱口通道的液舱应使用以上 1. ii 中规定的斜梯或组合梯。

3. 在宽度不足 2.5 m 的双壳处所内，通道可采用包括一个或多个有连接平台的直梯，平台垂直间距不超过 6 m 且均位于该梯子的同一侧。直梯的最顶端与液舱入口避开上方障碍物处的垂直距离应不小于 2.5 m 但不大于 3.0 m，并且包含一个连接平台，该连接平台必须位于直梯的一侧。然而，如果梯子末端落在该区域内设有的纵向或横向永久通道上，直梯的最顶端与液舱入口避开上方障碍物处的垂直距离可减至 1.6 m。梯子相邻部分的横向间距至少应为梯子的宽度（参见 MSC/Circ. 686 通函第 20 条以及 MSC. 158(78)决议 3.13.2 和 3.13.6条的解释）。

4. 从甲板进入双层底处所可以借助穿过围阱的直梯。除非主管机关另有批准，甲板至驻足平台，驻足平台之间或驻足平台与舱底之间的垂直距离都不得超过 6 m。

油船垂向结构检查用通道：

进出处所的直梯可用作垂向结构的检查用通道。

除非在 TP 表 1 中另有规定，安装在垂向结构上检查用的直梯必须包括一个或多个连接平台，平台垂直间距不超过 6 m 并且均位于该梯子的同一侧。梯子相邻部分的横向间距至少应为梯子的宽度（参见 MSC/Circ. 686 通函第 20 条以及 MSC. 158(78)决议 3.13.2 和 3.13.6 条的解释）。

障碍物距离

根据 TP3.5 规定，斜梯梯面和障碍物之间最小距离为 750 mm，如有开口则为 600 mm，测量应从梯表面算起。

（续表）

技术背景

通常做法是从甲板开始先用直梯下落，以便在连接至该直梯一侧的斜梯或另一直梯之前避开上方障碍物。

备　注

参阅直梯：MSC/Circ.686 通函附件第 20 段。

公约/规则要求

3.6 斜梯梯架间的宽度应不小于 400 mm。踏步应以垂向间距 200 mm 至 300 mm 等距离布置。如使用钢材，踏步应由截面不小于 22 mm × 22 mm 的两根方钢构成水平梯级，方钢的棱线朝上。踏步应以穿过两侧梯架支撑，以双面连续焊固定。所有斜梯应在踏步两侧合适的高度处，设置结构牢固的扶手。

解　释

1）扶手的垂直高度从踏步中心算起不得低于 890 mm，并当梯子框架与顶部扶手的间距大于 500 mm 时应提供两道扶手。

2）TP3.6 中规定的两根方钢构成水平踏步的要求是基于 A.272（VIII）决议附件 1 第 3（e）条对斜梯的建造要求。TP.3.4 允许在垂直表面上安装横挡以用作安全把手。在直梯中使用钢材时，踏步应由截面不小于 22 mm×22 mm 的单根方钢组成，以便于安全把握。

3）根据澳大利亚 AMSA 海事命令第 32 部分附件 17 的规定，进出货舱的斜梯宽度不得低于 450 mm。

4）除货舱通道外的其他斜梯宽度不得小于 400 mm。

5）直梯的最小宽度应为 350 mm，踏步应在垂向间距 250 mm～350 mm 之间等间距布置。

6）除货舱肋骨间的梯子外，其余梯子的最小攀爬净宽为 600 mm。

7）直梯应予以固定，固定点间隔不超过 2.5 m 以避免振动。

技术背景

- TP3.6 作为 TP3.5 的延续，主要针对斜梯。直梯的解释是基于 IMO、AMSA 或现行工业标准。
- 解释 2）和 5）是针对基于现行标准的直梯。
- 踏步采用两根方钢对于直梯的把手来说过大，因此采用单根方钢的踏步，以便安全把握。
- 解释 7）与 TP 3.4 的要求和解释是一致的。

（续表）

备　注

- A. 272（VIII）决议附件 1。
- 澳大利亚 AMSA 海事命令第 32 部分附录 17。
- 国际劳工组织实践守则《码头工作的安全与健康》—第 3.6 节船舶货舱通道。

公约/规则要求

3.9.6　如使用长度超过 5 m 的便携式梯子,其必须设有能固定梯子上端的机械装置;

解　释

能防止梯子上端前后及侧向移动的钩子之类的梯子上端固定的机械装置,被认为是合适的固定装置。

技术背景

如果创新设计符合功能要求,并充分考虑到使用安全,则该设计可予以采纳。

备　注

公约/规则要求

3.10　对于通过水平开孔、舱口或人孔的通道,其最小的净孔尺寸应不小于 600 mm×600 mm。如果进入货舱的通道要穿过货舱口,则梯子的顶部应尽可能靠近舱口围板;如舱口围板的高度超过 900 mm,则应在其外侧设置梯级与上述梯子配合使用。

3.11　如通过制荡舱壁、肋板、纵桁和强肋骨上的垂向开口或人孔的通道可贯穿到达该处所的长度或宽度范围,这些开孔的最小开口尺寸应不小于 600 mm×800 mm,除非设有格栅或踏步板,否则开孔距通道的高度应不超过 600 mm。

解　释

见 SOLAS 公约 Ⅱ-1/3-6 条的 5.1 和 5.2 的解释。

备　注

公约/规则要求

3.13　对于散货船,通往货舱和其他处所的通道梯子应设置如下:

.1 如邻近各层甲板的上表面之间或甲板与货舱底之间的垂直距离不超过 6 m,可设直梯或斜梯。

（续表）

解　释

如甲板至货舱底的垂直距离为 6 m 或以下时,可使用直梯或斜梯或其组合进入货舱。

备　注

公约/规则要求

3.13　对于散货船,至货舱的通道梯子应:

3.13.2　如邻近各层甲板的上表面之间或甲板与货舱底之间的垂直距离超过 6 m,应在货舱一端设置斜梯或斜梯组,但若连接直梯的斜梯或斜梯组的垂向长度不低于 2.5 m,则货舱最上面 2.5 m(测量不包括头顶上的障碍物)和最下面 6 m 可设置直梯。

货舱另一端的第二个通道可由数段错开的直梯组成,且这种直梯应由设置在梯子一侧的一个或垂直间距不超过 6 m 的数个台架连接。相邻梯段的侧向间隔应至少为一个梯子宽度。梯子最上面的入口部分(此处直通货舱)应在 2.5 m 长度内保持垂直(测量不包括头顶上的障碍物),且应与一连接梯子的台架相接。

3.13.6　在宽度小于 2.5 m 的双壳边舱内,进入该处所的通道可由直梯组成,这种直梯由设置在梯子一侧的一个或垂向间距不超过 6 m 的数个台架连接。相邻梯段的侧向间隔应至少为一个梯子宽度。

解　释

直梯相邻部分的安装应满足下述要求:

— 直梯两相邻部分之间的最小"横向间距",系指直梯的上部和直梯的下部之间的间距,使相邻的扶手从各自扶手的中心线处量起至少相距 200 mm。

— 上部梯的下端与下部梯的上端垂向重叠,下部梯的上端距站立平台应有 1 500 mm 的高度以允许梯子之间的安全转换。

— 通道梯的任何部分都不应在通道口的上方直接或部分终止。

技术背景

上述解释的目标是:

1、在适当的间隔提供休息平台,减少因疲劳而引起的意外事故;

2、防止两部梯子的横向重叠,减少设备跌落风险或落下物品的附带伤害风险。

图"A"
垂直梯–梯子通过连接平台

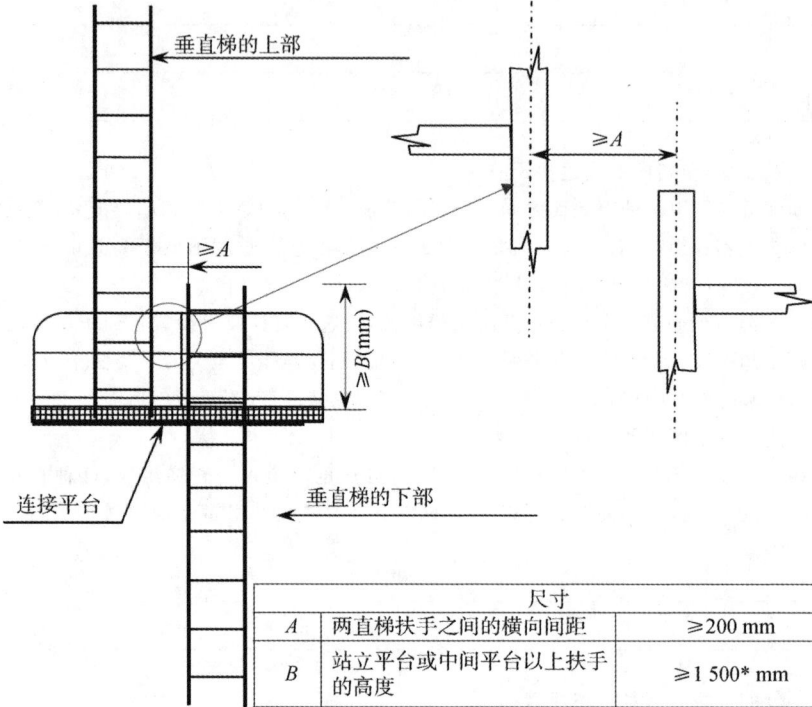

垂直梯的上部

≥A

≥A

≥B(mm)

连接平台

垂直梯的下部

尺寸		
A	两直梯扶手之间的横向间距	≥200 mm
B	站立平台或中间平台以上扶手的高度	≥1 500* mm
C	直梯和平台之间的横向间距	100 nm ≤ C < 300 mm
*注：休息平台的扶手支柱的高度至少为 1 000 nm (MSC.158(78) 决议，技术规定第 3.3 段)		

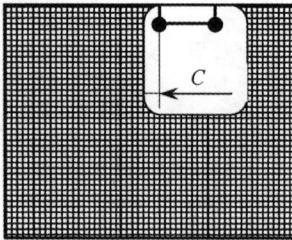

C

（续表）

图"B"
垂直梯–侧装

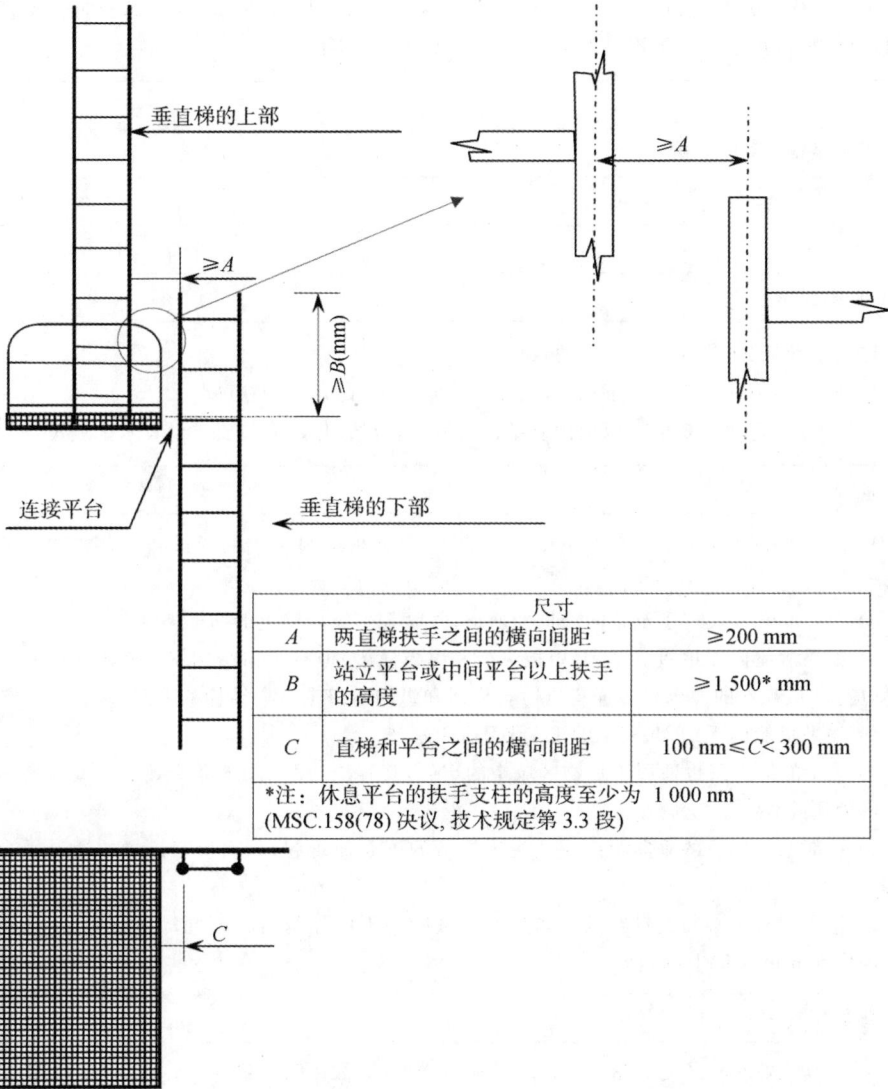

尺寸		
A	两直梯扶手之间的横向间距	≥200 mm
B	站立平台或中间平台以上扶手的高度	≥1 500* mm
C	直梯和平台之间的横向间距	100 nm≤C< 300 mm
*注: 休息平台的扶手支柱的高度至少为 1 000 nm (MSC.158(78) 决议, 技术规定第 3.3 段)		

垂直梯的上部

≥A

≥B(mm)

连接平台

垂直梯的下部

C

备　注

（续表）

公约/规则要求

3.14 构成甲板入口处通往舱内通道的直梯,其最上段的垂直距离应为 2.5 m(不包括头顶上的障碍物),并且包含一个连接梯子的平台。如果直梯底部设在纵向或横向永久通道处,则该直梯可位于甲板结构以下 1.6 m 至 3 m 之间范围内。

解 释

甲板系指"露天甲板"。

备 注

公约/规则要求

表 1-油船通道,MSC.158(78)决议

1 除右栏中规定之外的压载舱,以及货油舱到达顶部结构的通道

1.1 对于高度为 6 m 及以上内有结构的液舱,应按.1 至.6 的要求设置永久通道:

解 释

1).1,.2 和.3 规定了至甲板下结构的通道,至横框架最上端的通道和这些结构之间的连接。

2).4,.5 和.6 规定了至垂向结构的通道,并联系到纵舱壁上的横框架部分。

3) 如果货舱内无甲板下结构(甲板纵桁和甲板横梁)但有垂向结构支持其横舱壁和纵舱壁,则应按.1 至.6 的要求设置通道以检查横向和纵向舱壁上垂向结构的上部。

4) 如果货舱内无结构,表 1 的 1.1 节不适用。

5) 表 1 的第 1 条也适用于货物区域中的空舱,其容积与 II-1/3-6 条中处所大致相当,第 2 条中的处所除外。

6) 顶部结构以下的垂向距离应从主甲板板的下表面量起,直到指定位置的通道平台的顶端。

7) 每个液舱都必须测量舱高。如果一个液舱的不同隔舱存在不同高度,则 1.1 适用于那些高度在 6 m 及以上的隔舱。

技术背景

解释7)如果液舱高度沿船舶的长度增加而增加,那么在舱高超过 6 m 处应提供局部的永久通道。

备 注

参阅 MSC/Circ.686 通函附件第 10 段。

（续表）

公约/规则要求

表 1-油船通道,MSC.158(78)决议

1.1.2　液舱两侧至少各设一道连续纵向永久通道。其中一道设在距甲板下 1.6 m 至 6 m 处,另一道设在距甲板下 1.6 m 至 3 m 处;

解　释

如果甲板上设有甲板纵桁和甲板横梁,但支撑肘板设在甲板以下,有必要提供连续的纵向永久通道。

备　注

公约/规则要求

表 1-油船通道,MSC.158(78)决议

1.1.3　应在.1 和.2 中规定的通道之间和主甲板至.1 或.2 的通道之间布置通道。

解　释

至液舱的通道可用作通往检查用的永久通道的通道。

技术背景

原则上讲,如果该通道可以用作结构件的检查,就无需重复设置通道。

备　注

公约/规则要求

表 1-油船通道,MSC.158(78)决议

1.1.4　应设置通往横向强框架的连续纵向永久通道。该通道应与纵舱壁扶强材表面的结构成为为整体,如有可能,与横舱壁水平连接。但如果在最上面的平台处设有固定附件,则可采用技术规定 3.9 中定义的其他可替代通道设备对中间高度处进行检查;

解　释

供船员和验船师检查用的替代永久通道的设施(例如钢索升降平台)应提供至少与同一条中规定的永久通道相同的安全等级。这些通道设施应装在船上可随时使用而无需向液舱注水。

因此,本规定不接受用筏。

替代通道设施应为通道手册的一部分,通道手册应由船旗国代表批准。

对诸如矿砂船上的宽度为 5 m 及以上的压载水舱,其船壳板应被认为是“纵舱壁”。

（续表）

公约/规则要求

表 1-油船通道,MSC.158(78)决议

2　宽度小于 5 m 构成双壳处所的边压载水舱及其舭部底边舱到甲板下结构的通道

2.1　对于舭部底边舱上折角点之上的双壳处所,应按.1 和.2 设置永久通道:

解　释

表 1 第 2 条也适用于设计成空舱的边舱。

2.1.1　提出到达甲板下结构的通道的要求,2.1.2 是对检验和检查纵舱壁上(横框架)的垂直结构的通道要求。

技术背景

第 II-1/3-6.2.1 要求每个处所应设有通道。虽然空舱并未在 MSC.158(78)决议的技术规定中予以说明,空舱内是否需要通道还有争论。为了便于检查该处所及其周边结构的结构状况,仍有必要设置通道或便携式通道。因此表 1 第 2 条的要求适用于双壳处所,即使其设计成空舱。

备　注

公约/规则要求

表 1-油船通道,MSC.158(78)决议

2　宽度小于 5 m 构成双壳处所的边压载舱及其舭部底边舱到达甲板下结构的通道

2.1.1　如果最上面的水平平台与甲板顶之间的垂向距离大于等于 6 m,则应在该舱全长范围内设置一个连续的永久通道,允许该通道在距甲板顶以下 1.6 m 至 3 m 处穿过横向强框架,同时在该液舱的每一端有直梯与之相连;

解　释

1. 如果液舱内较高的水平平台和甲板顶之间的垂向距离在不同区域各不相同,则 2.1.1 适用于符合该条件的区域。

2. 连续永久通道可以是一根较宽的纵桁,它提供了强肋骨一侧的平台通达临界区域。如果强肋骨的垂直开孔位于宽纵桁与另一侧纵桁之间的断开部分,则必须在强肋骨的两侧设置平台,便于人员安全通过。

3. 如果 SOLAS 公约第 II-1/3-6.3.2 条要求两个通道舱口,液舱每一端的通道梯子应通往甲板。

（续表）

技术背景

解释 1）表 1 第 1 部分对不同液舱高度的解释适用于较高的水平平台与甲板顶之间的垂向距离。

备　注

公约/规则要求

表 1-油船通道,MSC.158(78)决议

2.1.2　集成在结构上的连续纵向永久通道之间的垂向距离不超过 6 m;和

解　释

连续永久通道可以是一根较宽的纵桁,它提供了强肋骨一侧的平台通达临界区域。如果肋骨的垂直开孔位于宽纵桁与另一侧纵桁之间的断开部分,则必须在肋骨的两侧设置平台,便于人员安全通过。

如果永久通道与结构本身成为一整体,TP/1.4 中不超过 10％的"合理偏差"可以被采用。

备　注

公约/规则要求

表 1-油船通道,MSC.158(78)决议

2.2　对于从舱底至上部折角点的垂向距离为 6 m 及以上的舭部底边舱,应在该舱全长范围设置一个纵向永久通道。它应能通过该舱两端的垂直永久通道到达。

解　释

1）应提供该纵向连续永久通道和处所底部之间的永久通道。

2）船舶平行中体以外的舭部底边舱高度应取液舱底板至斜板的最大净垂向距离。

3）对于高度不低于 6 m,舱底前后抬升的首、尾舭部底边压载舱,可采用横向和垂向通道的组合来到达各个横向框架的上部折角点,以取代纵向永久通道。

技术背景

解释 2）:首尾货物区域的舭部底边舱由于舱底抬升而变窄,使用便携式通道更适合于液舱底到斜板的实际垂向距离的变化。

解释 3）:在船舶首、尾舭部底边舱中,尽管其垂向距离不低于 6 m,但在无法安装纵向永久通道的情况下,由横向和直梯组成的永久通道将提供到达上部折角点的另一途径。

（续表）

备　注

公约/规则要求

表 2 - 散货船通道,MSC.158(78)决议

1　货舱

到达甲板下结构的通道

1.1　应在横向甲板的两边和中心线附近三个地方各设置一个到达顶部结构的永久通道。每一通道应能从货舱通道或直接从主甲板到达,并安装在甲板下方 1.6 m 至 3 m 处。

解　释

1. 应设置通向每个货舱最前和最后端的横向甲板结构处的通道。

2. 横向甲板下的通往甲板两边以及中心线附近等三处的相互连接的通道可作为 3 条通道。

3. 可采用安装在三处不同位置的独立永久通道,每边各一条以及中心线附近有一条。

4. 必须特别注意主甲板或横向甲板上所有通道开孔的结构强度。

5. 散货船横向甲板结构的要求也适用于矿砂散货船。

技术背景

提供通道的实际布置。

备　注

公约/规则要求

表 2 - 散货船通道,MSC.158(78)决议

1.3　通往横向甲板顶部结构的永久通道可以经过顶墩。

解　释

应特别注意保持主甲板或横向甲板中通道开口处的结构强度。

备　注

公约/规则要求

表 2 - 散货船通道,MSC.158(78)决议

1.4　对于具有完整顶墩并有通往主甲板通道的横舱壁,可允许在内部对骨材和板材进行监控。可不要求对横向甲板设置永久通道。

（续表）

解　释

"完整的上顶墩"理解为延伸至顶边舱之间和舱口端梁之间整个部分的顶墩。

备　注

公约/规则要求

表 2 - 散货船通道，MSC.158(78)决议

1.5　如果横向甲板顶部结构距内底的垂直距离为 17 m 或以下，则可采用移动式通道进入该结构

解　释

1) 船舶不一定要携带进入横向甲板下结构的移动式通道，该通道只要在需要时可用即可。

2) 散货船横向甲板结构的要求也适用于矿砂散货船。

备　注

公约/规则要求

表 2 - 散货船通道，MSC.158(78)决议

1.6　应在所有货舱内设置垂向永久通道，能对左右舷平均分布在整个货舱的至少 25% 的舱内肋骨（包括货舱两端横舱壁处的肋骨）进行检验。但无论如何，每舷安装的垂向永久通道应不少于 3 个（货舱前后两端和中间）。垂向永久通道应安装在舱内两个相邻肋骨之间，作为检查两个肋骨的通道。便携式装置可用作通过底边压载舱斜板的通道。

解　释

通向货舱肋骨的直梯的踏步的最大垂直间距应为 350 mm。

如果使用安全索，应切合实际地将安全索连接在合适的位置。

技术背景

踏步最大垂直间距为 350 mm 的规定旨在减少货物被卡在踏步间。

备　注

(续表)

公约/规则要求

表 2 - 散货船通道,MSC.158(78)决议

1.7 此外,便携式或移动式通道设施还可用作至其余货舱肋骨,直至其上部肘板和横舱壁的通道。

解 释

便携式、移动式或其他通道设施也适用于槽型舱壁。

备 注

公约/规则要求

表 2 - 散货船通道,MSC.158(78)决议

1.8 便携式或移动式通道设施可用作通向舱内肋骨(直至其上肘板)通道设施,以替代1.6要求设置的永久通道。这些通道设施应存放在船上并随时可用。

解 释

随时可用系指能运送到货舱内指定位置并由船员安全竖立。

备 注

公约/规则要求

表 2 - 散货船通道,MSC.158(78)决议

2.3 应在每一液舱的端部和中间的分隔区设置 3 个永久通道,每个通道应从液舱底延伸至斜板和舱口边桁材的交点。现有的纵向结构可以用作为通道的一部分。

解 释

如果斜板上的纵向结构安装在液舱之外,则必须提供通道。

备 注

公约/规则要求

表 2 - 散货船通道,MSC.158(78)决议

艏部底边舱

2.5 对于每一高度为 6 m 及以上的艏部底边舱,应在强肋骨框架的净开口顶部下方至少 1.2 m 处设置一个沿船侧桁材的纵向连续永久通道,且在该舱每个出入口附近为此永久通道安装一个垂直通道梯子。

（续表）

解　释

1. 船舶平行中体以外的舷部底边舱的高度应取液舱底板至斜板的最大净垂向距离。
2. 检查用的便携式装置应经过验证证实：在它需要使用的地方能随时可用，且能展开。

备　注

公约/规则要求

表 2 - 散货船通道，MSC.158(78)决议

舷部底边舱

2.5.2　纵向连续永久通道也可设置在舱顶以下至少 1.6 m 处，穿过强肋骨框架的净开口上方的腹板，只要这种布置有利于对确认的结构临界区域更适合的检查。加宽的纵向桁材可用作通道。

解　释

净宽在 600 mm 以上的纵向桁材可用作纵向连续永久通道。最前部和最后部的底边压载舱，如果其底部升高的高度在 6 m 及以上，则一个横向及垂向混用的通道设施，作为通往每一横向框架处底边舱斜板与船壳板相连位置的通道，可以接受作为纵向连续永久通道的替代。

备　注

公约/规则要求

表 2 - 散货船通道，MSC.158(78)决议

2.6　如果在该舱底 600 mm 范围内未设置穿过横向强肋骨框架的出入孔，且强肋骨框架的腹板高度在舷侧斜板处大于 1 m，则应设置梯级/扶手以便安全越过每一横向强肋骨框架。

解　释

强肋骨框架的高度应在舷侧舱底基线处测量。

技术背景

在舷部底边舱中，斜板在开口之上，验船师是沿着舱底移动。因此，1 m 应从舱底量起。

备　注

5.1.6 货船检验通道（PMA）图的设计

油船按照载重量不同可以分为5万吨级灵便型油船/化学品船、7万吨级巴拿马型油船、10万吨级阿芙拉型油船、15万吨级苏伊士型油船和30万吨级超大型油船，下文以此分级说明不同载重量级别油船检验通道（Permanent means of access，PMA）的设计要点，以20.8万吨散货船为例，说明散货船检验通道设计要点。

（1）5万吨级灵便型油船/化学品船（船舶主尺度 L×B×D 174 m×32.2 m×18.8 m）

货舱/压载舱布置（图5-1）、典型横剖面图（图5-2）、货舱PMA布置三维图（图5-3）、第6压载舱PMA布置三维图（图5-4）反映了5万吨级灵便型油船/化学品船典型船体结构和检验通道的设计，该船的检验通道设计要点归纳如下：

① 压载舱需设置PMA，货舱内顶部骨材外翻，横向和纵向舱壁都为槽型舱壁，货舱内不需要设PMA。

② 压载舱内水平桁垂直间距小于6 m的区域，不必增设PMA。

③ 第6压载舱，部分垂直高度超过6 m区域，需设置表面防滑结构的倾斜的局部平台作为检验通道。

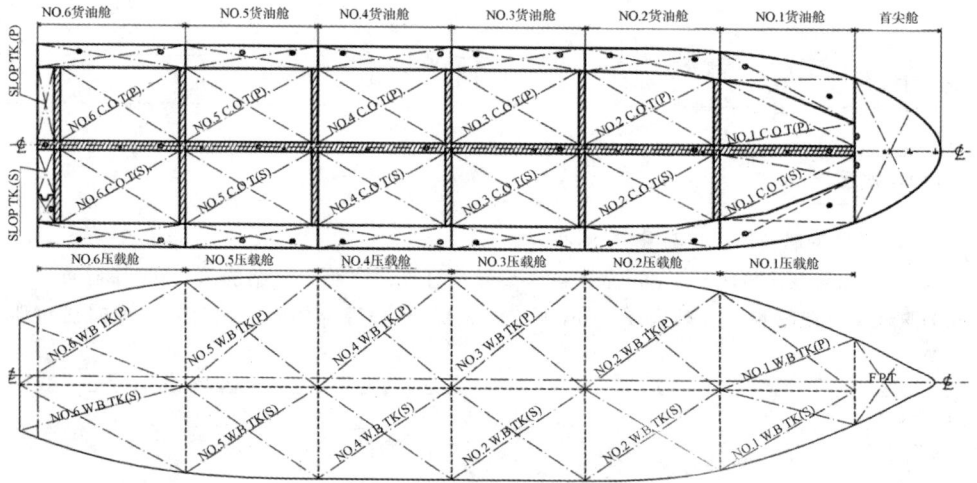

图5-1　货舱/压载舱布置

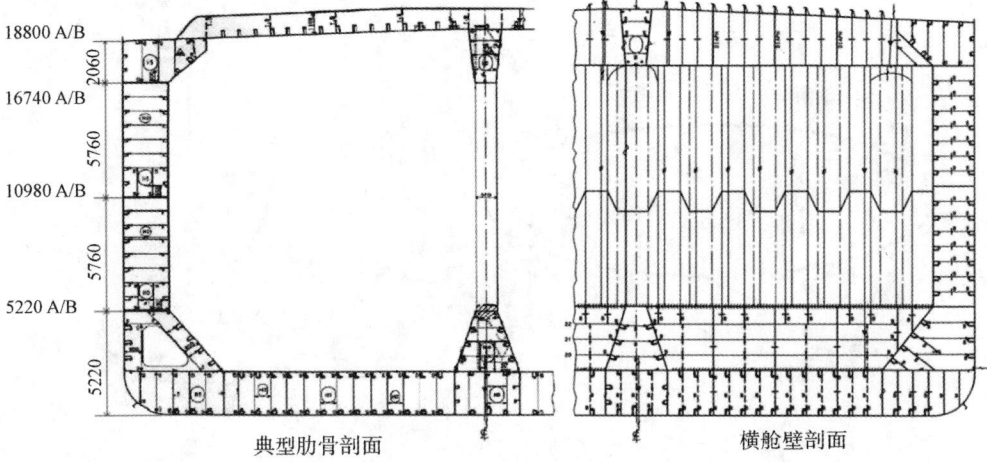

图 5-2　典型横剖面图

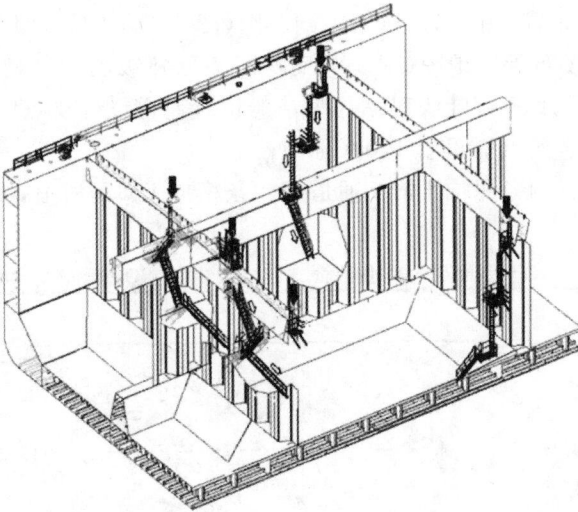

图 5-3　货舱 PMA 布置三维图

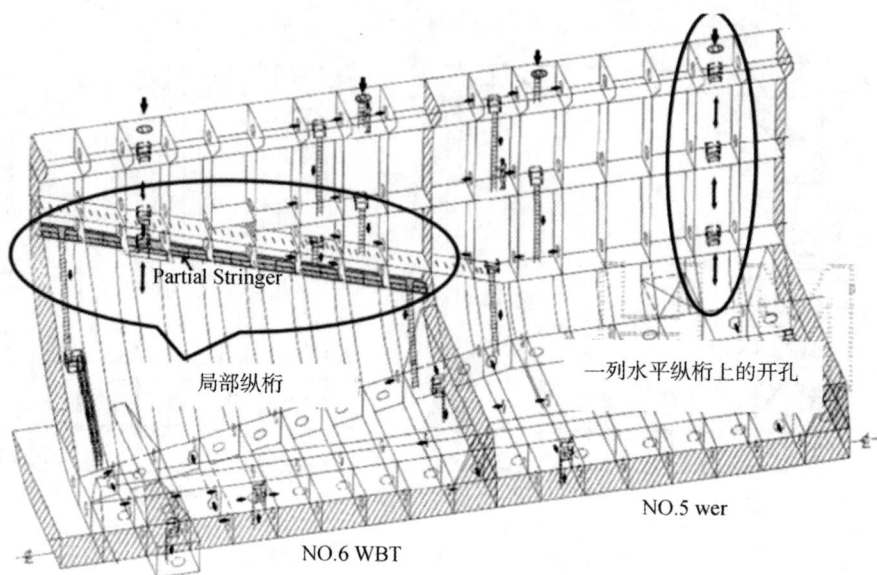

Partial Stringer
局部纵桁
一列水平纵桁上的开孔
NO.6 WBT
NO.5 wer

图 5-4　第 6 压载舱 PMA 布置三维图

（2）7 万吨级巴拿马型油船（船舶主尺度 $L \times B \times D$ 219 m×32.2 m×20.6 m）

货舱/压载舱布置（图 5-5）、典型横剖面图（图 5-6）、货舱 PMA 布置三维图（图 5-7）、压载舱 PMA 布置三维图（图 5-8）反映了 7 万吨级巴拿马型油船典型船体结构和检验通道的设计，7 万吨级巴拿马型油船检验通道设计要点归纳如下。

① 货舱和压载舱都需设置 PMA 通道。

② 货舱需设置两条纵向 PMA 通道和一条横向 PMA 通道，纵向 PMA 通道用

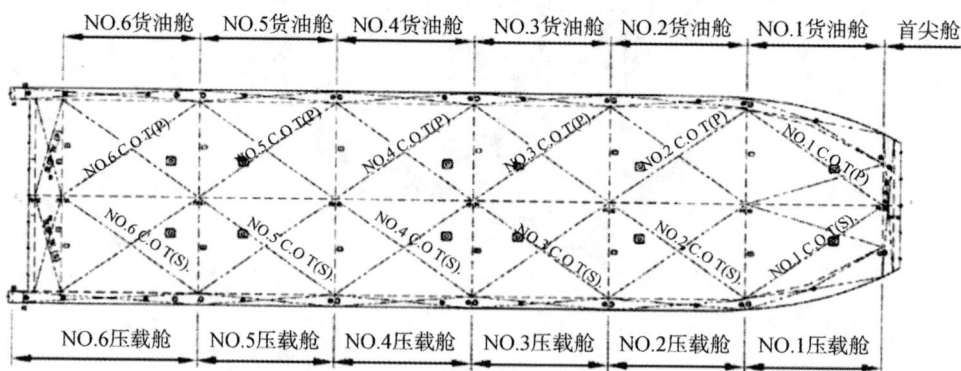

NO.6货油舱　NO.5货油舱　NO.4货油舱　NO.3货油舱　NO.2货油舱　NO.1货油舱　首尖舱

NO.6压载舱　NO.5压载舱　NO.4压载舱　NO.3压载舱　NO.2压载舱　NO.1压载舱

图 5-5　货舱/压载舱布置

于检验纵舱壁上的垂向肋骨。

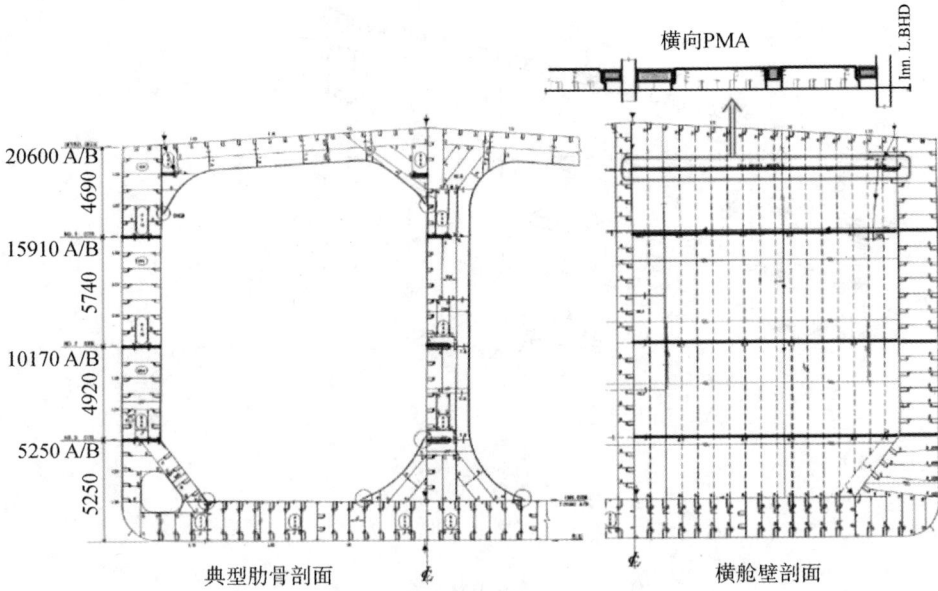

图 5-6　典型横剖面图

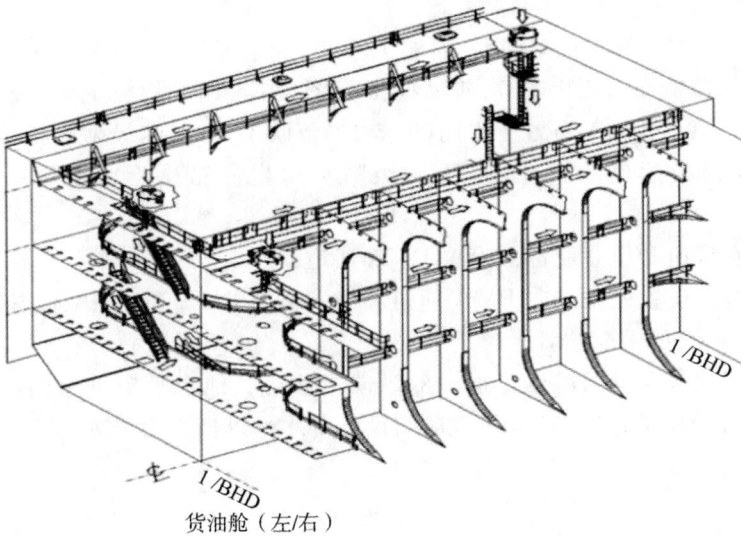

图 5-7　货舱 PMA 布置三维图

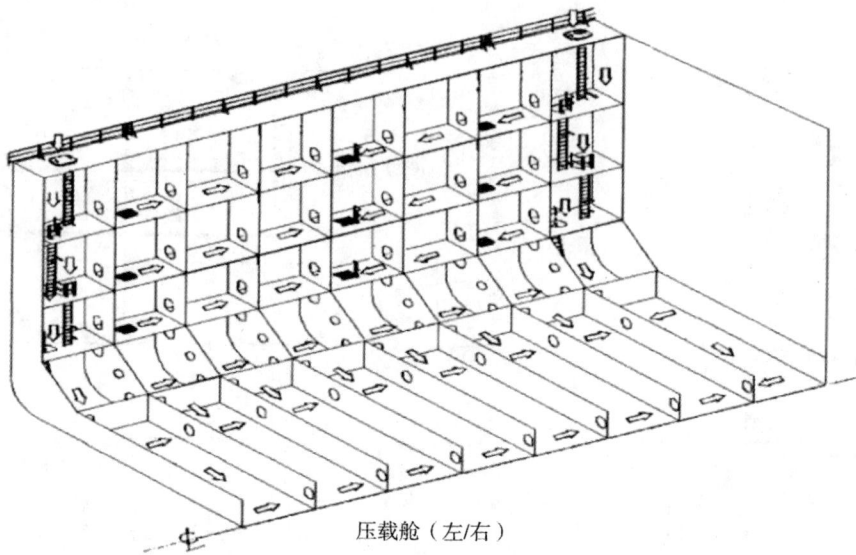

压载舱（左/右）

图 5-8　压载舱 PMA 布置三维图

　　③ 边压载舱内平台垂直间距小于 6 m 的区域,不必增设 PMA 通道。第 6 压载舱需设置局部平台作为 PMA 通道。

　　(3) 10 万吨级阿芙拉型油船(船舶主尺度 $L \times B \times D$ 234 m×42 m×21.2 m)

　　货舱/压载舱布置(图 5-9)、典型横剖面图(图 5-10)、货舱 PMA 布置三维图(图 5-11)、压载舱 PMA 布置三维图(图 5-12)反映了 10 万吨级阿芙拉型油船典型船体结构和检验通道的设计,10 万吨级阿芙拉型油船检验通道设计要点归纳如下:

　　① 所有货舱和压载舱都需设置 PMA 通道。

　　② 货舱需设置两条纵向 PMA 通道和一条横向 PMA 通道,纵向 PMA 通道用于检验纵舱壁上的垂向肋骨。

　　③ 边压载舱内顶部需设置加大的纵向 PMA,其他水平桁垂直间距小于 6 m 的区域,不必增设 PMA。第 6 压载舱需设局部水平纵桁作为 PMA。

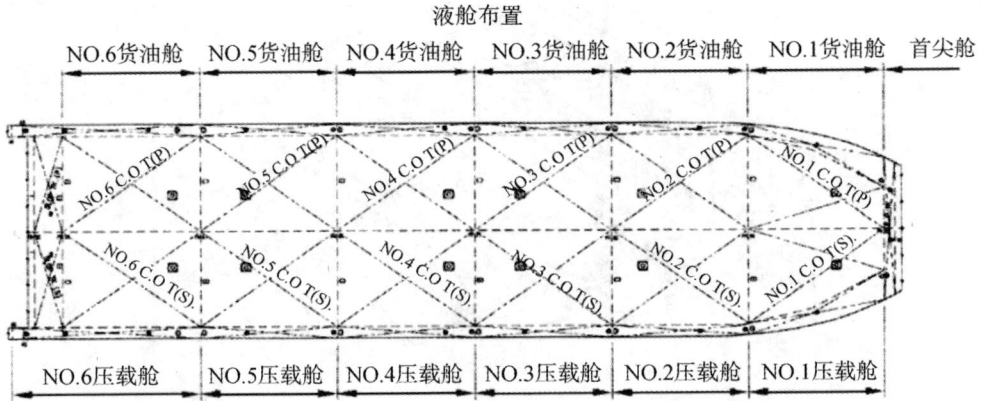

图 5-9　货舱/压载舱布置

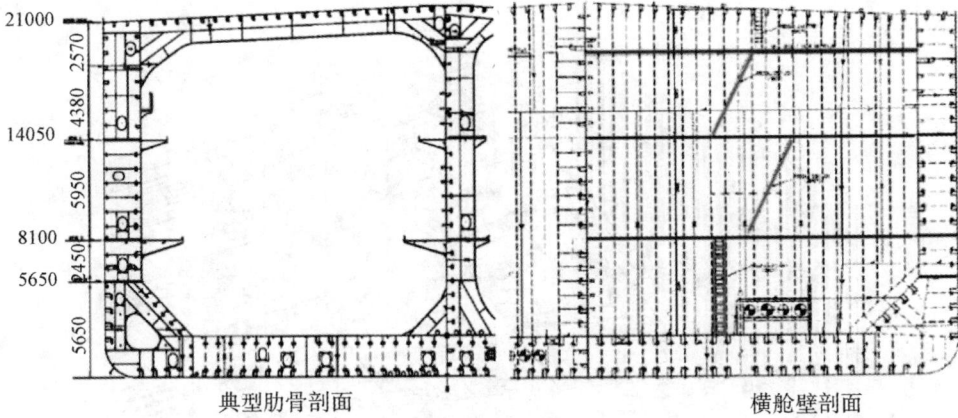

图 5-10　典型横剖面图

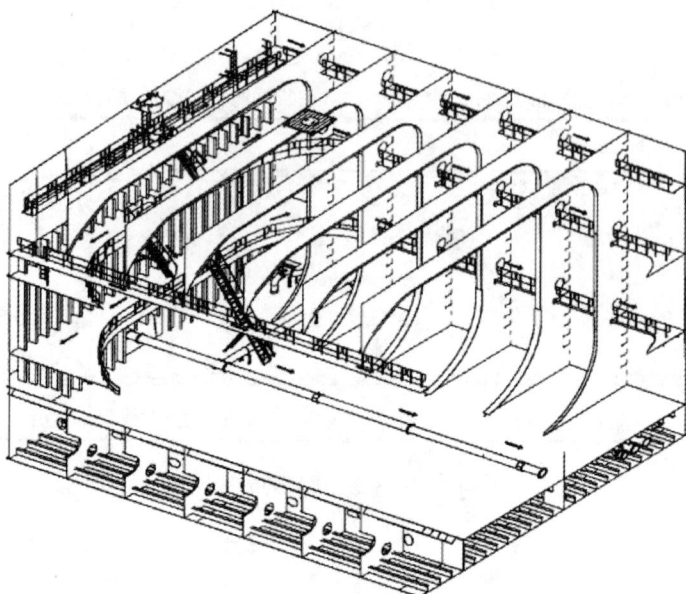

图 5-11　货舱 PMA 布置三维图

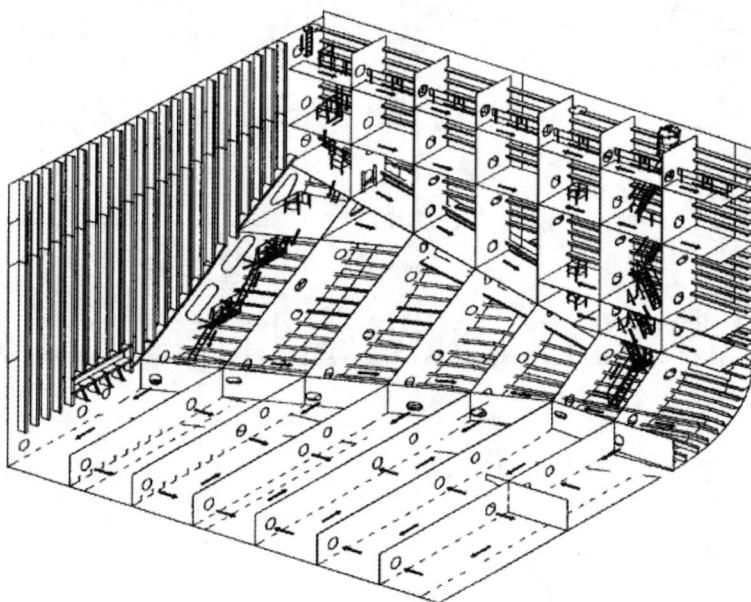

图 5-12　压载舱 PMA 布置三维图

（4）15 万吨级苏伊士型油船（船舶主尺度 $L \times B \times D = 270\ m \times 50\ m \times 23\ m$）

货舱/压载舱布置（图 5-13）、典型横剖面图（图 5-14）、货舱 PMA 布置三维图（图 5-15）、压载舱 PMA 布置三维图（图 5-16）、第 1 压载舱 PMA 布置三维图（图 5-17）反映了 15 万吨级苏伊士型油船典型船体结构和检验通道的设计，15 万吨级苏伊士型油船检验通道设计要点归纳如下：

① 所有货舱和压载舱都需设置 PMA 通道。

② 货舱需设置两条纵向 PMA 通道和一条横向 PMA 通道，纵向 PMA 通道用于检验纵舱壁上的垂向肋骨。

③ 边压载舱平台垂直间距小于 6 m 的区域，不必增设 PMA 通道。舭部需设纵向 PMA 通道。第 1 压载舱顶部需设局部纵向和横向 PMA 通道。

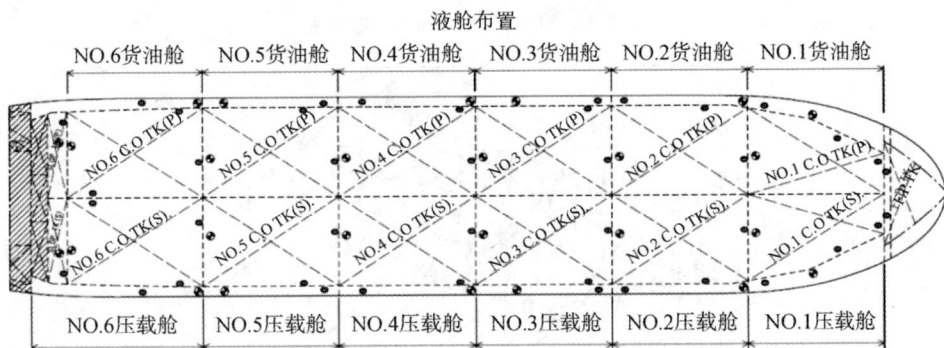

图 5-13 货舱/压载舱布置

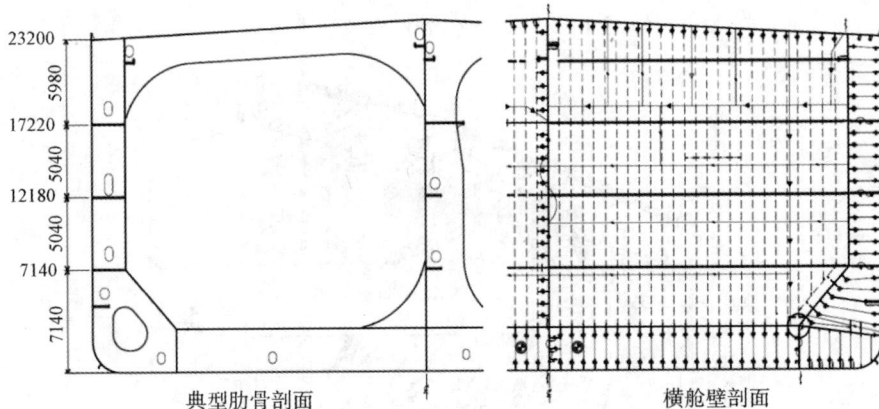

图 5-14 典型横剖面图

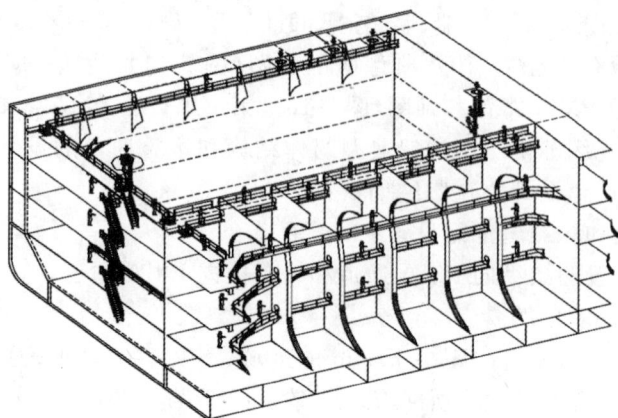

图 5-15　货舱 PMA 布置三维图

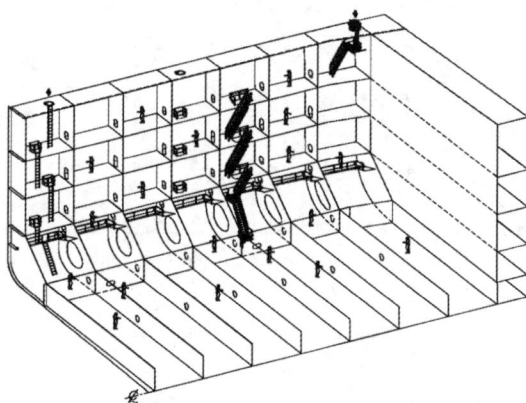

图 5-16　压载舱 PMA 布置三维图

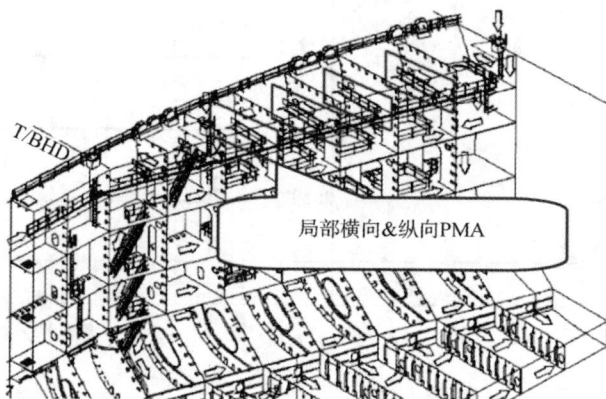

图 5-17　第 1 压载舱 PMA 布置三维图

（5）30 万吨级超大型油船（船舶主尺度 $L \times B \times D = 320$ m $\times 60$ m $\times 30.5$ m）

货舱/压载舱布置（图 5-18）、典型横剖面图（图 5-19）、货舱 PMA 布置三维图（图 5-20）、压载舱 PMA 布置三维图（图 5-21）反映了 30 万吨级超大型油船典型船体结构和检验通道的设计，30 万吨级超大型油船检验通道设计要点归纳如下：

① 所有货舱和压载舱都需设置 PMA 通道。

② 货舱内垂向分布有三层平台系统。货舱每层平台系统设有两条纵向 PMA 通道和一条横向 PMA 通道。纵向 PMA 通道用于检验纵舱壁的垂向肋骨。横向 PMA 通道设置在货舱内横撑结构处。

③ 边压载舱内垂向分布有四层平台系统。边压载舱平台垂直间距小于 6.6 m 的区域，不必增设 PMA 通道。舷部需设一条纵向 PMA 通道。

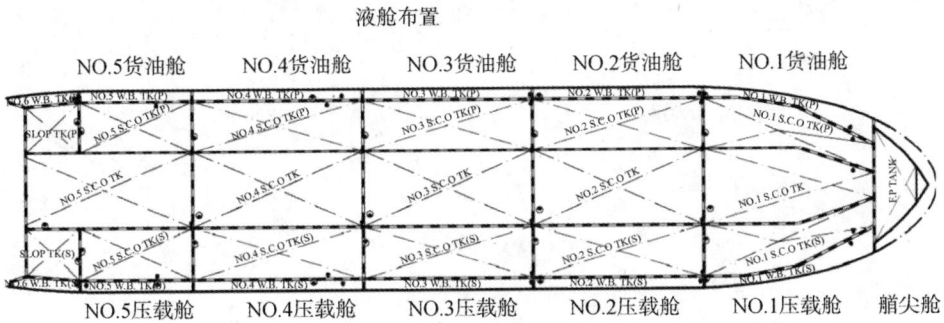

图 5-18　货舱/压载舱布置

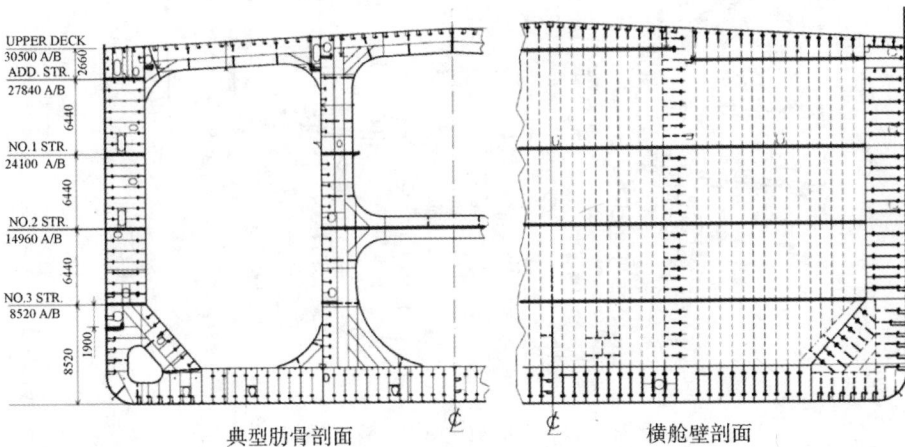

图 5-19　典型横剖面图

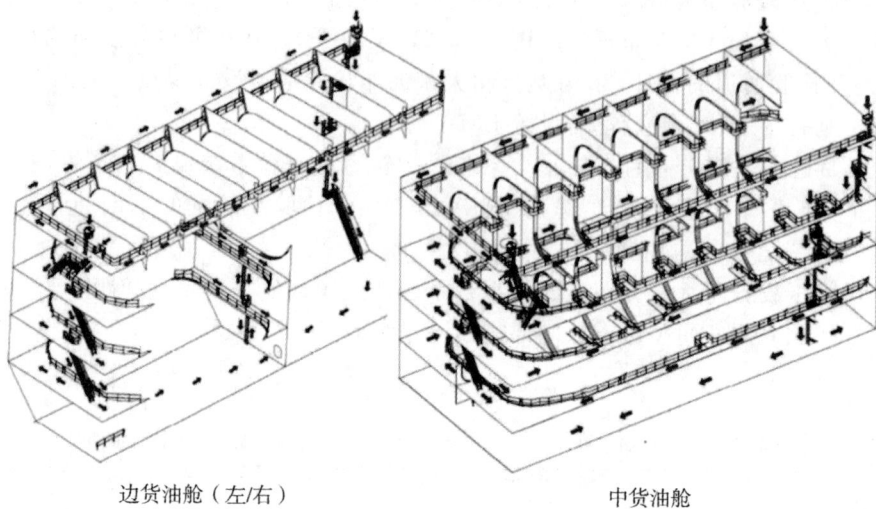

边货油舱（左/右）　　　　　　　　　　　　中货油舱

图 5-20　货舱 PMA 布置三维图

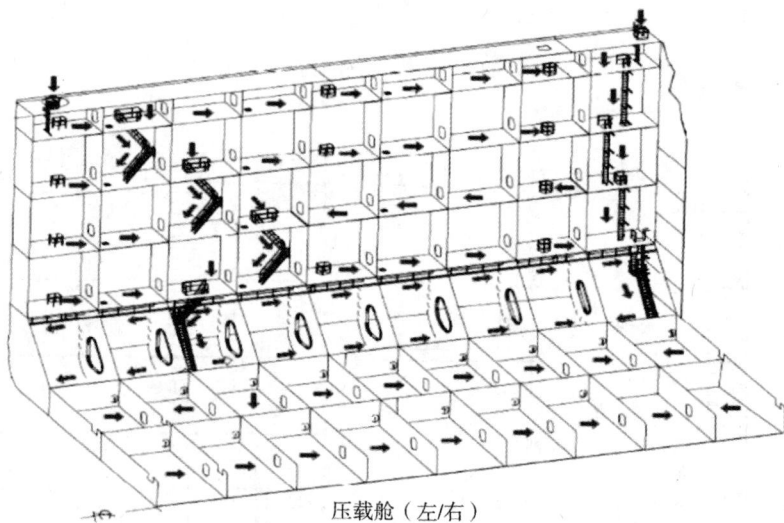

压载舱（左/右）

图 5-21　压载舱 PMA 布置三维图

（6）散货船 PMA 设计（以 20.8 万吨散货船为例船舶主尺度 $L \times B \times D =$ 299.95 m×50 m×24.9 m）

散货船典型 PMA 布置三维图（图 5-22）、典型横剖面图（强框处横向甲板下设置横向 PMA 通道见图 5-23）、强框处横向甲板下设置 PMA 横向通道三维图（图 5-24）、典型横剖面图（设盘梯/斜梯的横舱壁处见图 5-25）、典型横剖面图（设直梯的横舱壁处见图 5-26）、典型货舱内 PMA 布置三维图（图 5-27）、典型顶墩纵向 PMA 通道图（图 5-28）、典型顶墩纵向 PMA 通道三维图（图 5-29）、典型底墩纵向 PMA 通道图（图 5-30）、典型底墩纵向 PMA 通道三维图（图 5-31）、典型货舱内纵壁处垂直 PMA 通道图（图 5-32）、典型货舱内纵壁处 PMA 通道三维图（图 5-33）、典型内底压载舱 PMA 通道图（图 5-34）反映了散货船典型船体结构和检验通道的设计，散货船检验通道设计要点归纳如下：

① 货舱内底上方的垂直距离 $L > 17$ m，应在横向甲板下设置横向或纵向的通往顶部构件的通道，每个通道安装在甲板下 1.6 m ～ 3 m 处。

② 顶边舱高度 $L1 \geqslant 6$ m，应在顶边舱内设置纵向连续永久通道，每个通道安装在甲板下 1.6～3 m 处。

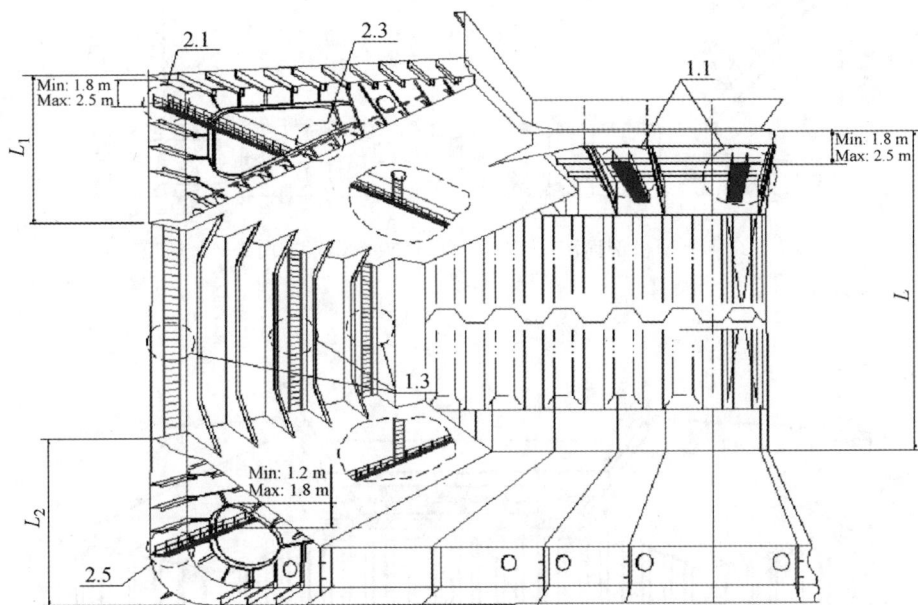

图 5-22　散货船典型 PMA 布置三维图

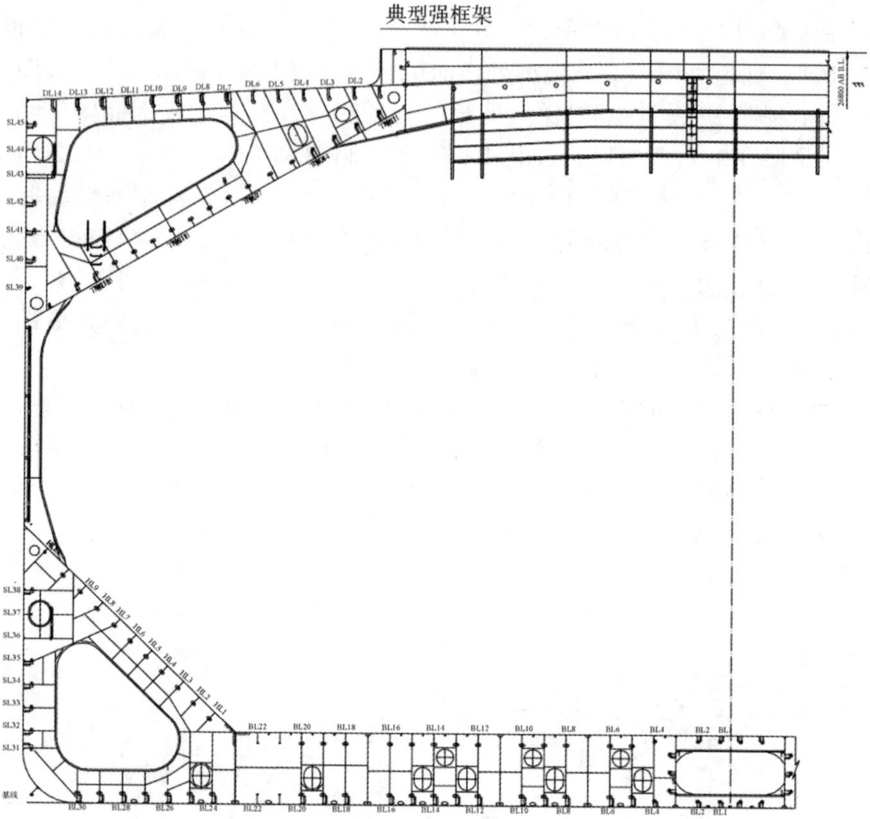

典型强框架

图 5-23　典型横剖面图（强框处横向甲板下设置横向 PMA 通道）

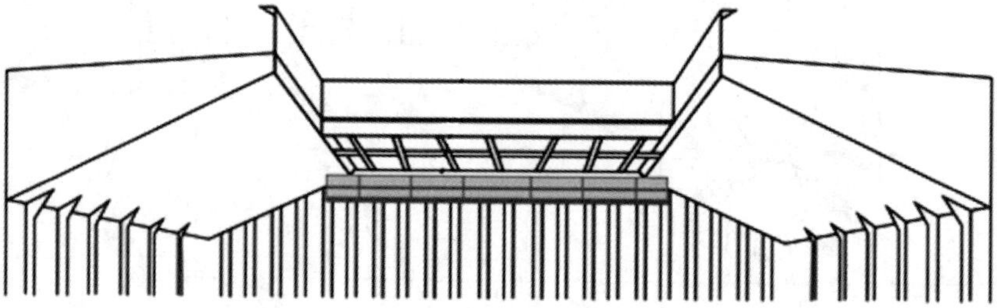

图 5-24　强框处横向甲板下设置 PMA 横向通道三维图

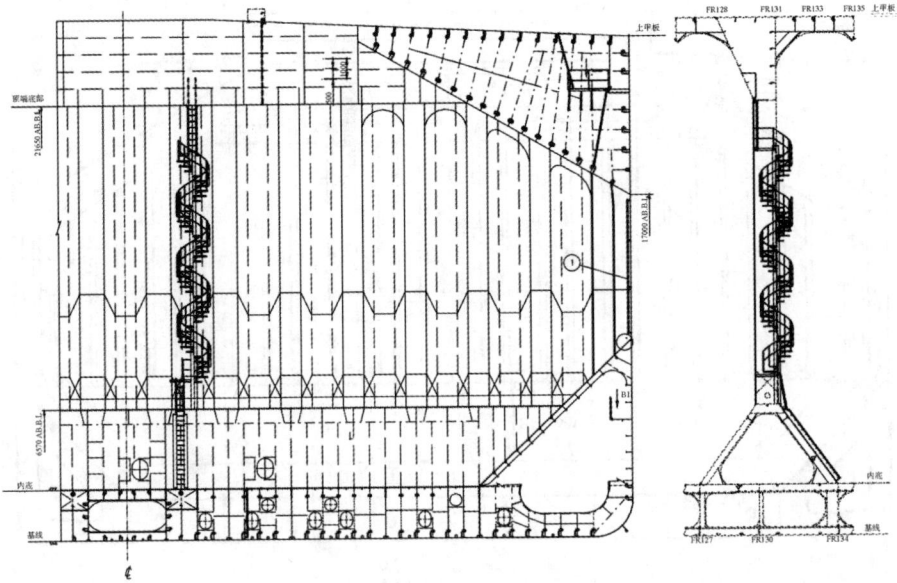

图 5-25　典型横剖面图（设盘梯/斜梯的横舱壁处）

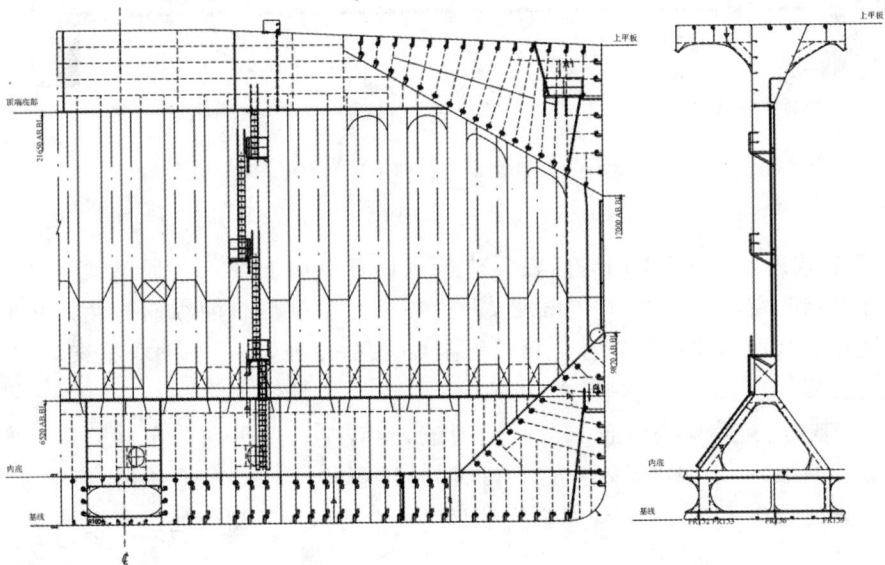

图 5-26　典型横剖面图（设直梯的横舱壁处）

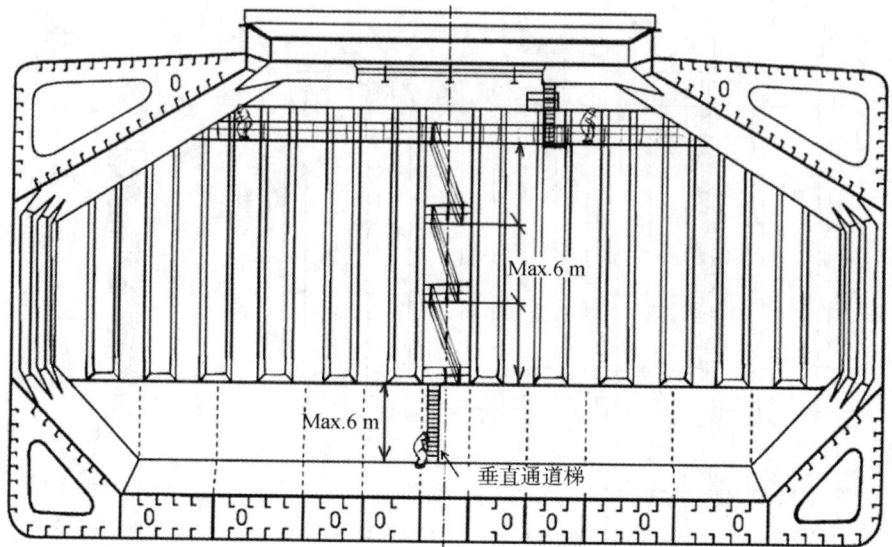

图 5-27 典型货舱内 PMA 布置三维图

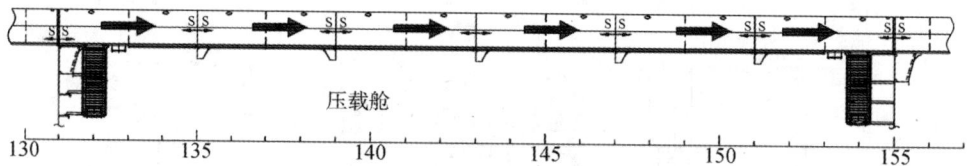

图 5-28 典型顶墩纵向 PMA 通道图

③ 底边舱高度 L2≥6 m,应在顶边舱内设置纵向连续永久通道,在强肋骨框架的净开口顶部下方至少 1.2 m 处,设置一个沿船侧桁材的纵向连续永久通道。纵向连续永久通道也可设置在舱顶以下至少 1.6 m 处,穿过强肋骨框架的净开口上方的腹板。

④ 应在所有货舱内设置永久垂向通道,能对左右舷平均分布在整个货舱(包括横舱壁两端)的至少 25% 的舱内垂向肋骨进行检验。但无论如何,每舷安装的永久垂直通道应不少于 3 个(货舱前后两端和中间),下部斜板处设便携梯。

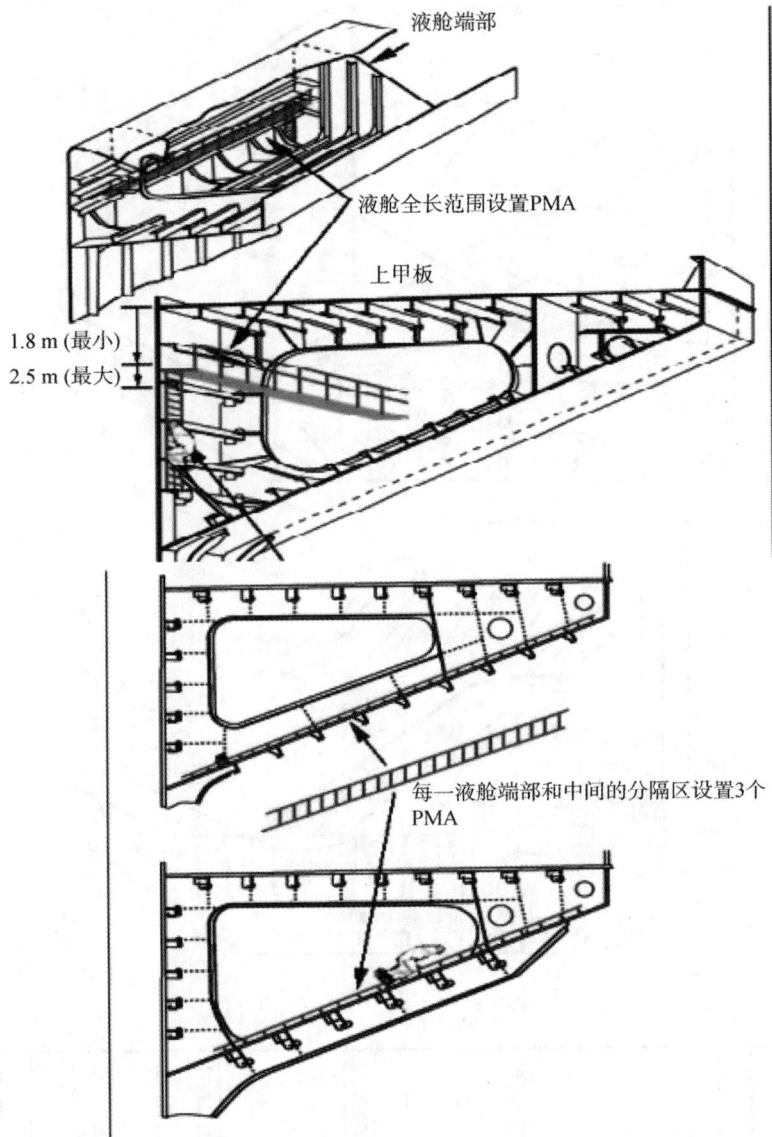

液舱端部

液舱全长范围设置PMA

上甲板

1.8 m (最小)

2.5 m (最大)

每一液舱端部和中间的分隔区设置3个PMA

图 5-29　典型顶墩纵向 PMA 通道三维图

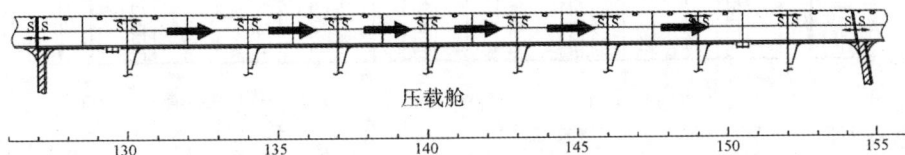

压载舱

130　135　140　145　150　155

图 5-30　典型底墩纵向 PMA 通道图

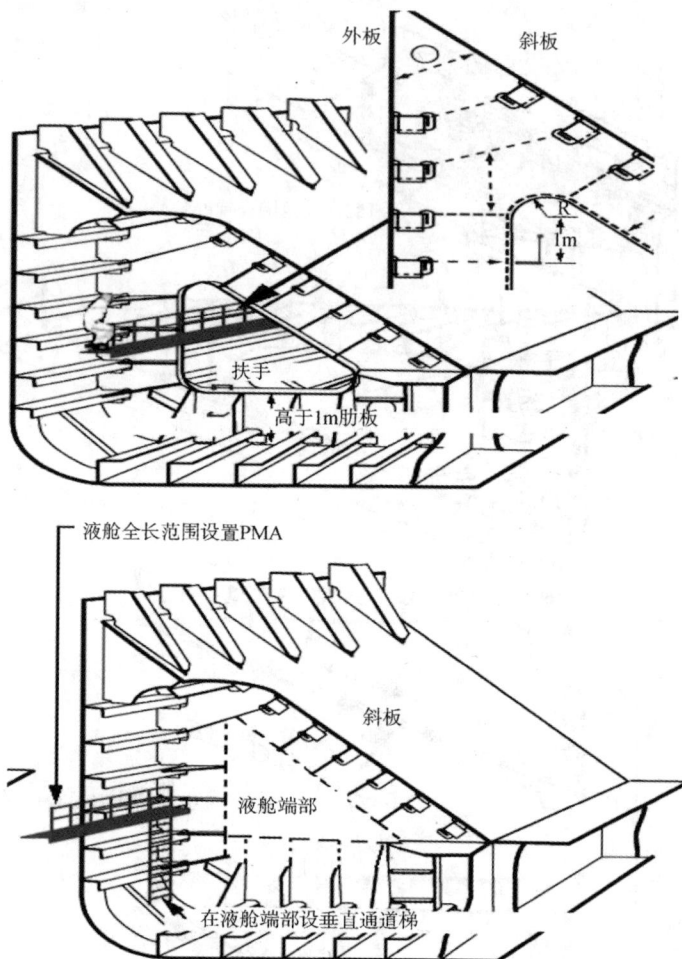

图 5-31　典型底墩纵向 PMA 通道三维图

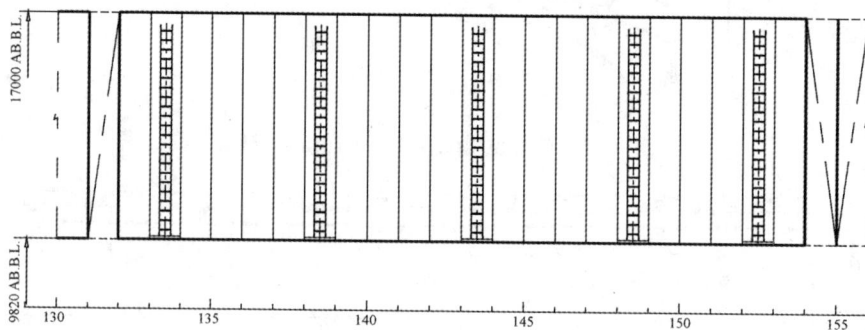

图 5-32　典型货舱内纵壁处垂直 PMA 通道图

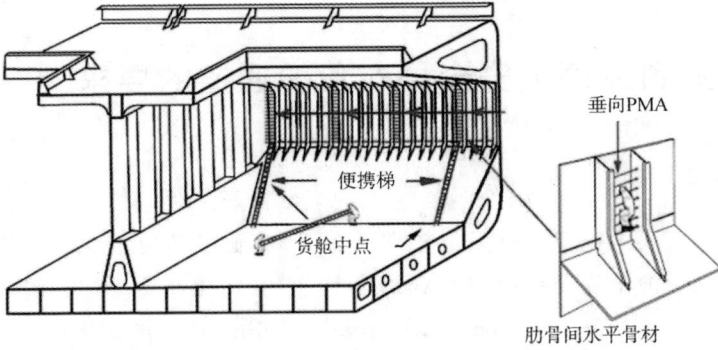

图 5-33　典型货舱内纵壁处 PMA 通道三维图

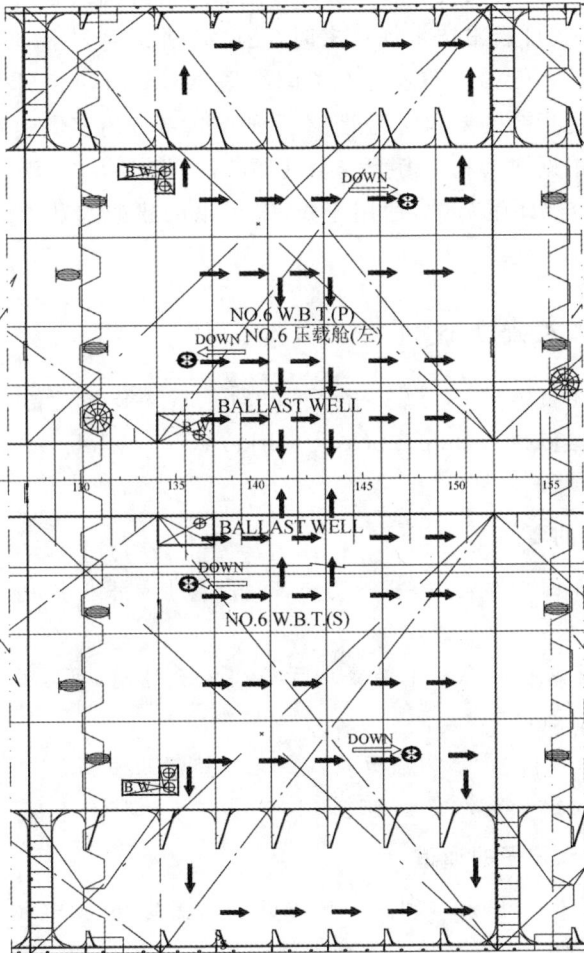

图 5-34　典型内底压载舱 PMA 通道图

5.2 澳大利亚海上安全局对货舱通道的要求

5.2.1 概述

　　船舶航行至澳大利亚海域及靠泊码头作业时,必须遵守澳大利亚当局的有关法令。澳大利亚海上安全局(简称 AMSA)颁布的《海事指令-第 32 篇-货物装卸设备-第 3 版》(Marine Orders Part 32, Cargo Handling Equipment Issue 3)规定了船舶货舱处所的梯道布置及装卸设备等安全措施,新造船舶在设计时就应遵照此要求。

　　虽然 AMSA 没有明文规定有关货舱梯道布置设计图纸必须送审,但有些船东为了省却麻烦,在签订船舶技术规格书时,注明必须满足上述《海事指令》的要求,甚至要求建造厂把货舱梯道布置等有关图纸送 AMSA 审查。我国货舱梯的行业标准也考虑了上述指令的要求。为此,本手册节选部分内容供读者设计时使用。

　　以下内容是根据澳大利亚海上安全局颁布的《海事指令-第 32 篇-货物装卸设备-第 3 版》的内容翻译编写的,适用于 1998 年以后建造的散货船、集装箱船和多用途船等。

5.2.2 码头工人船上通道

　　本节内容引述自 AMSA《海事指令-第 32 篇-货物装卸设备-第 3 版》中附录 2《码头工人船上通道》(schedule 2. Deck worker access while on board),并保留原文中的条文编号。

1 货舱通道的要求

　　进行装卸作业的货物处所,其深度从该处所最上层甲板量起到底部超过1.5 m时,应满足以下要求:

　　(a) 应设置至少一条符合本指令的无障碍安全通道,可从该处所最上层甲板到达货物装卸作业面;或

　　(b) 当上述第(a)所要求的通道无可避免地被货物阻挡时,可采用一个符合本附录要求的可携式梯子作为安全通道。

2 包含开口和梯子的通道

　　该通道应包含一个出入口和一个紧靠开口的固定梯,两者均不应设于装卸货物的舱口范围内,且其位置应使人员使用该通道时,不会正好进入货物舱口以下的操作区域内。

3　通道尺寸等

通道开口须满足：

（a）在舱口围板内，长×宽不小于 600 mm×600 mm 的无障碍的净开口且平行于梯子轴线延伸到甲板以下。1998 年 8 月 1 日前建造的船舶，此净开口仅需 550×550 mm；

（b）必要时，在开口近处，设置附件，作为使用该开口人员的安全扶手和踏板。

4　通道开口的盖板

通道开口配置的盖板或关闭装置应能在开启位置固定。

5　散货船通道

5.1　装卸散装货的货物处所，应能有在应急情况下供人员逃离此区域的途径。

5.2　在散货船上，装卸作业时需要人员通道的货物处所应设置：

（a）一处符合本附录 13.1 和 14.3 要求的通道。

（b）1986 年 11 月 17 日后建造的船，第二处通道应是：

（i）符合本附录 13.1 和 14.3 要求的斜梯，或

（ii）不论货舱处所的深度，由若干错开布置的直梯和平台构成，直梯应符合本附录 14.2 的要求，平台应符合本附录 14.5 的要求。

6　设置导轨的集装箱船的通道

在设置导轨的集装箱船上，其货物处所只需设置一处通道。该通道可使用数个符合本附录 14.2 的要求错开布置的直梯，并将其设于相邻的横向腹板或水平桁之间，这些横向腹板或水平桁则作为货物处所内的工作平台或走道，具体要求如下：

（a）直梯的长度不超过 6 m；

（b）直梯之间的走道宽度不小于 600 mm。

7　其他船型上的通道

1998 年 8 月 1 日或以后建造的船舶，除了专用散货船以及设置导轨的集装箱船（cellular container ship）外，其货物处所应至少设置两处通道，如有可能，应尽量在货舱内对角布置，相互之间在纵向和横向尽可能远离。其中的一处通道在装卸作业的全部时间内都应符合本附录第 1 条的要求。1998 年 8 月 1 日以前建造的船舶，也可改为符合本指令第 1 版或第 2 版附录 7 中 6.2 的要求。

8　用于到船上集装箱处装卸货的通道

8.1　用于到达或接近船上集装箱或船载货物顶部的装卸货通道应是：

(a) 一个固定的走道；或

(b) 符合本指令附录 3 的人员吊篮；或

(c) 符合本附录13.2的可携式梯，除非梯子在该处所不能延伸至超过工作平台。如果梯子在使用时能够稳固地支撑，梯子不需要延长，也不需在其顶部的支撑位置固定；或

(d) 其他同等安全的方式。

8.2 符合本附录14.5.3的剪式升降机或升降平台，可以被用来到达集装箱或船载货物顶部，如果其

(a) 立于坚固的表面；

(b) 在升高的位置能提供稳定的通道；

(c) 有方法防止偶然的垂直或水平的运动。

8.3 如果存储在船上的集装箱堆，其系固装置如绑扎杆，绑扎索和松紧螺旋扣用人工安装或拆卸，则在每排集装箱堆之间用于工人进行绑扎工作的空间须提供：

(a) 坚固的水平工作表面；

(b) 宽度不小于750 mm工作区域，不包括该处的绑扎件，提供无障碍的扭锁手柄视野，使绑扎装置可以操作；

(c) 充分的空间用于储存绑扎装置及其他装置，避免被其绊倒的危险；

(d) 甲板上或舱盖上绑扎杆固定点之间充分的空间，用于操作松紧螺旋扣；

(e) 在舱口围板上简易梯子形式的通道，以及到绑扎平台的通道；

(f) 绑扎平台的保护栏杆；

(g) 符合本指令的充分照明。

［原注：对(b)的注释：推荐工作区域，没有任何障碍物（包括绑扎件）的净空间的宽度至少为550 mm。］

8.4 如果装载的集装箱延伸到船舷，并且货物绑扎手册要求在舷边的集装箱用绑扎装置固定，如绑扎杆、绑扎索和松紧螺旋扣，必须提供延伸到船舷边的绑扎平台，除去所有绑扎点的尺寸，不小于550 mm×550 mm，平台高度须便于工人安装或拆卸绑扎装置。

8.5 任何情况下，在所设设备的安全和限制内，通行走道、梯子和绑扎平台必须适于所有码头工人安全使用。

8.6 至少100 mm高的踢脚板，必须设在绑扎平台的四周，梯子处除外。

8.7 集装箱绑扎装置必须是统一的和兼容的，扭锁的类型尽量最少，必须提供清晰的操作指南供使用，使用英文和该船的工作语言。

8.8　提供专用的箱子用于存放有故障或损坏的装置,并有合适的标记。

9　围板

9.1　如果通道开口上的围板高度超过甲板表面 450 mm,则应在围板内侧设置与通道梯子衔接的踏板(step)或踏步(rung 或 cleat),其设置要求为:

(a) 设置在舱口围板顶以下 450 mm 以内;

(b) 如设有立足处

(i) 踏板或踏步的宽度不小于 300 mm,且

(ii) 若设置踏板,其足迹深度应不小于 150 mm;若设置踏步(系指方钢或圆钢——编注),则其离开围板的距离应不小于 150 mm。

(c) 踏板或踏步的间距与通道梯子踏步间距相同。

(d) 踏板或踏步应防滑。

9.2　如围板高度超过甲板表面 900 mm,则应在围板外侧设置踏板或踏步,以便人员跨越围板,出入舱口。

10　走道

如货物处所的通道包含一段连接走道,不同于本附录 6(6) 要求的走道,该走道应有净高 2 m 及宽度 750 mm,除此之外,门孔和诸如舱壁或肋板等结构开孔,其宽度可减小到 600 mm,净高可扣除门槛,但门槛高度不得超过 450 mm。

11　舱口盖和舱口梁

(此部分略)

12　装货场所及平台

用来操作船上货物的装货场所或平台应是:

(a) 有坚固的结构,充分的支撑,及必要时可靠的系固;

(b) 有足够的尺寸,符合其使用目的;

(c) 装货场所及平台的高度不超过甲板以上 1.5 m,或另设通道,否则需根据本指令附录 1 第 3 条的要求在平台两侧处提供栏杆,该处不用来装卸货物;

(d) 提供安全的通道,如有必要,包括梯子;

(e) 提供人员安全立足的表面;

(f) 固定在坚固的水平面上,提供安全的工作表面,使机械操作装置能够在其上操作。

13　梯-总则

13.1　固定梯

13.1.1　紧靠通道开口的固定梯应是:

（a）当相邻甲板之间或甲板与货舱底之间的垂直距离不大于 6 m 时,符合本附录要求的直梯(其上端需至少延伸到作为通道的开口以上 1 000 mm)或斜梯;

（b）如果相邻甲板之间或甲板与货舱底之间的垂直距离大于 6 m 时,一个或多个符合本附录要求的斜梯;

（c）其布置应使得由货物装卸机械造成损伤的风险降到最小。

13.1.2　在不设中间甲板的船上,上部无障碍物的货物处所最上面的 2.5 m 和最下面的 6 m 可以设置符合本附录要求的直梯,只要连接这些直梯的一个或多个斜梯的垂向延伸范围不小于 2.5 m。

13.2　便携梯

13.2.1　如设便携梯作为通过舱口进入货物处所的通道,应满足下述要求:

（a）应设置从甲板到舱口围板的安全走道;

（b）应设置安全的、无障碍的走道去跨越舱口围板;

（c）如果围板的宽度太小,不能设扶手,则应在围板顶部设扶手。

13.2.2　如果将便携梯设置在货舱口作为通道使用,当人员在梯上或准备安装梯时,不允许通过该舱口装卸货物,也不允许在该梯子区域使用材料吊运设备。

13.2.3　船上从事装卸作业的人员不得使用便携梯,除非其:

（a）具有坚固的构造,并制成一个无延伸设施的连续的长度和具有良好状态;

（b）长度不超过 6.5 m;

（c）设置在坚固的水平面上,其位置与水平面为 70°至 80°的斜度;

（d）紧固在其上部支撑位置,该位置应在梯子顶端以下至少 1 m 处,或当其使用时,梯子应可靠地固定。

13.2.4　对于 13.2.3,按澳大利亚标准 AS/NZS 1892.2 设计和制造的木质便携梯或符合澳大利亚标准 AS/NZS 1892.1 的金属梯是适用的。

14　梯的设计

14.1　通则

14.1.1　用作货物处所内的固定梯,该梯用作进行装卸作业的人员出入货物处所或起重机的通道,应按可靠的工程原理设计和制造,完全符合本附录的要求以及适合使用。

14.1.2　每部固定梯的顶部和底部均为符合本附录 14.5 的无障碍区。

14.2　直梯

14.2.1　下列要求适用于直梯:

（a）除了在散货船货舱的斜端壁处,梯与水平面的夹角应超过 70°。长度不超过 6 m 的直梯,其与水平面的夹角可以较小;

(b) 踏步应按相等的间距分布,该间距不大于 350 mm,也不小于 250 mm。踏步宽度不小于 300 mm;

(c) 直梯的踏步必须由具有下述截面的实心金属棒制成:(i)圆截面;或(ii)对角线垂直的方形截面;

(d) 踏步必须为(i)最小直径为 25 mm 的圆钢,或(ii)最小边长 22 mm 的方钢;

(e) 直梯应提供安全可靠的扶手:

(f) 直梯两侧的扶手应设在垂直平面内。

14.2.2　在 1998 年 8 月 1 日后建造的船舶上,货物处所以外(例如,在起重机座筒体内)的直梯平台之间的最大垂直距离为 6 m。

14.3　斜梯

14.3.1　以下要求适用于斜梯:

(a) 梯与水平夹角不大于 65°。

(b) 斜梯的踏板应按相等的间距分布,该间距不大于 350 mm,也不小于 250 mm。踏板宽度不小于 450 mm;

(c) 斜梯的踏步应由导边为圆角的花纹钢板,或其他满意的等效材料制成,或由下述截面的实心金属棒材制成;

(i) 圆截面;或

(ii) 对角线垂直的方形截面;

(d) 踏步应是

(i) 钢板或类似的具有支承面深度不小于 115 mm 的材料制成或

(ii) 最小直径为 25 mm 的圆钢,或

(iii) 最小边长为 22 mm 的方钢;

(e) 如果扶梯的踏步由金属棒材构成,则必须由设置于同一水平面的两根或两根以上的平行棒组成,相邻棒材中心距不小于 65 mm,但不大于 75 mm;

(f) 对在 1998 年 8 月 1 日前建成的船舶,如果该斜梯的踏步不符合(e)的要求,则该斜梯仍可继续使用,但任何踏步相邻棒材的间隙不得超过 50 mm。

［原注:所有替换后的斜梯必须符合(e)中的要求。］

(g) 斜梯两侧的扶手必须在一个垂直平面内:

(h) 斜梯每一侧必须装有

(i) 直径不小于 25 mm 的金属扶手或

(ii) 用直径不小于 25 mm 的 PVC 管包覆的,其直径不小于 8 mm 且适当张紧的钢丝绳。扶手应牢固地支撑使得该扶手在垂直于踏板中心以上 1 m 高处与该扶

梯平行,两扶手的水平间隙不小于 550 mm 但不大于 750 mm。

14.3.2 斜梯可以布置成螺旋式梯道,但必须符合 14.3.1 斜梯的要求,除非

(a)每一梯级踏板在宽度中心处的深度必须至少为 150 mm,并与螺旋式梯道周线同心的圆弧;且

(b)仅需在螺旋式梯道的外圆弧一侧设置扶手。

14.4 空隙

14.4.1 扶梯周围应有空隙,供人员安全进出。

14.4.2 在直梯踏步前面的通道通常应有 760 mm×760 mm 的无障碍物的净空间。但是应承认,船舶结构并不总是可以允许在围壁通道中具有这样的空隙。然而,在任何情况下,该空隙不得小于 600 mm×600 mm。如有障碍物(诸如加强筋或伸进该净空内的甲板板)使该梯子至其对面的围壁之间的空隙小于 650 mm,则该伸入物应被包覆或采取其他方法保护。类似地,安装在围壁通道中的灯具应仅置于角落,且尽可能突出最小。梯子后面的空间,离开踏板足迹或踏步中心至少为 150 mm。在梯子每侧和垂直扶手周围应至少留有 75 mm 的空隙。

14.4.3 在斜梯踏步前面的通道,从每一踏步中心垂直向上测量的距离应不小于 1 850 mm。扶手周围应至少留有 75 mm 的空隙。在踏板足迹后面,应至少留 35 mm 的空隙,以使在斜梯后面安装的部件对踏步的妨碍减至最小。

14.5 登陆平台

14.5.1 登陆平台应符合本附录的要求,如平台间设有直梯或斜梯,其垂向间距应不超过 6 m,除非设置螺旋式斜梯。每一个直梯的上端应向上延伸至少 1 000 mm,且提供通道即转移到梯子一侧的平台。作为直梯延伸到平台以上的替代方法,可设置水平扶手,该扶手与直梯的踏步对齐且间距相同;或设置一对垂直扶手,该扶手与直梯的梯架对齐。

[原注:扶手或附加扶手可以移到梯架的一侧,以帮助人员从直梯转移到平台,反之亦然。]

14.5.2 除了在货物处所最下面的 6 m 区域或梯子中止于工作甲板或舱底以外,若相邻的固定梯坡度不同或没有对齐,应设置符合上述 14.5.1 要求的登陆平台。对于此条款,工作甲板意为被设计用来储存和搬运货物的处所内的甲板。

14.5.3 登陆平台应是

(a)提供最小为 750 mm×750 mm 的区域:

(i)此区域沿水平面测量,没有梯子以及诸如各种门或舱口开启产生的障碍;和

(ii)如门开向平台可能不适当地限制了可利用的空间,则必要时该空间必须

增大;

（b）平台表面以上 1 m 高处设置坚固的扶手，且除梯子处外，沿平台各边，栏杆顶部扶手与平台之间设置中间横挡；

（c）有防滑构造的表面；

（d）除扶梯处外，围绕平台边缘，在步行表面以上设置至少为 100 mm 高的踢脚板；

（e）从平台表面垂直向上测量的顶部空隙不小于 2 m。

15 吊机操作员的操作室及通道

（此部分略）

［原注：在 2015 年 1 月 1 日以前建造的船舶，参考本指令第 39 章。按该章规定，对于在 2015 年 1 月 1 日以前建造的船舶，如果由于设计和建造的原因，允许不符合附录 2 的 6（b），8.3（b），10，14.1.2，14.2.1（a），14.4.3，14.5.1，14.5.3（d），15.2.3 等条款，但应符合本指令第 2 版相应的条款］

5.2.3 货物处所通道图的设计

（1）13 000TEU 级集装箱船满足澳大利亚海上安全局对货物处所通道要求的设计图例。

图 5-35 所示为 13 000TEU 级集装箱船中部区域货舱内和露天甲板以上存储的 20 英尺[①] 和 40 英尺集装箱箱位布置。

① 图 5-36～图 5-50 是货舱内通道的设计图例。

图 5-36 所示为在货舱内两个 40 英尺集装箱箱位间的支撑舱壁处，设置的作为货舱通道的斜梯。若舱内设有冷藏集装箱时，支撑舱壁处需要设置大量的通风管路，并需注意整组斜梯的位置与通风管路布置相协调。

图 5-37、图 5-38 和图 5-39 所示为作为货舱通道的斜梯组在支撑舱壁每层平台的布置。

图 5-40 所示为斜梯布置详图，斜梯踏步宽度、斜梯夹角、踏步垂向间距、踏步外形尺寸、踏步结构形式、斜梯扶手等都需满足 AMSA《海事指令》的要求。

图 5-41 所示为露天甲板进入货舱区域最上面部分的通道，通常为设置在露天甲板的小舱口盖、舱口盖围板内侧的踏步和直梯的组合，小舱盖通孔尺寸、踏步尺寸和踏步间距、直梯长度、宽度及直梯踏步间距等都需满足 AMSA《海事指令》的要求。

注①：1 英尺＝0.304 8 米

7F		6A		6F		5A	
50		46		42		38	
51	49	47	45	43	41	39	37
190	190	190	190	190	190	190	190
185	185	185	185	185	185	185	185
20'/40'/45'/53'		20'/40'/45'/53'		20'/40'/45'/53'		20'/40'/45'/53'	
20'/40'		20'/40'		20'/40'		20'/40'	

No.14 绑扎桥   No.13 绑扎桥   No.12 绑扎桥   No.11 绑扎桥   No.10 绑扎桥

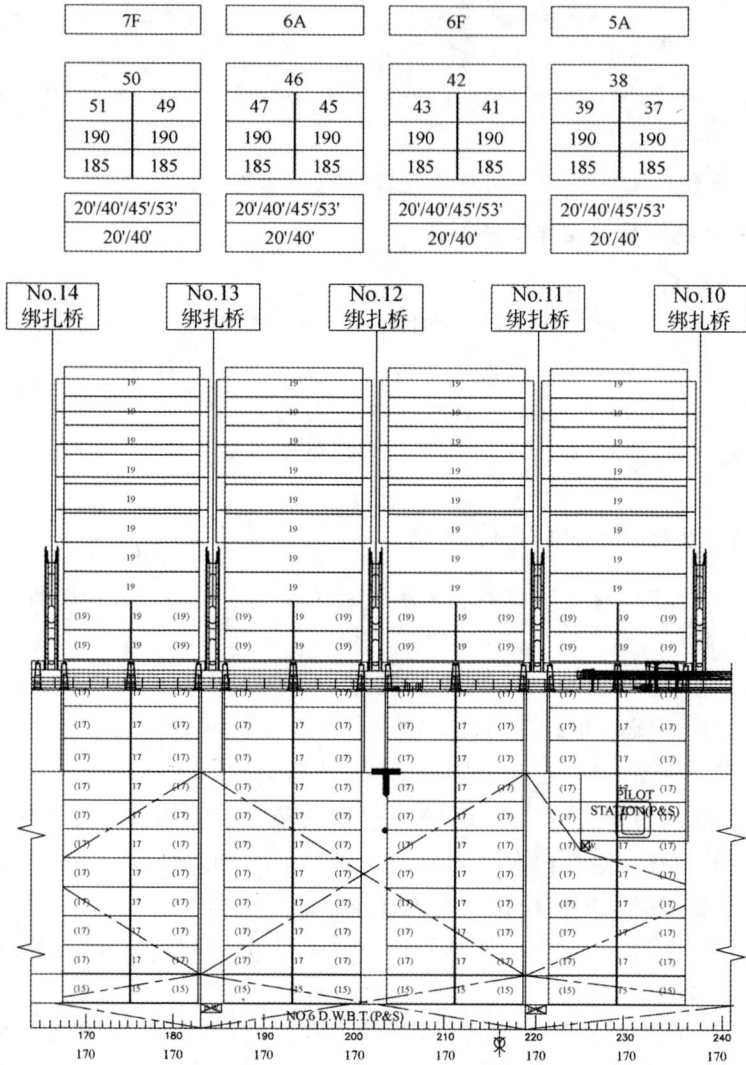

图 5-35 集装箱船箱位布置

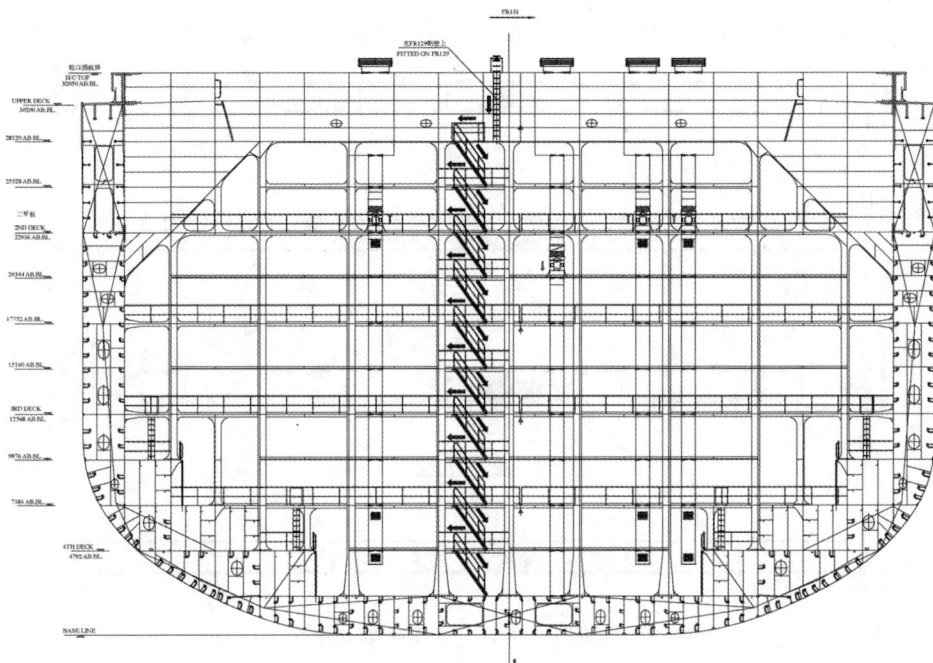

图 5-36　集装箱船货舱支撑舱壁通道图

上甲板

28120高度

25528高度

22936高度

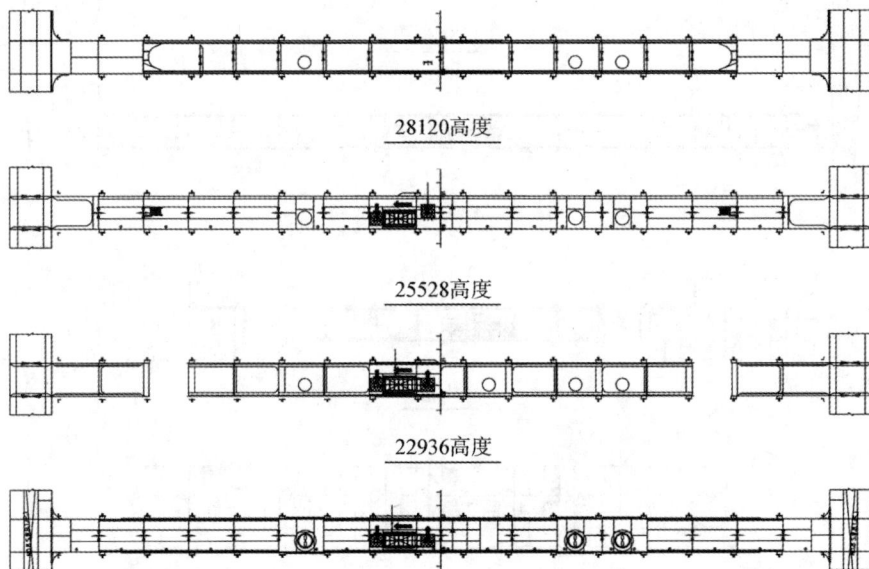

图 5-37　集装箱船货舱支撑舱壁通道平台图（a）

20344 高度

17752 高度

15160 高度

12568 高度

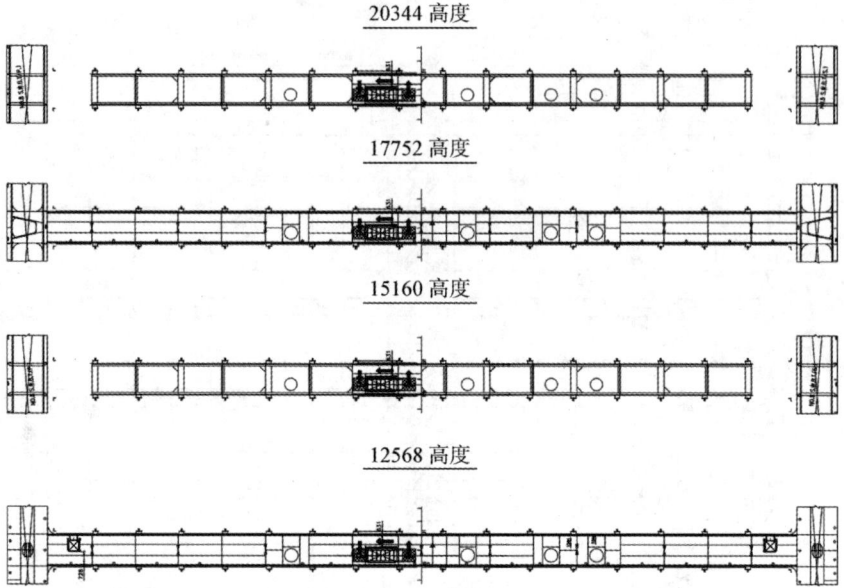

图 5-38　集装箱船货舱支撑舱壁通道平台图(b)

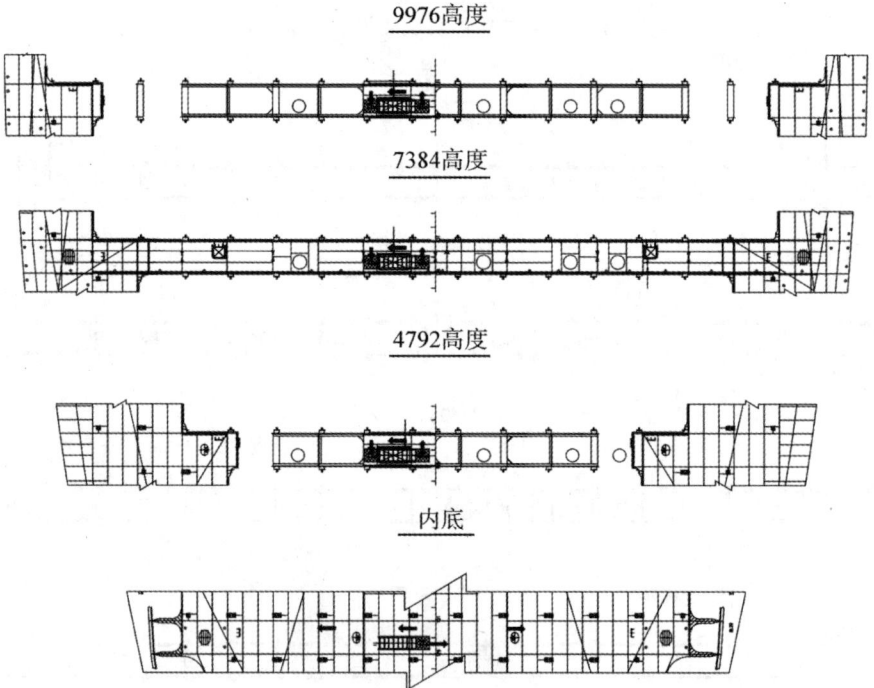

9976高度

7384高度

4792高度

内底

图 5-39　集装箱船货舱支撑舱壁通道平台图(c)

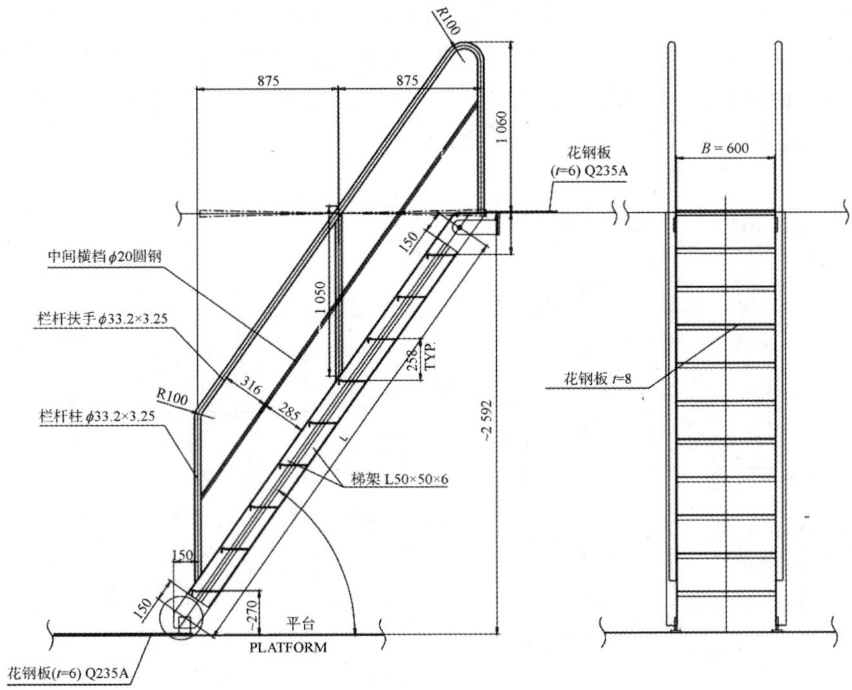

图 5-40　集装箱船货舱通道斜梯典型图

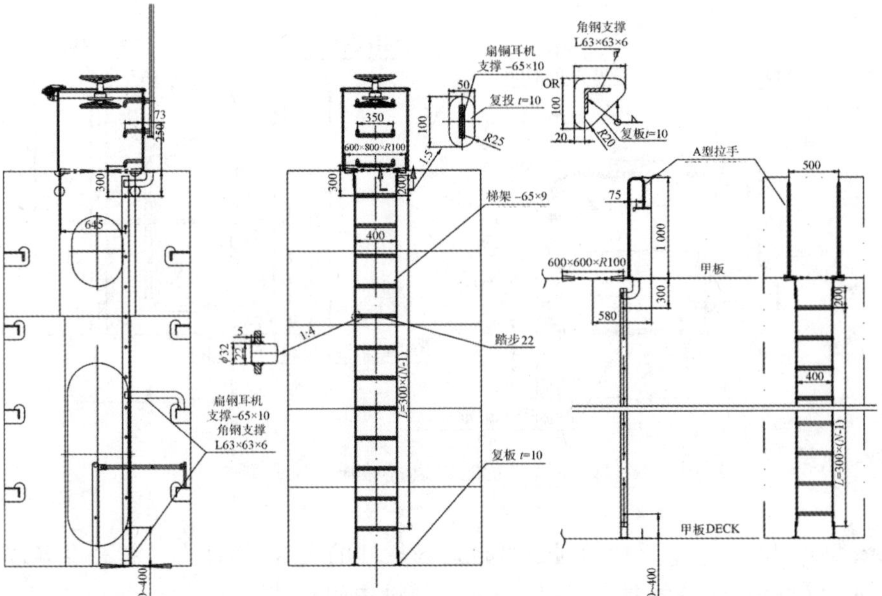

图 5-41　集装箱船货舱通道顶部直梯典型图

图 5-42 和图 5-43 所示为货舱通道在平台开口处的详图,作为货舱通道的一部分,为了安全通过甲板开口需要提供保护,可以设环围栏杆,栏杆和平台间设中间横挡,环围栏杆缺口处设自闭棒,平台开口也可以设盖,开口通孔净尺寸、栏杆尺寸和高度等都需满足 AMSA《海事指令》的要求。

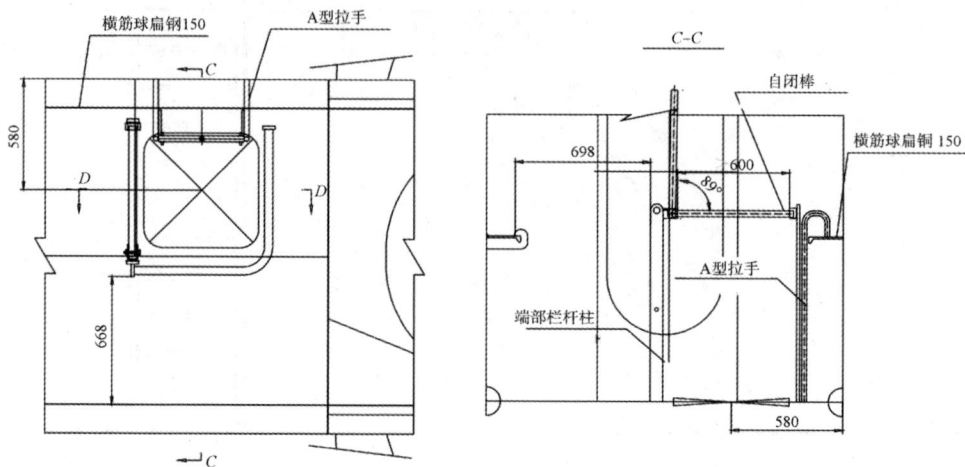

图 5-42　集装箱船货舱通道直梯开口处典型图(a)

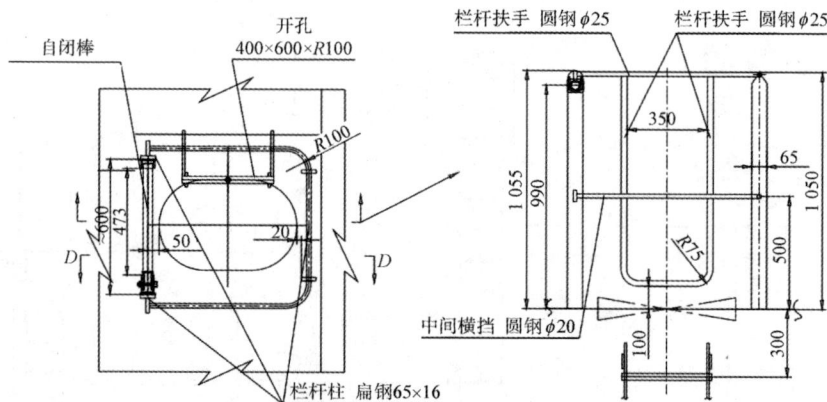

图 5-43　集装箱船货舱通道直梯开口处典型图(b)

图 5-44 和图 5-45 所示为通道平台边缘栏杆的布置,栏杆直径和高度等都需满足 AMSA《海事指令》的要求,栏杆和平台间设中间横挡。

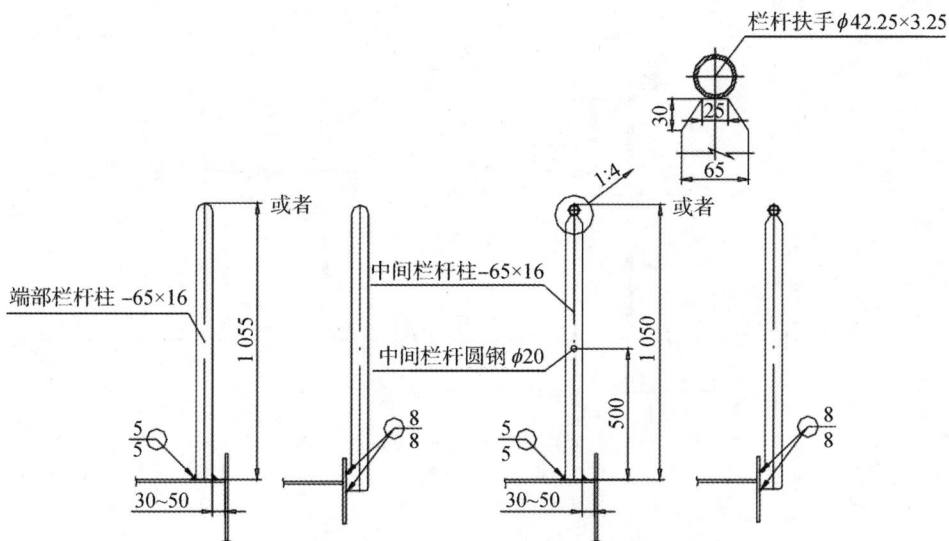

图 5-44　集装箱船货舱通道栏杆典型图(a)

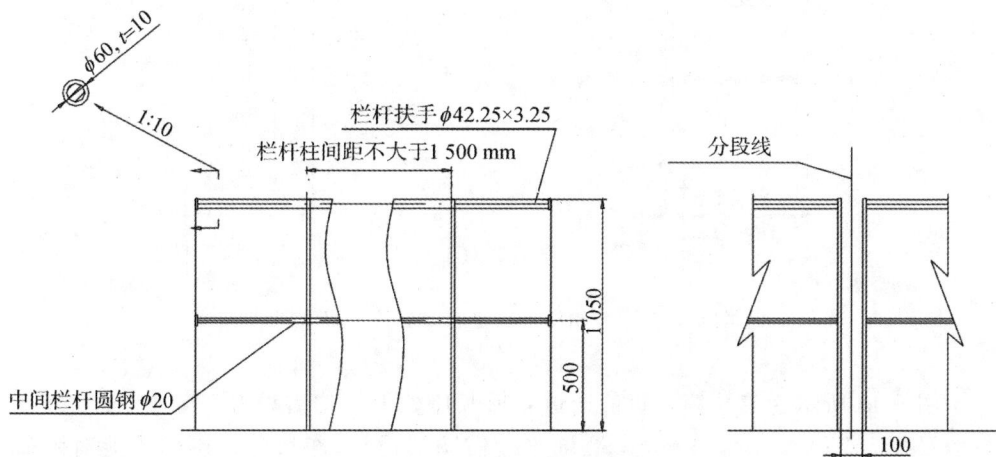

图 5-45　集装箱船货舱通道栏杆典型图(b)

　　图 5-46 和图 5-47 所示为与货舱通道直梯配合使用的栏杆扶手的布置,扶手间距和扶手长度等需满足 AMSA《海事指令》的要求。

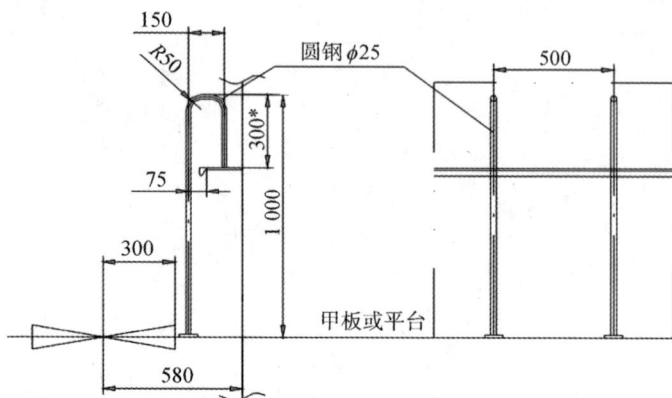

图 5-46　集装箱船货舱通道 A 型拉手典型图

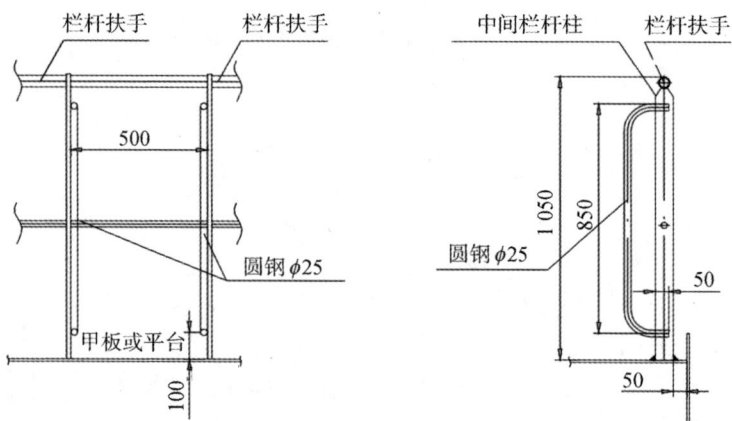

图 5-47　集装箱船货舱通道 B 型拉手典型图

图 5-48 所示为集装箱船货舱通道斜梯开口处上下均需设置登陆平台,登陆平台净尺寸为 750 mm×750 mm,登陆平台需防滑设计,净尺寸范围内不能有障碍物,具体布置需满足 AMSA《海事指令》的要求。

图 5-49 所示为通道开口处拉手详图。

图 5-50 所示为自闭棒设计详图。

(2) 图 5-51~图 5-58 为露天甲板货物处所通道的设计图例。

图 5-51 所示为 13 000TEU 级集装箱船中部区域上甲板货物处所俯视图,反映了露天甲板集装箱绑扎作业的通道,该通道由左右舷侧纵向上甲板通道和绑扎桥

上的横向通道组成。

图 5-52 所示为集装箱船绑扎桥通道前部(向后)视图,向船尾方向看,各层绑扎桥上的横向通道。

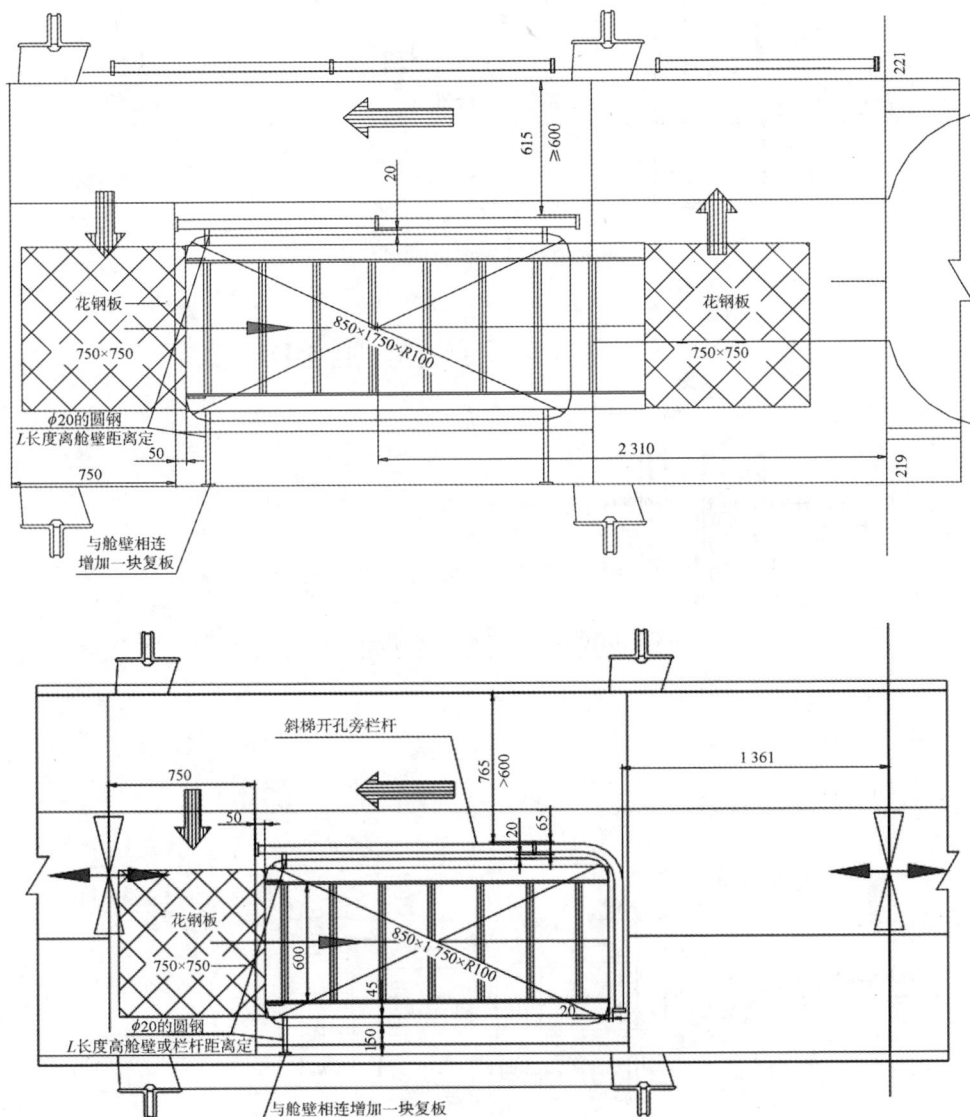

图 5-48　集装箱船货舱通道斜梯开口处典型图

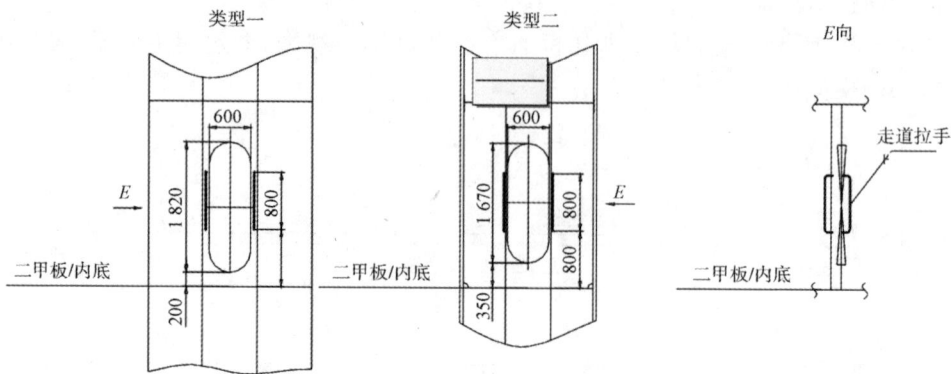

图 5-49　集装箱船货舱通道走道拉手典型图

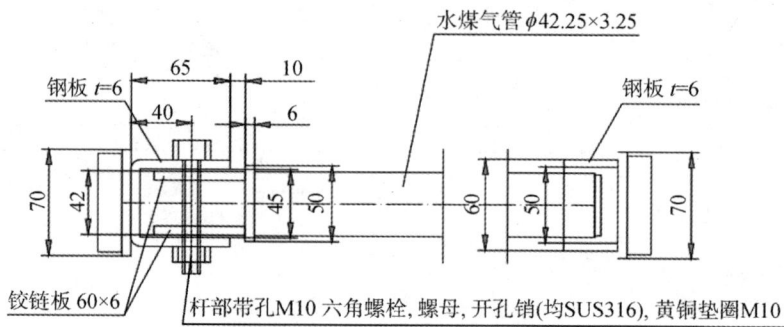

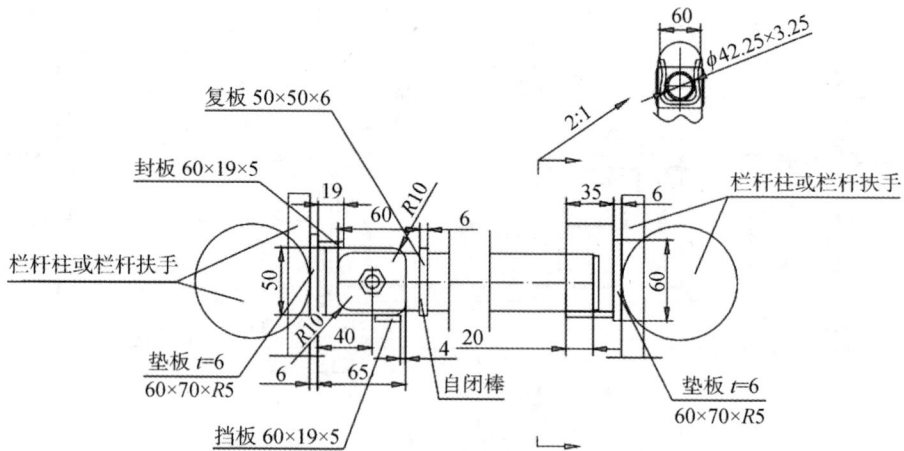

图 5-50　集装箱船货舱通道自闭棒

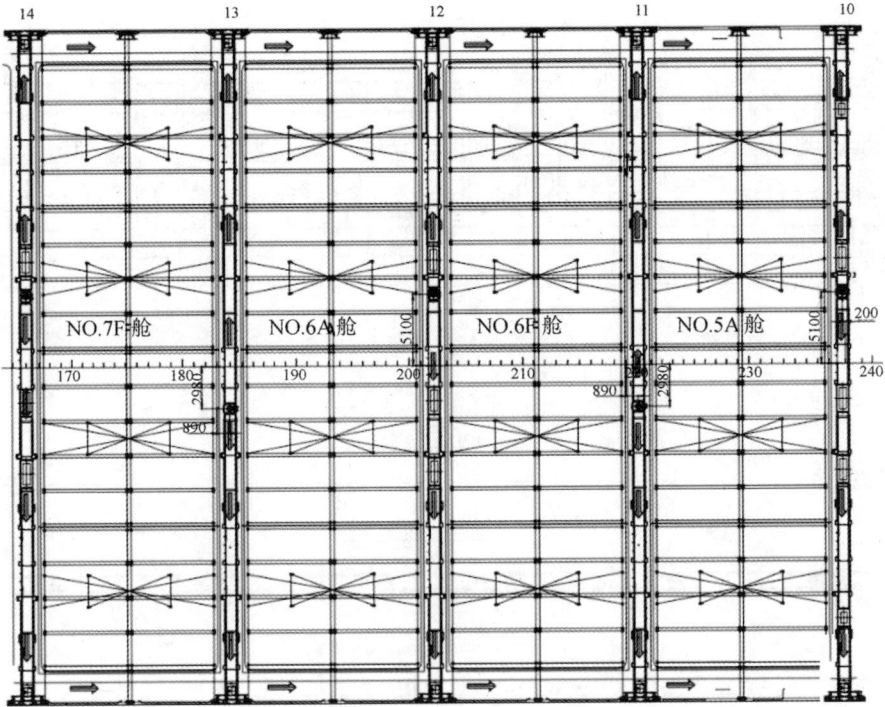

图 5-51 集装箱船露天甲板通道典型图

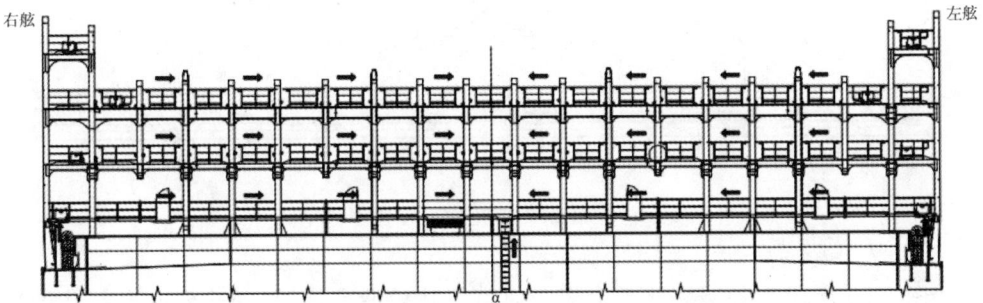

图 5-52 集装箱船绑扎桥通道前部(向后)视图典型图

图 5-53 所示为集装箱船绑扎桥通道后部(向前)视图,向船首方向看,各层绑扎桥上的横向通道及各层绑扎桥的垂向通道。

图 5-54 所示为集装箱船绑扎桥通道平台俯视图,显示各层绑扎桥上的横向通道。

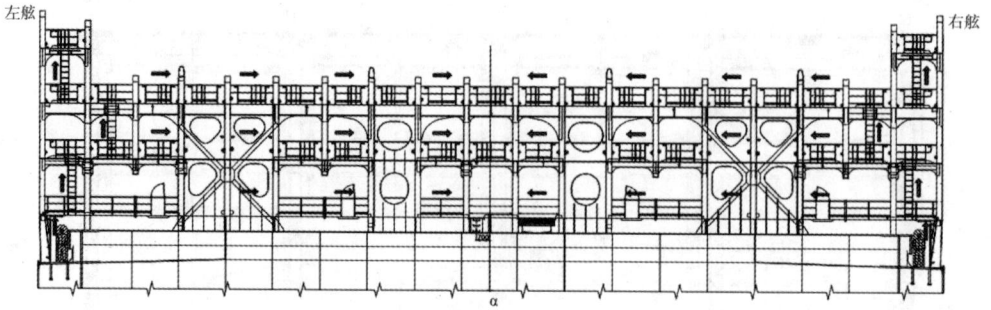

图 5-53　集装箱船绑扎桥通道后部(向前)视图典型图

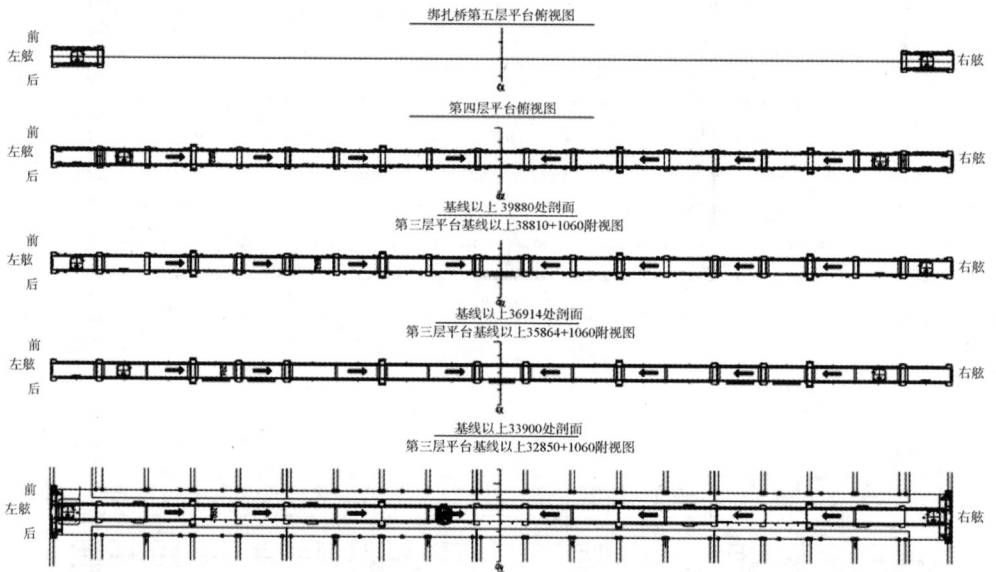

图 5-54　集装箱船绑扎桥平台通道典型图

图 5-55 所示为各层绑扎桥上横向通道门孔处通孔详图,绑扎桥通道门孔的净宽、净高和绑扎桥平台栏杆高度等均应满足 AMSA《海事指令》的要求。

图 5-56 所示为上甲板舷梯处纵向通道的通孔详图,通孔的净宽、净高均应满足 AMSA《海事指令》的要求。

图 5-57 所示为上甲板箱柱处纵向通道的通孔详图,通孔的净宽、净高均应满足 AMSA《海事指令》的要求。

图 5-58 所示为绑扎桥平台通道自闭棒详图。

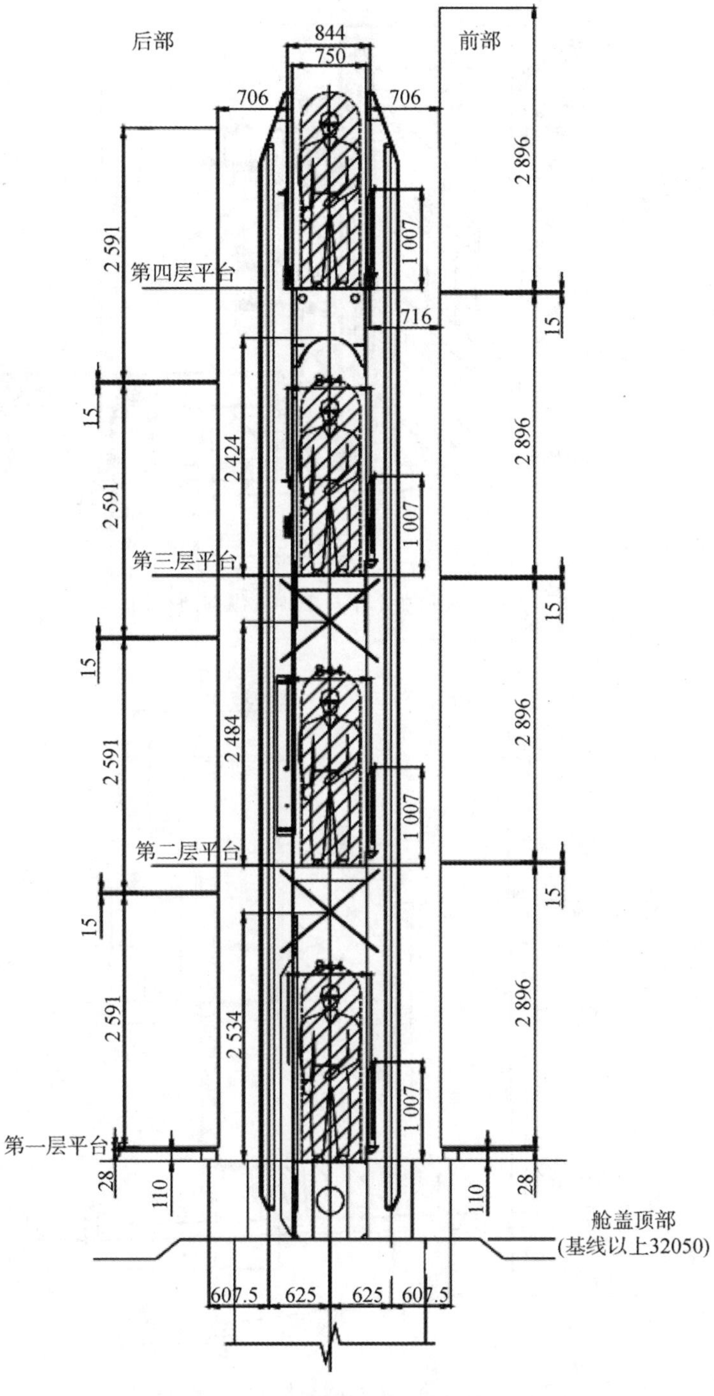

图 5-55　集装箱船绑扎桥通道剖视图

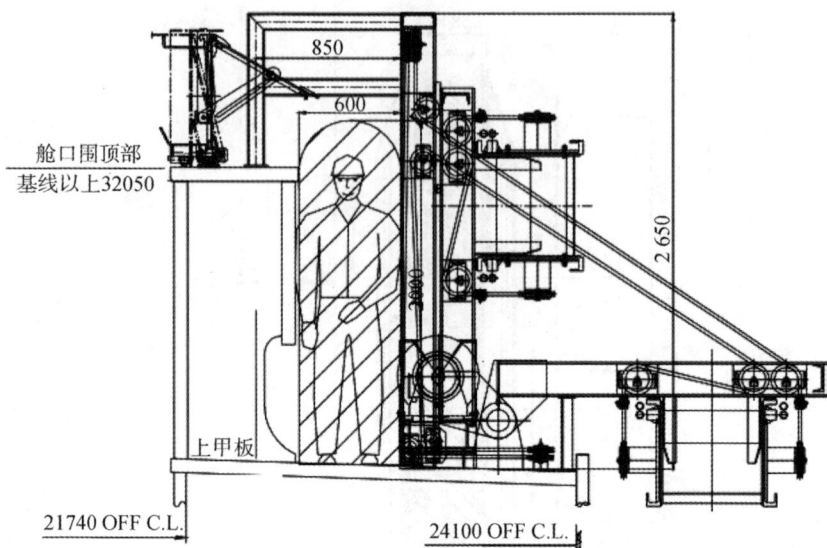

图 5-56　集装箱船上甲板舷梯处纵向通道图

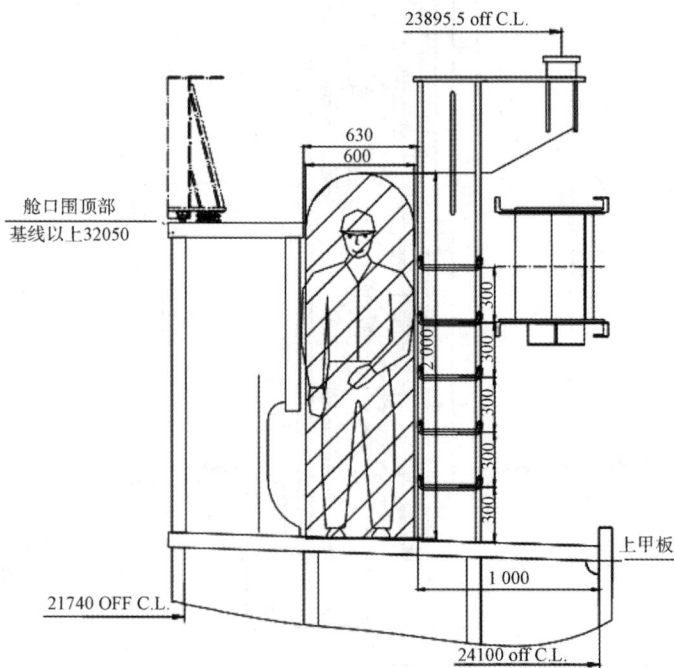

图 5-57　集装箱船上甲板箱柱处纵向通道图

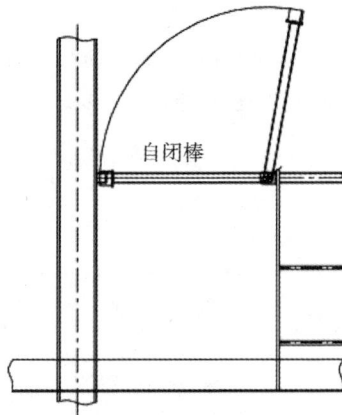

图 5-58　集装箱船绑扎桥平台通道自闭棒图

（2）20 万吨散货船满足澳大利亚海上安全局对货舱通道要求的设计图例

① 图 5-59～图 5-61 是货舱旋梯通道布置。

图 5-59 所示为散货船旋梯通道布置，旋梯通道由露天甲板小舱口盖、顶墩直梯、顶墩横向通道、顶墩平台通孔、上部直梯、上平台、旋梯、下平台和底部直梯

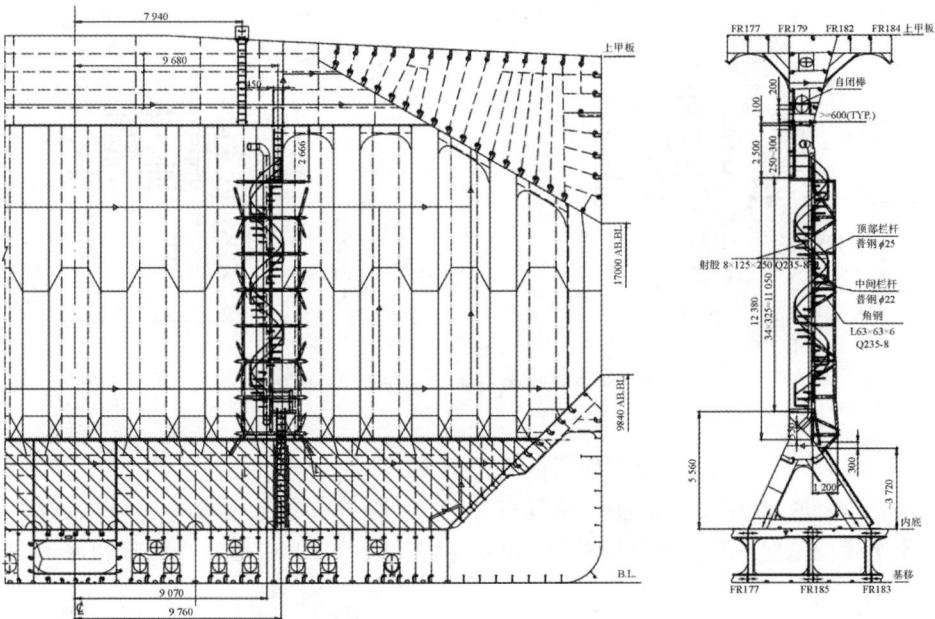

图 5-59　散货船货舱旋梯通道典型图

组成。

图 5-60 所示为露天甲板小舱口盖及顶墩处的直梯布置详图,小舱盖的通孔尺寸、踏步尺寸和踏步间距、直梯长度宽度及直梯踏步间距、顶墩横向通道净宽、顶墩平台开孔尺寸等均应满足 AMSA《海事指令》的要求。

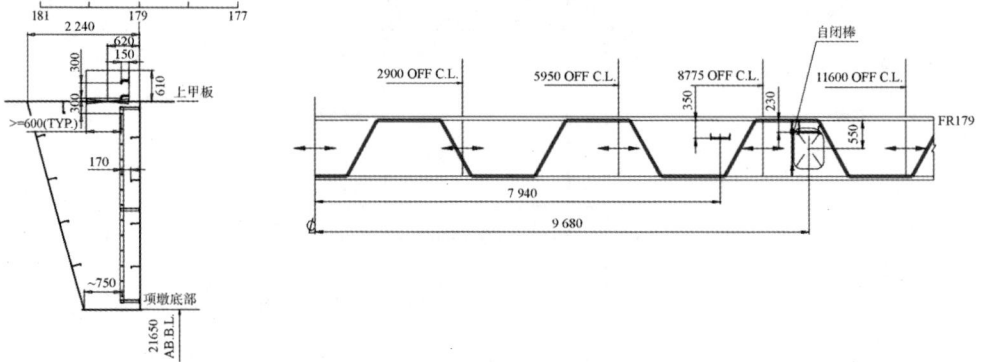

图 5-60　散货船顶墩通道典型图

图 5-61 所示为旋梯通道上、下平台,平台登陆区域长宽净尺寸、旋梯踏步尺寸、旋梯扶手尺寸等均应满足 AMSA《海事指令》的要求。

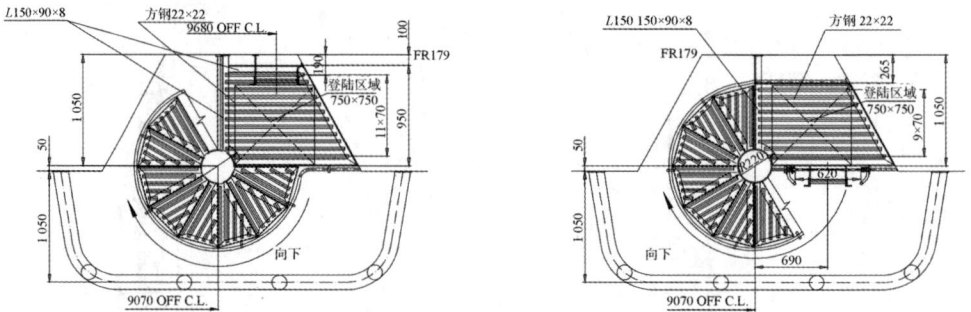

图 5-61　散货船货舱旋梯通道上、下平台典型图

② 图 5-62～图 5-64 是直梯货舱通道布置。

图 5-62 所示为散货船直梯通道布置,直梯通道由露天甲板小舱口盖、顶墩直梯、顶墩横向通道、顶墩平台通孔、中间直梯、上平台、中间平台、下平台和底部直梯组成。

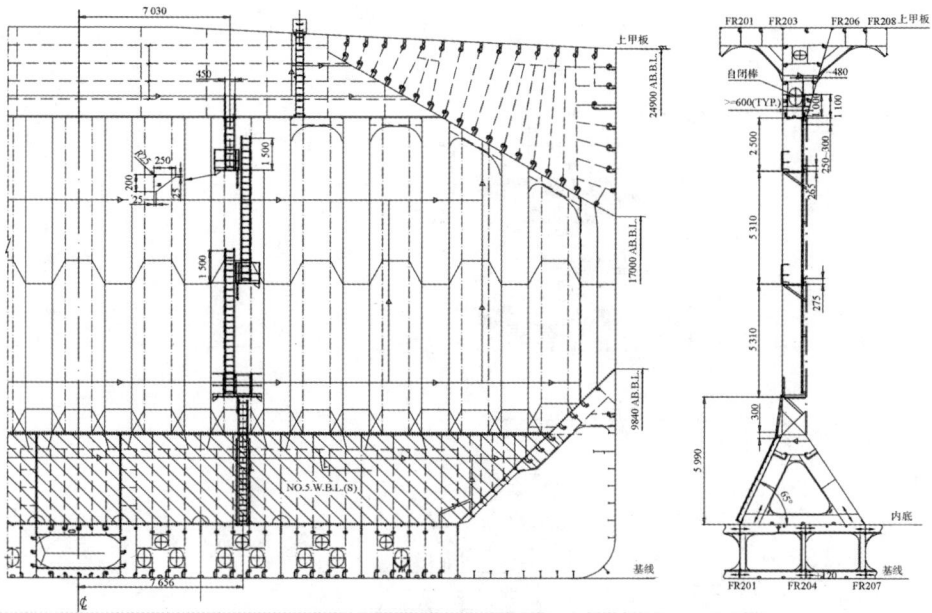

图 5-62 散货船货舱直梯通道典型图

图 5-63 所示为露天甲板小舱口盖、顶墩直梯布置详图,小舱盖通孔尺寸、踏步尺寸和踏步间距、直梯长度宽度及直梯踏步间距、顶墩横向通道净宽、顶墩平台开孔尺寸等均应满足 AMSA《海事指令》的要求。

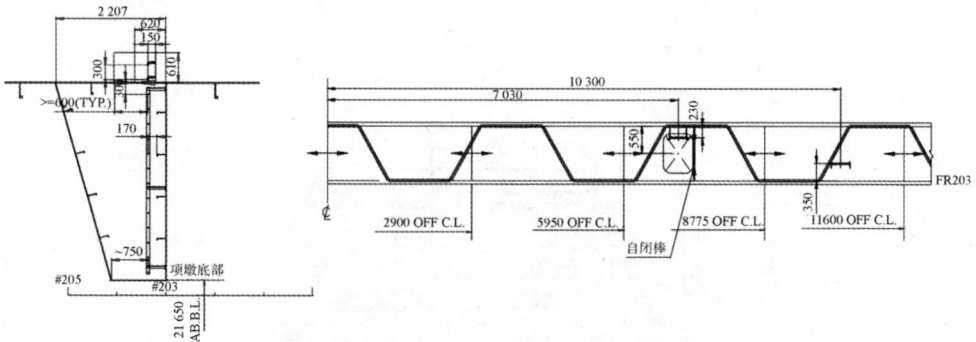

图 5-63 散货船顶墩通道典型图

图 5-64 所示为直梯通道的上、中、下平台详图,平台登陆区域长宽净尺寸、踏步尺寸和踏步间距、直梯长度宽度及直梯踏步间距、直梯相对于平台位置及尺寸等均应满足 AMSA《海事指令》的要求。

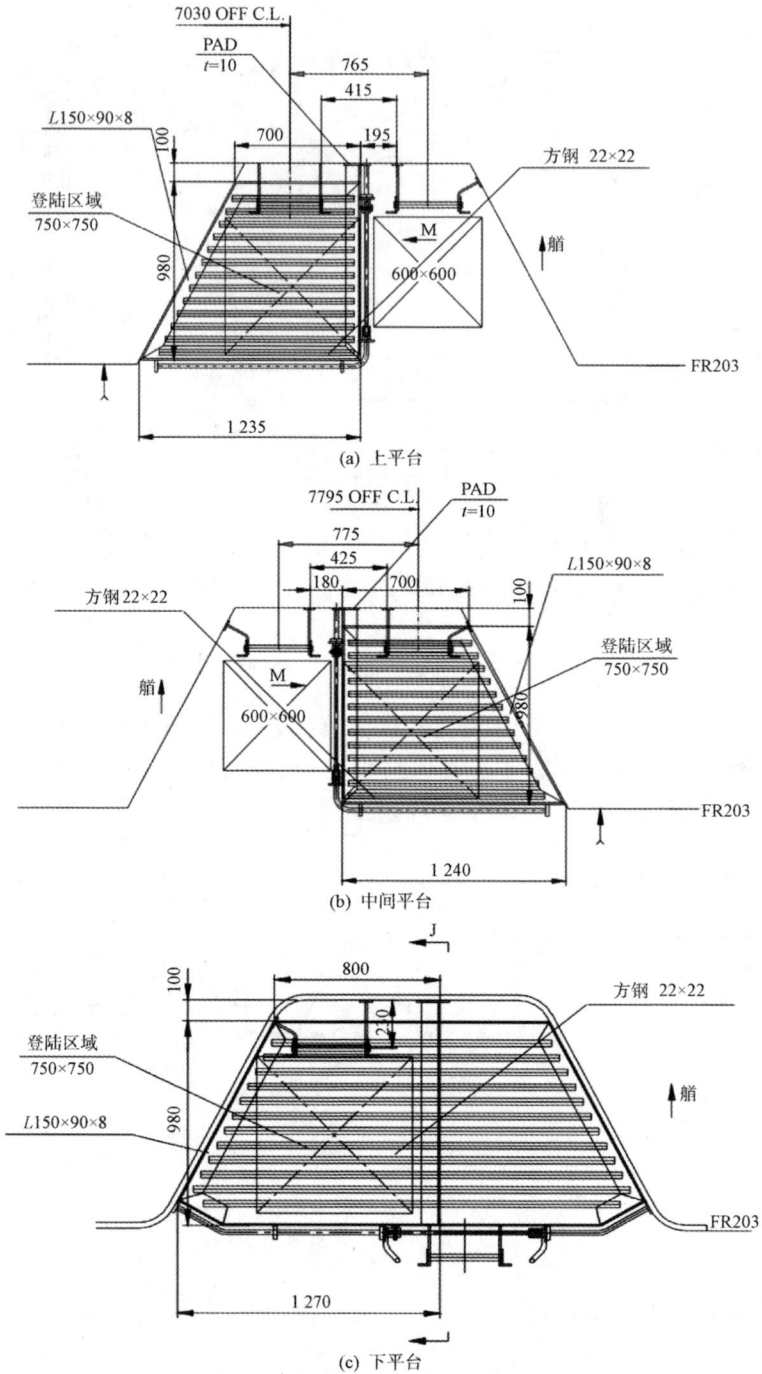

(a) 上平台

(b) 中间平台

(c) 下平台

图 5-64　散货船货舱直梯通道上、中、下平台典型图

5.3　进入液货船船首的安全通道

5.3.1　关于"进入液货船船首的安全通道"的规定

SOLAS 公约第Ⅱ-1/3-3 条提出了"进入液货船船首的安全通道"的要求,具体要求指向 IMO 海上安全委员会 MSC.62(67)决议通过的《进入液货船船首的安全通道指南》,在进行液货船通道设计时必须满足这些要求。本节内容引述自 SO-LAS 公约第Ⅱ-1/3-3 和 MSC.62(67),并保留原文中的条文编号。

(1) SOLAS 公约Ⅱ-1 章

第 3-3 条　进入液货船船首的安全通道

1　就本条和第 3-4 条而言,液货船包括第 2.22 条所定义的油船、第 VII/8.2 条所定义的化学品液货船以及第 VII/11.2 条所定义的气体运输船。

2　每艘液货船应设置使船员即使在恶劣的气候条件下也能进入船首的安全通道。此类安全通道应由主管机关根据本组织制订的指南[①]予以认可。

①　参见海上安全委员会 MSC.62(67)决议通过的《进入液货船船首的安全通道指南》。

(2) MSC.62(67)《进入液货船船首的安全通道指南》

1.液货船,包括 SOLAS 公约第Ⅱ-1/2.12 条所定义的油船、第 VII/8.2 条所定义的化学品液货船以及第 VII/11.2 条所定义的气体运输船,应该设置使船员即使在恶劣的气候条件下也能进入船首的安全通道。对于 1998 年 7 月 1 日或以后建造的液货船,通往船首的措施应为甲板上的通道或在上层建筑甲板或以上甲板或第一层甲板室水平面上的固定的结构坚固的步桥,其应:

1.1.至少 1 m 宽,位于船舶中心线或尽量靠近船舶中心线处,其位置不至于妨碍容易地横向穿过甲板工作面;

1.2.在其全长范围内两侧装设踢脚板和栏杆柱支撑的栏杆,栏杆应至少有三档,栏杆的最低一档以下的开口应不超过 230 mm,最上面的栏杆高度应至少离步桥或甲板 1 m,其他各档的间隙应不超过 380 mm,栏杆柱间距不大于 1.5 m。

1.3.由防火和防滑材料构成;

1.4.有开口通往甲板,如适合,配有梯子,开口间距应不大于 40 m;

1.5.如穿越露天甲板的长度超过 70 m,在步桥处应设置间距不超过 45 m、结构坚固的遮蔽设施。每一如此遮蔽设施应至少能容纳 1 人,且其构造应能在首部、左舷和右舷提供防风雨保护措施。

1.6.凡遇障碍物,例如管道或其他固定的附件,应在障碍物上设置通道。

2. 对于有空间限制的油船,如小型油船,或高干舷的气体运输船,如果替代的或者修正的布置具有到达首部相当的安全水平,主管机关可以接受替代的或者修正的布置。

3. 对于布置已经被主管机关认可的,建造于 1998 年 7 月 1 日以前的液货船,如果现有的布置具有到达首部相当的安全水平,主管机关可以接受。

5.3.2 进入液货船船首的安全通道设计

(1) 设置在上甲板的进入液货船船首的安全通道,一般应用在大型原油船或甲板骨材内翻的中小型液货船上

图 5-65 和图 5-66 所示为液货船船首安全通道的布置;图 5-67 和图 5-68 所示为安全通道两侧栏杆详图,两侧栏杆间距、栏杆高度、横挡数量及间距等均应满足 MSC.62(67)《进入液货船船首的安全通道指南》的要求;图 5-69 所示为安全通道经过甲板上油管等管路处,需设置局部平台跨过油管;图 5-70 所示为船上人员通过安全通道时,设置的防风雨保护措施,遮蔽设施数量、尺寸和间距等应满足 MSC.62(67)《进入液货船船首的安全通道指南》的要求。

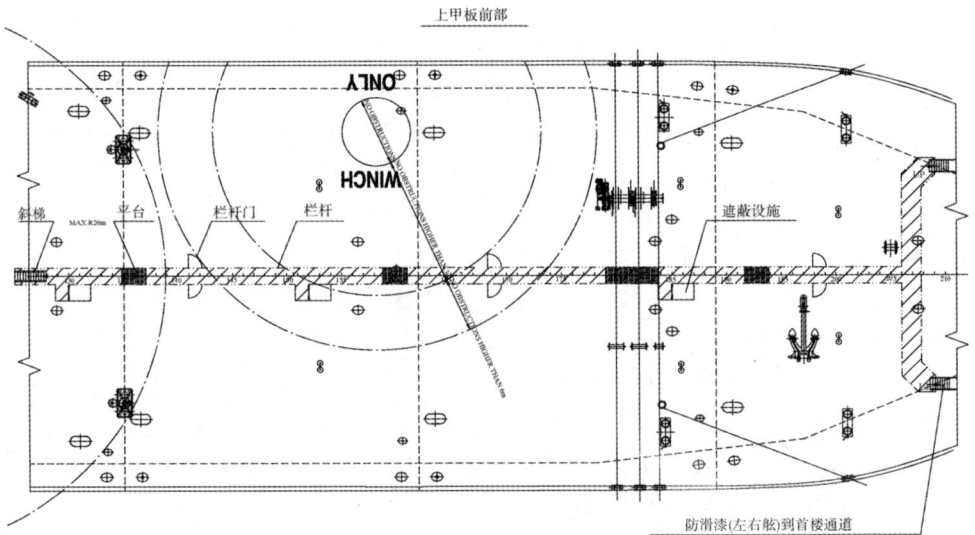

图 5-65 液货船船首安全通道(上甲板前部)

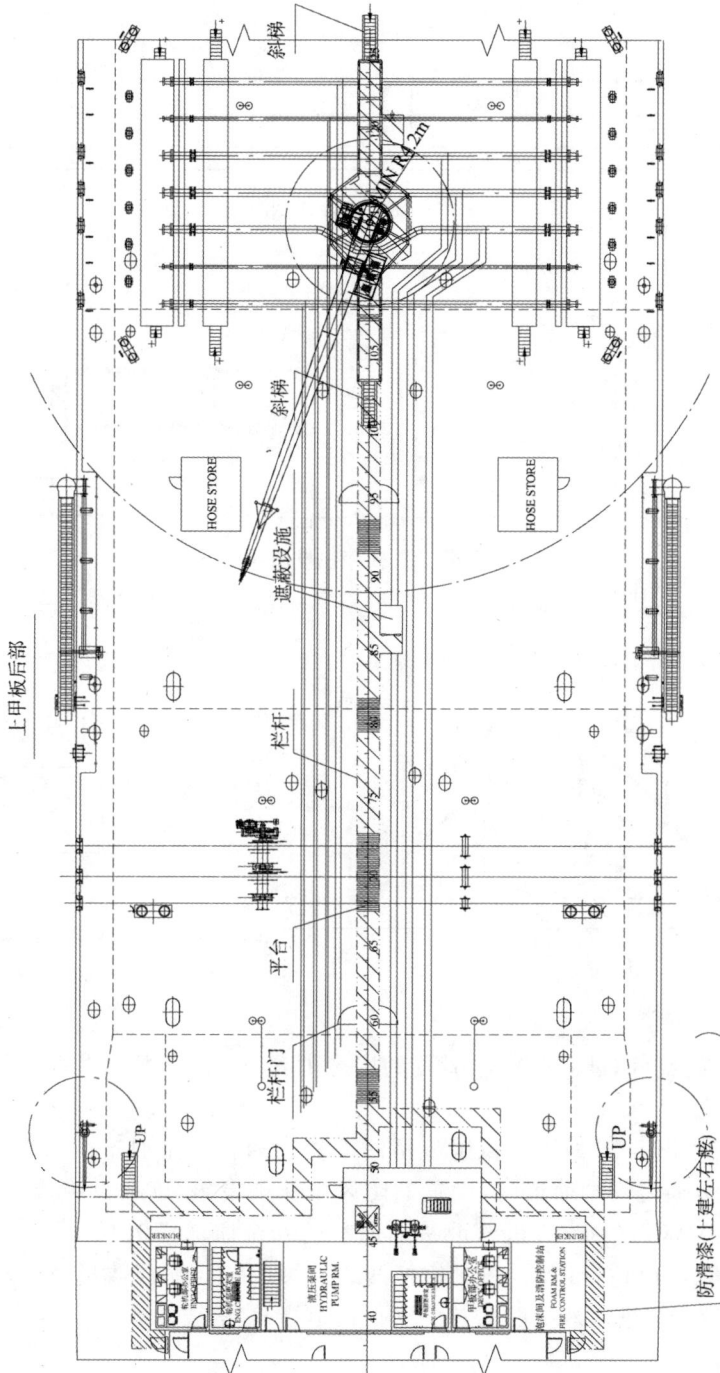

图 5-66　液货船船首安全通道(上甲板后部)

图 5-67　栏杆详图

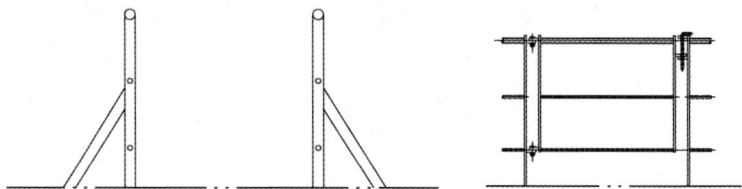

图 5-68　栏杆和栏杆门详图

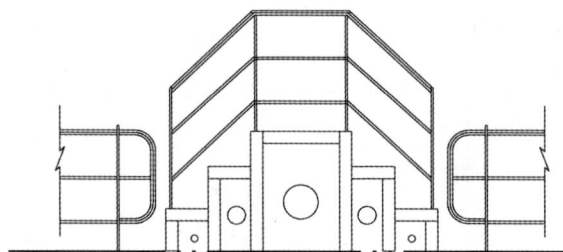

图 5-69　平台详图

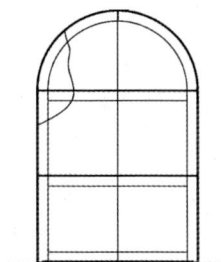

图 5-70　遮蔽设施详图

（2）设置步桥的进入液货船船首的安全通道，一般应用在甲板骨材外翻的中小型液货船上

图 5-71 和图 5-72 所示为设置步桥的液货船船首安全通道的布置；图 5-73 所示为船上人员通过安全通道时，设置的防风雨保护措施，遮蔽设施数量、尺寸和间距等应满足 MSC.62(67)《进入液货船船首的安全通道指南》的要求。图 5-74 所示为安全通道两侧栏杆详图，两侧栏杆间距、栏杆高度、横挡数量及间距等均应满足 MSC.62(67)《进入液货船船首的安全通道指南》的要求；

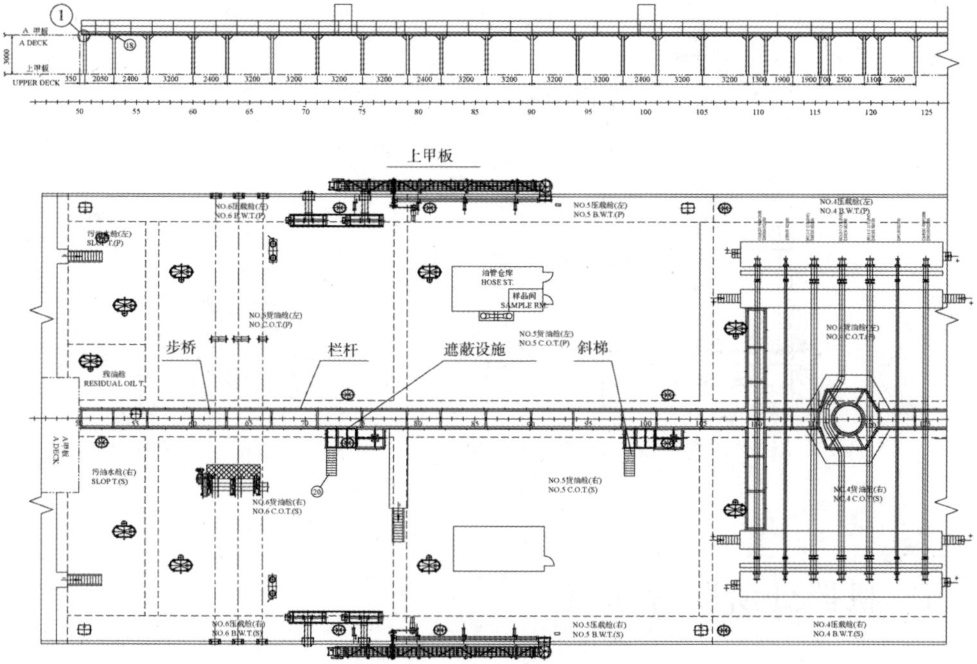

图 5-71　液货船船首安全通道(上甲板后部)

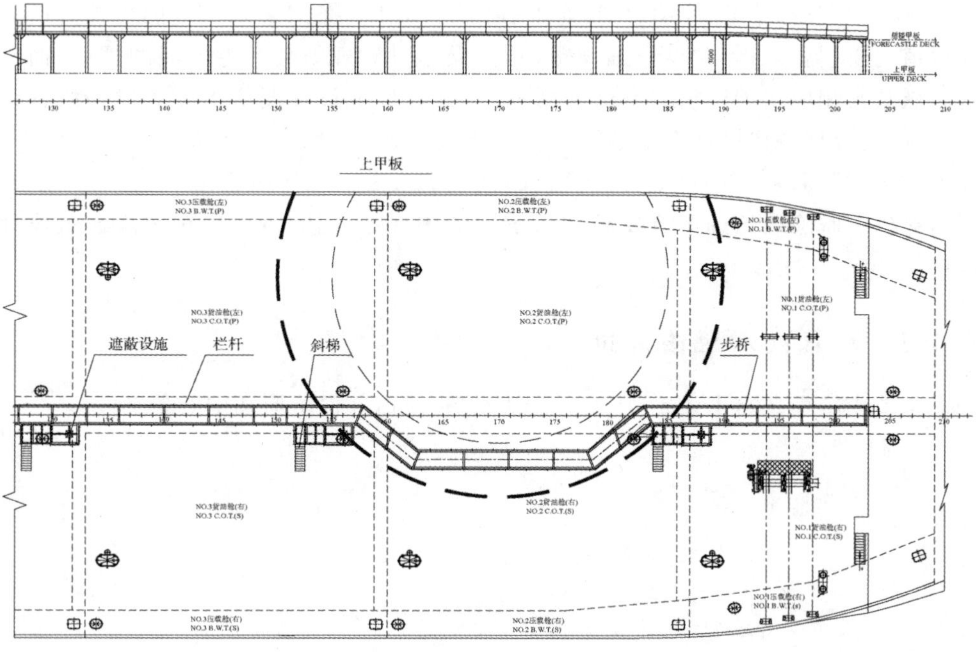

图 5-72　液货船船首安全通道(上甲板前部)

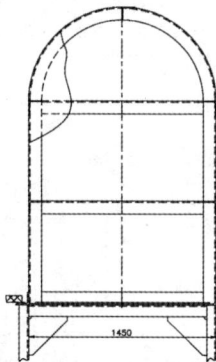

图 5-73　步桥遮蔽设施详图　　　　　图 5-74　步桥栏杆详图

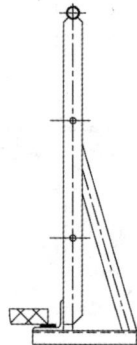

5.4　机器处所脱险通道

5.4.1　概述

　　SOLAS 公约第 II-2/13.4.1 条和第 II-2/13.4.2 条对客船和货船机器处所脱险通道提出了要求,但缺少详细规定,具体操作时对规则会产生不同的理解,而机舱区域及其相应露天甲板的空间非常局限,往往造成设计图纸不能通过船级社认可时,已无合理替代设计方案的状况。为此,IACS 编制了统一解释文件 UI SC276 和 UI SC277(版本:2016.1,UI 执行时间:2016.2.1,UI 执行形式:签订建造合同),对机舱脱险通道的细节要求做出了详细的规定,同时也对机舱脱险通道设计提供了指导。

5.4.2　机器处所脱险通道

　　本节内容引述自 IACS UISC276 和 UISC277,并保留原文中的条文编号。

（1）客船机器处所的脱险通道

公约（修正案）章节条款			SOLAS 公约第 II-2/13.4.1 条				
IACS UI 编号	SC276	UI 版本	2 016.1	UI 执行时间	2016.2.1	UI 执行形式	签订建造合同

公约/规则要求

SOLAS 公约第 II-2/13.4.1 条：

4.1.1　舱壁甲板以下处所的脱险通道

如果处所位于舱壁甲板以下，2 条脱险通道应为下述二者之一：

.1 两部彼此尽可能远离的钢梯，通往该处所上部同样彼此远离的门，从门至相应的救生艇和救生筏登乘甲板设有通道。其中 1 部钢梯应位于一个受保护环围内，该环围满足第 9.2.2.3 条第（2）类或第 9.2.2.4 条第（4）类的相应要求，从其所服务的处所的下部通到该处所以外的安全位置。在该环围内应设有达到相同耐火完整性标准的自闭式防火门。钢梯的安装方式应使热量不致通过未隔热固定点传入环围内。受保护环围的内部尺寸应至少为800 mm×800 mm，并应设有应急照明；或

.2 1 部钢梯通往该处所上部的 1 扇门，从该门至登乘甲板设有通道，此外，在该处所下部且远离上述钢梯的位置，设有 1 扇能从两面操纵的钢质门，从该处所下部经该门可进入通往登乘甲板的安全脱险通道。

4.1.2　舱壁甲板以上处所的脱险通道

如果处所位于舱壁甲板以上，2 条脱险通道应尽可能彼此远离，且在该脱险通道的门处应设有通往相应救生艇和救生筏登乘甲板的通道。如果该脱险通道需设梯子，这些梯子应为钢质。

4.1.4　机器控制室的脱险通道

位于机器处所的机器控制室应设有 2 条脱险通道，其中至少 1 条能提供通往机器处所外部安全位置的连续防火遮蔽。

解　释

1. "安全位置"可以是包括特种处所和滚装处所在内的任何处所，但不包括不论面积的储物间和储藏室、货物处所和易燃液体储藏处所，且设有通往登乘甲板保持无障碍物的通道（第 II-2/13.4.1.1.1 和 13.4.1.4 条）。

2. 作为脱险通道一部分或通往脱险通道但不位于受保护环围之内机器处所的斜梯/梯道的倾斜角度不应大于 60°且净宽不应小于 600 mm。对于不构成脱险通道部分、仅从此类处所内的主平台之一或甲板面通往设备或部件或相似区域的梯子/梯道，该要求不必适用（第 II-2/13.4.1 条）。

（续表）

3. 机器处所可包括工作平台和通道,或多于一层甲板面(机器处所)的中间甲板。在这种情况下,处所的较低部分应视为该处所的最低甲板面、平台或通道。在除最低甲板面之外的甲板面上,如除受保护环围外仅设有 1 条脱险通道,则应在该甲板面的受保护环围内安装自闭式防火门。甲板面之间或仅通往设备或部件的较小工作平台不必设 2 条脱险通道(第 II-2/13.4.1.1 条)。

4. 提供从机器处所至开敞甲板的脱险通道的受保护环围可安装一个舱口作为环围至开敞甲板的出口。该舱口的最小内部尺寸应为 800 mm × 800 mm(第 II-2/13.4.1.1.1 条)。

5. 内部尺寸应解释为净宽,因此如图 1 所示,除船舶结构、隔热物和设备(如有)以外,整个垂直环围可提供直径为 800 mm 的通道。环围内的梯子可计入环围的内部尺寸。如受保护环围包括水平部分,其净宽应不小于 600 mm。图 1 为符合上述解释的可能布置的实例(第 II-2/13.4.1.1.1 条)。

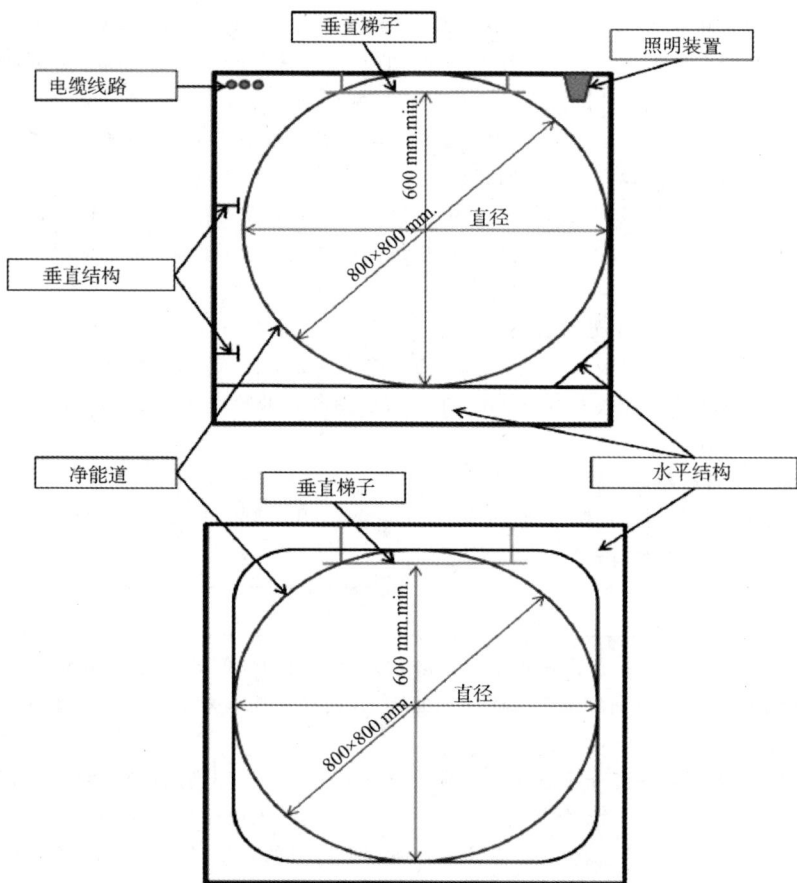

图 1

（续表）

技术背景

对 SOLAS 公约第 II-2/13.4.1 条有关客船机器处所脱险通道相关要求中模糊表达予以澄清。MSC.1/Circ.1511 已包含该 UI 内容。

备　注

1、对于 2016 年 2 月 1 日及以后签订建造合同的船舶，IACS 船级社应统一实施本 UI.

2、"建造合同"日期系指未来船东与造船厂签订造船合同的日期。有关"建造合同"日期的更详细情况，参见 IACS 程序要求（PR）No. 29。

（2）货船机器处所的脱险通道

公约（修正案）章节条款			SOLAS 公约第 II-2/13.4.2 条				
IACS UI 编号	SC277	UI 版本	2016.1	UI 执行时间	2016.2.1	UI 执行形式	签订建造合同

公约/规则要求

SOLAS 公约第 II-2/13.4.2 条：

4.2.1　A 类机器处所的脱险通道

除本条 4.2.2 规定者外，每一 A 类机器处所应设有 2 条脱险通道。脱险通道特别应符合下述规定之一：

4.2.1.1　2 部彼此尽可能远离的钢梯，通往该处所上部同样彼此远离的门，从门至开敞甲板设有通道。其中 1 部钢梯应位于一个受到保护的环围内，该环围满足第 9.2.3.3 条第(4)类的要求，并从其所在处所的下部通到该处所以外的安全位置。在该环围内应设有达到相同耐火完整性标准的自闭式防火门。钢梯的安装方式应使热量不致通过未隔热固定点传入环围内。该环围的最小内部尺寸应至少为 800 mm × 800 mm，并应设有应急照明；或

4.2.1.2　1 部钢梯通往该处所上部的 1 扇门，从该门至开敞甲板设有通道，此外，在该处所下部远离上述钢梯的位置，应设有 1 扇能从两面操纵的钢质门，由此门可进入从该处所下部通往开敞甲板的安全脱险通道。

（续表）

4.2.3　A类以外机器处所的脱险通道

A类以外机器处所应设有2条脱险通道，但对于只是偶尔进入的处所和到门的最大步行距离为5 m或以下的处所，可以接受单条脱险通道。

解释

6. "安全位置"可以是包括特种处所和滚装处所在内的任何处所，但不包括不论面积的储物间和储藏室、货物处所、货泵舱和易燃液体储藏处所，且设有通往开敞甲板保持无障碍物的通道（第 II-2/13.4.2.1.1 条）。

7. 作为脱险通道一部分或通往脱险通道但不位于受保护环围之内机器处所的斜梯/梯道的倾斜角度不应大于60°且净宽不应小于600 mm。对于不构成脱险通道部分、仅从此类处所内的主平台之一或甲板面通往设备或部件或相似区域的梯子/梯道，该要求不必适用（第 II-2/13.4.2.1 条）。

8. A类机器处所可包括工作平台和通道，或多于一层甲板面（机器处所）的中间甲板。在这种情况下，处所的较低部分应视为该处所的最低甲板面、平台或通道。在除最低甲板面之外的甲板面上，如除受保护环围外仅设有1条脱险通道，则应在该甲板面的受保护环围内安装自闭式防火门。甲板面之间或仅通往设备或部件的较小工作平台不必设2条脱险通道（第 II-2/13.4.2.1 条）。

9. 提供从A类机器处所至开敞甲板的脱险通道的受保护环围可安装一个舱口作为环围至开敞甲板的出口。该舱口的最小内部尺寸应为 800 mm × 800 mm（第 II-2/13.4.2.1.1 条）。

10. 内部尺寸应解释为净宽，因此如图 1 所示，除船舶结构、隔热物和设备（如有）以外，整个垂直环围可提供直径为 800 mm 的通道。环围内的梯子可计入环围的内部尺寸。如受保护环围包括水平部分，其净宽应不小于 600 mm。图 1 为符合上述解释的可能布置的实例（第 II-2/13.4.2.1.1 条）。

11. 对于非偶尔进入的除A类以外的机器处所，步行距离应从通常可供船员进入的任何一点测量，并考虑该处所内的机器和设备（第 II-2/13.4.2.3 条）。

（续表）

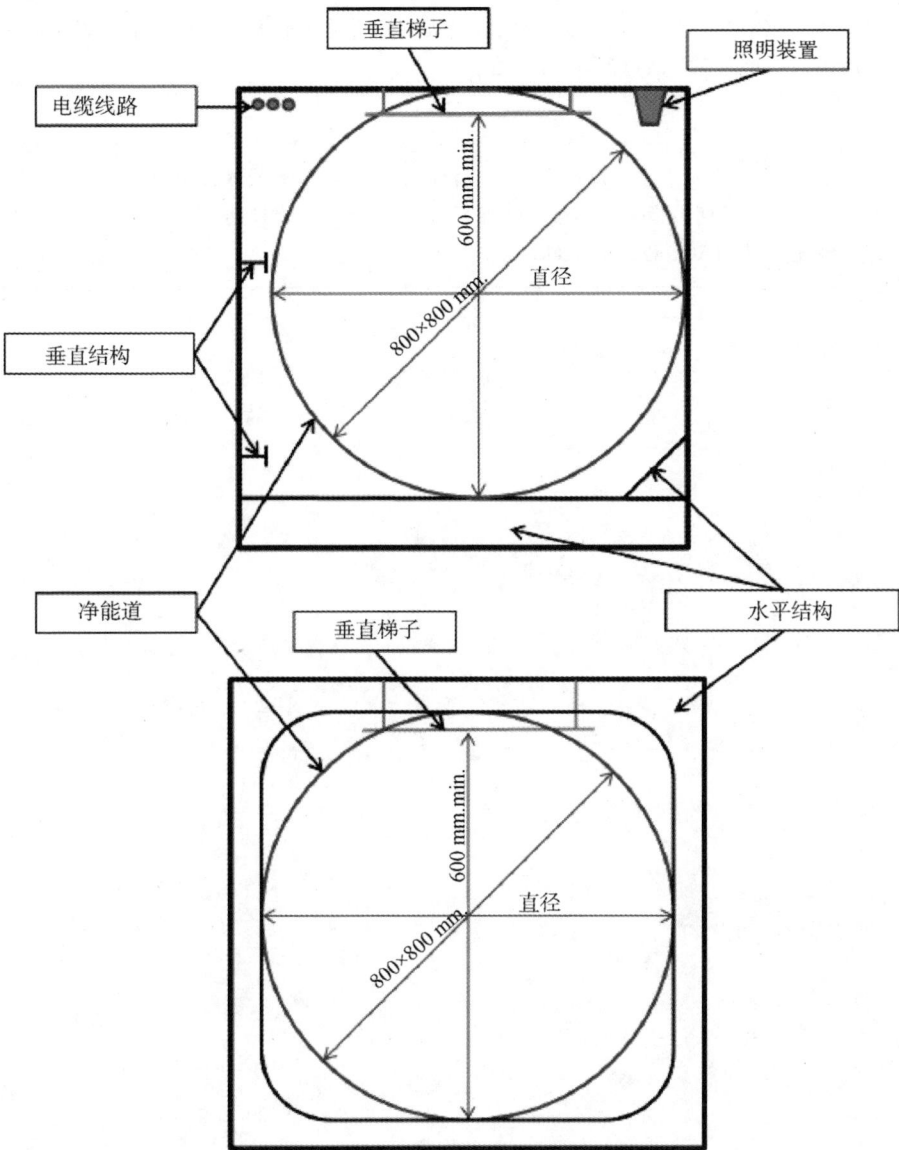

图 1

（续表）

技术背景

对 SOLAS 公约第 II-2/13.4.2 条有关货船机器处所脱险通道相关要求中模糊表达予以澄清。MSC.1/Circ.1511 已包含该 UI 内容。

备　注

1、对于 2016 年 2 月 1 日及以后签订建造合同的船舶，IACS 船级社应统一实施本 UI。

2、"建造合同"日期系指未来船东与造船厂签订造船合同的日期。有关"建造合同"日期的更详细情况，参见 IACS 程序要求（PR）No. 29。

第6章 天　　幕

6.1　概述

天幕主要用于船上露天甲板挡雨及遮阳,一般设置于船舶中部上层建筑和尾部的露天甲板上,民用船舶很少在首部设置天幕。

天幕分为可拆式天幕和固定式天幕。可拆式天幕主要由天幕柱、天幕拉索或天幕梁以及天幕布组成。可拆式天幕通常在船舶停航时使用,开航时拆除。因此在设计和施工时应充分考虑到拆装的方便性,支柱和梁应编号,以便再次使用时不会发生差错。制造时尽量考虑到互换性和通用性,支柱定位处要设在安全及不妨碍其他设备的地方。

图 6-1 所示为采用拉索的可拆式天幕布置,图 6-2 所示为采用天幕梁的可拆式天幕布置。固定式天幕由天幕梁和遮蔽物组成,图 6-3 所示为固定式天幕的构架布置。

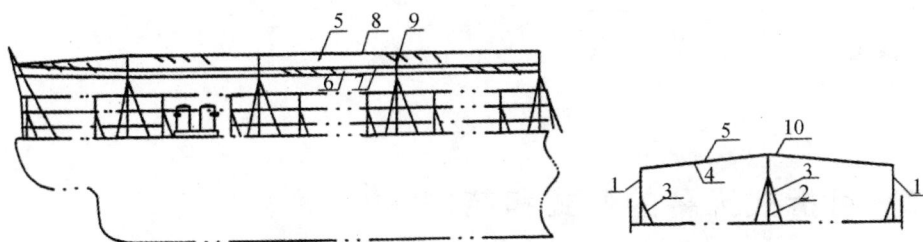

1—舷侧天幕柱;2—中间天幕柱;3—支撑;4—横拉索;5—帆布篷;6—天幕侧檐;7—纵向舷侧索;8—纵向中间索;9—横向搭边;10—纵向搭边。

图 6-1　采用拉索的可拆式天幕

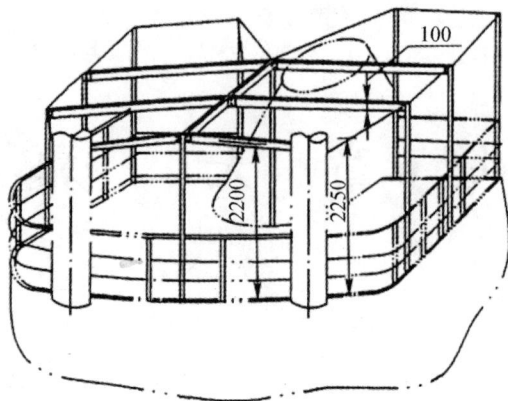

图 6-2　采用天幕梁的可折式天幕

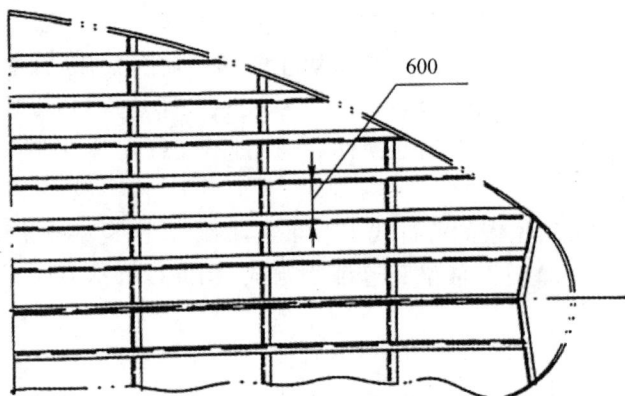

图 6-3　固定式天幕构架

6.2　可拆式天幕的形式和结构

6.2.1　天幕柱

可拆式天幕最主要的部件是天幕柱,按其安装位置可分为:中线面天幕柱和舷侧天幕柱,前者的高度应大于后者。

天幕柱由顶部结构、中间段及底部结构组成。顶部结构的顶板有钩型和眼板型,中间段采用钢管制作,底部结构有套入式,插销式和栏杆式,配置插销式底部结构的天幕柱还设有支撑。因此按照天幕柱同天幕梁以及天幕柱同底座的连接方式,可分为 7 种形式。详见表 6-1 及图 6-4～图 6-10,天幕柱的基本参数见表 6-2。

表 6-1　天幕柱的形式

形式	支柱与天幕梁连接形式	支柱与底座连接形式	安装位置	附注
GTZ	钩型	套入式	中线面	见图 6-4
GTC			舷侧	见图 6-5
GCZ		插销式(带支撑)	中线面	见图 6-6
GCC			舷侧	见图 6-7
GLC		栏杆式	舷侧	见图 6-8
YTZ	眼板型	套入式	甲线面	见图 6-9
YTC			舷侧	见图 6-10

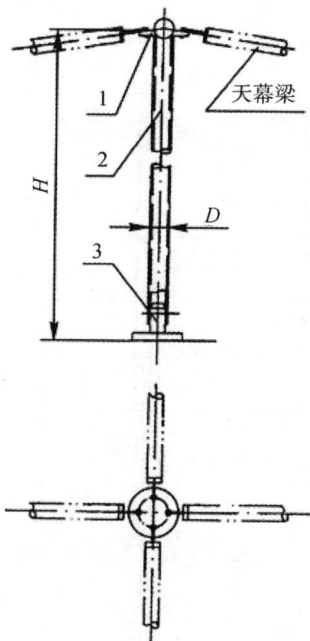

1—支柱头;2—支柱;3—底座。

图 6-4　GTZ 型中线面天幕柱

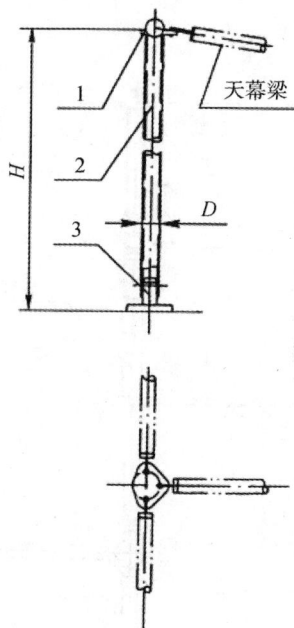

1—支柱头;2—支柱;3—底座。

图 6-5　GTC 型舷侧天幕柱

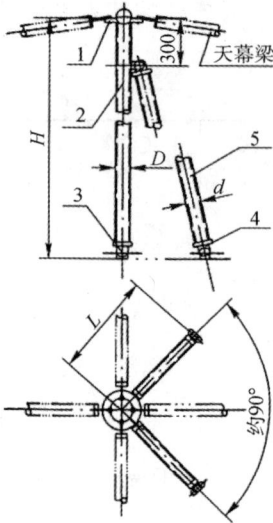

1—支柱头;2—支柱;3—底座;4—支撑
底座;5—支撑。

图 6-6 GCZ 型中线面天幕柱

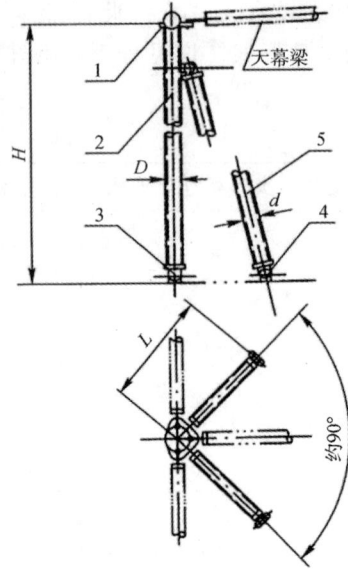

1—支柱头;2—支柱;3—底座;4—支撑底座;
5—支撑。

图 6-7 GCC 型舷侧天幕柱

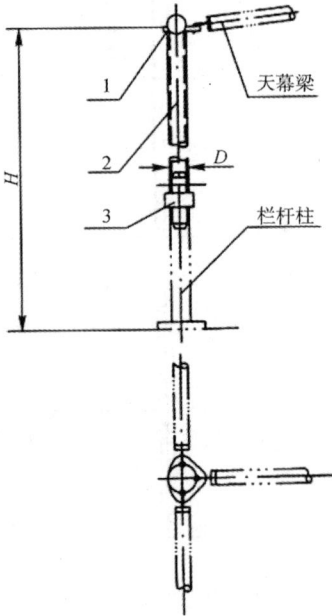

1—支柱头;2—支柱;3—连接座。

图 6-8 GLC 型舷侧天幕柱

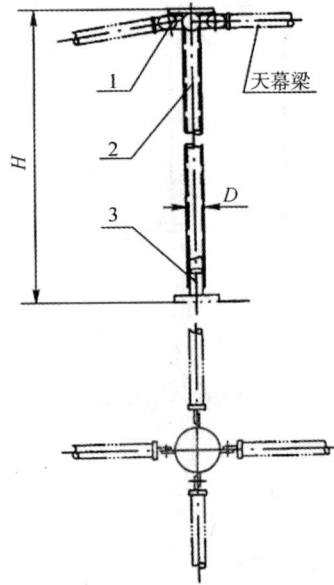

1—支柱头;2—支柱;3—底座。

图 6-9 YTZ 型中线面天幕柱

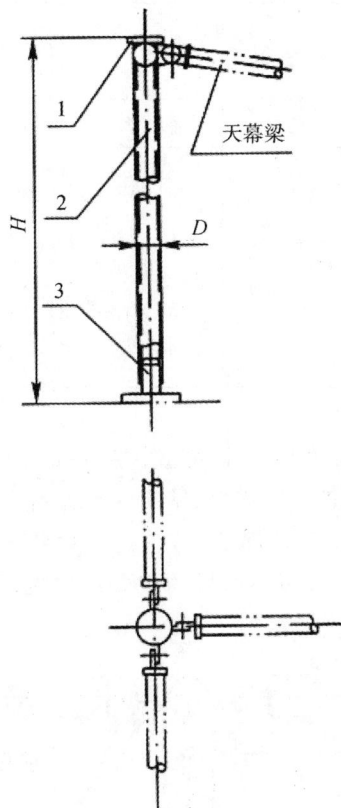

1—支柱头;2—支柱;3—底座。

图 6-10　YTC 型舷侧天幕柱

表 6-2　天幕柱基本参数　　　　　　　　　　　　　　　　　　　(mm)

D	GTZ型	GTC型	GCZ型			GCC型			GLC型	YTZ型	YTC型
	H	H	H	d	L	H	d	L	H	H	H
33×2	2 100	1 900	2 100	20×2	400	1 900	20×2	400	1 900	2 100	1 900
	2 300	2 100	2 300			2 100			2 100	2 300	2 100
42×3.5	2 100	1 900	2 100	27×2.5	500	1 900	27×2.5	500	1 900	2 100	1 900
	2 300	2 100	2 300			2 100			2 100	2 300	2 100

表 6-2　（续）

D	GTZ型	GTC型	GCZ型			GCC型			GLC型	YTZ型	YTC型
	H	H	H	d	L	H	d	L	H	H	H
48×3.5	2 100	1 900	2 100	32×3	600	1 900	32×3	600	1 900	2 100	1 900
	2 300	2 100	2 300			2 100			2 100	2 300	2 100
60×3.5	2 100	1 900	2 100	42×3.5	700	1 900	42×3.5	700	1 900	2 100	1 900
	2 300	2 300	2 300			2 100			2 100	2 300	2 100
	2 500	2 300	2 500			2 300			2 300	2 500	2 300

　　支柱的顶部结构可分为钩型和眼板型。图 6-11 所示为中线面支柱的钩型顶部结构，它是一块大于支柱直径的圆板，钻有 4 个眼孔，可固定 4 根拉索或钩型梁。图 6-12 所示为舷侧支柱的钩型顶部结构，它是一块状似三角形的板，有 3 个眼孔，可固定 3 根拉索或钩型梁。这两种顶板的主要尺寸见表 6-3。

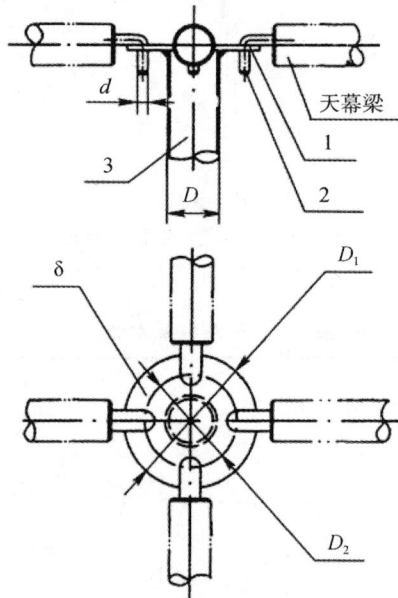

1—顶板；2—挂钩；3—支柱。

图 6-11　中线面支柱的钩型顶部结构

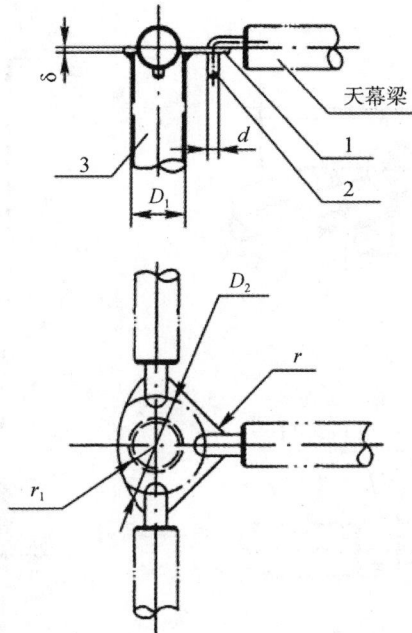

1—顶板；2—挂钩；3—支柱。

图 6-12　舷侧支柱的钩型顶部结构

表 6-3　支柱顶板及天幕梁钩端的主要尺寸　　　　　　　　　（mm）

D	D_1	D_2	d	r	r_1	8
33×2	100	70	12	14	25	4
42×3.5	120	80	18	20	30	5
48×3.5	135	90	20	22.5	35	5
60×3.5	150	100	22	25	40	6

图 6-13 所示为中线面支柱的眼板型顶部结构，它在支柱端部设置 4 个眼板，用于固定眼板型天幕梁。图 6-14 所示为舷侧支柱的眼板型顶部结构，它有 3 个眼板，可固定眼板型天幕梁。眼板型结构的主要尺寸见表 6-4。

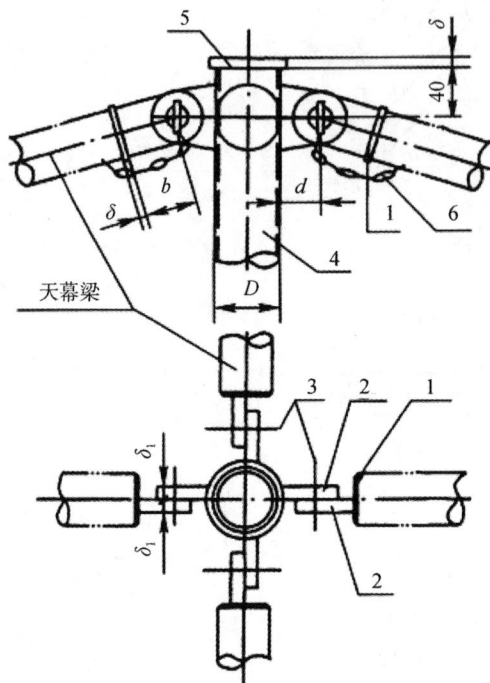

1—封板；2—眼板；3—带舌插销；4—支柱；5—顶
板；6—小链。

图 6-13 中线面支柱的眼板型顶部结构

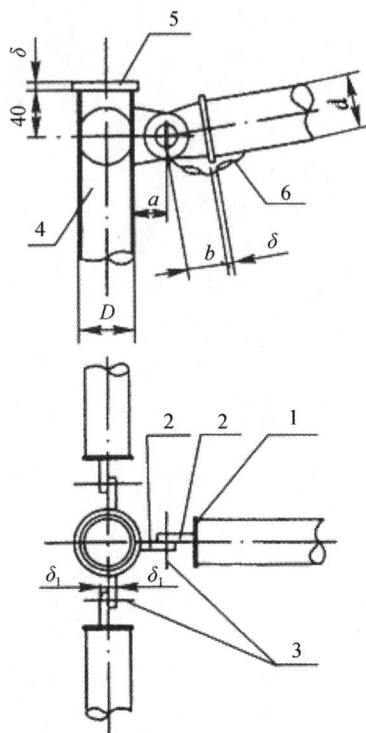

1—封板；2—眼板；3—带舌插销；
4—支柱；5—顶板；6—小链。

图 6-14 舷侧支柱的眼板型顶
部结构

表 6-4 支柱顶部眼板及天幕梁端部眼板的主要尺寸 （mm）

D	a	b	δ	δ_1	D	a	b	δ	δ_1
33×2	25	30	4	5	48×3.5	32	40	5	6
42×3.5	28	35	4	6	60×3.5	38	45	6	8

支柱常用的底部结构主要有 3 种形式：套入式（图 6-15），插销式（图 6-16）和栏杆式（图 6-17）。而栏杆式是利用栏杆柱安装天幕支柱（详见本手册第 4 章 4.2.3 天幕栏杆）。上述 3 种形式底部结构的主要尺寸见表 6-5。

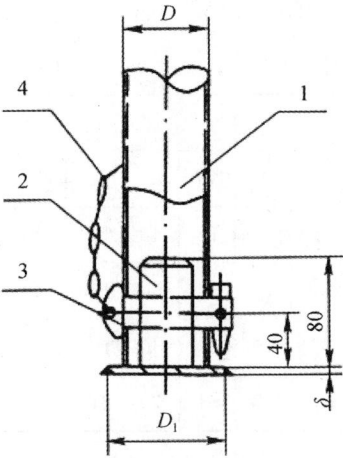

1—支柱；2—底座；3—带否插销；
4—小链。

图 6-15　套入式底部结构

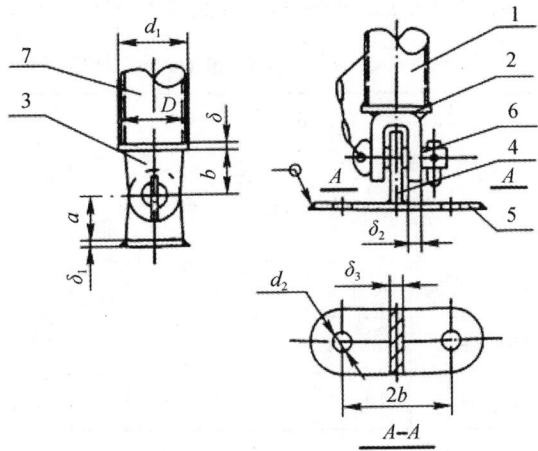

1—支柱；2—封板；3—叉头；4—耳板；5—耳板底座；
6—带舌插销；7—小链。

图 6-16　插销式底部结构

支撑与支柱的连接形式见图 6-18，支撑与甲板的连接形式见图 6-19，连接结构的主要尺寸见表 6-6。

天幕柱中的支柱和支撑材料可选用镀锌钢管或无缝钢管，带舌插销建议采用不锈钢（1Cr17Ni2）制作，其他各种钢制零件均采用碳素结构钢。

天幕柱的间距应视支柱的强度而定，一般为 8～12 m。当天幕柱带有两根支

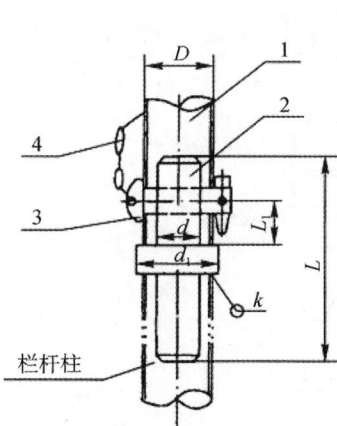

1—支柱；2—连接头；3—带舌插销；4—小链。

图 6-17　栏杆式底部结构

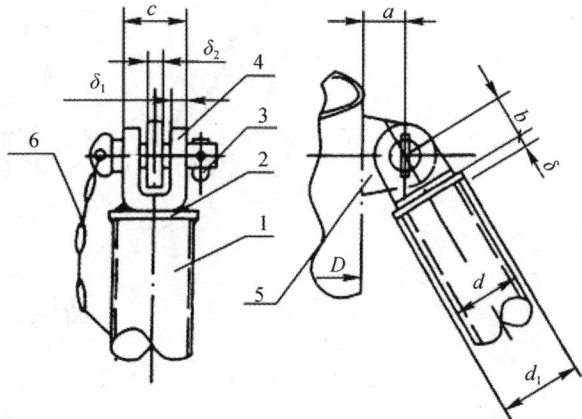

1—支撑；2—封板；3—带舌插销；4—叉头；5—耳板；6—小链。

图 6-18　支撑与支柱的连接

撑时,其间的夹角约 $90°$,若安装有困难时可在 $60°\sim120°$ 范围内调节。

表 6-5　支柱底部结构的主要尺寸　　　　　　　　　　　　（mm）

D	套入式			插销式								栏杆式			
	D_1	d	δ	a	b	d_1	d_2	δ	δ_1	δ_2	δ_3	d	d_1	L	L_1
33×2	60	28	4	28	35	40	11	3	5	5	8	28	40	120	25
42×3.5	90	34	5	32	40	50	13	4	6	6	10	34	50	140	30
48×3.5	100	40	5	38	45	60	15	5	6	6	10	40	60	160	40
60×3.5	110	51	6	42	50	70	17	、6	8	8	12	51	70	210	50

表 6-6　支撑与支柱及甲板连接结构的主要尺寸　　　　　　（mm）

D	d	a	b	c	d_1	δ	δ_1	δ_2
33×2	20×2	22	25	20	28	3	4	6
42×3.5	27×2.5	25	30	28	36	4	6	8
48×3.5	32×3	28	35	32	42	4	8	10
60×3.5	42×3.5	32	40	34	50	5	8	10

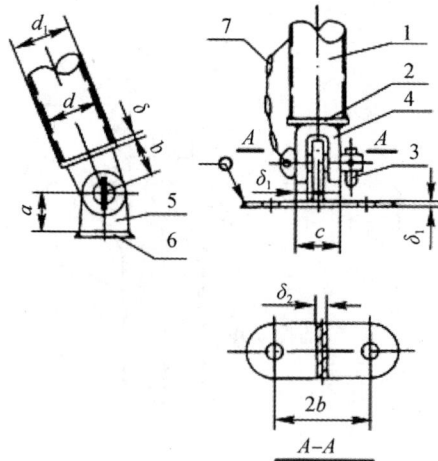

1—支撑;2—封板;3—带舌插销;4—又头;5—耳板;6—耳板底座;7—小链。

图 6-19　支撑与甲板的连接

6.2.2 天幕布

天幕布尽可能采用三防(防水,防霉、防燃烧)涂塑帆布。其四周应嵌入绳索后缝边,再钉帆布圈,以便绳索穿过帆布圈将天幕布张开固定,如图 6-20 所示。帆布眼圈的孔径为 15~20 mm,间距 300~500 mm。

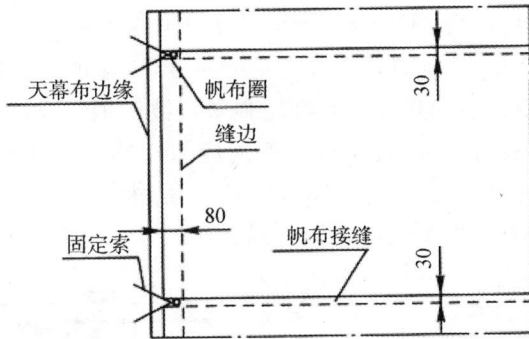

图 6-20 天幕布

6.2.3 天幕拉索及天幕梁

托住天幕布的装置可用拉索(钢丝绳、白棕绳或化纤绳),也可以用天幕梁(钢管或木方)。拉索的端部应设置套环,并配置卸扣和松紧螺旋扣,以便收紧拉索,如图 6-21 所示。拉索如用钢丝绳,其直径约为 6~8 mm;如用白棕绳或化纤绳,则直径约为 10~18 mm。

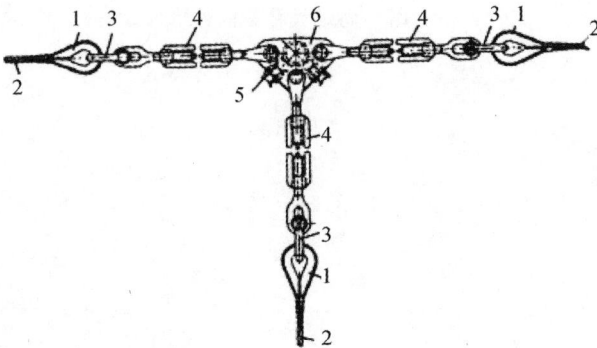

1—套环;2—天幕拉索;3—卸扣;4—松紧螺旋扣;5—滑轮;6—天幕柱顶板。

图 6-21 天幕拉索配置图

6.3　固定式天幕的形式和结构

固定式天幕主要由固定的刚性支架与遮蔽物组成。

刚性支架一般采用型钢(角钢、钢管等)装焊而成,亦可用钢木混合或其他各种刚性材料组合而成。但现在多以型钢制造,其外形见图6-3。刚性支架在装配时,通常有一边装焊在甲板室外围壁上,悬空部分根据强度需要应加设支撑。整个支架的高度应不低于2 m,且应向外侧有一定的斜度,以保证水往外流。

遮蔽物目前应用较多的是玻璃纤维增强塑料波纹板。波纹板的波纹槽应顺支架的斜度铺设,且上板搭下板,每块板的四周应与相邻的板互相搭接,这样可防漏水。波纹板应用紧固件与刚性支架连接固定。紧固件的形式视支架梁的形式而定,详见图6-22,其中(a)所示钩形紧固件最常用。

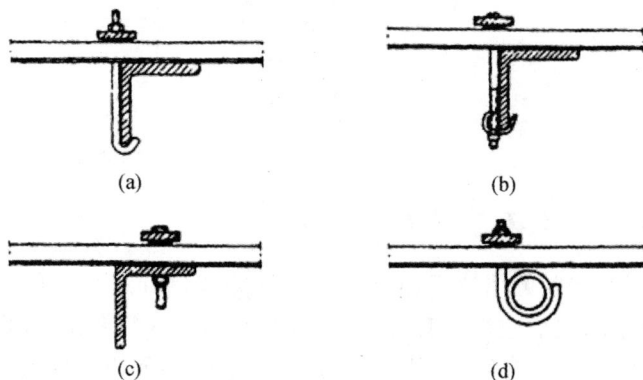

(a)角钢支架配钩形螺栓固定;(b)角钢支架配螺栓及夹箍固定;(c)角钢支架配螺栓螺母固定;(d)圆管支架配钩形螺栓固定。

图6-22　固定天幕紧固件形式

第7章　自然通风筒

7.1　概述

现代船舶的舱室通风主要有 3 种形式,即自然通风、机械通风(或称强力通风)和空气调节系统。其中自然通风是最古老的一种通风方式,但在现代船舶中仍然得到广泛应用,而且在这 3 种通风方式中,均需要使用自然通风筒。

通风筒(包括自然通风筒和机械通风筒)一般设置在露天的干舷甲板和上层建筑甲板上,用于这些甲板下处所的通风。为了保证风雨密性,即在任何风浪情况下水不得渗入船内,有关的公约,法规和规范均对通风筒的设置提出了严格的要求。

自然通风筒的主要形式有:烟斗式通风筒(俗称僧帽式通风筒)、菌形通风筒、鹅颈式通风筒、喷射式抽风头,此外还有帮助房间通风的舷窗招风斗等。

7.2　有关公约、规则及规范对通风筒的要求

7.2.1　《国际载重线公约》及 MSA 法规对通风筒的要求

经修正的 1966 年《国际载重线公约》及 MSA《国际航行海船法定检验技术规则(2014)》和《国内航行海船法定检验技术规则(2020)》对于通风筒的要求是一致的,有关内容引述如下:

(1) 在位置 1 或位置 2(定义见本分册第 1 章 1.2.1),通往干舷甲板或封闭上层建筑甲板以下处所的通风筒,应有钢质的或其他相当材料的围板,其结构应坚固,并且与甲板牢固地连接。在位置 1 的通风筒,围板在甲板以上的高度应至少为 900 mm,在位置 2 的通风筒,围板在甲板以上的高度应至少为 760 mm。如果任何通风筒的围板高度超过 900 mm,则必须有专门的支撑。

(2)通过非封闭的上层建筑的通风筒,应在干舷甲板上有坚固结构的钢质的或其他相当材料的围板。

(3)在位置 1 的通风筒,其围板高出甲板以上 4.5 m,和在位置 2 的通风筒,其围板高出甲板以上 2.3 m,除主管机关有特殊要求外,均不需装设关闭装置。

(4)除上述(3)的规定以外,通风筒的开口应设有钢质或其他相当材料的风雨密关闭设备。对长度不超过 100 m 的船舶,该关闭设备应永久性地附装于通风筒上;其他船舶如未这样装设,则应储存在指定的通风筒附近并便于取用。

(5)在露天部位,围板的高度可以增加到主管机关满意的高度(MSA 国内航行海船《法规》无此条要求一编注)。

7.2.2 CCS 规范对通风筒的要求

CCS《钢质海船入级规范》(2018)对通风筒的要求如下:

(1)在位置 1 或位置 2,通往干舷甲板或封闭上层建筑甲板以下的处所的通风筒,应设有钢质或其他相当材料的围板,其结构应坚固并与甲板牢固地连接。如通风筒围板的高度大于 900 mm 时,则应有专门的支撑。

(2)通过非封闭的上层建筑的通风筒,应在干舷甲板上设有坚固的钢质或其他相当材料的围板。

(3)在位置 1 的通风筒,甲板以上的围板高度应不小于 900 mm。

(4)在位置 2,甲板以上的围板高度应不小于 760 mm。

(5)通风筒围板的厚度应按表 7-1 选取,但不必超过甲板厚度。

(6)在位置 1 的通风筒,其围板高出甲板以上 4.5 m,和在位置 2 的通风筒,其围板高出甲板以上 2.3 m,均不必装设封闭装置。

(7)除上述(6)规定外,通风筒的开口应装设有效的风雨密关闭装置。当载重线船长 L_L 不超过 100 m 时,关闭装置应永久安装在通风筒围板上;当载重线船长 L_L 大于 100 m 时,关闭装置可贮放在所安装的通风筒附近。

表 7-1 通风筒围板厚度

通风筒内径/mm	围板厚度/mm	通风筒内径/mm	围板厚度/mm
≤200	7.5	350	9.0
250	8.0	400	9.5
300	8.5	≥450	10.0

7.3　自然通风筒的类型及使用特点

7.3.1　烟斗式通风筒

　　烟斗式通风筒主要由两部分组成:一是通风头,二是筒体。这里主要介绍通风头的形式。筒体的高度,壁厚及加强方式应符合本章第 7.2 节中公约,规则及规范的规定。

　　图 7-1 所示为普通烟斗式自然通风头。它是由人力直接把握通风头上的拉手进行转动,使通风口处于所需的位置。在通风口处还应设置钢丝网以防杂物落入。必要时可在筒体上部安装防火风闸。这种通风筒的主要参数见表 7-2。

　　当通风头通径较大时,靠人力直接转动有困难,而且为了能在舱内直接操纵通风头的转向,因此在普通烟斗式通风头的基础上配置了一套手动转动装置,从而形成了三杆烟斗式通风头,其形式如图 7-2 所示,主要参数见表 7-3。

表 7-2　普通烟斗式通风筒主要参数　　　　　　(mm)

公称通径 DN	D	A	H	滚轮数量(n)	t		质量/kg	
					钢质(G)	玻璃钢(B)	钢质(G)	玻璃钢(B)
150	175	350	380	—	1.5	3	8.35	5.84
200	225	460	380	—	1.5	3	9.70	6.82
250	275	570	380	—	1.5	3	12.20	8.58
300	325	680	380	—	1.5	4	17.80	11.10
350	375	790	400	—	2.0	4	27.00	16.90
400	430	900	400	3	2.0	4	35.50	24.40
450	480	1 010	400	3	2.0	5	40.80	26.00
500	530	1 120	450	3	2.0	5	47.80	31.50

　　三杆烟斗式通风筒的转动装置由 3 部分组成,即:手摇绞车(见图 7-3),导索滑轮(见图 7-4)及导向滑轮(见图 7-5),装配上钢丝绳即可使用。通风头的开口处亦应设置防鼠防虫的钢丝网,必要时可在筒体上部装设防火阀。

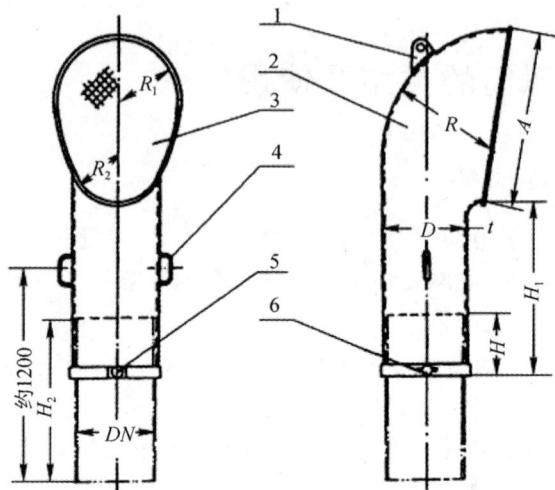

1—吊环;2—风帽;3—防鼠网;4—拉手;5—滚轮;6—制止器。

图 7-1 普通烟斗式自然通风头

注:(1) H_1 由选用者按需决定;(2) 通风头公称通径 $DN400$ mm
以上设置滚轮;(3) H_2 按规范确定。

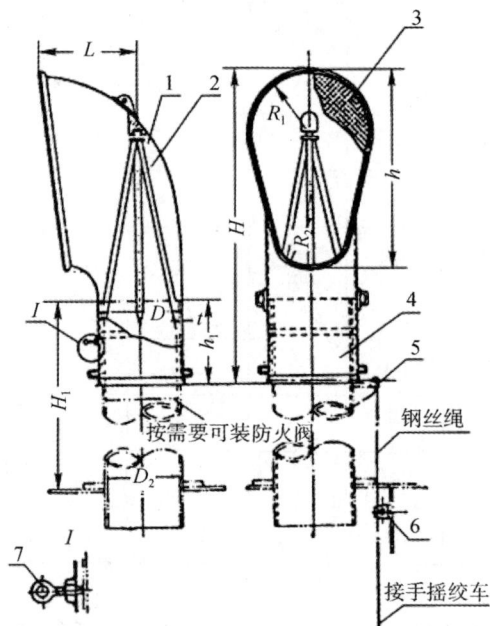

1—通风头;2—支架;3—钢丝网;4—通风导管;5—导向滑轮;6—导索滑轮;7—制止器。

图 7-2 三杆烟斗式通风头

注:H_1 按规范确定。

表 7-3　三杆烟斗式通风筒主要参数　　　　　　　　　　（mm）

公称通径 DN	D	h	h_1	H	t	质量/kg≈
600	636	1 272	600	2 150	2	103
700	736	1 472	700	2 470	2	124
800	836	1 672	800	2 800	2	156
900	940	1 880	900	3 140	2	201
1 000	1 040	2 080	1 000	3 520	2	220

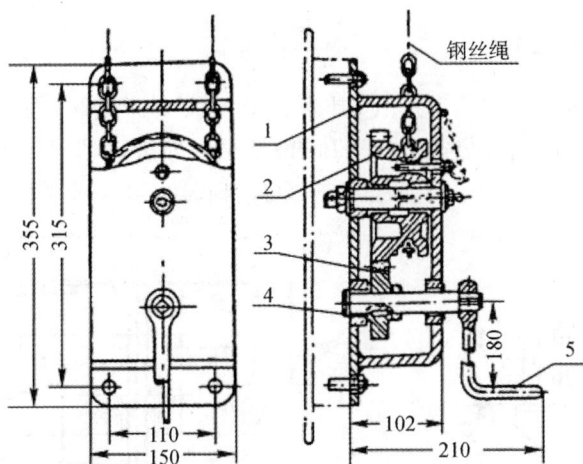

1—壳体；2—链轮；3—小齿轮；4—轴；5—手柄。

图 7-3　手摇绞车

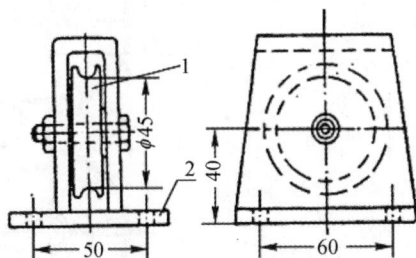

1—滑轮；2—支架。

图 7-4　导索滑轮

　　烟斗式通风筒的筒体用钢板制作。而通风头可用薄钢板制作，但由于半球型的头体制造较困难，材料利用率低，质量又大，所以现在广泛采用玻璃钢成型工艺制作。其优点是制造方便,耐腐蚀,质量轻。

转动装置中的手摇绞车:导索和导向滑轮,筒体把手等均可用普通碳素钢,制止器可用黄铜。

在早期的船舶中,烟斗式通风筒主要用于机舱及锅炉舱通风,且成对使用。一个作进风口,一个作出风口,这样可使舱室里的空气形成对流,其通风效果好,且经济实用。但这种通风筒在风暴天气海浪打到甲板上时,水很容易从通风口处灌入舱内。因此一旦遇到这种情况,就必须取下通风头,用木塞将围板筒口堵死,再用帆布罩裹住,以防海水涌入。所以这种通风筒在现代海船上使用较少,而在近海及内河船中仍经常使用。

7.3.2 菌形通风筒

常用的菌形通风筒有两种形式,其一为活动风帽通风筒(图 7-6 及表 7-4),其可在舱室内外操纵风帽开启或关闭通风口;其二为固定风帽通风筒(图 7-7 及表 7-5),这种通风筒在通风口处配有只能在舱室外部操纵(开启或关闭)的风雨密盖。

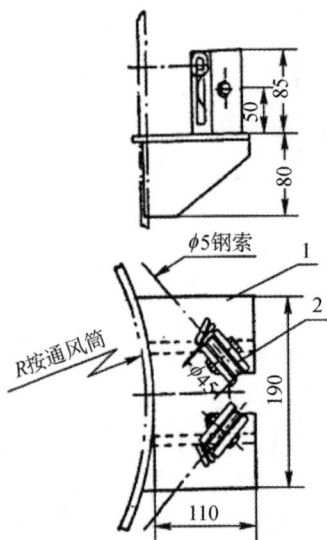

1—滑轮;2—支架。

图 7-5　导向滑轮

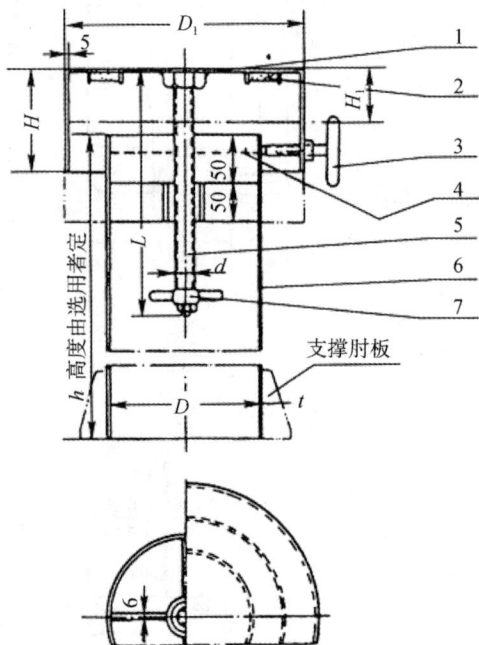

1—风帽;2—密封填料;3—制动螺钉;4—防鼠、防虫网(或防火网);5—螺杆;6—风筒围板;7—手柄。

图 7-6　活动风帽菌形通风筒

表 7-4   活动风帽菌形通风筒主要尺寸 (mm)

公称通径 DN	D_1	H	H_1	d	L	t	质量/kg
150	250	100	40	M22	250	8	11
200	320	110	50				12
250	390	125	65	M24	300	9	16
300	470	135	75				20
350	540	150	90	M30	350		27

注:通风筒质量不包括风筒的质量。

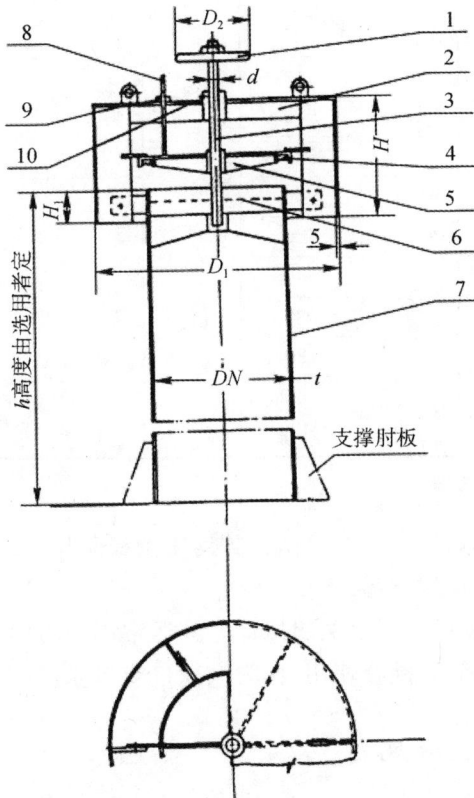

1—手轮;2—风帽;3—螺杆;4—密封填料;5—风雨密盖;6—防鼠、防虫网
(或防火网);7—风筒围板;8—指示棒;9—套管;10—压注油杯。

图 7-7   固定风帽菌形通风筒

表 7-5　固定风帽菌形通风筒主要尺寸　　　　　　　　　　（mm）

公称通径 DN	D_1	D_2	H	H_1	d	t	质量/kg
250	440	200	220	90	Tr24×5—LH	9	52
300	580		265				65
350	620		310				81
400	710	230	345	105	Tr30×6—LH		98
450	800		375				124
500	890		405		Ti40×7—LH		148
550	980		435				167
600	1 050		470				171
650	1 160		500				210
700	1 240	320	520	120			225
750	1 320		540				259
800	1 410		560			10	291
850	1 500		580				322
900	1 580		600				357
950	1 670		620				387
1 000	1 760	360	640	140	Tr46×8—LH		420
1 100	1 930		680				515
1 200	2 100		720				585
1 300	2 270		760				659
1 400	2 440	400	800				674

注:通风筒质量不包括风筒的质量。

　　菌形通风筒的筒体,风帽以及风雨密盖均用钢板制作。螺杆可用黄铜,手轮可用铸铁,密封填料采用橡胶制品。

　　菌形通风筒在遇到风暴时可关闭风口。其通常用于厨房、浴室、厕所等处所的通风,亦可同机械通风装置配合使用,作为进风口或出风口。

7.3.3　鹅颈式自然通风筒

　　鹅颈式自然通风筒的外形像鹅颈,由此而得名。这种通风筒的风口朝下,并配有风雨密盖,其筒体的高度及壁厚应依据有关船规确定。

　　鹅颈式自然通风筒按其筒体的截面形状可分为:A 型(圆形),B 型(扁圆形)及 C 型(矩形)。

　　A 型(圆形)通风筒又可分为 A-A 型焊接式和 A-B 型有弯式,其结构形式和基本尺寸见图 7-8 和表 7-6。

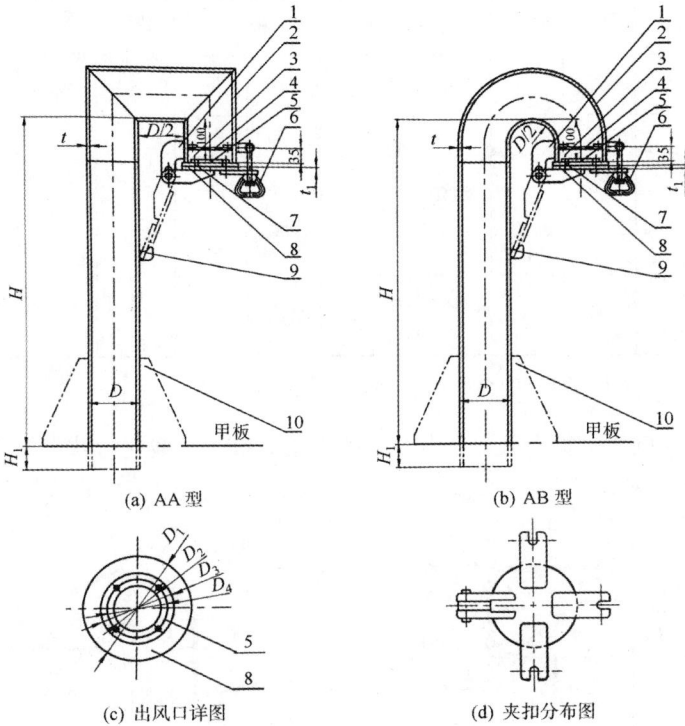

(a) AA 型　　　　(b) AB 型

(c) 出风口详图　　　　(d) 夹扣分布图

1—通风盖铰链；2—风筒；3—半圆头螺钉；4—防鼠网；5—压板；6—M12 螺旋轧扣；7—填料；8—盖板；
9—止动板；10—时板。

图 7-8　A 型鹅颈式通风筒

注：(1) H、H_1 由选用者确定；(2) H 大于 900 mm 时，通风筒围板应装支撑时板（件号 10）。

表 7-6　AA 型及 AB 型鹅颈式通风筒主要尺寸　　　　　　　　　　　　（mm）

公称尺寸 DN	风筒		盖板		填料		压板			半圆头螺钉 n 个	螺旋夹扣 n 个	质量/kg	
	D	t	D_1	t_1	D_1	D_2	D_2	D_3	D_4			AA 型	AB 型
100	108	4	118	6	118	48	78	63		4	1	20.7	17.7
	114	6	124	8	124	54	84	69				31.9	27.4
		8										37.5	31.5
150	159	4.5	170	6	170	100	130	115		6		38.9	31.9
	168	6	178	8	178	108	138	123				48.9	40.1
		8.5										57.6	48.6

表 7-6　（续）

公称尺寸 DN	风筒		盖板		填料		压板			半圆头螺钉 n 个	螺旋夹扣 n 个	质量/kg	
	D	t	D_1	t_1	D_1	D_2	D_2	D_3	D_4			AA 型	AB 型
200	203	6	213	6	213	143	173	158		8		59.4	47.4
	219		229	8	229	159	189	174				61.6	58.2
		8.5									3	77.8	68.9
250	245	6.5	255	6	255	185	215	200		10		75.6	67.6
	273		283	8	283	213	243	228				91.2	77.7
		8.5										103.5	84.1

注：通风筒重量系指高度 $H = 900$ mm 时的质量，不包括 H_1 的质量。

其 B 型（扁圆形）通风筒又分为 BA 型焊接式和 BB 型直弯式，其结构形式和基本尺寸见图 7-9 和表 7-7。

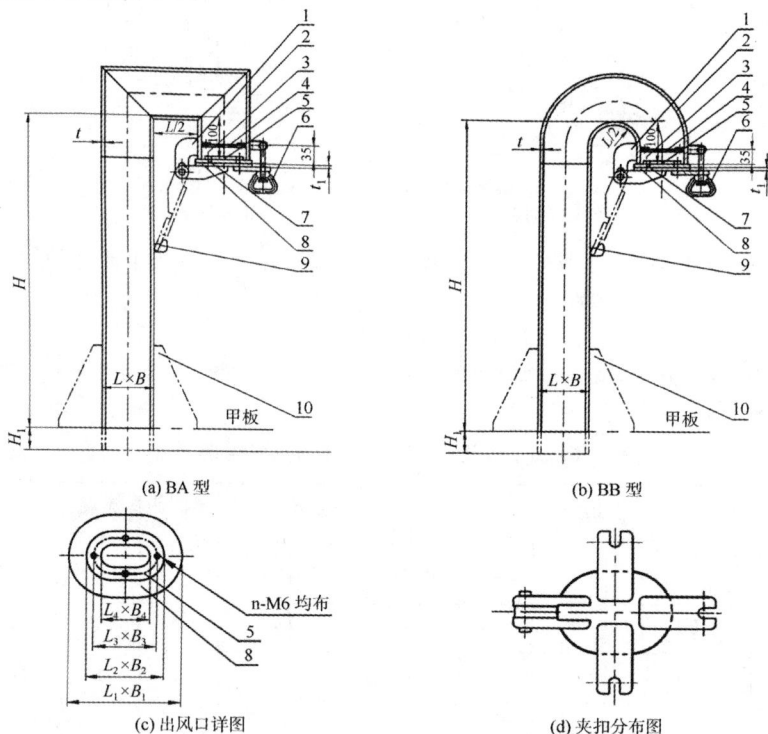

(a) BA 型　　　　(b) BB 型

(c) 出风口详图　　　　(d) 夹扣分布图

1—通风盖铰链；2—风筒；3—半圆头螺钉；4—防鼠网；5—压板；6—M12 螺旋轧扣；7—填料；
8—盖板；9—止动板；10—肘板

图 7-9　B 型鹅颈式通风筒

注：(1) H、H_1、由选用者确定；(2) H 大于 900 mm 时，通风筒围板应装支撑肘板（件号 10）。

表 7-7　BA 型及 BB 型鹅颈式通风筒主要尺寸 (mm)

公称通径 DN	风筒 $L \times B$	风筒 t	盖板 $L_1 \times B_1$	盖板 t_1	填料 $L_1 \times B_1$	填料 $L_4 \times B_4$	压板 $L_2 \times B_2$	压板 $L_3 \times B_3$	压板 $L_4 \times B_4$	半圆头螺钉 n 个	螺旋夹扣 n 个	质量 BA 型/kg	质量 BB 型/kg
100	120×80	4	138×98	6	138×98	68×28	98×58	83×43	68×28	6	1	20.9	17.9
		6	146×106	8	146×106	76×36	106×66	91×51	76×36			30.3	25.8
		8										39.1	33.1
150	150×120	4	168×138	6	168×138	98×68	128×98	113×83	98×68	8	3	29.2	21.7
		6	176×146	8	176×146	106×76	136×106	121×91	106×76			42.9	33.9
		8.5										53.6	43.1
200	220×150	5	240×170	6	240×170	170×100	200×130	185×115	170×100	10		49.6	37.6
		6	246×176	8	246×176	176×106	206×136	191×121	176×106			53.7	50.3
		8.5										76.2	69.5
250	280×190	5	300×210	6	300×210	230×140	260×170	245×155	230×140	12		65.1	54.9
		6	306×216	8	306×216	236×146	266×176	251×161	236×146			69.2	55.7
		8.5										101.1	84.3
300	300×240	6	328×268	9	328×268	258×198	288×228	273×213	258×198	14		94.7	74.5
		9										136.7	98.7

注：通风筒质量系指高度 $H = 900$ mm 时的质量，不包括 H_1 的质量。

C 型(矩形)通风筒又分为 CA 型焊接式和 CB 型直弯式,其结构形式和基本尺寸见图 7-10 和表 7-8。

(a) CA 型　　　　　(b) CB 型

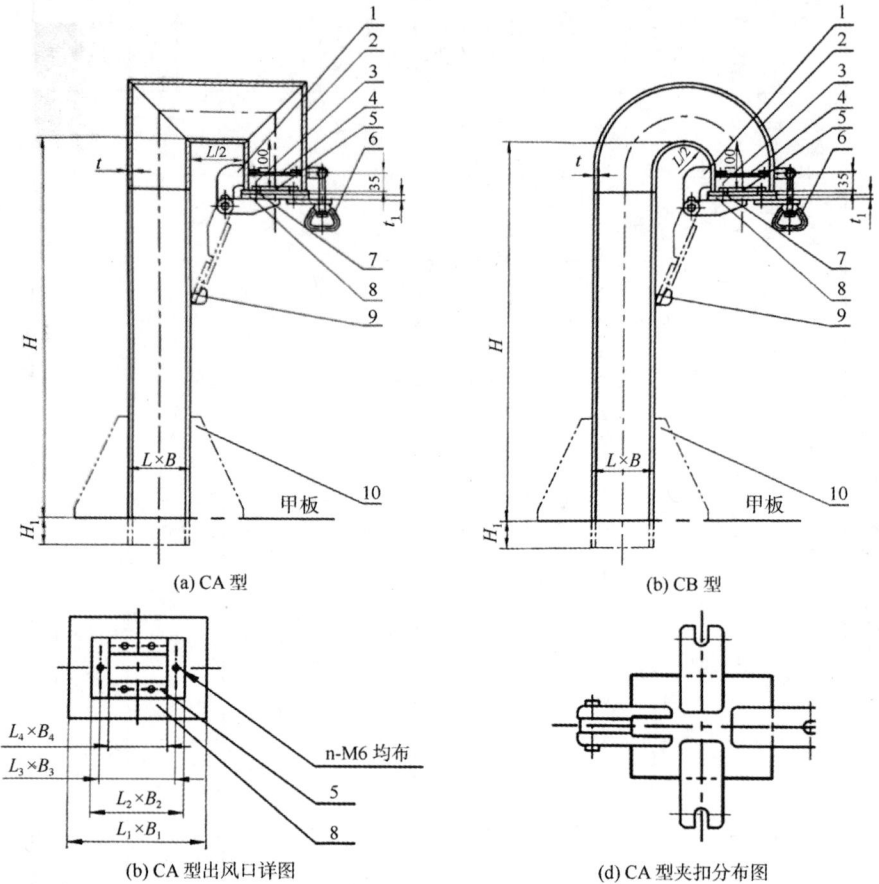

(b) CA 型出风口详图　　　　(d) CA 型夹扣分布图

1—通风盖铰链;2—风筒;3—半圆头螺钉;4—防鼠网;5—压板;6—M12 螺旋轧扣;7—填料;8—盖板;9—止动板;10—肘板。

图 7-10　C 型鹅颈式通风筒

注:(1) H、H_1 由选用者确定。

(2) H 大于 900 mm 时,通风筒围板应装支撑肘板(件号 10)。

鹅颈式自然通风筒的筒体、盖板、压板、肘板、止动板等零件的材料均可使用碳素钢,止动板可用黄铜,A 型筒体可用无缝钢管,填料采用氯丁橡胶。

鹅颈式自然通风筒一般安装在露天甲板上,用于该甲板以下人员不经常出入的舱室,如空舱、贮物舱等处所的通风。安装时鹅颈头方向应予注意避免过多占用通行空间。

表 7-8　CA 型及 CB 型鹅颈式通风筒主要尺寸

(mm)

公称通径 DN	风筒 L×B	风筒 t	盖板 L₁×B₁	盖板 t₁	填料 L₁×B₁	填料 L₄×B₄	压板 L₂×B₂	压板 L₃×B₃	压板 L₄×B₄	半圆头螺钉 n 个	螺旋夹 扣 n 个	质量/kg
100	120×80	4	138×98	6	138×98	68×28	98×58	83×43	68×28	6	1	21.1
		6	146×106	8	146×106	76×36	106×66	91×51	76×36			29.2
		8	146×106	8	146×106	76×36	106×66	91×51	76×36			40.9
150	150×120	4	168×138	6	168×138	98×68	128×98	113×83	98×68	8	3	30.1
		6	176×146	8	176×146	106×76	136×106	121×91	106×76			44.2
		8.5	176×146	8	176×146	106×76	136×106	121×91	106×76			55.2
200	220×150	5	240×170	6	240×170	170×100	200×130	185×115	170×100	10		51.1
		6	246×176	8	246×176	176×106	206×136	191×121	176×106			55.3
		8.5	246×176	8	246×176	176×106	206×136	191×121	176×106			78.5
250	280×190	5	300×210	6	300×210	230×140	260×170	245×155	230×140	12		67.1
		6	306×216	8	306×216	236×146	266×176	251×161	236×146			71.3
		8.5	306×216	8	306×216	236×146	266×176	251×161	236×146			104.1
300	300×240	6	328×268	9	328×268	258×198	288×228	273×213	258×198	14		97.5
		9	328×268	9	328×268	258×198	288×228	273×213	258×198			140.3
350	360×290	6	390×320	10	390×320	320×250	350×280	335×265	320×250	16	4~8	125.5
		9	390×320	10	390×320	320×250	350×280	335×265	320×250			192.1
400	460×290	6	490×320	10	490×320	420×250	450×280	435×265	420×250	20		154.3
		10	490×320	10	490×320	420×250	450×280	435×265	420×250			244.6
450	480×350	6	510×380	10	510×380	440×310	470×340	455×325	440×310	22		194.3
		10	510×380	10	510×380	440×310	470×340	455×325	440×310			308.1
500	600×350	6	630×380	10	630×380	560×310	590×340	575×325	560×310	24		242.9
		10	630×380	10	630×380	560×310	590×340	575×325	560×310			385.1

注：通风筒质量系指高度 $H=900$ mm 时的质量，不包括 H_1 的质量。

7.3.4 喷射式抽风头

喷射式抽风头是利用其一端的喇叭口使高速气流通过,将室内的空气抽出。常用的抽风头有两种形式:A 型和 B 型。

A 型为固定式抽风头,按其风头材料又可分为:AA 型—钢质(图 7-11);AB 型—不锈钢(图 7-11);AC 型———阻燃型玻璃纤维增强塑料(图 7-12)。A 型抽风头的主要尺寸列于表 7-9。

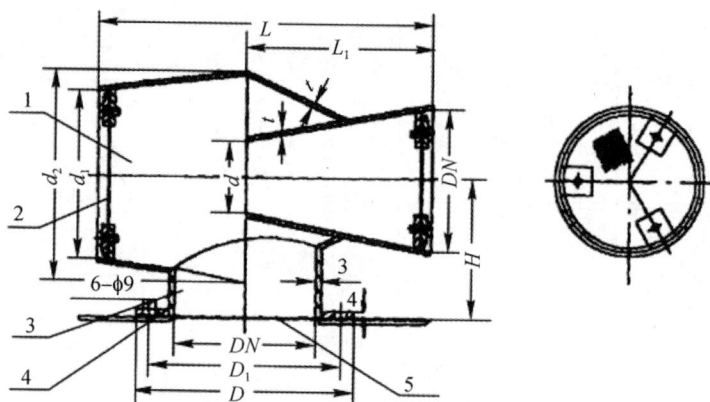

1—风头;2—防鼠网;3—接管;4—法兰;5—防虫网。
图 7-11　AA 型,AB 型抽风头

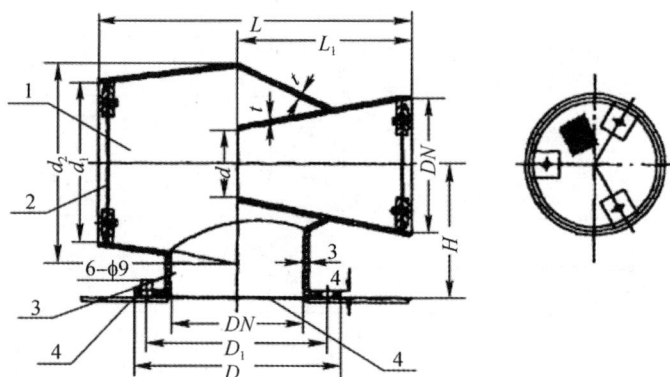

1—风头;2—防鼠网;3—接管;4—法兰;5—防虫网。
图 7-12　AC 型抽风头

表 7-9　A 型抽风头主要尺寸　　　　　　　　　　　　　　（mm）

公称通径 DN	L	L₁	H	d	d₁	d₂	t			法兰 A 型 CB/T64		质量/kg		
							钢质	不锈钢	玻璃纤维增强塑料	D	D₁	钢质	不锈钢	玻璃纤维增强塑料
100	225	90	100	50	120	150	2	1.5	3	155	136	3.3	2.0	1.2
150	340	140	130	75	180	225	2	1.5	3	205	186	8.3	3.4	2.1

　　A 型喷射式抽风头通常安装在甲板室的外侧壁上，采用法兰连接。通常用于内河中小型船舶的厕所，浴室，厨房等有异味的处所。安装时，喇叭口应朝向船首，高度至少应不影响在其下方人员的通过。

　　B 型为回转式抽风头，按其风头材料又可分为：BA 型——钢质（图 7-13）；BB 型——不锈钢（图 7-13）；BC 型——阻燃型玻璃纤维增强塑料（图 7-14）。B 型抽风头的主要尺寸列于表 7-10。

　　B 型抽风头需配置钢质风管，其高度及壁厚应符合有关规则和规范的要求（见本章 7.2 节及表 7-1），通常安装在上层建筑或甲板室顶部的甲板上。

表 7-10　B 型抽风斗主要尺寸　　　　　　　　　　　　　（mm）

公称通径 DN	L	L₁	d	D	D₁	D₂	H	h	t			质量/kg		
									钢质	不锈钢	玻璃纤维增强塑料	钢质	不锈钢	玻璃纤维增强塑料
200	510	190	115	230	345	225	638	380	2	1.5	3	14.5	8.7	5.3
250	620	240	140	280	420	275	660	380	2	1.5	3	18.0	10.8	6.5
300	710	280	165	330	495	330	713	380	2	1.5	3	22.8	13.7	8.3
350	850	340	190	380	570	380	765	400	3	2	4	32.4	16.2	10.5
400	976	395	215	430	645	430	853	400	3	2	4	43.0	21.5	14.0
450	1 080	440	240	480	720	480	920	475	3	2	4	53.0	26.5	17.2
500	1 260	500	270	540	810	535	1 000	535	3	2	4	65.0	32.5	21.1

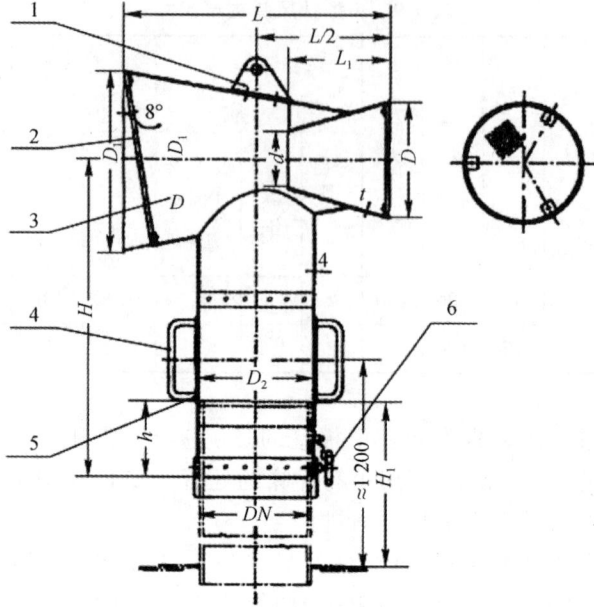

1—眼板；2—防鼠网；3—风头；4—拉手；5—接管；6—制止器。

图 7-13　BA 型、BB 型抽风头

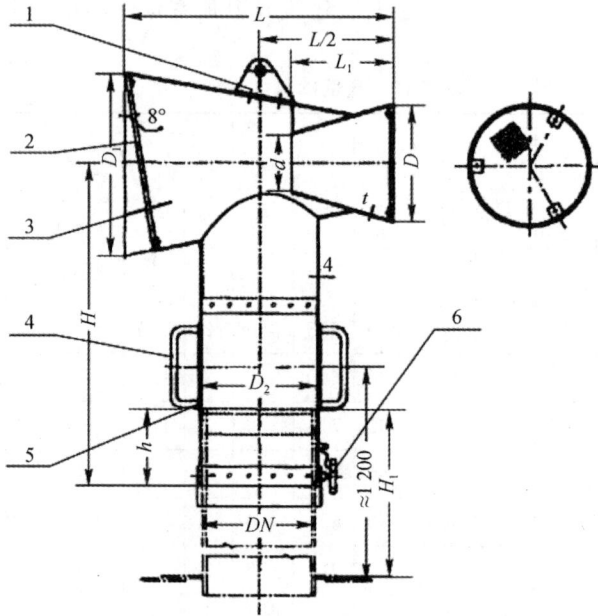

1—眼板；2—防鼠网；3—风头；4—拉手；5—接管；6—制止器。

图 7-14　BC 型抽风头

7.3.5　舷窗招风斗

舷窗招风斗形状如图 7-15 所示,使用时根据风的方向转动招风斗,将风引入室内。其基本尺寸见表 7-11。

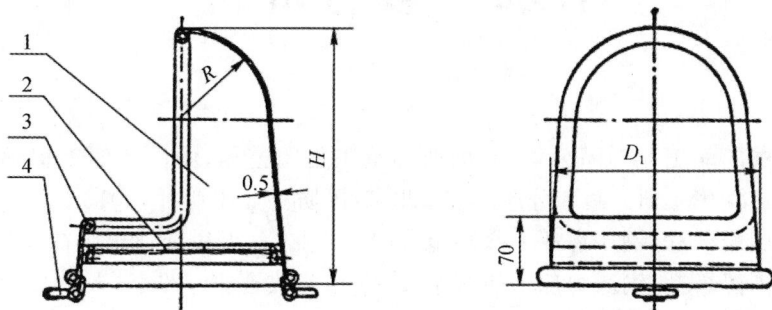

1—招风斗本体;2—防蚊网;3—加强筋;4—把手。

图 7-15　招风斗

表 7-11　招风斗基本尺寸　　　　　　　　　　　　　　　　(mm)

透用于舷窗的透光直径 D	D_1	H	R	质量/kg			
				G 型	GM 型	B 型	BM 型
200	242	320	102	1.21	1.37	0.64	0.79
250	292	360	125	1.55	1.74	0.86	1.04
300	342	400	148	1.92	2.14	1.10	1.31
350	392	450	170	2.36	2.63	1.39	1.64

招风斗本体可采用薄钢板(G 型)或玻璃钢(B 型)制作。防蚊网(M)可用一般塑料窗纱,但网眼应不大于 1.6 mm×1.6 mm。

附录　参考资料[①]

［1］　中国船舶工业集团公司,中国船舶重工集团公司,中国造船工程学会.船舶设计实用手册:舾装分册.3 版.北京:国防工业出版社,2013.

［2］　中国船级社.钢质海船入级规范(2018).北京:人民交通出版社,2018.

［3］　中国船级社.钢质海船入级规范 2019 年修改通报.北京:人民交通出版社,2019.

［4］　中国船级社.钢质海船入级规范 2020 年修改通报.北京:人民交通出版社,2020.

［5］　中国船级社.国内航行海船入级规范(2018).北京:人民交通出版社,2018.

［6］　IMO.1974 年国际海上人命安全公约 2014 综合文本(中英文合订本).中国船级社译.北京:人民交通出版社,2015.

［7］　中华人民共和国海事局.国际航行海船法定检验技术规则(2014).北京:人民交通出版社,2014.

［8］　中华人民共和国海事局.国际航行海船法定检验技术规则 2016 年修改通报.北京:人民交通出版社,2016.

［9］　中华人民共和国海事局.国际航行海船法定检验技术规则 2018 年修改通报.北京:人民交通出版社,2018.

［10］　中华人民共和国海事局.国际航行海船法定检验技术规则 2019 年修改通报.北京:人民交通出版社,2019.

［11］　中华人民共和国海事局.国内航行海船法定检验技术规则(2020).北京:人民交通出版社,2020.

［12］　IMO.MSC143(77)决议,通过 1966 年国际载重线公约 1988 年议定书修正案,中国船级社,译.北京:人民交通出版社,2015.

---

①　由于本书的第一版出版较早,且许多是引用的国外的资料,因此有些规范、规则、标准查不到出处。为了方便读者查阅,已尽量查询资料的相关出版信息,查不到的资料仅保留了作者提供的信息。本书仅对国内出版的图书类文献进行了格式的规范处理,对其他文献并未对格式进行规范处理;对于国际规则、国标类文献,标注了规则号、国标号,方便需要的读者查询。

［13］ CB/T 4392—2014 船用人孔盖.

［14］ CB/T 3728—2011 钢质小型舱口盖.

［15］ CB/T 4318—2013 转动式油舱盖.

［16］ CB/T 3842—2000 快速启闭水密舱口盖.

［17］ CB/T 3007—2011 船用液压滑动式水密门.

［18］ CB* 634—1984 滑动水密门.

［19］ GB/T 3477—2008 船用风雨密单扇钢质门.

［20］ GB 11874—1989 船用门和窗开启方向和符号标志.

［21］ CB* 3156—1983 风雨密舷门.

［22］ CB/T 4437—2016 船用风雨密单扇铝质门.

［23］ CB/T 3722—2014 驾驶室气密移门.

［24］ CB/T 3217—2013 船用钢质隔音阻气门.

［25］ CB* 3163—1984 玻璃钢舱室空腹门.

［26］ CB/T 3281—1997 铝质舱室空腹门.

［27］ CB 751—1968 钢质门.

［28］ CB/T 3234—2011 船用防火门.

［29］ IMO.MSC.61(67)决议.通过国际耐火试验程序应用规则(FTP 规则).中国船级社译.

［30］ GB/T 14413—2008 船用舷窗.

［31］ GB/T 14356—1993 船用舷窗定位.

［32］ CB/T 5746—2014 船用普通矩形窗.

［33］ GB/T 14357—1993 船用普通矩形窗定位.

［34］ CB/T 3226—1995 驾驶室固定矩形窗.

［35］ CB/T 17434—2008 船用耐火窗技术条件.

［36］ CB/T 257—2001 钢质海船船体密性试验方法.

［37］ CB* 3273—1985 舰船门、窗、盖的密性试验.

［38］ CB/T 749—1997 钢质固定百叶窗.

［39］ CB* 3038—1978 机舱天窗.

［40］ CB* 3132—1983 烟囱可闭百叶窗.

［41］ CB/T 3755—1995 铝质衡力升降式船用窗技术条件.

［42］ CB/T 3765—1996 铝质移窗.

［43］ CB/T 3956—2004 舷梯平移装置.

［44］ CB/T 3976—2008 双节式固定弧形踏步铝质舷梯.

［45］ CB/T 1392—2009 舷梯绞车.

[46] CB* 3101—1981 潜水员舷梯.

[47] CB/T 3561—2013 引航员舷梯装置.

[48] GB/T 11701—1989 船用舷梯基本规定.

[49] CB/T 4185—2011 固定弧形踏步铝质舷梯.

[50] CB/T 4186—2011 铝质舷梯翻梯装置.

[51] CB* 3116—1982 铝质跳板.

[52] CB/T 4380—2014 活动踏步钢质舷梯.

[53] GB/T 1393—1987 舷梯翻梯装置.

[54] GB/T 1394—1987 舷梯吊架.

[55] IMO. MSC. 256(84)决议,通过经修正的《1974 年国际海上人命安全公约》修正案. 中国船级社译.

[56] IMO. MSC. /Circ. 1331 通函《登离船设施构造,维护和检查/检验指南》. 中国船级社译.

[57] IMO. MSC. 308(88)决议,通过经修正的《1974 年国际海上人命安全公约》修正案. 中国船级社译.

[58] CB/T 3142—2013 引航员软梯.

[59] CB/T 3561—2013 引航员舷梯装置.

[60] CB/T 3727—2013 引航员软梯卷车.

[61] CB/T 73—1999 船用钢质直梯.

[62] CB/T 4492—2019 船用钢质踏步.

[63] CB/T 81—1999 船用钢质斜梯.

[64] CB/T 801—2001 货舱斜梯.

[65] CB/T 833—1998 机舱斜梯.

[66] IACS UI LLA47,Guard Rail.

[67] GB/T 23425—2009 造船　货船栏杆.

[68] IMO. MSC. 151(78)决议,通过经修正的《1974 年国际海上人命安全公约》修正案. 中国船级社译.

[69] IMO. MSC. 158(78)决议,通过《检查通道技术规定》修正案. 中国船级社译.

[70] IMO. MSC. 62(67)决议,《进入液货船船首的安全通道指南.

[71] IACS UI. SC276,《客船机器处所的脱险通道》.

[72] IACS UI. SC277,《货船机器处所的脱险通道》.

[73] IACS UI SC 191,For the application of ammended SOLAS regulation Ⅱ—1/3 —6(resolution MSC. 151(78)) and revised Tech—nical provisions for means of access for inspection (resolution MSC. 158 (78)).

[74]　Australian Maritime Safety Authority,《Marine orders 32,Cargo Handling Equipment》Issue 3. 1.

[75]　CB/T 453—1995 天幕柱.

[76]　CB* 294—1984 烟斗式自然通风帽

[77]　CB/T 4444—2017 船用菌形通风筒.

[78]　CB/T 4220—2013 鹅颈式通风筒.

[79]　CB/T 297—2001 喷射式通风筒.

[80]　CB 461—1977 舷窗招风斗.

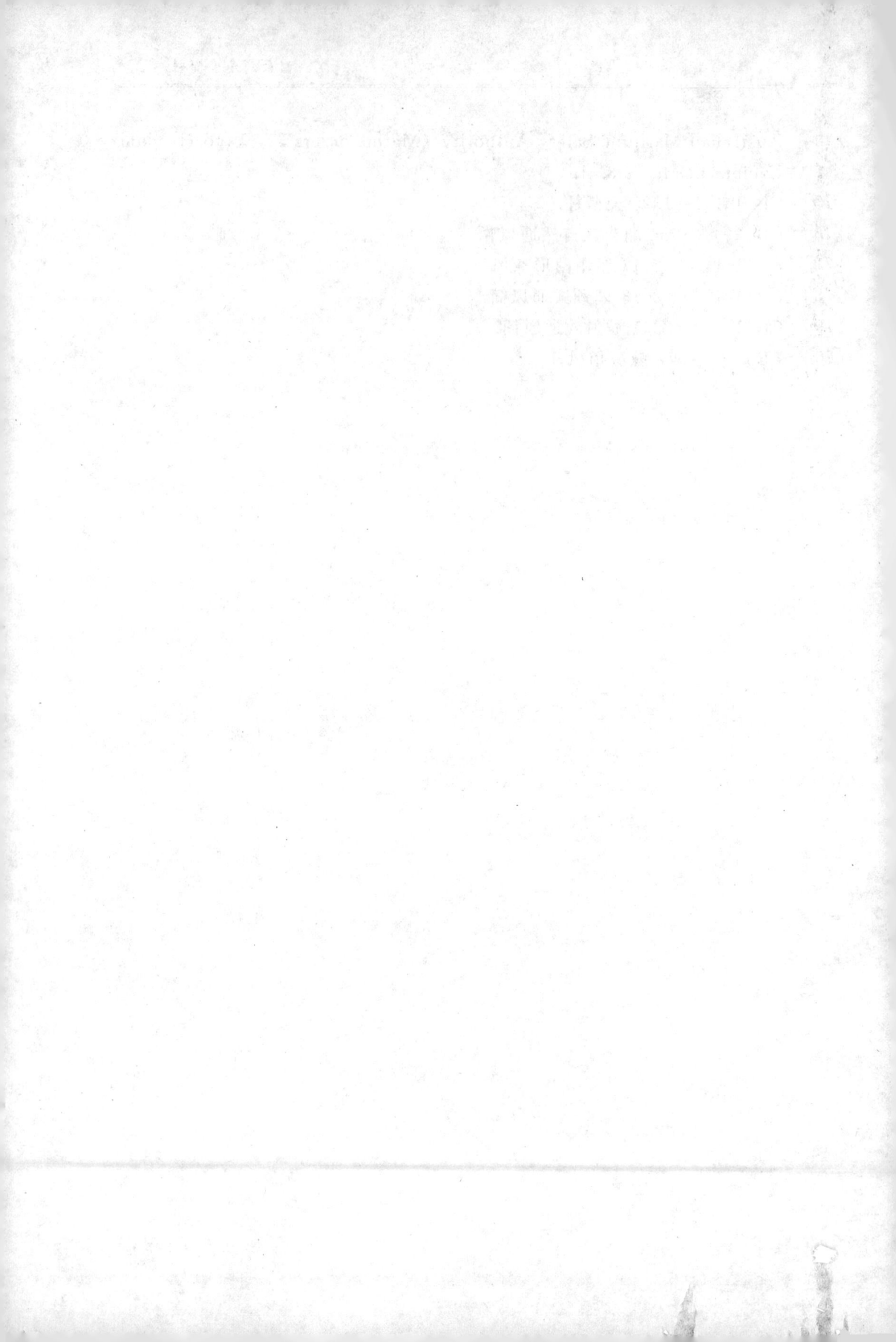